吉村良一 著

不法行為法

〔第6版〕

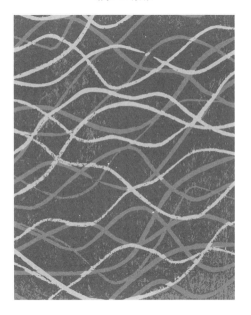

有斐閣

第6版へのはしがき

　本書の旧版（第5版）を刊行後，約5年が経過した。この間の最も大きな変化は，2017年5月26日に「民法（債権関係）」の改正法（「民法の一部を改正する法律」）が成立し，2020年4月1日に施行されたことである。今回の改正は大規模なものだが，事務管理・不当利得・不法行為の「法定債権関係」は直接の対象とされていなかったため，不法行為法関連規定の改正は，消滅時効（民法724条）のほか，一部にとどまっている。しかし，例えば，連帯債務の規定の改正が共同不法行為等における連帯責任の内容にどのような影響を与えるかなど，民法（債権関係）改正が不法行為法に与える影響は小さなものではない。裁判例等による本格的な運用はまだまだこれからだが，学説や基本書・教科書等では，この点を扱うものも増えてきた。今回の改訂では，それらの成果も踏まえて，民法（債権関係）改正が不法行為法において持つ意味を整理解説した。あわせて，不法行為法自体の本格的な改正も早晩，課題となるであろうことから，終章で，その問題についての基本視点を整理した。

　また，この約5年の間に，重要な判例・裁判例が数多く現れている。これは，様々な事故が社会において生起し，その救済にあたって不法行為法と不法行為訴訟が重要な役割を果たしていることによる。例えば，アスベストを含んだ建材を使用していて重篤な健康被害を被った建設作業従事者が提起した建設アスベスト訴訟において，2021年5月17日に最高裁が，国の責任（国家賠償法1条）の責任を認めるとともに，複数の建材メーカーの責任を共同不法行為規定（民法719条1項後段）の類推適用によって認めるという重要な判断を示した（民集75・5・1359，他）。これは，複数加害者の賠償責任の問題にとって重要なものである。第5版ではじめて本格的な記述を行った原発事故賠償についても，数多くの判決が言い渡され，2022年3月に最高裁は，東京電力の上告・上告受理申立てをしりぞけることによって，七つの高裁判決を確定させた。その他，使用者責任（民法715条）において被用者から使用者への求償（いわゆる逆求償）を認めた最高裁判決（最判令2・2・28民集74・2・106），定期金賠償を認めた最高裁判決（最判令2・7・9民集74・4・1204），プライバシー侵害やインターネッ

ト上の名誉毀損に関する最高裁および下級審の判決，旧優生保護法に基づく強制不妊手術に関し，民法724条（旧規定）の「除斥期間」の適用を制限した2022年2，3月の大阪および東京高裁判決，等々，新しい判例・裁判例についても，可能な限り言及し，その特徴を整理した。

　さらに学説においても，個々の問題に関する論考はもとより，基礎理論に関わる重要な問題提起が（主として，比較的若い世代の研究者から）なされている。この動きを取り込むことは容易ではないが，可能な限り言及し，筆者としての整理も試みた。

　以上の結果，ページ数もやや増えてしまい，もはや（初版の「はしがき」で書いた）「標準的な教科書」とは言いにくいものとなってしまったかもしれない（特に，コラム欄では，かなり踏み込んだ記述を行った部分がある。したがって，初学者は，コラムを除く本文をまず通読し，関心のあるコラムを後で読んでもらうと良いかもしれない）。しかし，「不法行為法学の現況をできるだけ分かりやすく説明する」という本書の基本的モティーフは変わっていないつもりである。不法行為法を学ぼうとする学生・院生，さらには不法行為訴訟に取り組む実務家の方々が，複雑多岐な不法行為の森に足を踏み入れる際の地図として，本書を活用していただければ幸いである（本書の性格上，文献の注記は簡略なものとしたが，読者自身が関連する論文等にあたるための最低限の情報は示したつもりである）。

　1995年に本書の初版を公刊してから27年が経った。改訂の都度，有斐閣の優秀な編集者（奥村邦男，田顔繁実，土肥賢，大原正樹の各氏）のお世話になってきたが，前回および今回の改訂にあたっては，有斐閣京都支店の栁澤雅俊氏のお世話になった。初版刊行後27年にわたって改訂を続けることができたのは，これら諸氏のおかげである。特に今回の改訂作業は，コロナ禍の大変な時期であったが，厚く感謝するものである。

　　2022年6月

吉　村　良　一

は し が き

　本書は，不法行為法の「標準的な教科書ないし参考書」をめざして執筆されたものである。不法行為法は，かつては，その条文数にふさわしく，教科書や大学の講義において，債権各論の一部として扱われるにすぎなかった。しかし，交通事故，公害，医療事故，欠陥商品事故等々の現代的な事故が多発するにともない，そのような事故の被害者に対する救済制度としての不法行為法の果たすべき役割は飛躍的に増大した。不法行為に関する判決も急増し，また，様々の理論が展開された。その結果，不法行為法学は飛躍的な発展を見たが，逆に，その全体像が見通しにくい状況も生まれた（「不法行為法学の混迷」が指摘されて久しい）。その結果，筆者が日頃講義やゼミで接している学生諸君からは，不法行為法は問題が具体的であり身近なためとっつきやすいが，少し勉強すると様々の問題が出てきて，全体としてどうなっているのかが今一つ良く分からないとの感想を聞くことも少なくない。

　もちろん，この間，不法行為法の到達点を理解する上で有意義な優れた教科書・体系書が多数上梓されている。本書もそれらに負うところが多い。しかし，これらの中には，共同執筆のために個性に欠けるもの，逆に，自説に基づく主張が前面に出ているために理論状況を全体として把握するには必ずしも適切と思えないものもないとは言えない。また，詳細すぎてかえって学習に不便を来すものもある。そこで，本書においては，分量的にも内容的にも「標準的な教科書ないし参考書」を目標として，特に次の点に留意した叙述を試みた。

- ①　理論的な対立が複雑な問題については，まず，理論状況の全体像を読者に理解しうるように示すこと。その際，可能な限り，理論の歴史的な展開に留意すること。自説の展開は，あくまで，このような作業を前提とした上で行うこと。
- ②　構成はできるだけ他の類書などと同じ伝統的な体系を維持しつつ，その中に最新の理論動向を盛り込むこと。
- ③　叙述方法として，基礎的内容（本文）と，やや立ち入った問題（小活字の部分）を区別すること。

④　内容的には，不法行為の主要な目的である「被害者救済」を基本視点に
　　置くこと。

　本書の基本部分は，筆者が，勤務校である立命館大学法学部で行っている講
義のノートである。この講義ノートには，毎年の受講生の反応や試験結果等を
見ながら手を加えてきている。その意味で，本書の成立については，この間，
筆者の講義を受講した学生諸君に感謝する必要がある。とはいえ，講義では
10回前後の授業で不法行為法の全体像に触れなければならず，本書の内容は，
講義で触れることができない問題についても相当程度盛り込んだものとなって
いる。筆者の講義だけではなく，恐らく多くの大学でも，講義で触れうる内容
には限りがあろう。したがって，不法行為法を学ぶ学生諸君にとって，本書は，
それぞれの大学での講義の参考書としても利用してもらえるのではないかと考
えている。

　本書が企画されたのは，約7年前にさかのぼる。有斐閣京都編集室の奥村邦
男氏と，筆者の不法行為法の講義の内容について雑談していたのがきっかけで
あったと記憶している。本来もっと早い時期に完成すべきところ，筆者の留学
やその他の事情で，ここまで遅くなってしまった。その間，奥村氏には大変お
世話になった。また，脱稿後は，同じく有斐閣京都編集室の田顔繁実氏のお世
話になった。厚くお礼申し上げるしだいである。さらに，校正・索引作成等に
ついては，立命館大学助手の増田栄作，若林三奈両君の手を煩わせた。あわせ
て感謝したい。
　　　1995年7月15日

吉　村　良　一

目　　次

┌───┐

コラム一覧

*　附帯私訴と損害賠償命令制度（*3*）

*　過失責任主義と活動の自由について（*9*）

*　無過失責任の拡大（*13*）

*　帰責原理の多元性（*15*）

*　制裁・抑止機能を取り込んだ損害論（*19*）

*　不法行為訴訟と救済制度（*23*）

*　709 条の系譜（*26*）

*　権利侵害要件の「再生」（*36*）

*　民法現代語化改正と権利侵害・違法性（*40*）

*　インターネット上の名誉侵害等（*49*）

*　債権侵害（*60*）

└───┘

主要文献略記

幾代＝徳本	幾代通＝徳本伸一補訂『不法行為法』（有斐閣　1993 年）
近江	近江幸治『民法講義Ⅵ　事務管理・不当利得・不法行為（第 3 版）』（成文堂　2018 年）
加藤(一)	加藤一郎『不法行為（増補版）』（有斐閣　1974 年）
加藤(雅)	加藤雅信『新民法大系Ⅴ　事務管理・不当利得・不法行為（第 2 版）』（有斐閣　2005 年）
窪田	窪田充見『不法行為法（第 2 版）』（有斐閣　2018 年）
澤井	澤井　裕『テキストブック事務管理・不当利得・不法行為（第 3 版）』（有斐閣　2001 年）
潮見①	潮見佳男『不法行為法』（信山社　1999 年）
潮見②	潮見佳男『不法行為法Ⅰ（第 2 版）』（信山社　2009 年）
潮見③	潮見佳男『不法行為法Ⅱ（第 2 版）』（信山社　2011 年）
潮見④	潮見佳男『基本講義債権各論Ⅱ　不法行為法（第 4 版）』（新世社　2021 年）
四宮	四宮和夫『事務管理・不当利得・不法行為』（青林書院　1981, 83, 85 年）
大学双書	高木多喜男他『大学双書民法講義 6』（有斐閣　1977 年）
平井	平井宜雄『債権各論Ⅱ　不法行為』（弘文堂　1992 年）
前田(達)	前田達明『不法行為法』（青林書院　1980 年）
前田(陽)	前田陽一『債権各論Ⅱ（第 3 版）』（弘文堂　2017 年）
森島	森島昭夫『不法行為法講義』（有斐閣　1987 年）
吉田	吉田邦彦『不法行為等講義録』（信山社　2008 年）
Legal Quest	橋本佳幸他『Legal Quest 民法Ⅴ（第 2 版）』（有斐閣　2020 年）
我妻	我妻　栄『事務管理・不当利得・不法行為』（日本評論社　1937 年）

判例集・法律雑誌等略記

民録	大審院民事判決録
刑録	大審院刑事判決録
民集	〔大審院または最高裁判所〕民事判例集
刑集	〔大審院または最高裁判所〕刑事判例集
裁判集(民)	最高裁判所裁判集民事
新聞	法律新聞
判決全集	大審院判決全集
高民集	高等裁判所民事判例集

下民集　　下級裁判所民事裁判例集
交民集　　交通事故民事裁判例集
判時　　　判例時報
判タ　　　判例タイムズ
LEX/DB　TKC 法律情報データベース LEX/DB インターネット

第1章　不法行為総説

第1節　不法行為の意義

1　不法行為とは何か

(1)　はじめに

　学生のA君がけがをして1週間入院したとしよう。その場合，A君には様々な不利益（入院・治療費，アルバイトができなくなったことによる損失等）が発生する。このような不利益（損害）は誰が負担することになるのか。入院の原因が自分の不注意や天災によるけがの場合，その損害はA君自身が負担する。自分自身に発生した不利益は自分自身で負担するのが現在の社会においては原則だからである。しかし，Bが運転している自動車にぶつかって生じたけがであったらどうなるか。この場合には，A君がBに対して，発生した損害に対する賠償を求める可能性が出てくる。そして，損害賠償が認められると，Bは，A君に生じた損害に相当する金銭をA君に支払わなければならなくなるので，結果的には，A君の損害をBが負担することになる。もちろん，つねに賠償がなされるわけではない。A君がBに対し損害賠償を請求できるためには，BにA君の損害を負担させるのが法的に見て適切だと思われる事情が存在すること，すなわち，Bの行為が損害賠償義務の発生要件を満たすことが必要であり，この要件を満たして初めて，A君は自分に生じた損害を他人の負担により解決することができる。つまり，不法行為制度とは，一定の要件の下である人（上の例ではA君）に生じた損害を他の人（上の例ではB）に転嫁させる制度だということになる。

(2)　**民事責任と刑事責任**

　上の事例において，加害者であるBは同時に，刑事上の責任を負うことがあ

る。交通事故の場合は，刑法の特別法である自動車運転死傷行為処罰法による責任が生じるであろう。このように，同じ事件が，民事責任と刑事責任を同時に発生させることは珍しいことではない。民事責任と刑事責任は近代以前においては明確には区別されていなかった。したがって，例えば，誰かを傷つけた場合，被害者に罰金を支払わなければならないという制度が多くの国の古い法体系において存在した。しかし，近代になって，刑罰権は国家に独占されるようになり，この両責任は明確に区別されることになった。

　民事責任と刑事責任は，第一に，その目的を異にしている。民事責任は，生じた損害を加害者が賠償することにより被害者を救済することを第一義的な目的としているのに対し，刑事責任の目的は国家による犯罪者の処罰であり，犯罪の抑止や加害者に対する制裁が重視される。さらにこのような目的の違いから，両責任の次のような相違が導き出される。まず，両責任はその追及手続きが異なる。刑事責任は検察官の起訴により手続きが開始され，裁判手続きは刑事訴訟法によって処理される。それに対し，民事責任は被害者が原告として損害賠償を請求することにより裁判が始まり，手続きは民事訴訟法による。また，その手続きの進行においても，刑事責任は，刑罰という，国家による犯罪者の生命・身体・財産等に対する侵害行為をその本質とするため，その行使は慎重でなければならず，犯罪となる行為があらかじめ法律によって定められていなければならないという罪刑法定主義によって支配され，刑罰法規の類推適用も禁止される。これに対し民事責任の場合，そのような厳格な制限は存在せず，不法行為規定は比較的柔軟に解釈される。

　さらに，刑事責任においては原則として故意犯のみが処罰され，過失犯が処罰されるのは例外となるので，行為者が故意にその行為を行ったか単なる過失によるかは重要な意味を持つのに対し，民事責任の場合は，民法709条が「故意又は過失」を要件としていることから明らかなように，両者ともに損害賠償責任を生ぜしめるので，両者の区別には刑事責任ほどの大きな意味はない。過失がなくても民事責任が発生することもある（無過失責任）。また，刑事責任においては行為の反社会性が重視されるため，行為の反社会性が大きい場合には結果が発生していなくても未遂犯として処罰される場合があり（刑法203条殺人未遂罪等参照），放火罪のように実害が発生していなくても法益に対する危険の存在のみで処罰されることがある（刑法108条以下参照）が，これに対し，民

事責任は生じた損害の賠償が目的であるため，結果の発生が責任成立の必須要件となる。

　以上のような違いの結果，同じ事件において，刑事責任の有無と民事責任の有無の判断が異なることがありうる。例えば，交通事故において，自動車運転過失致死事件で刑事裁判上過失なしとされた自動車の運転者に対し，民事裁判では過失による損害賠償義務の成立を認めることができるとした判決がある（最判昭34・11・26民集13・12・1573）。概して言えば，国家による処罰が問題となる刑事裁判の方が，民事上の損害賠償責任の有無が問題となる民事裁判よりも，過失を含めて，その要件の認定については厳格になされるのが一般的である。

　両責任の違いはこのように明確であるが，そのことは，両者が全く無関係であることを意味するものではない。例えば，民事責任が結果として加害行為の抑止や加害者に対する制裁という機能を持つことは否定できない事実である。損害賠償義務を負うかもしれないということがある人に不法行為を思いとどまらせたりすることや，加害者が賠償を支払わなければならないことが加害者に対する制裁として事実上機能することは，十分考えられることである。逆に，加害者が民事責任を果たすことが刑事責任の程度に影響することもある。例えば，傷害事件を起こした加害者がすでに被害者に損害賠償を履行ないしその約束をしたかどうかは，刑事裁判における傷害罪の量刑に少なからぬ影響を与える。問題は，このような事実上の機能的重なりを超えて，民事責任の加害行為に対する抑止機能や加害者に対する制裁機能を重視することが可能かどうかである。この問題については，「第2節3　不法行為の機能・目的」の項で検討する。

　　　附帯私訴と損害賠償命令制度　　戦前の日本には，刑事裁判に附帯して当該犯罪によって生じた損害の賠償を被害者が求めることができる制度（附帯私訴）があった（旧刑事訴訟法567条以下）。犯罪により身体・自由・名誉・財産を害された者は公訴（刑事訴訟手続き）の中で，自ら私訴（損害賠償請求）を提起することができ，被告人が刑事訴訟手続きにおいて有罪とされることが，附帯私訴において損害賠償が認められるために必要とされた。不法行為法に関する著名な判決の中には，この附帯私訴によるものもあり，例えば，後に（31頁）「権利侵害」要件に関して触れる「桃中軒雲右衛門事件」判決（大判大3・7・4刑録20・1360）もそうである。浪曲を録音したレコードの製造販売が著作権法違反に

あたるとして起訴された刑事訴訟において附帯私訴のかたちで損害賠償が請求された事案だが，この判決が，（後に詳述するように）民法 709 条の「権利侵害」要件を厳格に解し損害賠償を認めなかったことに，附帯私訴であったことが影響しているとの指摘がある（能見善久「桃中軒雲右衛門事件と明治・大正の不法行為理論」学習院大学法学会雑誌 44 巻 2 号 219 頁）。著作権法違反にあたらないとした刑事手続きにおける判断が，附帯私訴において権利侵害なし（＝賠償責任なし）という判断につながったのではないかというのである。

　戦後になって，この附帯私訴の制度は廃止されたが，近年になって，犯罪被害者の救済をはかるという趣旨で，類似した「損害賠償命令制度」が設けられた（犯罪被害者保護法の改正によるもの。同法 23 条以下。2008 年施行）。ただし，かつての附帯私訴制度では，刑事事件の審理と私訴が同じ法廷で並行して審理されたのに対し，新しい制度では，損害賠償請求に対する審理は刑事事件の判決後に行われる。

(3) 不法行為責任と契約責任

　民事責任としての損害賠償義務を発生させる制度は不法行為の他にもう一つある。それは，契約責任の制度である。例えば，AがBとの間でBの土地の売買契約を締結したにもかかわらずBが土地の引渡しを拒絶した場合，Aはそのことにより生じた損害の賠償をBに対し請求することができる。両制度はいずれも，他人に生じた損害を損害の発生原因者に賠償させるという点で共通の目的を持っている。両者の違いは，前者が契約関係にある当事者間において，その契約の不履行を理由として発生するのに対し，不法行為責任においては加害者と被害者の間の契約関係が前提とされていないことである。したがって，契約責任においては，契約から生ずる義務（債務）違反が責任発生の要件であるのに対し，不法行為においては，そのような契約上の特定の義務があらかじめ当事者に存在するわけではなく，むしろ，他人に損害を加えないようにすべきであるという一般的な義務違反が責任の根拠となる。以上のような相違から，両責任にはその要件と効果において重要な違いが存在する（例えば，帰責事由の証明責任の所在や損害賠償義務の消滅時効等）。

　しかし，他方において両者の関係は密接であり，特に，一定の場合には，同一の行為が両責任の要件を同時に満たすこともある。例えば，A所有の家屋をBが賃借中，重過失により焼失してしまったような場合，Bの行為は賃貸借契約の違反による損害賠償義務の発生要件と，Aの所有権を侵害したことによる

不法行為責任の要件をともに充足したことになる。さらに，雇用契約や学校契約（在学契約）において，雇用主や学校側には労働者や生徒の安全の確保に配慮する義務（安全配慮義務）があるとされ（最判昭 50・2・25 民集 29・2・143，他），あるいは，契約成立以前や契約が有効に成立しなかった場合にも，帰責事由ある契約交渉当事者には一定の責任（契約締結上の過失責任）があるといったように，契約上の義務の範囲が拡大されていくと，契約責任と不法行為責任の関係はかなり微妙となってくる。これらの問題については，第 5 章で詳述する。

2 わが国の不法行為法の構造

わが国の不法行為法は，民法 709 条という一般的規定，すなわち，適用される不法行為のタイプを限定せず，同時に不法行為の一般原則を明記した唯一の規定を持っていることが特徴的である。その上で，民法 714〜719 条では，適用される場合を限定しつつ一般原則とは異なる内容を持った不法行為が規定されているのである。前者を一般的不法行為，後者を特殊の不法行為と呼ぶことができる。さらに，民法以外にも不法行為責任を定めた特別法が存在する。失火の場合に重過失にのみ責任を認める失火責任法，国や公共団体の責任を定めた国家賠償法，自動車事故による損害の賠償に関する自動車損害賠償保障法等である。これらの特別法上の不法行為も，適用事例を限定しつつ民法 709 条の不法行為の一般原則とは何らかの意味で異なる内容の不法行為を規定していることから，特殊の不法行為の一種として位置づけることができる。

ところで，不法行為法の構造を比較法的に見ると，大きく分けて三つのタイプがあることが分かる。一つは，個別の不法行為の類型ごとに異なる内容の不法行為が存在する英米法のタイプである。ここでは，不法行為が判例法により形成されてきたこともあり，trespass（違法侵害），defamation（名誉侵害），nuisance（生活侵害），negligence（過失侵害）等々の個別の異なる不法行為から不法行為法が形成されている。第二のタイプは，全ての不法行為にあてはまる一般的規定を有するものであり，faute（フォート）により他人に損害を生じさせた者に賠償義務を課すという不法行為の一般規定（フランス民法 1382 条）を持つフランス法がその典型である。ボアソナードの手による旧民法の不法行為規定は，このフランス法の考え方にならっている。第三は第一と第二のタイプの中間で，中心となる不法行為の一般規定の他に幾つかの補充的な規定を有す

るものである。ドイツ民法がこれにあたる。ドイツでは，故意・過失による違法な生命・身体・健康・自由・所有権・その他の権利の侵害に対する不法行為が規定され（ドイツ民法823条1項），さらに，それを補充するものとして，他人の保護を目的とする法規に違反した故意・過失行為（同条2項）と故意の公序良俗違反行為（同法826条）が一般的不法行為に関する規定として置かれている。

　問題は，わが国の民法の不法行為規定がどのタイプに属するかである。709条が，「権利侵害」というドイツ民法832条1項において重要な役割を占めるものと類似の要件をおいた（現在では「権利又は法律上保護される利益」の侵害）ことから，ドイツ民法の影響がうかがわれること，および民法典成立以後の学説におけるドイツ法理論の影響を考えると，わが国の不法行為法が総体としてどのタイプに属していると考えるかについては慎重な検討が必要である（709条の系譜については26頁も参照のこと）が，709条という唯一の一般的不法行為規定を持つ点で，少なくとも規定の体系的な構造としては，一応，フランス法型に属すると言って大きな誤りはなかろう。

　このようなタイプの特徴は，規定が一般的であるだけに，社会の発展にともなう事故の態様の変化にも柔軟に対応できるという長所を有することである。現に，個別的不法行為を中心にして発展してきた英米法でも，negligence の一般条項的運用がはかられるようになってきたと言われており，また折衷型であるドイツでも，他人に危険をもたらした者はその危険を管理し他人に損害を与えないよう注意すべきとの，いわゆる「社会生活上の義務（Verkehrspflicht）」を判例・学説が確立することにより，一般的規定が存在しないことによる不都合をカバーしている。しかし逆に，一般的規定は，適用範囲が曖昧になったり，裁判官の裁量の範囲が広くなりすぎてしまうという弱点をも持っている。このことは，公害等の社会的利害が衝突することの多い現代的な不法行為類型においては深刻な問題をも生じさせる。したがって，このような一般的規定の解釈にあたっては，紛争のタイプごとの類型化などにより，その判断基準を明確にして，不法行為の成立範囲を適切に画定する努力が判例や学説に要求されることになる。

第2節　不法行為法の基本原理

1　過失責任の原則

(1)　はじめに

　前述したように，不法行為とは，損害が発生した場合，一定の要件の下で加害者にその損害を賠償する義務を課し，その履行により被害者から加害者に損害を転嫁させる制度である。したがって，そこにおいて重要なのは帰責原理，すなわち，なぜある人（加害者）は他の人（被害者）に生じた損害を賠償しなければならないのかである。この点につき，近代以前においては，結果責任主義ないし原因責任主義，つまり，行為と損害の間に原因結果の関係があれば，その行為者（原因者）が賠償義務を負うという考え方が有力であったと言われている。しかし，このような考え方は近代法においては克服され，過失責任主義が確立した。わが国においても，明治期の近代的な民法典編纂の時期に過失責任主義が採用された。旧民法では「過失又ハ懈怠」が損害賠償の要件にあげられており（旧民法財産編370条），現行民法も，709条において「故意又は過失」を要件としているのである。

(2)　過失責任主義の意義

　近代の不法行為法が帰責原理として過失責任主義を採用したのはどのような理由からか。これについては様々な理由や背景が考えられるが，その基本的な理由は個人の自由な活動を保障することにあるものと考えられる。人々の関係が緊密になり活動が活発化すると，ある人の活動が他人に損害を生じさせることも多くなるが，その場合，結果責任ないし原因責任主義によりその損害について全ての場合に原因をなした行為者が責任を負っていたのでは自由な活動が制約されてしまう。そこで，一定の範囲ではたとえ自己の行為の結果として損害が発生しても責任を負わないとして，個人の自由な活動を保障することが必要となったのである。わが国の民法典の起草者も，原因主義は厳しすぎて各人の活動の妨害となり，実際の生活に適さないと述べている。

　以上の意味において，過失責任主義は，契約自由の原則と同様の機能を他の

側面から果たすものであるとも言える。契約自由の原則は，人は自己の意思に基づき自由に契約を結ぶことができるとして活動の自由を積極的に保障するのに対し，過失責任主義は，人は過失がなければ責任を負わないとして損害賠償義務を課されることによる活動の自由の阻害を限定し，消極的な側面から活動の自由を保障するのである。

　それでは，このような活動の自由保障のために，帰責の根拠が故意・過失という行為者の主観的要素に求められた理由は何か。これには，次の二つの側面がある。まず第一に，法思想的に見れば，過失責任主義は意思理論の反映である。ここで言う意思理論とは，全ての人は自由な意思を持ち，意思のみが自己を法的に拘束するという理論，すなわち，ある人が義務を負うのはその人の意思に根拠があるという考え方である。この理論によれば，契約上の義務は，契約を結んだ人の意思を根拠としてその人を拘束するものであり，それに対し，不法行為の場合は，故意・過失という意思において非難されるべき要素が賠償義務を負うこと，つまり，帰責の根拠となるのである。

　第二の側面は経済的側面である。過失責任主義は，経済的機能の面では，資本主義的な計算可能性の確保に寄与するものである。資本主義経済において，企業は一定の費用を投ずればどれだけの利潤が上がるかを計算して活動を行うが，損害賠償義務も一種の費用であり，それを負うのはどのような場合かがあらかじめ予測できなけれはならない。このことは，逆にいえば，予測した（故意）ないし予測できたはずの（過失）損害については帰責させても構わないことになる。ここに，故意や過失が帰責の根拠として経済的合理性を持つのである。

　ところで，過失責任主義は二面性を持つことに注意すべきである。それは一方では，過失があれば責任を負うという考え方（過失責任の「積極的側面」）であることから，損害賠償義務を負わないようにするための注意深い行動を人に要求することになる。この側面において過失責任主義は，他人に損害を加えないよう注意して行動すべきことを人に命ずる機能を持ち，逆に言えば，過失があるということはなすべき注意を払わなかったことを意味し，そのことが行為者の非難につながるのである（四宮254頁）。他方において，過失責任主義は，たとえ他人に損害を与える行為があったとしても過失がなければ責任を負わないことを意味する（過失責任の「消極的側面」）ので，注意深い行動をしてさえおれ

ば賠償義務を負うことはなく，この点で，人々の活動の自由を保障するものとなるのである。この後者の側面が企業活動に適用される時，過失責任主義は企業保護的性格を持つことになる。この面が強く表れた事例として，戦前の大阪アルカリ事件大審院判決（大判大5・12・22民録22・2474）がある。化学工場から排出される亜硫酸ガス等により付近の農作物が被害を受けたため，付近農民が損害賠償を請求した事件において大審院は，損害発生が予測できたとしても，「事業ノ性質ニ従ヒ相当ナル設備ヲ施シタル以上ハ……偶々他人ニ損害ヲ被ラシメタルモ」不法行為責任はないとした。「相当ナル設備」として何を要求するかにより過失責任主義の企業保護的性格の程度は異なるが，もし，企業活動の採算の範囲内の措置が相当だとされるならば，この考え方は著しく企業活動に有利なものとして機能することになろう（過失責任主義の二つの側面については，窪田5頁以下参照）。

　以上のようなものとしての過失責任主義が合理性を持つためには，二つの前提が必要であった。第一は，注意をすれば被害の発生が防げるという前提である。日常生活における市民間の事故の多くは，人が注意深い行動をとれば防げるものであり，その意味で過失責任主義により人に注意深い行動を命じておけば足りるのである。第二の前提は，立場の対等性・相互互換性の存在である。近代法は全ての人間の平等を前提としている（憲法14条参照）。したがって，加害者と被害者はお互いに対等であり，時と所を変えれば立場を交替させうるものと考えられている。すなわち，あるときは被害者になるかもしれないが別の場合には加害者になるかもしれないという関係の存在である。過失責任主義は賠償義務を限定し活動の自由を保障するものであり，その意味で，結果責任主義などより明らかに加害者に有利な責任のあり方である。しかしこの互換性を前提にすれば，それは，常に特定の人やグループにのみ有利に作用するものとは言えないことになるのである。

> **過失責任主義と活動の自由について**　　フランス人権宣言（1791年）は，その4条において，「人は他人を害しない全てのことをなしうる」としているが，過失責任主義は，このような考え方によって基礎づけられるものである。この原則からは，一方で人は自由に行動しうるということが出てくるが，他方，その自由な行動が他人を害するものであってはならず，したがって，人がその自由を行使するにあたっては，他人を害しないよう注意を払うべきであり，そのような注

意を払った行為は活動の自由により保障される（不法行為責任を負わない）が，しかし，逆に，そのような注意を怠った（過失）ならば責任を負うべきであるという準則（過失責任主義）が出てくるのである（以上のような過失責任主義の意味については，清水誠・時代に挑む法律学 1 頁以下，271 頁以下参照）。

　したがって，過失責任主義は，その「消極的側面」において，確かに個人の活動（とりわけ経済活動）の自由を保障するものではあるが，それは決して野放図な自由ではなく，他人を害しないような注意深さと，それを怠った場合の厳しい責任をともなうものでもあるのである。そして，このような（過失があれば責任を負うという）「積極的側面」における過失責任主義は，今日も，普遍性を有するのである（窪田充見「過失責任主義・自己責任の原則」法学セミナー556 号 20 頁）。

2　過失責任主義の修正

(1)　過失責任主義の問題点

　現代社会において，企業を中心とした経済活動は，社会を発展させてきた原動力である。しかし，その反面において，現代的な活動は様々の危険を作り出し，深刻な損害を発生させている。例えば，企業活動は，対外的にはその派生物（廃棄物等）から環境汚染による被害を発生させる。また，企業が作り出した製品の欠陥により損害が発生することも少なくない。対内的には，労働の現場における事故の発生が深刻な社会問題となってくる。また，自動車による事故の発生も深刻な社会問題である。

　以上のような事故・損害は，次のような特徴を持っている。まず第一は，その被害の広範さ深刻さである。例えばわが国の交通事故の実態を見るならば，それによる死者はピーク時（1970 年）には年間 1 万 6 千人に達し，その後，対策の進展などにより減少したが，それでも，なお深刻な被害が多数生じていることに変わりはない。第二の特徴は，被害発生の不可避性，すなわち，たまたま誰かの不注意で生じた，その意味で偶発的な事故ではなく，現代における人々の活動にある程度不可避的につきまとう事故だということである。第三に，このような現代的な損害においては，被害者と加害者の立場の対等性・相互互換性がない場合が多い。公害に典型的なように，加害者である企業と被害者である市民の間には経済的・社会的な格差があり，また，普通の市民間の事故のように，あるときは加害者だがあるときは被害者の立場におかれることがある

という関係も存在しないのである。さらに第四に，現代社会における事故にあっては，加害者の過失の立証が極めて困難であることが少なくない。特に，公害のように，加害行為が高度の科学技術を応用するものであったり，商品に欠陥があった場合（いわゆる製造物責任）のように，メーカーと消費者に，得られる情報の著しい格差がある場合，被害者による過失の立証は極めて困難である。

　現代社会における事故の以上のような特徴は，過失責任主義が合理性を持つための前提を揺るがし，そこから過失責任主義修正の必要性が出てくる。現代においては，高速度交通機関，重化学工業，原子力等の，かつては存在しなかった危険な活動が登場したが，そこから生ずる被害は極めて重大であり，そのような損害が，かりに過失によらずに発生した場合，それを過失がないということで放置しておくことはできなくなる。また，被害の不可避性は，単に人に注意深い行動を命ずるだけでは防ぎきれない被害が増加してきたことを意味し，そのような，ある種の活動から不可避的に派生する被害においては，過失責任による処理は問題が大きい。さらに重要なことは，立場の対等性・互換性の喪失である。例えば公害の場合，加害者たる企業と被害者たる住民の立場は対等とは言えず，また，企業は当該活動により利益を得ているが住民には一方的に被害のみが帰することになり，立場の交替可能性もない。このような実態の下で過失責任主義による責任の限定を行うことは，一方的に企業に有利に働くことになる。加えて，現代的不法行為における過失証明の困難さのため，不法行為責任の成立要件としての過失の立証責任が被害者にあるとされることは，被害者に，場合によれば不可能を強いることにもなりかねない。

(2)　過失責任主義修正の方法

　以上のような変化にともない，近代法の責任原理であった過失責任主義は，現代社会の中で修正を受けて行くことになる。過失責任主義を修正する場合，過失を要件としない責任（無過失責任）を採用する場合と，過失の立証責任を被害者から加害者に転換する場合（これを，無過失責任と過失責任の間にあるという意味で中間責任と呼ぶことがある）がある。ところで，過失責任主義の修正には，そのやり方において，国により異なる二つの方法がある。一つは，判例や法解釈により無過失責任ないし中間責任を認める立場である。例えば，フランスにおいては，民法典自身は過失責任主義に立つが，後の判例や学説は1384

条 1 項（「人は自己の行為により惹起した損害のみならず，自己が責任を負うべき他人の行為または自己の保管の下にある物によって惹起された損害についても責任を負う」）に依拠して無過失責任としての「無生物責任の法理」を展開させた。

　第二はドイツのやり方であり，そこでは解釈による無過失責任の導入を認めず，その代わり，個々的に特別法を作って，現代的な事故に対する対応がなされている。例えば，民法典成立前にすでに，鉄道事故に無過失責任を認める法律があり（1838 年のプロイセン鉄道法や 1871 年の帝国責任法），その後も自動車（1909 年），航空機（1936 年），原子力（1959 年），薬品（1976 年），製造物責任（1990 年），環境汚染（1991 年）など，危険な活動から生ずる被害に対し個別法が多数作られている。

　日本の場合，判例や通説は解釈による過失責任主義の修正，とりわけ無過失責任の導入には消極的であり，その意味で，無過失責任には特別の法律が必要だとするドイツのタイプに属すると考えられている。民法典の起草者も，民法典の原則としては過失責任主義をとるが，危険な活動については無過失責任特別法による対処が必要だと考えていた。しかし，わが国においては，個別立法の制定はドイツに比べて不十分であり，現実社会における現代的な事故に立ち遅れがちであった（わが国の無過失責任の歴史については，浦川道太郎「無過失賠償責任」星野英一編集代表・民法講座 6 巻 191 頁以下参照）。

　そのため，わが国の裁判所は，民法 709 条の過失責任の枠内で，第 2 章で詳しく述べるように過失概念を修正したり，「一応の推定」などにより過失の立証責任を事実上転換することにより被害者救済をはからざるをえない場面に直面することも少なくない。例えば，公害事件においては，1972 年に大気汚染防止法と水質汚濁防止法に無過失責任規定が導入されるまで鉱業法における無過失責任規定以外に無過失責任を認める特別法はなく，そのため，大きな社会問題ともなった四大公害訴訟のうち鉱業法 109 条の適用が可能であったイタイイタイ病を除く三つは，過失の前提となる行為者の注意義務を高度化することにより企業の過失責任が認めるという方法で被害者の救済がはかられた。また，キノホルム剤による薬害であるスモン事件においては，メーカーの過失を事実上推定した判決がある（福岡地判昭 53・11・14 判時 910・33）。

　しかし，このような方法には，過失の存否をめぐって訴訟に時間と労力がかかるという問題点がある。さらに，いかに注意義務を高度化しても全ての現代

的な事故をカバーしうるかどうかには疑問も残る。その意味で，わが国においても，無過失責任導入に関して立法機関の迅速な対応が望まれる。

無過失責任の拡大　少数説ではあるが，解釈による無過失責任を認めることができるとする立場がある。その第一は，航空機事故や原子力災害等の現代的事故は民法立法者の予想しないものであるので「法の欠缺」の場合にあたり，したがって，事故や災害の性格に応じて，自由に，あるいは条理や公平の見地から無過失責任を認めることができるとする立場である（加藤一郎編・注釈民法（19）10頁（加藤））。第二は，無制限に解釈により無過失責任を認めることはできないが，無過失責任を認める実定法の規定の精神を類推しうる場合には，規定なくして無過失責任を認めうるとする立場（四宮259頁以下）である。無限定に解釈による無過失責任を認めることは法的安定性の上から問題がないわけではないが，わが国の立法機関の対応の遅さを見る時，これらの考え方は傾聴に値する内容を含んでいると言えよう。

また，特別法ではなく，民法の不法行為規定を改正することにより，無過失責任ないし中間責任を拡大すべきとの議論がある。例えば，民法709条を改正し，生命・身体侵害の場合には過失の立証責任を転換すべきとの提案がある（民法改正研究会「日本民法典財産法改正試案」判タ1281号137頁）。これは，被侵害法益に着目して中間責任を導入するという考え方だが，加害行為の性質（危険性）に着目して過失責任の修正規定を置くという立法も考えられる（ヨーロッパにおける不法行為法統一に関する研究グループが作成した「ヨーロッパ不法行為法原則」（その全体は，別冊NBL 155号279頁以下参照）は，「異常に危険な活動（an abnormally dangerous activity）」を行う者の「厳格責任（無過失責任）」を提案している）。あるいは，過失責任主義を修正する一般的規定を設けることに（その適用範囲を明確にするのが困難といった）立法技術上の問題があるとすれば，709条の一般的不法行為の修正によってではなく，民法717条の対象を土地工作物から危険な施設・設備，機器等に拡大することによって柔軟な運用を可能とするといった改正も考えられる。

(3)　無過失責任の根拠と妥当範囲

ところで，過失責任においては，過失のある者がなぜ損害賠償責任を負うかといえば，彼の意思に非難されるべき点があるからだとされる。それでは，無過失責任において，なぜ過失のない加害者は責任を負うのか。無過失責任とは，過失を要件とせずに賠償責任を負わせるというものであり，それだけでは，積極的な帰責の根拠を示しているものではないだけに，それ独自の帰責根拠が要

求される。

　この点について現在では，次の二つの考え方が有力である。一つは，自ら危険を作り出しコントロールする者はその危険の結果である損害について責任を負うべきであるという，いわゆる危険責任の考え方である。第二は，「利益の帰するところ損失もまた帰する」という考え方，つまり，利益をあげる過程で他人に損害を与えた者はその利益の中から賠償するのが公平であるという，報償責任の考え方である。この両者は相いれないものと考える必要はなく，例えば公害において，企業は操業により利益を得つつ損害を発生させており，同時に，危険な活動を自己の支配領域で行っているので，無過失責任を負うべきだというように，両者相まって無過失責任を根拠づけるものとして機能していると考えるべきである。

　さらに，次のような，経済学的分析から，無過失責任を根拠づけることも可能である。すなわち，危険な活動を行っている企業は，被害者と比べると，その資力，技術において損害発生を回避するのに有利な立場にあること，企業に損害を負担させることは損害を発生させないようにするために企業が努力する経済的誘因となるであろうこと，企業は損害を負担させられてもそれを企業活動のコストとして製品の価格に転嫁しあるいは保険を付けるなどして損害の分散をはかりうることなどから，危険物の管理者にその危険から生じた損失を無過失で負担させることには合理的な理由がある。無過失責任が事故の抑制や損失分散，さらには，社会における効率的な資源配分のあり方から見て支持されうるというわけである（森島264頁以下参照）。

　以上のように，現代では，過失責任の原則は無過失責任が広範囲に登場することにより大きく修正を受けている。しかし，だからと言って，過失責任主義が今日の社会において妥当性を失ったわけではない。立場の互換性のある一般市民の日常生活から生ずる損害については，個人の自由な活動を保障し，同時に，人に注意深い行動を要求する過失責任主義は積極的な存在意義を有しており，したがってそこでは，過失責任主義が妥当すべきである。他方，公害や欠陥商品による事故のように立場の互換性がない場合や情報偏在により証明が困難な場合，あるいは自動車事故のように，その活動が特に高い危険性を持つ場合には過失責任主義はもはや妥当性を欠き，無過失責任や中間責任による問題の解決がはかられるべきであろう。

帰責原理の多元性　　公害等における無過失責任に関して，次のような議論がある（清水誠・時代に挑む法律学 347 頁以下，富井利安・公害賠償責任の研究 39 頁以下）。未知の物質を大量に外部に放出する行為によって他人の生命・健康等を侵害すれば，過失責任の基礎にある，人に損害を与えないように注意して行動せよというルールから見て，すでにそのこと自体に過失がある。したがって，公害において追及されるべきはあくまで過失責任である。しかし，過失の立証を必要とすると，苦しい立場の被害者にさらに重い負担を課し，被害救済までに長い時間がかかることになる。そこで，これらのケースでは，過失の立証を要することなく（被告の反証をも許さないという意味で単なる立証責任の転換ではない）損害賠償を請求しうるようにすべきであり，これらの事件で認められる「無」過失責任は，その本質において，このような責任であるべきである。

　この説が正当に指摘しているように，四大公害訴訟をはじめとする公害事件や薬品・食品被害事件の場合，企業側に，「他人を害さないように注意して行動せよ」というルールに反したという意味での過失がなかったとは考えにくい。危険な活動を行う企業として要請される安全確保のための措置を怠っていたと見られる場合が圧倒的である。したがって，このようなケースにおいて企業に過失がないので被害者救済のために特に無過失責任が必要だと主張することは，現代の企業には市民間では当然の「他人を害さないように注意して行動せよ」というルールが適用されず，いわば，特権的な活動の自由を企業は持っており，その特権が無過失責任法により例外的に制限されるのだということを意味することになりかねない。しかし，第 2 章第 3 節でも述べるように，現代的企業にはそのような特権ではなく，むしろ，その活動の危険性のゆえに一般市民よりも高度の注意深さが要請されると考えるべきである。そうだとすれば，このような事件において無過失責任が導入されるべきだとすれば，それは，もっぱら，過失の立証困難を避けるためのもの，すなわち，過失がなくても責任を負うという意味での無過失責任（「過失不要論としての無過失責任」）ではなく，被害者の立証負担を免除するという意味での無過失責任論（「立証不要論としての無過失責任」）であることになる。そして，そう考えるならば，そこでは，無過失責任であるがゆえに過失責任より責任内容が希薄であり賠償額を減額するといった考えをとることは妥当でないことになる。

　しかし他方において，現代社会においては，その重大な危険性のために，全く過失が考えられない場合においても，生じた損害を，危険の管理者に賠償させる方が妥当であるケースがあることは事実であり，そのような場合に無過失責任を定めることまでをも否定する必要はない。したがって，「過失不要論としての無過失責任」も同時に認められるべきであろう。

　以上のように考えれば，現代における帰責原理としては，古典的な（市民相互

間における）過失責任，活動の危険性のゆえに高度化された注意義務に反した過
失責任，立証責任の転換（法律上，事実上）された中間責任，「立証不要論とし
ての無過失責任」，「過失不要論としての無過失責任」という一連の，場合によれ
ば重なり合ったり連続性を持ったりしたものが併存することになる。そして，今
後は，どのような活動でどの責任原理を採用するかを検討することが，重要な課
題となろう。

3　不法行為制度の目的・機能

(1)　不法行為制度の目的・機能としての原状回復

　すでに述べたように，不法行為制度の目的の第一は，生じた損害を塡補し，
原状を回復することにより被害者を救済することである。ある人の行為により
他人に損害が発生した場合，不法行為制度は加害者に損害賠償義務を課し，そ
の賠償義務が履行されることにより損害が塡補され，被害者に損害のなかった
状態（原状）が回復され，被害者が救済されるのである。ここでいう原状回復
とは，不法行為による損害賠償の目的ないし理念としての広義のそれであり，
損害賠償の方法において，金銭以外の方法でなされる狭義の原状回復（例えば，
名誉侵害の場合に認められる名誉を回復させるための訂正・謝罪広告等（詳しくは第3
章第2節参照））とは区別されなければならない。

　以上のような目的を不法行為による損害賠償が持つことに，おそらく大きな
異論はないであろう。ところで，被害者の救済を考えた場合，実際に生じた損
害を塡補することによる救済と，現実に生じた損害とは別にあるべき状態ない
し，社会的に見て望しい状態を考え，それを回復させるという方法の二つが考
えられる。具体的には，ある事故により身体侵害が発生した場合，前者の立場
からは，負傷により被害者に現実に発生した損害，例えば治療費や休業による
損害，後遺症がある場合，そのことによる収入減などを金銭に算定し，それが
給付されることになる。それに対し，後者の立場に立って，負傷を受けた被害
者の人間らしい生活を回復ないし保障するという視点から被害者の救済を考え
ることもできる。この場合，被害者の収入の有無や多寡は賠償額算定の決定的
な要素とはならないであろう。現行の救済制度のうち，労災補償のような不法
行為以外の救済制度や社会保障においては，現実の救済の中身がそれにふさわ
しいものとなっているかどうかは別にして，理念としては，主として後者の立

場からの救済額決定がなされる。

　不法行為においては，あくまで実損害を填補するという意味での損害填補・原状回復が中心に置かれるべきことは否定できない。しかし，特に人身損害の場合，侵害された利益が人の生命や健康という本来金銭的な価値を持たないものであるため，実損害の確定や金銭への換算が困難であり，前者の立場からの被害者救済をつらぬくことができず，後者の視点による前者の視点の修正が必要となることも少なくない。例えば，専業主婦や幼児のような現に収入を得ていない被害者の場合，収入減による実損害とその分の損害賠償を認めることには困難があるが，このような者の被害についても救済しなければならないとすれば，そこにおいては，被害者の人間らしい生活の保障という視点から，不法行為の損害賠償をとらえ直すことも必要とならざるをえない。

(2)　不法行為制度の目的・機能としての抑止と制裁

　不法行為制度の目的・機能として第二に問題となるのは，不法行為に対する抑止機能である。すなわち，他人に損害を加えれば損害賠償義務を課されるということが，行為者に不法行為をするのを思いとどまらせたり，あるいは，損害発生を防止する注意深い行動をとらせることになるのである。過失責任の場合，他人に損害を加えないように注意して行動すべき義務に違反した時に賠償義務が発生するので，行為者は賠償義務を負わないためには注意深い行為をするように動機づけられ，結果として不法行為に対する抑止機能を果たすことになる。無過失責任の場合は，過失責任の場合のような行為義務の設定とそれへの誘導による不法行為の抑止という直接的な形ではないが，損害を発生させなければ賠償義務を負担することはないのだから，やはり，損害の防止に対する誘因ないし動機として機能しうる。

　不法行為の抑止機能は，刑罰や行政上の手段に比べてそれほど強力なものではない。しかし，例えば，公害の場合のように，企業に対する刑罰があまり有効な抑止機能を果たしえず，しかも，行政的な規制が必ずしも迅速かつ有効になされなかったような場合には，有効な抑止手段として機能しうる。特に，国家の刑罰権の発動として，その濫用を厳にいましめなければならない（罪刑法定主義等の諸原則）刑罰の場合，社会の変化と，それにともなう加害行為の多様化に必ずしも迅速かつ柔軟に対応できないことから見て，不法行為の抑止機能

に期待される役割は小さなものではない。また，不法行為が被害者（私人）の
イニシアチヴで行われるものであることも，この制度の積極面である。被害者
が被害の救済や防止を求めて行動を起こす場合，不法行為に基づく損害賠償請
求が重要な役割を果たすことは，公害裁判などにおいてしばしば見られるとこ
ろである。

　さらに，不法行為が加害者に対する制裁の一種として機能することも否定で
きない。民事責任と刑事責任の区別を重視する立場からは不法行為の制裁的機
能を強調することは民事責任の本質に反するものであるとして批判されるが，
加害者に損害賠償義務が課されることが，事実上被害者や社会の制裁ないし報
復感情を満足させることは否定できない。特に，損害賠償のうち慰謝料におい
ては，賠償の対象が精神的損害という被害者の感情的な要素をも含むものであ
るため，それが制裁的機能を持つことを強調する学説は有力である。判例も，
慰謝料の算定において，侵害行為の態様や加害者の財産状態，社会的地位等を
も考慮することにより，事実上，その制裁的機能を認めていると見ることもで
きる（慰謝料の算定については第3章第4節の2参照）。

　不法行為の抑止的機能や制裁的機能に関して争いがあるのは，これらの機能
を，損害の填補という不法行為制度の主たる目的が果たされることに付随した
事実上の機能というにとどまらず，より積極的にそれを正面から認めることが
できるかどうかである。特に，英米法における懲罰的損害賠償（punitive dam-
ages）のような，生じた損害を超える賠償を加害行為の抑止や加害者に対する
制裁のために認めることができるかどうかが問題となりうる。

　わが国の通説や判例は，この点につき否定的であり，例えば，原告の英米の
懲罰的損害賠償にならった制裁的慰謝料の主張を民刑事両責任の分離を理由に
しりぞけた判決（東京地判昭 57・2・1 判時 1044・19）や，アメリカでの懲罰的損
害賠償を認めた判決のわが国における執行が問題となった事例において，アメ
リカの懲罰的損害賠償制度は，わが国の罰金等の刑事罰とほぼ同様の意義をも
ち，「被害者に生じた現実の損害を金銭的に評価し，加害者にこれを賠償させ
ることにより，被害者が被った不利益を補てんして，不法行為がなかったとき
の状態に回復させることを目的と」するわが国の不法行為制度に基づく損害賠
償と本質的に異なっており，懲罰的損害賠償を認めた判決がアメリカで下され
ても，それは「我が国の公の秩序に反するから，その効力を有しない」として，

わが国での執行を否定した判決（最判平9・7・11民集51・6・2573）がある。また，走行中の車両から車輪が脱落して，それが歩道を歩行中の被害者に衝突し死亡させた事件で，事故車両を製造したメーカーに制裁的慰謝料が請求されたが，裁判所は，慰謝料に事実上の効果として「制裁的機能や抑制的機能が認められることが否定されるわけではない」が，「処罰を目的とする制裁的慰謝料を認めることはわが国のそもそもの法制と調和しない」としている（横浜地判平18・4・18判時1937・123）。

　しかし，前述したように，わが国の公害事例や薬品・食品被害の事例のように刑罰や行政的規制が十分な抑止ないし制裁として機能せず，しかも，当該不法行為により加害者が利益を得ているような場合には，このような意味での不法行為の抑止ないし制裁的機能を認めることの実際的意義には大きなものがあり，その当否については，より慎重な判断が必要となろう。近年では，加害者が利益を得ている利得型不法行為において，加害者の利得をはき出させるために不法行為制度を活用すべきとの主張も有力であり（窪田充見「不法行為と制裁」石田古稀・民法学の課題と展望667頁以下），事実上の機能としてだけではなく，少なくとも第二次的ないし例外的な機能としては，不法行為の抑止ないし制裁的機能を認めるべきではないか（同旨，加藤（雅）381頁，近江95頁）。

> **制裁・抑止機能を取り込んだ損害論**　　不法行為の制裁・抑止機能を現行法で実現する一つの方法として，損害論（賠償額算定論）レベルでそれらの機能を取り込むことが考えられる。例えば，侵害者が得た利益を損害と推定する著作権法114条2項等を参考に，加害者が取得した利益を手がかりに損害を金銭的に評価することによって加害者の得た利益を吐き出させるという方法（窪田413頁。ただし，潮見②54頁以下は，加害者が得た利益を侵害された権利の価値や発生した損害と見ることはできず，利益吐き出しは別の制度で処理すべきとする）や，慰謝料算定において加害行為の悪性を考慮した算定を行うといった方法（潮見②52頁は，被害者が加害者から償いを受けることによる満足感情（溜飲を下げる）を慰謝料において考慮する方法を示唆している）である（損害賠償と制裁について詳しくは，廣峰正子・民事責任における抑止と制裁9頁以下参照）。

第3節　不法行為とその他の救済制度

1　責任保険の発展

　不法行為制度は加害者に損害賠償義務を課すことにより被害者の救済をはかることを第一の目的としているが，その大きな弱点は，加害者に賠償義務を履行する資力がなければ，賠償義務を認めても被害者保護の実効性に欠けることである。このことは逆に言えば，賠償義務を課されることは加害者に負い切れない重い負担となることがあることを示しており，そのことが今日の社会における人々の活動を萎縮させることにつながるおそれもないわけではない。このような問題点に対処するものとして，責任保険制度が存在する。責任保険とは，損害を発生させる危険性のある活動を行おうとする者があらかじめ保険料を支払っておき，損害が発生し賠償義務を負ったときに，それを保険事故として保険者から保険金の給付を受けるという仕組みである。この制度を使うことにより賠償義務者はその賠償資力を確保することができ，またこの制度により，賠償金支払いの負担を同種の責任保険に加入している者に分散することにより，危険の分散，損害賠償責任の社会化が可能となる。

　このように，責任保険は本来，加害者になる可能性のある者のための保険であるが，それは同時に，賠償義務者の賠償資力を担保することにより被害者の実効ある救済を可能にするという，被害者にとって意義のある制度としても機能する。特に，わが国の自動車事故に関する責任保険のように，自動車保有者に保険への加入が義務づけられ（自動車損害賠償保障法5条），さらに，被害者が直接に保険会社に請求することもできる（同法16条1項）ようになると，この制度はもっぱら被害者のための制度として機能することになる。

2　新しい救済制度の登場

(1)　不法行為以外の救済制度

　責任保険制度の発達・普及は，不法行為制度の大きな弱点であった，賠償義務者に賠償資力がなければ実効性に欠けるという問題点を克服したが，責任保険は形式的にはあくまで加害者の賠償義務を担保するものであるため，保険金

が支払われるためには賠償義務の存在が前提となる。したがって，損害の発生により直ちに被害者が救済されるようにはなっておらず，賠償義務の存否やその範囲について争いが生じた場合，それは裁判で争われることになり，時間と費用がかかるという問題点が残る。そこで，このような不法行為制度とそれを補強する責任保険制度の不十分さを克服するために，各種の新しい被害者救済制度が作られるようになってくる。

　例えば，労災に対する補償制度（労働災害補償保険法 1947 年），公害による健康被害に対する補償制度（公害健康被害補償法 1973 年），医薬品の副作用被害に関する救済制度（医薬品副作用被害救済基金法 1979 年。医療品医療機器総合機構法 2004 年）等である。これらの制度は，賠償義務の存在を被害者に対する給付の前提としていないこと，給付額が定型的な基準によって算出され，必ずしも被害者に生じた実損害を填補するものとはなっていないことにおいて，不法行為制度とは異なる性格を持っている。しかし，その制度の費用の少なくとも一部が，当該損害を発生させる可能性のある者の集団（例えば，公害健康被害補償の場合は汚染物質の排出者，医薬品副作用被害救済制度の場合は製薬会社や輸入販売業者）からの拠出によってまかなわれている点において，民事責任的要素が残っている。

　これに対し，民事責任的要素を完全に払拭した，社会保障の一種としての被害者救済制度も存在する。例えば，犯罪による生命・身体被害に対する補償制度（犯罪被害者等給付金支給法 1980 年）がこれにあたる。ここでは，制度の費用は国家，すなわち納税者の税金によってまかなわれる。また，生活保護や各種の社会保障制度が，事実上，被害者救済機能を果たすことがあるのも当然である。

(2) 「総合救済システム」の提唱

　以上のように，現在では，被害者を救済する制度として，不法行為の他に，その実効性を担保するものとしての責任保険，さらに不法行為上の民事責任とは切り離された救済制度，その中でも可能的加害者集団の拠出がなされるものから民事責任的性格を完全に払拭したものまで，各種の制度が存在している。しかし，これらの制度とその併存には問題点もある。まず，損害賠償制度やそれを補強する責任保険制度は，賠償義務の成立を前提としているために必ずし

も簡易迅速な救済が可能ではない。また，多数の制度が並立する結果，制度の谷間に落ち込んだ人の救済が不十分であることや，制度間のアンバランス，複数の制度がオーバーラップした場合の調整問題なども存在する。不法行為責任が広く認められるようになると，新薬開発にブレーキがかかったりすることや医療における萎縮診療のような，責任発生を恐れた「社会的な負の対応」が生ずるとの指摘もある（加藤（雅）398頁）。そこで，これらを克服するために，不法行為を含む既存の救済制度を一つの総合的なシステムに統合すべきだとする主張が存在する（加藤（雅）400頁以下，加藤雅信編・損害賠償から社会保障へ）。

　その場合，一つのモデルとして，ニュージーランド事故補償法（1972年施行，1982年改正）があげられることが多い。ニュージーランドでは，次の三つの仕組みからなる総合的な救済制度を作り，事故による人身被害をその原因を問わず全てこの制度により救済し，それに対応して，民法上の不法行為責任は，人身事故については廃止され，私人は損害賠償請求ができなくなった。救済の仕組みの第一は，わが国の労災補償に対応する就労者救済制度であり，ここでは使用者が費用を負担する。第二は自動車事故救済制度であり，自動車の所有者と運転免許者が費用を負担する。第三がその他の全ての事故に対応する補足救済制度であり，国が租税により費用負担を行う。そしてニュージーランドでは，事故が発生した場合，上のいずれの態様の事故であるかを問わず，事故補償委員会が給付窓口となって，同じ内容の補償（医療費，所得補償，その他）が給付されることになる。その場合，給付額は実損害ではなく，一定の上限が設けられている（ニュージーランドの制度の内容とその運用実態については，加藤編前掲書41頁以下，浅井尚子「ニュージーランド事故補償制度の三〇年」判タ1102号59頁以下参照）。

　このような包括的な救済制度をわが国にも導入すべきとの意見がある。現在の様々の救済制度に拠出されている原資を「基金」に飲み込んで，給付の窓口と内容を一本化した総合的救済システムを構築した上で，不法行為を原則として廃止すべしという構想である（加藤編前掲書1頁以下，加藤（雅）400頁以下）。その意義は，簡易で迅速な救済が可能となること，包括的な制度であるため救済の実効性も確保できること，制度間のアンバランスを解消できることである。しかし，これに対しては，わが国のような事故が多発する国においてこのような制度を作り運用することは，そのために多大な費用を要し，結果として給付

水準の低下につながるのではないか，不法行為責任の廃止は責任の希薄化につながるのではないか，悪質な不法行為者に対して，制度からの求償がなされるとしてもそれで十分か，そもそも，被害者が自らのイニシアチヴで権利の救済をはかる途が閉ざされることに問題はないのかといった疑問も投げかけられている（この議論について詳しくは，吉村良一・市民法と不法行為法の理論 133 頁以下参照）。

　このような制度を構想する立場からは，これらの批判，特に不法行為責任の廃止に対する批判を踏まえて，不法行為制度を存続させた上で，潜在的加害者と潜在的被害者にこのような総合システムに加入するか否かを事前に選択させる（この点で，この救済システムは任意保険の性格を帯びてくることになる）という考え方（石原治・不法行為改革 255 頁以下）や，不法行為を全面的に廃止するのではなく，加害者に故意または重過失があった場合は，基金からの定められた額の給付を超える損害について被害者が加害者を訴えることができるという，当初のものから修正された提案もなされているが，このようなシステムの当否についてはなお慎重な検討が必要である（この問題について詳しくは，宇佐見大司「『総合救済システム』論」法律時報 65 巻 10 号 90 頁以下，加藤雅信「損害賠償制度の将来構想」山田卓生編集代表・新・現代損害賠償法講座 1 巻 289 頁以下参照）。

不法行為訴訟と救済制度　　不法行為訴訟を契機として救済制度が作られることがある。大気汚染によってぜん息等が多発している地域と，水俣病のような公害と特異的に結びついている疾病に関する地域を指定し，そこに一定期間生活し認定を受けた人には補償が給付される（公害健康被害補償法）。また，建設作業に従事し建材に含まれたアスベスト粉じんにより中皮腫等の疾病に罹患した被害者に賠償を給付する法律（建設アスベスト給付金法）が 2021 年 6 月に制定された。

　これらの制度の特徴は，訴訟によらずに行政認定によって給付が決定されることである。しかし，これらの制度と不法行為訴訟には密接な関連がある。公害健康被害補償法がつくられた契機は四大公害訴訟等の公害賠償訴訟であり，したがって，この制度は「民事責任を踏まえた」ものとされる。アスベストについて言えば，国や建材メーカーの賠償責任が最高裁で認められたことが契機となっている。これらの救済制度は，不法行為訴訟において原告に認められた救済を，同様の被害を受けた訴訟外の被害者に，訴訟によらずに，簡便・迅速に拡大する（普遍化する）ものとして作られたのである。不法行為訴訟は，このように，制度ないし政策を形成する機能を果たすことがある（吉村良一・政策形成訴訟における理論と実務 1 頁以下参照）。

第2章 一般的不法行為の要件

第1節 序 説

1 はじめに

　不法行為には，第1章で述べたように，適用される不法行為の種類を限定せずに全ての不法行為に適用可能であり，同時に不法行為の一般原則を規定した一般的不法行為と，適用領域を限定した上で一般原則とは異なる内容を持った特殊の不法行為の二種類がある。民法709条が一般的不法行為規定であり，714条以下および特別法上の不法行為が特殊の不法行為にあたる。わが国の不法行為の大きな特徴は，一般的不法行為として，故意または過失により他人の権利または法律上保護される利益を侵害した者に賠償義務を課す709条という唯一の規定を有し，特殊の不法行為の規定が適用されない場合の全てをこの条項により処理していることである。

　このような，一種の一般条項として機能する709条を解釈するにあたって注意すべきは，社会の複雑化にともない様々の新しいタイプの事故や被害が発生してきた場合，まずさしあたりこの709条で扱われざるをえないということである。例えば，公害事件も1970年代初頭までは特別法が不十分であったため，主要に本条による賠償が問題となった。このように，本条がカバーすべき不法行為の種類が多岐にわたることになると，その要件の解釈をめぐって多様な理論が登場してくることになる。なぜなら，多様なタイプの不法行為を一つの条文により処理しようとすれば，その要件の理解も多様なものにならざるをえず，また，あるタイプの不法行為を念頭において展開された本条の解釈理論は，他のタイプの不法行為にはそのままには適用しにくく，そこでまた，別種の理論が展開される可能性があるからである。不法行為理論の「混迷」が指摘されることがあるが，その一因は，このような事情にあるとも思われる。以下，この

ような事情を念頭に置きながら，709条の要件について見ていこう。

709条の系譜　　民法709条は旧民法財産編370条に対応する規定として立法
化されたものである。旧民法財産編370条は，「過失又ハ懈怠二因リテ他人二損
害ヲ加ヘタル者」に賠償義務を課すものであり，「過誤（フォートfaute）」を要
件に賠償義務を課すフランス民法典1382条をモデルとしたものである。そこで
は，不法行為の主要な要件が「過失又ハ懈怠」に一元化されている。これに対し，
現行法は，故意・過失に加えて権利侵害（現代語化改正によって「法律上保護さ
れる利益」が付加）というフランス民法典や旧民法にはない要件を付加しており，
この点では，「生命，身体，健康，自由，所有権，その他の権利」の侵害を要件
とするドイツ民法823条1項と類似した形態となっている。

　このような709条の系譜については，それをフランス法に由来するものと見て，
ドイツ流の故意・過失と権利侵害（ないし違法性）に二元化された要件論をとる
ことを批判する考え方が有力に主張されている（平井9頁以下）。確かに，すで
に述べたように，本条は唯一の一般的不法行為規定である点において，不法行為
規定の体系的な構造としては，同じく一般条項的規定を持つフランス法と類似し
ていることは否定できない（本書6頁）。

　しかし他方において，このような本条の特質から直ちに，フランス法における
ような要件の一元的理解をとるべきという結論が出てくるものではない。なぜな
ら，本条の立法過程において起草者は，フランス法や旧民法にはない権利侵害と
いう要件を付加し（この点をとらえて，フランス民法型の旧民法の規定が，ドイ
ツ民法823条型のものに修正されたとの指摘がある（加藤（雅）178頁）），しか
もその「権利侵害行為」を「行為ノ素」としての故意・過失と対比するドイツ法
流の違法性と有責性の二元説に似た説明を行っており，さらに，その後の学説は
ドイツ法の影響によりこの二元説を採用し日本の不法行為法の運用の中に定着さ
せてきたからである（起草者の見解とその後の学説の展開については，錦織成史
「違法性と過失」星野英一編集代表・民法講座6巻133頁以下参照）。

　なお，近時，民法典の不法行為規定の立案者がイギリス法に造詣の深い穂積陳
重博士であったことや，起草段階でイギリスの判例も多く参照されていることか
ら，わが国の不法行為規定へのイギリス法の影響を指摘する研究，さらにまた，
そもそも「権利侵害」要件は，ドイツ法に特有のものではなく，当時のヨーロッ
パ諸国の不法行為に共通していたとの指摘（瀬川信久「民法709条」広中俊雄＝
星野英一編・民法典の百年Ⅲ 563頁以下）もあり，709条の系譜については，よ
り総合的な検討が必要である。

2 709 条の要件の構造

典型的な不法行為として，次の二つの事例を考えてみよう。

> ① Aがサッカーをしていて，蹴りそこなったボールがBの家の窓ガ
> ラスを割った。
> ② 甲の乗った自転車がスピードを出しすぎて乙に衝突し，乙に怪我
> を負わせた。

このような事例において，Aや甲の損害賠償責任を 709 条によって追及する
ためにはどのような要件の充足が必要だろうか。この点を明らかにするために，
709 条の要件とその構造を明らかにしておく必要がある。民法典の起草者は，
前述したように，「故意又ハ過失」と「権利ノ侵害」を対比した上で，それに
「損害ノ発生」を加えたものが 709 条の要点であり，不法行為の基礎であると
述べている。その後の学説においても，この三つの要素により 709 条の要件を
整理するものが一般的である。最近では，故意・過失と権利侵害（違法性）の
区別を批判する学説も有力になってきているが，本書では，基本的にこの三つ
の要素の区別による本条の理解を前提として，以下叙述を進め，新しい学説に
ついては，第 4 節でその内容や位置づけ等について説明することにしたい。

なお，民法を現代語化するための改正（2004 年）により，権利侵害に加えて，
「法律上保護される利益」の侵害が要件としてあげられたが，これは，「確立し
た判例・通説の解釈で条文の文言に明示的に示されていないもの等を規定に盛
り込む」（「民法現代語化案補足説明」NBL 791 号）ものとされており，その意味
で，従来の条文にかかわって展開されてきた議論が基本的には，なお妥当する
ものと考える。

(イ) 損害の発生（損害と因果関係）

民事責任としての不法行為上の賠償義務が発生するためには，損害が発生す
ることが不可欠の要件であり，この点が，未遂犯を処罰することがありうる刑
事責任との違いである。同時に，その損害を賠償義務者に帰せしめるためには，
義務者の行為が損害発生の原因となったものでなければならない（因果関係要
件）。前述の事例にしたがえば，①Aの蹴ったボールにより（因果関係）Bの窓
ガラスが割れたこと（損害），②甲の自転車と衝突して（因果関係）乙が怪我を

したこと（損害）が，この要件にあたる。

　㈹　権利または法律上保護される利益の侵害ないし違法性

　不法行為上の損害賠償義務は，義務者に対し不利益を課するものであるので，そのような不法行為責任が発生するためには，損害を発生させた加害者の行為が，一般的・客観的に見て法的に非難されるものであることが必要である。近代以降の社会は，基本的には個人の活動の自由を前提としているので，このような法的非難は，法が禁止したことを行った場合や，法が命じたことを行わなかった場合に発生することになる。起草者はこのための要件として権利侵害をあげた。権利が法的に保護された利益であり，それを他人が侵害をすることを法が禁止していると理解すれば，権利侵害は，そのような法の命令に反すること，すなわち法的非難をもたらすからである。

　問題は，権利侵害以外にも同様の法的非難が生ずる場合があるのかどうか，あるとすれば，それらを含んだ 709 条の要件をどう理解するのかである。通説は，第 2 節で述べるように，権利侵害以外にも賠償義務を課すという法的非難が生ずる場合を認め，その両方を含む上位概念として違法性という概念を確立し，また，現代語化のための改正では，権利侵害に「法律上保護される利益」の侵害が付加され，権利侵害以外にも賠償責任が生じうることが明確にされたが，この要件と故意・過失要件の関係や，違法性概念の要否については，様々な議論がある。前述の事例では，①窓ガラスに対する B の所有権が侵害されたこと，②乙の健康が害されたことがこの要件にあたる。

　㈨　故意・過失と責任能力

　最後に，賠償義務を加害者個人に帰せしめうるためには，加害者の行為が一般的・客観的な法的視点から見て非難されるだけでなく，当該不法行為を行った加害者本人が個人的かつ人格的に非難されること（帰責事由）が必要である。709 条においてその要件は故意・過失によって示されている。加害者が損害発生を知りながらあえて行為に及んだ場合や，不注意で損害の発生を防止できなかった場合に初めて，当該行為の結果を加害者に帰せしめうるものとなるのである。先の事例では，①A がボールを蹴りそこなったこと，②甲がスピードを出しすぎたことが，ここでの問題である。

　さらに，709 条には書かれていないが，民法 712 条と 713 条が，行為の責任（自己の行為の結果，賠償義務という法的結果が生ずること）を弁識（理解）する能力

のない者の責任を否定していることから，賠償義務を加害者個人に帰せしめるためには，責任を弁識する能力（責任能力）も，ここでの要件となる（ただし，責任能力に欠けることの主張立証責任は，加害者側にある）。

第2節　違　法　性

1　権利侵害から違法性へ

(1)　はじめに

　現代語化のための改正前の民法709条は，他人の「権利ノ侵害」が不法行為の要件だと規定していた。改正により，この要件は，「法律上保護される利益」の侵害を含むものに広げられたが，判例や学説で確立された解釈を盛り込むという改正の趣旨からして，改正前の本条の権利侵害をめぐる議論の推移を見ておくことが重要である。権利侵害要件に関して問題となるのは，まず第一に，旧民法の規定（財産編370条）にはなかったこの要件が付加された理由は何かである。第二には，ここで言う権利とは何かも問題となる。権利には物権と債権，さらには各種の工業所有権等，様々の財産権があり，また，生命・身体に関する権利や名誉・プライバシーに関する権利（人格権）も存在するが，本条に言う権利とはこれらのうちどのようなものを含むのだろうか。さらに第三の問題として，そもそも，権利が侵害されなければ不法行為にはなりえないものかどうか，権利とは言えないような利益が侵害された場合でも損害賠償を認めるべき場合はないのかどうかである。これらの問題については，以下のような判例・学説上の推移がある。

(2)　起草者の考え方

　民法典の起草者がこの要件を設けた理由は次のようなものであった（起草過程について詳しくは錦織成史「違法性と過失」星野英一編集代表・民法講座6巻135頁以下，森島224頁以下参照）。諸外国の例を見ると，不法行為上の損害賠償債務が発生するためには，「何カ不法ノ権利ト認メタモノノ侵害」でなければならないとされているが，旧民法の規定ではこの点が「不完全」「不明瞭」である。また，社会生活において他人に損害を及ぼすことはよくあるがその全ての場合

に損害賠償しなければならないのでは不法行為の範囲が広がりすぎる。このような理由から起草者は，権利侵害を要件とすることにより不法行為の成立範囲を明確にしたのである。この意味で，この要件は，過失要件とともに，不法行為の成立範囲を限定することにより個人の活動の自由をできるだけ尊重するためのものだったのである。

しかし，他方において起草者は，ここに言う権利を狭く限定したものと考えていたわけではない。物権その他の絶対権に限らず債権侵害もこれに含まれ，さらに，財産権だけではなく，生命・身体・名誉・自由などの侵害も権利侵害にあたるものとして説明されている。したがって，この要件による不法行為成立の限定はそれほど厳しいものではなかったと言えよう。ただし，起草者は，不法行為はあくまですでに存在する権利を保護するものであり，不法行為により権利を新たに作り出すものではないと述べている。

さらに起草過程の論議や法典成立直後の学説から，権利侵害要件を設けることにより，それに客観的な行為の評価機能をになわせ，行為の基礎にある行為者の意思ないし「心ノ有様」の評価をになう故意・過失要件と区別させるのが起草者の意図であったことがうかがわれるとの指摘が存在する（錦織前掲論文155頁以下参照）。この指摘によれば，権利侵害要件には侵害行為に対する法律上の客観的な否定的価値評価にかかわる位置づけが与えられていたのである。この点は，不法行為の基本的要件の構造を考える上で重要である。

(3)　初期の判例・学説

民法典施行後の判例や学説は，起草者の考えにしたがい，一方では権利侵害要件と故意・過失要件を対比しつつ，他方では侵害された利益が権利の侵害にあたるかどうかを厳格に問題とし，不法行為の成否を判断した。例えば，信用毀損行為があってもそれが財産権の侵害にあたらないので賠償責任なしとしたもの（大判明 44・4・13 刑録 17・557）や，湯屋の営業に関する「老舗」（ある名称で長期にわたり営業を続けた結果顧客がつき，その名前自体に一定の経済的利益がともなうことになった場合，これを「老舗」という）の二重売買のケースで，買主から売主に対する損害賠償請求を権利侵害にあたらないとして否定したもの（大判明 44・9・29 民録 17・519）などがある。

しかし，このように権利侵害要件を厳格に解することは，被害者の保護を狭

めることになる。特に，わが国の場合，ドイツ法などと異なり，709条以外に
一般的不法行為の規定が存在しないことから，権利侵害要件による不法行為の
限定と被害者保護の関係は大きな問題を含んでいる。この点の問題性を明確に
意識させたのが，次の「桃中軒雲右衛門事件」判決である（この判決が附帯私訴
によるものであったことについては，3頁参照）。

☆大判大正3年7月4日（刑録20・1360）

〔事案〕　当時の人気浪曲師であった桃中軒雲右衛門の浪曲をレコードに吹き
込んで製造販売する権利を有していたXが，その許諾なしに雲右衛門のレコー
ドを作って販売したYに対し，著作権侵害を理由に不法行為による損害賠償を
請求した。大審院は，次のような理由で，不法行為の成立を否定した。

〔判決理由〕　①音楽における著作権の成立には，新旋律でありかつそれが定
型性を持つことが必要だが，浪曲は演奏において音階・曲節に変化が見られる
「瞬間創作」であって，このような「瞬間創作」は著作権法の保護する著作権
の目的とはならない。②したがって，浪曲レコードの無断複製販売は権利侵害
とはいえないので不法行為は成立しない。

　たとえ浪曲には大審院が言うように非定型性があるとしても，レコードに吹
き込まれた場合，それは定型性を持ち，著作権を認めることは十分可能である
ので（現行著作権法によれば，Xは「レコード製作者」（同法96条以下）として保護を
受けうる），そもそも音楽著作権の成立に関する考え方自体にも問題があるが，
その点は置くとしても，大審院自身が判決理由の中で「正義ノ観念ニ反スル」
とまで述べているレコードの無断複製販売が，著作「権」の侵害ではないとい
う理由で不法行為とならないとする結論は重大な問題をはらむものであった。
このような硬直的ともいえる考え方を修正したのが，次の「大学湯事件」判決
である。

☆大判大正14年11月28日（民集4・670）

〔事案〕　K大学の近くで「大学湯」という名前で風呂屋を営んでいたY₁が
「大学湯」という名の「老舗」をXに売却し，風呂屋の建物もXに賃貸した。
Xはその建物で風呂屋の営業を続けていたが，後にその賃貸借契約を合意解除
し，「老舗」を他に売却しようとした。ところがY₁はY₂にその建物を賃貸し
「大学湯」の名前で営業を続けさせた。そのため「老舗」の売却の機会を失っ
たXがY₁Y₂に損害賠償を請求した。原審は従来の判例（前掲大判明44・9・29参

照）に従って，「老舗」は権利ではないからその侵害は不法行為とはならないとしたが，大審院は，次のように述べて，原審を破棄し差し戻した。

〔判決理由〕　民法709条は，故意または過失により「法規違反ノ行為」に出て，他人を侵害した者に賠償を負わせるという「広汎ナル意味」の規定であり，それによる保護は，「所有権地上権債権無体財産権名誉権等所謂一ノ具体的権利」の侵害の場合だけではなく，「法律上保護セラルル一ノ利益」（「吾人ノ法律観念上其ノ侵害ニ対シ不法行為ニ基ク救済ヲ与フルコトヲ必要ト思惟スル一ノ利益」）の侵害に求められる。

この判決により，本条の権利侵害要件は，法律により具体的な権利として認められたものの侵害だけではなく，法律上保護される利益の侵害でもよいことが明言されたのである。なお，現代用語化のための改正により，民法709条に付加された「法律上保護される利益」の侵害は，このような判例の展開を踏まえたものである。

(4)　学説の展開——権利侵害から違法性へ

上の大学湯事件判決を受けて，学説において，権利侵害要件を違法性と読み替える考え方が有力に主張されるようになる。民法典施行直後から，権利侵害要件を故意・過失要件と対比させつつ，権利侵害要件の必要性を説明する際に，権利侵害が「違法」ないし「不適法」行為だからという説明をする学説も見られたが，違法性概念を用いてわが国の709条の権利侵害要件の再構成を行ったのは末川博である。末川は次のように述べる（末川博・権利侵害論）。

①ローマ法以来の不法行為制度を見るならば，広く違法に損害を加えることをもって不法行為としているのが普通であって，権利侵害は不法行為責任の絶対的要件ではない。②わが民法709条は権利侵害要件を掲げているが，この場合のみに不法行為の成立を限定することは今日の複雑な社会に妥当しない。③権利たるものはその内容が法律秩序の内容として認められているものであるから，その侵害は法律秩序を破ることであり，それ自体が違法となる。④権利侵害という要件を民法が設けたのは，なるべく広く不法行為の違法性を表す方法としてそれが選ばれただけである。⑤権利侵害はなくとも加害行為が違法と評価される場合は存在し，そのような場合には不法行為は成立する。

以上のように末川は，不法行為の本質的要件を違法な行為（＝違法性）だと

し，権利侵害はそれが法律により保護された利益の侵害としてそれ自体が違法になるので，いわば違法性の標識ないし徴表（あらわれ）として条文上規定されているだけであり，権利侵害があれば，それは違法性を徴表するものだから違法性は存在することになるが，違法性の中には権利侵害という徴表を持たないものもあるとするのである。

このように権利侵害をより広い要件である違法性に読み替えた場合，どのような場合に違法性ありとするのかについて，従来の権利侵害要件の場合とは異なる判断枠組みが必要となる。違法性が本来広い概念であることから，現実の適用にあたっては，この点は重要な問題である。これに解答を与えたのが我妻栄である。我妻は以下のように主張する（我妻125頁以下）。

①不法行為制度が個人の自由な活動の最小限度の制限を画する制度であれば「権利侵害」を要件とするのが合理的だが，現代における不法行為の基礎は損失の公平妥当な分配に求めなければならない。②したがって，不法行為の要件は権利侵害ではなく加害行為の違法性である。③違法性の有無は，被侵害利益の種類と侵害行為の態様を相関的に判断すべきである。すなわち，④社会に存在する利益は，確実な権利と認められるものから新たに権利として認められようとしているものまで，その種類によって尊重・保護すべき程度に差があるので，強い権利の侵害行為は弱いものの侵害行為よりも強い違法性を帯びる。また，⑤侵害行為の態様にも，権利行使として是認されるもの，自由活動の範囲内として放任されているもの，法規違反として禁止されているものなど様々である。したがって，⑥違法性は，被侵害利益における違法性の強弱と侵害行為の態様における強弱を相関的に考慮して判断すべきである。

以上の我妻説が違法性における相関関係説と呼ばれるものである。この相関関係説によれば，具体的な違法性の判断は次のようになされることになろう。

ⓐ 被侵害利益が強固なものであればあるほど，侵害行為の態様における非難性が少なくても違法となる。例えば，財産権の中でも最も強い権利である所有権の侵害はそれだけで（侵害行為の態様を問わず）原則として違法となる場合が多い。また，人格的利益のうち，生命・身体の侵害も原則として違法となる。

ⓑ しかし，被侵害利益があまり強固でない場合には，侵害行為の態様における違法性が強い場合に初めて違法となる。例えば，営業の利益侵害の場

合は，その方法が不当な場合に違法となる。

ⓒ 侵害行為の態様としては，刑罰法規違反，取締法規違反，公序良俗違反，権利濫用等があるが，特に，侵害された利益があまり強固でない場合，行為の態様の側面は重要な意味を持ってくる。

(5) 相関関係説への批判

以上のような権利侵害の違法性への読み替えと違法性判断における相関的判断枠組みの呈示は，わが国の民法 709 条が一般的不法行為の唯一の規定であること，そして権利侵害要件では複雑化した現代社会において多様に発生する不法行為の問題を柔軟に処理する上で困難があることから見て，妥当な理論的展開であったといえよう。そしてこの考え方は判例にも採用され，戦後になって，「学説の到達点」（加藤（一）106 頁）として多くの学説の支持を受け通説的な地位を獲得するにいたる。また，立法においても，1947 年に制定された国家賠償法 1 条は，公権力行使にあたる公務員の不法行為について，権利侵害要件ではなく，「故意又は過失によって違法に他人に損害を加えたとき」という文言により違法性概念を採用した。

しかし，その後，この説は次のような二つの方向からの批判を受けることになる。第一のものは，相関関係説においては，違法評価の対象である被侵害利益の種類と，違法評価の基準である侵害行為の態様という，論理的レベルの異なるものの相関が主張されているが，両者は平面を異にする本来相関不可能なものであり，相関されるべきは被侵害利益の種類と加害者の内心的要素であるべきとの批判（柳沢弘士「不法行為法における違法性」私法 28 号 125 頁以下等）や，侵害行為の態様においては，例えば刑罰法規違反の場合のように行為者の故意や過失の有無がすでに判断されており，したがって，これを被侵害利益の種類と相関した上でなお故意・過失要件の有無を判断することに意味はないのではないか（石田穣・損害賠償法の再構成 34 頁）といった，相関関係説の論理構造にかかわる批判である。この批判は，例えば，前者のように，加害者の内心的要素が違法性判断の中で考慮されることになると，違法性要件と故意・過失要件を二元的な要件として区別しておくことの当否が問題となり，また，後者の批判があたっているとすれば，相関関係説の中にすでに違法性と故意・過失の一元的な理解への展開方向が含まれていたことになるなど，いずれにしても，違

法性要件と故意・過失要件の二元的な構造の再検討を迫るものである。この問題については第4節であらためて取り上げたい。

　第二の批判は，公害事件などを契機にして主張されるようになった，差止めをも念頭においた次のような相関関係説批判である（原島重義「わが国における権利論の推移」法の科学4号54頁以下）。それによれば，わが国の権利侵害要件の違法性要件への展開に大きな役割を果たした末川説からも明らかなように，違法性には，権利侵害という徴表をともなう違法性とそれ以外の違法性がある。前者の場合，権利侵害は違法性の存在を徴表するものだから，権利侵害があれば直ちに違法性が肯定されることになる。しかし後者の場合，単に利益の侵害があっただけでは違法とは言えず，むしろ侵害行為の態様をも考慮して違法かどうかが判断されることになる。換言すれば，違法性には，権利侵害という客観的な行為の結果のみを見て違法と判断できる場合と，侵害行為の態様という行為の面をも加えた判断を行って初めて違法と結論づけうる場合の二つがあるのである（違法性二元説）。ところが，相関関係説は，被侵害利益の種類と侵害行為の態様の相関により違法性を判断するということにより，この両者の区別を曖昧にしてしまい，結果として，権利侵害があっても侵害行為の態様により違法でないとの判断に道を開くことになった。この点の問題性は，例えば，公共的要素の強い事業による公害事件の場合，被害者の権利が侵害されていても行為の公共性や社会的有用性を理由に差止めが否定されるという局面において強く表れることになる。

　相関関係説も，一方で被侵害利益の種類を問題にし，それが所有権や人格権といった強固な利益の場合には，侵害行為の態様を問題とすることなく違法との判断が可能であることは認めている。他方，被侵害利益がそれほど強固でない場合に，侵害行為の態様を特に重視した違法性判断を行う。その意味で，相関関係説も広い意味では違法二元説的な発想を否定しているわけではない。しかし，被侵害利益の種類と侵害行為の態様の相関的判断により違法性の有無を判断するという相関関係説の理論的枠組みそれ自体は，確かに，上の批判が指摘するように，被侵害利益があまり強固でない場合に侵害行為の態様を考慮して違法性判断をなしうるだけではなく，逆に，所有権や人格権等の強固な利益が侵害されても，例えば，侵害行為の不法性の薄さや場合によれば社会的有用性のために，違法性を否定するという判断枠組みとしても機能しうるものであ

る。権利侵害要件の違法性への置き換えは柔軟な要件の設定による被害者救済の拡大を目指したものであったことからして，このような帰結は，違法性概念導入の意図からも，妥当なものといえないのではないか。

権利侵害要件の「再生」 ①　裁判例における権利侵害要件の「再生」　権利侵害を違法性に置き換えそれを相関的に判断する判例や通説の考え方では，権利侵害は，要件としての独自の意義を失うことになる。なぜなら，相関関係説においては，権利侵害の有無は，せいぜい，被害利益の性質における考慮要素の一つでしかなくなるからである。ところが，近年になって，この権利侵害（現代語化改正後は，権利または法律上保護される利益の侵害）を不法行為の要件として重視する判例が登場している。例えば，国家賠償法の事例ではあるが，水俣病に関する認定業務が遅延したことから，申請者が損害賠償を求めた熊本水俣病待たせ賃訴訟において，最高裁は，まず，認定申請に対する処分が遅延したことにより侵害されたとする「焦燥，不安の気持を抱くことのない利益」が不法行為法上の保護の対象になりうるものであるかどうかを検討し，「認定申請者としての，早期の処分により水俣病にかかっている疑いのままの不安定な地位から早期に解放されたいという期待，その期待の背後にある申請者の焦燥，不安の気持を抱かされないという利益は，内心の静穏な感情を害されない利益として，これが不法行為法上の保護の対象になり得る」とした（最判平3・4・26民集45・4・653）。

また，高層マンションが景観を侵害したことが不法行為となるかどうかが争われた国立景観訴訟判決（最判平18・3・30民集60・3・948）で，最高裁は，まず，「良好な景観に近接する地域内に居住し，その恵沢を日常的に享受している者は，良好な景観が有する客観的な価値の侵害に対して密接な利害関係を有するものというべきであり，これらの者が有する良好な景観の恵沢を享受する利益……は，法律上保護に値するものと解するのが相当である」として景観利益の法的保護可能性を肯定した上で，違法な侵害となるかどうかについて，相関関係説による判断を行っている。

このような裁判例は，「権利侵害概念を違法性概念に吸収し，置き換えるという従来の通説を採らないだけでなく，権利侵害ないし法的利益侵害を不法行為の独立の要件として扱う……ことを示唆するもの」（大塚直「保護法益としての人身と人格」ジュリスト1126号36頁以下）であり，権利ないし法益侵害要件が「再生」されていると評価できよう。

②　不法行為を個人の権利保護制度として位置づける説　憲法を頂点とする法秩序により保障された個人の権利保護の制度として不法行為法を位置づけ，そのような立場から権利侵害概念の「再生」を主張する学説がある（山本敬三「不法行為法学の再検討と新たな展望」法学論叢154巻4＝5＝6号341頁以下，同

「基本権の保護と不法行為法の役割」民法研究5号77頁以下）。この説によれば，日本の民法典は，侵害された権利を保護することを不法行為の目的とし「権利侵害」という要件を定めた。しかし，それと同時に，各人の行動の自由が害されることがないように過失主義を採用し，「故意・過失」という要件を定めた。その意味で，日本の民法典は，〈権利・自由の保護とその調整〉という考え方に従って構想されたということができる。しかし，その後の学説は，こうした民法典にある「権利本位の法律観」を問題視し，「社会協同生活の全体的向上」を重視する「社会本位の法律観」への転換をはかった。その結果，不法行為制度の目的は，権利・自由の保護ではなく，法秩序の維持・回復に求められることになった。しかし，憲法によって基本権が保障され，それを他人による侵害から保護することが要請されている今日の社会にあっては，不法行為制度を個人の基本権を保護するための制度として位置づけ，あらためて，権利論の観点からの不法行為法の再構成を志向すべきである（潮見① 26頁も，現代社会の中で憲法を頂点とする法秩序により保障された個人の権利が何かを基点として，709条に言う『権利』としての要保護性を決定していくべき」とする。潮見説については，潮見② 26頁以下も参照）。

　③　検　討　このような権利侵害要件の「再生」が生じた要因として重要なものは，不法行為法上保護される利益が拡大し多様化してきたという事情である。現代の不法行為法においては，被侵害利益が主観化，公共化してきている。主観化とは，「内心の平穏な感情」のような主観的な感情が保護の対象となってきたことであり，公共化とは，景観利益のような公共的な性格をも有する利益侵害に不法行為法上の救済を与えることができるかどうかが問題となっていることである。このような，主観的利益，公共的利益が不法行為や差止めによる保護の対象となってきたことにより，その要保護性を判断する枠組みとして，再び権利侵害要件が脚光を浴びてきたのである。

　ところで，このような権利ないし利益につき，権利・法益侵害要件を先行させることには，相反する二つの意味がありうる。一つは，侵害された利益がこのように弱いものであったり，公共的なものであっても，侵害行為の反社会性や憲法を頂点とする法秩序からの判断により権利ないし法益侵害があったとして，それに対する保護を認める（保護の拡大）方向であり，もう一つは，そのような利益が害されても，それが侵害行為の態様との総合的な判断では権利ないし法益侵害とは認められないとする（保護の限定）方向である。不法行為要件としての権利侵害の「再生」は，前述のように，権利や利益の多様化の中で，利益保護を拡大する過程で登場したものだったのであるから，前者の方向で考えて行くべきではないか。例えば，「内心の静穏」といった利益は，従来は不法行為法による保護の視野には入っていなかったが，権利・法益侵害要件の「再生」は，このような

利益を正面から議論するためのものであるととらえるべきである（同旨，奥田昌道＝潮見佳男編・法学講義民法6　83頁（潮見））。

2　違法性についての基本的考え方

(1)　違法性概念の要否

　違法性概念について，その不要を主張する学説が有力に存在する（平井21頁以下）。違法性概念は，709条の「権利侵害」の要件を拡大するという機能をになったが，「権利侵害から違法性へ」という命題が定着するとともにその役割が終わり，不法行為の成立を限定する機能はもっぱら過失要件がになうようになったというのである。確かに，違法性概念が「権利侵害」要件を「違法な利益侵害」に拡大する機能を果たしたことは事実であり，この点では権利を「法的保護にあたいする利益」と理解すればあえて違法性概念を使う必要はないかもしれない。また，現代語化改正により，権利侵害に加えて法律上保護される利益侵害でも不法行為法による保護が認められるようになった結果，あえて違法性概念を導入して権利侵害要件の狭さを克服する必要はなくなったとの主張もありえよう。しかし，違法性概念にはもう一つ別の機能，すなわち，侵害行為が客観的・一般的に見て法秩序に反する（法的に非難される）行為であるという法的評価機能も存在するのではないか（澤井102頁以下，藤岡康宏他・民法Ⅳ債権各論（第4版）302頁以下（藤岡）参照）。そしてこの点を重視すれば，この概念を維持し，かつ，そこにおいて，侵害行為の態様とも関連させて，損害賠償義務を課すべきかどうかという判断を行うという考え方は十分考えられる立場である（野澤正充・セカンドステージ債権法Ⅲ（第3版）136頁は，「違法性」の判断枠組みは，詐害行為取消権において，客観的要件と主観的要件を総合して詐害性の有無を判断することと似ているとする。ただし，この総合的な判断結果を「違法性」というか否かは用語法の問題だとも言う）。このように，「違法性判断に依拠することにより，必要があれば全法秩序にわたる広い範囲の価値判断を損害賠償法の領域に取り込むことが可能になる」（藤岡康宏・損害賠償法の構造25頁）のである。

(2)　違法性の多元性

　以上のような法的評価機能をになったものとしての違法性を考える場合，侵害された利益を類型化して，権利およびそれに準ずる法的に強固に保護された

利益の侵害とそうでない利益侵害を区別すべきである。なぜなら，権利として認められているものは，その内容が法律秩序の内容として認められているのであり，権利を侵害するということは，法律秩序を破る（＝違法）ということを意味するのであるから（末川博・権利侵害論 344 頁以下），権利侵害やそれに準ずる強固な利益侵害があった場合，正当防衛等の特別の正当化事由（本節 4 参照）がない限り，侵害行為の態様を問うことなく違法と判断すべきである。それに対し，侵害されたのがそれ以外の比較的強固でない利益の場合には，そのような利益の侵害は直ちに法的非難に値するとの評価ができるとは限らないので，侵害行為の態様との相関的判断において違法性の有無を判断することが必要となる。このような区別は，相関関係説の枠組みを維持して現代社会における多様な不法行為の種類に柔軟に対応しつつ，他方において，それが無原則的な利益衡量に流れてしまわないようにする上で重要である。

　ただし，現実には，たとえ権利の侵害が問題となっている場合でも，侵害の程度が軽微である場合や，そもそも侵害があったかどうかが微妙なケースでは，侵害行為の態様を含む何らかの形での利益衡量は避けられないであろう。また，権利と呼ばれるものの中にも，生命・身体や所有権のような絶対的保護を要するものだけではなく，侵害行為の態様との相関は必要だが要保護性の高い伝統的に認められてきた名誉等の人格権，さらには，自己決定権（これについては，52 頁以下参照）のような，そもそもそれが侵害されたと言えるかどうかが侵害行為の態様を含む総合的判断を必要とする新しい権利まで，多様なものが含まれる。権利とそうでない利益の区別についても，不法行為法による保護が積み重ねられていくに従って，ある利益が権利として承認されていくということがありうる（不法行為の権利生成機能）（窪田 101 頁）。したがって，違法性判断は，多元的に行われるべきである。

　さらに加えて，違法性の本質が，このように，損害賠償義務を負わせるために必要な一般的客観的な法的非難にあるとすれば，侵害行為の態様は，右のような権利侵害以外の利益侵害行為において，侵害された利益の種類や程度との相関において違法判断を導き出すだけではなく，それに加えて違法性判断における独自の役割を果たすことがありうる。その悪性のゆえにもっぱら行為の態様のみを考慮して違法性判断が可能な場合も存在するのである（澤井 158 頁以下参照）。例えば，刑罰法規違反がそれである。刑罰法規に反する行為により

他人に損害を加えた場合，侵害された利益の種類や侵害の程度を問わずに違法性が認められる。

民法現代語化改正と権利侵害・違法性　　現代語化のための民法改正（2004年）によって，709条の権利侵害要件に，「法律上保護される利益」侵害が付け加えられた。これは，これまで述べてきた権利侵害に関して判例や学説が行ってきた展開，とりわけ，権利侵害を違法性に読み替え，さらにそれを相関的に判断するという枠組みをとることにより，権利が侵害されたとは言えない場合にも不法行為責任を拡大してきた判例の立場を反映したものである。

　問題は，このような改正により，不法行為責任の要件論に関してこれまで繰り広げられてきた様々な考え方がどのような影響を受けるかである。この点に関して，基本的には本文で検討・整理した権利侵害ないし違法性をめぐって行われてきた議論は改正法でも妥当するものと考える。なぜなら，まず第一に，この改正は，「確立された判例・通説の解釈で条文の文言に明示的に示されていないもの等を規定に盛り込む」（「民法現代語化案補定説明」NBL 791号87頁）ことを目的として行われたのであり，この問題で確立された判例・通説は，権利が侵害されたとは言えない場合でも不法行為責任が成立しうるということにとどまるからである。第二に，改正後の709条の文言に関しても，何が権利であるのか，権利の中でも絶対権と相対権で判断の仕方に違いがあるのか，法律により保護される利益とは何か（なお，この場合の「法律」としては，「確立された判例・通説」を規定に盛り込むという改正の趣旨からして，制定法規にとどまらない広いものが考えられるべきである），その侵害の場合と権利侵害の場合で判断枠組みが異なるのかどうかといった点は，なお今後の解釈に委ねられているのであり，その際，これまで権利侵害や違法性をめぐって展開されてきた判例や学説の成果は活かされうると思われる。

　しかしながら，この文言の挿入が不法行為要件論に一定の影響を与えるであろうことも十分予想されるところであり，その点では，改正によって権利侵害要件が廃棄され全体が法律上保護される利益の侵害に置き替えられるのではなく，権利侵害要件が維持され，それに法律上保護される利益が付け加わるという形式をとった結果，権利侵害要件の意義を認めた上で，侵害された利益の種類に応じて判断枠組みを変える立場が，今後，一層有力になっていくのではないかとも考えられる。ただし，本書のように，権利と法益の二元論ではなく，より多元的な違法性判断を行うべきとする立場からは，709条の「権利又は法律上保護される利益」という文言は，「権利」と「法律上保護される利益」に截然と二分化するのではなく，連続性を持つものとして理解されるべきことになろう。

3　違法性の判断基準

(1)　はじめに

　以下において，裁判例に現れた事例を参考に，違法性の判断基準をできるだけ具体的に示してみよう。その場合，まず必要なことは，被侵害利益の種類を類型化し，その上で，被侵害利益ごとに侵害行為の態様との相関のさせ方を検討することであろう。今日の社会において民法が保護すべき利益は多種多様にわたっているが，大別して，人格的な利益と財産的な利益に区別できる。また，それぞれの利益には，生命・身体，所有権のような強固で保護の必要性が高く，その侵害が直ちに違法との結論をもたらすものから，そうでないものまで，多様なものが含まれている。したがって，その利益ごとに違法性判断の基準を考察する必要がある。

　さらに，侵害行為の態様についても検討することが必要である。侵害行為の態様は，権利とまでは言えない利益の侵害において，その違法性の有無の判断にあたって重要な役割を果たす。加えて，前述したように，もっぱら侵害行為の態様から違法性判断が可能なものもある。そこで，侵害行為の態様については，まず，侵害された利益ごとに個別に検討しつつ，最後にまとめた考察を行うことにしたい。

(2)　人格的利益の侵害と違法性

　民法710条は身体，自由，名誉という人格的利益が侵害された場合に不法行為が成立することを規定している。また，判例や学説は，これらの他に様々の人格的な利益侵害を不法行為による保護の対象としてきている。これら人格的利益は一括して人格権の名で呼ばれることもあるが，利益の種類は多種多様であり，その結果，それらが侵害された場合の違法性の判断もそれぞれに異なってこざるをえない。そこで，以下では，人格的利益をいくつかに整理して違法性判断の仕方を検討してみることにしよう。

　(a)　生命・身体・健康　　これらの利益は人格の存立基盤であり，これらが保護されない限り，人々の社会におけるその他の利益や活動の保障も無意味なものになってしまう。したがって，これらの利益が侵害された場合は，4で述べるような特別の違法性阻却事由がない限りそれ自体で違法となり，侵害行為

の態様との相関は不要であるだけでなく，むしろすべきではない。たとえ社会的に有用性の高い活動，公共性の高い活動であっても，これらの利益の侵害をもたらした場合には直ちに違法と判断すべきである。

　判例によれば，生命侵害ではないが，医療水準にかなった医療が行われていたならば患者がなお生存していた相当程度の可能性が証明されれば，この生存可能性は法によって保護されるべき利益として，その侵害は違法となる（最判平12・9・22民集54・7・2574）。さらに，最高裁は，患者に重大な後遺障害が生じたケースで，「重大な後遺症が残らなかった相当程度の可能性」侵害を理由に，賠償を認めうるとの立場をとっている（最判平15・11・11民集57・10・1466）。これらは，生命・身体侵害の外延を拡張するものとして注目されるが，実際には，医師の過失と死亡や後遺障害との因果関係（医師の過失がなければ患者は死亡しなかったであろうことや，重大な後遺障害が残らなかったであろうこと）の証明が困難な場合の救済として機能するものである。さらに，「相当程度の可能性」が証明できない場合において，適切な治療を受ける期待ないし治療を受ける機会が保護の対象となるかも問題となるが，「相当程度の可能性」とは別に，このような期待や機会の喪失も不法行為法上の保護の対象となりうると考えるべきであろう（国家賠償法の事例であるが，相当程度の可能性が証明されないとして責任を否定した最判平17・12・8判時1923・26の横尾・泉裁判官の反対意見参照）。ただし，肯定説にあっても，現実にとられた措置が著しく不適切な場合（医師の検査，治療等が医療行為の名に値しないような例外的な場合）にのみ（侵害行為の態様をも考慮して）賠償が認められる余地があるとされる（前掲最判平17・12・8の才口・島田裁判官の補足意見。最判平23・2・25判時2108・45も，「当該医療行為が著しく不適切な」場合にのみ，適切な医療行為を受ける期待権侵害のみを理由とする不法行為責任の有無について検討しうるにとどまるとする）。なお，これらの法益侵害の場合，認められるのは慰謝料に限るとするのが多数説だが，相当程度の可能性については，可能性の程度に応じた逸失利益賠償も認めるべきとの説もある（窪田充見・平成12年度重要判例解説70頁，潮見②385頁，他）。

　身体侵害には，暴行を加えるといった直接的な侵害のほか，病気をうつし健康を侵害する場合も含まれる。配偶者に性病を罹患させた行為を違法とした判例がある（大判昭15・2・16新聞4536・10）。健康侵害については何をもって健康ととらえるかによってその侵害の範囲は異なってくる。疾病に罹患していない

ことをもって健康と考えるならば，その範囲はかなり狭いものとなるが，最近は，疾病状態にまではいたらないがなお不健康と言いうる場合があるとする見解も主張されている。この考え方によれば，健康侵害は(b)の利益の侵害に接近したものとなり，その場合，生命や身体侵害とは異なる違法性の判断も必要となってくる。

(b) 健康で文化的な生活のための生活上の利益　　われわれは，日常生活において，健康で文化的な生活を営むために様々な生活上の利益を享受している。例えば，夜静かに眠れること，住居の日照や通風が確保されていること等である。ところが，現代社会は，工業化の進展や都市への人口集中の結果，日照妨害，騒音，振動，悪臭，排気等による，このような利益の侵害を多数発生させるようになった。憲法は 25 条においてわれわれの「健康で文化的な最低限度の生活」の保障をうたっているが，このような規定をまつまでもなく，健康で文化的な生活を営むための上のような生活上の利益は不法行為法上も保護されなければならない。

古くはこれらの利益の侵害は，むしろ侵害行為の態様の側面から，すなわち侵害行為の権利濫用の問題として論じられてきたが，生活上の利益の重要性が意識され，その保護の必要性が高まるにつれて，侵害行為の権利濫用の問題としてではなく，むしろ侵害される生活利益の側面から問題をとらえるように判例や学説は変化していく。例えば，日照・通風妨害の問題を正面からとらえた初めての最高裁判決（最判昭 47・6・27 民集 26・5・1067）は，「居宅の日照，通風は，快適で健康な生活に必要な生活利益」であり法的保護の対象となりうるとしている（ただし，この判決は，その侵害が加害者の権利濫用による場合に不法行為になるとしており，従来の考え方をなお残している）。眺望や景観に関する権利ないし利益も法的保護の対象となる（自宅からの眺望阻害が「生活利益」侵害にあたるとして慰謝料を認めたものとして横浜地横須賀支判昭 54・2・26 判時 917・23 があり，景観利益が民法 709 条の法律上保護される利益であることを認めたものとして最判平 18・3・30 民集 60・3・948（この判決については，36 頁も参照）がある）。

これらの利益は当初，例えば排煙の居住地内への侵入は所有権の侵害にあたるというように，人格的な利益侵害よりもむしろ財産的利益侵害と考えられた。しかし，排煙の侵入は所有権者以外の人の生活をも妨害することになるのであり，同時に，快適な生活を営むことが人間の固有の権利であるという意識が高

まるにつれて，この利益は人格的な利益と理解されるようになり，(a)の生命・身体・健康などとともに，人格権として包括されるようになった。例えば，大阪空港公害訴訟控訴審判決（大阪高判昭 50・11・27 判時 797・36）は，「個人の生命，身体，精神および生活に関する利益は，各人の人格に本質的なものであって，その総体を人格権ということができ，このような人格権は何人もみだりにこれを侵害することは許され」ないとしている。

　これらの利益が法的保護に値すること，したがって，その侵害が違法となる場合があることは疑いがない。特に，この利益の保護は，例えば，騒音で夜眠れない状態が続くことは健康侵害をもたらすというように，結果として(a)の利益保護と密接に関係していることも重要である。しかし，他方において，これらの利益は(a)の利益に比べればその強固さにおいて欠けるところがある。また，通常の市民生活においても，騒音等により近隣に迷惑をかけることはよくあることであり，そのようなお互いさまの関係にある場合は，ある程度まではそれを受忍しなければ現代における市民生活そのものが成り立たない。したがって，被害の程度が(a)の利益侵害に及んでいない場合には，被害の程度に加えて，防止措置の難易，侵害源の種類，当該地域の状況等の要素との総合的な判断が必要となる。景観利益の要保護性を認めた前掲最高裁判決（最判平 18・3・30）も，景観侵害が違法となるのは「侵害行為の態様や程度の面において社会的に容認された行為としての相当性を欠く」場合であるとする。

　(c)　身体的・精神的自由　　自由も民法 710 条にあげられている保護法益であり，これらが侵害された場合，不法行為による保護が問題となる。身体的自由と精神的自由の両者を含む。身体的自由の侵害とは，例えば，監禁などにより身体を拘束することが典型的な事例であるが，その他，公道の通行を妨害した行為を違法とした判決がある（最判昭 39・1・16 民集 18・1・1）。精神的自由の侵害としては，例えば，詐欺や強迫により意思決定の自由を侵害した場合（大判昭 8・6・8 新聞 3573・7）や，共同絶交（いわゆる村八分）（大判大 10・6・28 民録 27・1260）がある。

　憲法に規定された様々の自由権規定からも明らかなように，今日の社会は人々の自由な活動の保障に高い価値を置いている。したがって，そのような重要な利益である自由を侵害する行為は原則として違法と考えるべきである。例えば，共同絶交の違法性判断にあたって，原因となった被絶交者の行為や絶交

の態様等の事情をも総合的に考慮すべきとの説（加藤（一）130頁）もあるが，共同絶交が被絶交者の自由を重大に侵害するものであることからして，原則として違法と考えるべきであろう。ただし，侵害行為が他の（自由と同等もしくはそれを超える）利益を擁護するためのものであったような場合には，違法判断においてその態様も考慮しなければならない。

　(d)　身分上の人格的利益　　婚姻や性（セックス）に関する利益，家族関係にかかわる利益も不法行為による保護の対象となりうる。したがって，暴力・脅迫・詐欺・地位利用等により性的関係を結ぶことは違法な行為となる。判決に現れた事例としては，結婚するといつわって性的関係を結んだ場合（大判明44・1・26民録17・16，他）や，医師が雇い主としての地位を利用して看護婦見習いの意に反して性的関係を結んだ場合（大分地判大15・10・23新聞2648・7）などがある。従来，貞操侵害と呼ばれることが多かったが，むしろ性的自由の侵害と呼ぶのが適切であろう。

　合意による性的交渉は不法行為とはならないが，妻と別れて結婚するという詐言を信じて妻ある男性と性的関係を結んだ女性の慰謝料請求に対し，男性側の動機，詐言の内容・程度，女性の側の認識など諸般の事情を斟酌し，女性の側の同意の不法の程度に比し，男性の側の違法性が著しく大きい場合には，慰謝料請求が認められうるとした判決（最判昭44・9・26民集23・9・1727）がある。

　婚姻の不当破棄は違法な婚姻関係の侵害行為であり，損害賠償（慰謝料）の対象となる（最判昭37・3・15裁判集（民）59・229，他）。また，第三者（例えば同居の親族）が婚姻関係を破綻させた場合（いわゆる「嫁いびり」のような場合）にも，その第三者の行為は不法行為となる（最判昭38・2・1民集17・1・160，他）。内縁についても，その不当破棄は，婚姻に準ずる関係（準婚）に対する不法行為として損害賠償の対象となる（最判昭33・4・11民集12・5・789）。ただし，「特別の他人」として親交を深めることを親族や友人に通知して，男女関係を16年間継続したケースで，共同生活をしたことがなく生計も別個に維持管理していたこと等から，両者は意図的に婚姻を回避していたものであり婚姻に準ずる関係はないとして，この男女関係の一方的解消について慰謝料を認めなかった判例がある（最判平16・11・18判時1881・83）。

　さらに，配偶者の一方と性的関係を結ぶこと（いわゆる浮気）が，他方配偶者の家庭（婚姻）関係に関する利益を侵害することがある。このような場合，

浮気の相手方は他方の配偶者に対して不法行為責任を負うのであろうか。戦前は，刑法に姦通罪が規定されていたこともあり，一方配偶者との浮気は他方配偶者に対する不法行為を構成しうるとされてきた。戦後，刑法上の姦通罪の規定はなくなったが，このような行為が不法行為を構成することについて，判例は従来の考え方を維持している（最判昭 41・4・1 裁判集（民）83・17（妻の浮気），最判昭 54・3・30 民集 33・2・303（夫の浮気））。学説もこれを支持するものが多い（四宮 328 頁，他）が，不貞の関係であってもそれが当人同士の自然な愛情に基づくものであれば，当事者の自由意思を尊重して，不法行為の成立を否定すべきとの学説も有力になってきている（潮見① 64 頁，他）。最高裁は，最近の判決で，妻の過去の不貞行為で離婚した夫の不貞の相手方への慰謝料請求に関して，「離婚による婚姻の解消は，本来，当該夫婦の間で決められるべき事柄である。したがって，夫婦の一方と不貞行為に及んだ第三者……がそのことを理由とする不法行為責任を負うのは，当該第三者が，単に夫婦の一方との間で不貞行為に及ぶにとどまらず，当該夫婦を離婚させることを意図してその婚姻関係に対する不当な干渉をするなどして当該夫婦を離婚のやむなきに至らしめたものと評価すべき特段の事情があるときに限られる」として，責任を限定した（最判平 31・2・19 民集 73・2・187）。

　また，一方の配偶者に対する性的交渉がその家庭を破壊し，ひいては子どもの利益が害されることがありうる。このような子どもの利益の侵害を不法行為により救済することができるだろうか。下級審判決にはこれを認めるものもあるが（東京地判昭 44・2・3 判時 566・71，他），最高裁は，その相手方の女性が害意をもって父親の子に対する監護等を積極的に阻止するなどの特段の事情がなければ不法行為を構成しないとした（最判昭 54・3・30 民集 33・2・303）。

　以上見たように，性的自由や家族関係に関する利益は，今日の社会における重要な利益として不法行為法上保護の対象となりうる。しかし，他面において，性や家族関係のあり方は本来，個人の自由な自己決定にゆだねられるべき部分も多い。したがって，これらの利益が侵害された場合の違法性判断にあたっては，侵害行為の態様が重要な役割を占めることになる。

　(e)　名誉・プライバシー・氏名権等　　名誉とは，「各人カ其品性徳行名声信用等ニ付キ世人ヨリ相当ニ受クヘキ声価」（大判明 39・2・19 民録 12・226）であり，名誉侵害とはそのような人の社会的評価を低下させる行為である。名誉

侵害が違法となることは古くから認められているところであり，民法710条にも保護法益としてあげられている。名誉を侵害したかどうかの基準は，一般の読者（新聞の場合），一般の視聴者（テレビの場合）の普通の注意と読み方・視聴の仕方とを基準として判断すべきであるとされる（最判昭31・7・20民集10・8・1059，最判平15・10・16民集57・9・1075）。NHKの番組放送による台湾住民の名誉侵害が問題になった事件でも，最高裁は，「一般の視聴者」の受け止めから見て原告の社会的評価が低下するとは言えないとした（最判平28・1・21判時2305・13。なお，この判決は同時に，原告の名誉感情等を理由とする不法行為も成立しないとしたが，名誉感情による不法行為が成立するかどうかと名誉侵害＝社会的評価の低下があるかどうかは別の問題である）。

　また，プライバシー権とは，「私生活をみだりに公開されないという法的保障ないし権利」（東京地判昭39・9・28下民集15・9・2317），あるいは，より一般的に「ひとりにしておいてもらう権利」であり，私事にわたる事実の公表がプライバシーの侵害として不法行為となる場合がある。名誉侵害と異なり，真実を公表した場合にもプライバシー侵害による不法行為は成立しうる。したがって，前科をみだりに週刊誌で公表することも，プライバシー侵害となる（東京高判平4・12・21判時1446・61）。

　さらに近年では，プライバシーの権利を，そのような消極的な権利としてだけではなく，「自己についての情報をコントロールしうる権利」として構成する考え方も有力になってきており，これによれば，自己に関する情報を勝手に第三者に伝達することもプライバシー侵害となる。例えば，弁護士会の照会に応じて，市がその必要性を調査することなく前科や犯罪歴を回答したことが違法にあたるとした判決（最判昭56・4・14判時1001・3）や，人は「前科等にかかわる事実の公表によって，新しく形成している社会生活の平穏を害されその更生を妨げられない利益を有する」ので，ノンフィクション作品で実名を使用し前科等の事実を公表したことはプライバシー侵害にあたるとした判決（最判平6・2・8民集48・2・149），さらには，大学主催の講演会に参加を申し込んだ学生の学籍番号，氏名，住所，電話番号を記入した名簿の写しを無断で警察に提出した行為を，プライバシー侵害とした判決（最判平15・9・12民集57・8・973）がある。また，通信教育を目的とする会社が管理していた顧客（未成年者）の氏名・性別・生年月日・住所・電話番号・保護者の氏名等の個人情報を会社の

従業員が外部流出させた事件で,「本件個人情報は,上告人のプライバシーに係る情報として法的保護の対象となるというべきであるところ……上告人は,そのプライバシーを侵害されたといえる」とする判決(最判平 29・10・23 判時 2351・7)がある。

人の氏名や肖像も不法行為による保護の対象となり,したがって,他人の氏名や肖像の無断使用も不法行為となる。スポーツ選手や俳優,歌手など,公衆に広く知られた人物の氏名や肖像が財産的価値を持つことがある。これをパブリシティ権と呼ぶが,このような権利ないし利益も保護され,無断で使用された場合,損害賠償が認められる(最判平 24・2・2 民集 66・2・89)。このパブリシティ権が人格権に属するものか財産権の一種かについては議論があるが,かりに人格権の一種としても,その侵害に対しては慰謝料だけではなく財産的損害の賠償も認めるべきであろう(潮見② 214 頁以下)。また,在日韓国人の氏名が放送の中で民族音ではなく日本語読みされたことを違法だとして訴えた事件で最高裁は,氏名を正確に呼称されることも不法行為法上の保護を受けうる人格的な利益に属するとした(最判昭 63・2・16 民集 42・2・27)。

しかし,これらの利益については,侵害行為の態様が問題となることも多い。例えば,氏名の呼称に関する前記最高裁判決も,氏名を正確に呼称される利益は,氏名を冒用されない権利と異なり,その性質上必ずしも十分に強固なものとはいえないので,それが違法となるのは,当該個人の明示的な意思に反してことさら不正確な呼称をしたり,害意をもって不正確な呼称をした場合であるとしている(前掲最判参照)。

さらに,これらの利益の侵害の違法性判断において大きな問題となるのは,これらの利益侵害が言論出版等の活動によって行われることが多いことから,言論の自由や表現の自由,さらには国民の知る権利との調整をどうするのかである。例えば,政治家の私生活(愛人がいるといった)が公表されることは,当該政治家にとってはプライバシーの侵害と言えるが,他方,政治家は選挙によって選出される公的な存在であることから,その私生活が全くの私事として公表されてはならないものでありその公表が直ちに違法な行為となるかどうかは問題である。また,ある人や団体に対する批判や論評がその人の名誉を侵害する場合は,言論の自由との関係はより一層微妙である。したがって,このような利益の侵害の違法性判断にあたっては,侵害された利益の種類や程度に加え

て，侵害行為の態様も重要な判断要素とならざるをえない。

　このような視点から，例えば，名誉侵害に関して，刑法230条の2第1項にならって，名誉侵害にあたるとされる行為が公共の利害に関する事実にかかわること，その行為がもっぱら公益をはかる目的によること，当該事実が真実であることが証明された場合には，民事上も違法性がないという考え方が判例上確立され（最判昭41・6・23民集20・5・1118），また，論評についても，公正な論評（fair comment），すなわち，公益に関する事項につき公益の目的のためになされた論評であり，その基礎として示された事実が真実であって，人身攻撃におよぶなど論評としての域を逸脱していなければ不法行為責任は否定される（最判平元・12・21民集43・12・2252）。なお，最高裁は，少年保護事件を題材とした論文の公表がプライバシー侵害に当たるかどうかという事案において，「プライバシーの侵害については，その事実を公表されない法的利益とこれを公表する理由とを比較衡量し，前者が後者に優越する場合に不法行為が成立するものと解される」，「本件各公表が被上告人のプライバシーを侵害したものとして不法行為法上違法となるか否かは，本件プライバシー情報の性質及び内容（①），本件各公表の当時における被上告人の年齢や社会的地位（②），本件各公表の目的や意義（③），本件各公表において本件プライバシー情報を開示する必要性（④），本件各公表によって本件プライバシー情報が伝達される範囲と被上告人が被る具体的被害の程度（⑤），本件各公表における表現媒体の性質（⑥）など，本件プライバシー情報に係る事実を公表されない法的利益とこれを公表する理由に関する諸事情を比較衡量し，本件プライバシー情報に係る事実を公表されない法的利益がこれを公表する理由に優越するか否かによって判断すべきものである」とし，本件では「本件プライバシー情報に係る事実を公表されない法的利益がこれを公表する理由に優越するとまではいい難い」として，不法行為法上違法であったとは言えないとした（最判令2・10・9民集74・7・1807）。①から⑥（丸数字は，本書筆者による）は，この問題を考える上で重要な要素である。

> **インターネット上の名誉侵害等**　インターネットの普及により，インターネット上の名誉その他の人格権侵害が問題となる事例が増えている。最近のものとして，以下のような裁判例がある。
> 〔新潟地判平28・9・30判時2338・86〕

氏名不詳者が原告の画像を添付してツイッターに投稿した記事について，「人格価値を表し，人格と密接に結びついた肖像の利用は，被撮影者の意思に委ねられるべきであり，ウェブサービスで本件画像が公開されていたからといって，このことから直ちにその方法に限定なく本件画像を公開できるとか，本件画像の公開について被撮影者である原告が包括的ないし黙示的に承諾していたとみることはできない」として，肖像権侵害を求めた。
〔大阪地判平 29・8・30 判時 2364・58〕

　被告が原告になりすましてインターネット上の掲示板に第三者を罵倒するような投稿を行ったケースにおいて，「個人が，自己同一性を保持することは人格的生存の前提となる行為であり，社会生活の中で自己実現を図ることも人格的生存の重要な要素であるから，他者との関係における人格的同一性を保持することも，人格的生存に不可欠というべきである。したがって，他者から見た人格の同一性に関する利益も不法行為法上保護される人格的な利益になり得ると解される。もっとも，他者から見た人格の同一性に関する利益の内容，外延は必ずしも明確ではなく，氏名や肖像を冒用されない権利・利益とは異なり，その性質上不法行為法上の利益として十分に強固なものとはいえないから，他者から見た人格の同一性が偽られたからといって直ちに不法行為が成立すると解すべきではなく，なりすましの意図・動機，なりすましの方法・態様，なりすまされた者がなりすましによって受ける不利益の有無・程度等を総合考慮して，その人格の同一性に関する利益の侵害が社会生活上受忍の限度を超えるものかどうかを判断して，当該行為が違法性を有するか否かを決すべきである」とした（ただし，当該事案については，受忍限度を超える侵害を否定）。
〔さいたま地決平 29・10・3 判時 2378・22〕

　ツイッターにおいて，アカウントを被害者が開設したかのように偽り，被害者が元ＡＶ女優であった，アダルトビデオに出演し，その画像を自らそのアカウントに投稿したかのような印象を与えることのみを目的にアカウントを開設することは重大な権利侵害に当たるとして，ツイッター社に，そのアカウント全体の削除を命じた。
〔大阪地判平 29・11・16 判時 2372・59〕

　在日朝鮮人のフリーライターである原告が，被告がインターネット上に原告に関する投稿の内容をまとめたブログ記事を掲載したことは原告の人格権を侵害したものとして慰謝料を請求した事件について，「被告がブログ記事……を掲載した行為は，2ちゃんねるのスレッド又はツイッター上の投稿の掲載行為とは独立して，新たに憲法13条に由来する原告の人格権を侵害したものと認められる」として，原告の請求を認めた。判決は，「被告は，表題に続くレス又は返答ツイートにおいて，2チャンネルのスレッド又は原告のツイッターに掲載されてい

たものを単純に引用しただけではなく，引用するレス又は返答ツイートの数を少なくすることにより全体の情報量を減らした上，レス又は返答ツイートの順番を並べ替え，その表記文字を拡大したり色付けしたりするなどの加工を行って強調したことが認められ」，「本件各ブログ記事の掲載行為は，引用元の２ちゃんねるのスレッド等とは異なる，新たな意味合いを有するに至ったというべきである」としている。

〔大阪地判令元・9・12 判時 2434・41〕

ツイッターにおいて他者の名誉を毀損する表現の投稿を，何らのコメントも付さずにリツイートした場合，「ツイッターを利用する一般の閲読者の普通の注意と読み方を基準とすれば，例えば，前後のツイートの内容から投稿者が当該リツイートをした意図が読み取れる場合など，一般の閲読者をして投稿者が当該リツイートをした意図が理解できるような特段の事情の認められない限り，リツイートの投稿者が，自身のフォロワーに対し，当該元ツイートの内容に賛同する意思を示して行う表現行為と解するのが相当である」として，民法 709 条の責任を認めた。

なお，インターネット上のウェブサイトに掲載された記事による名誉毀損についても判例は，当該ウェブサイトが「それ自体として，一般の閲覧者がおよそ信用性を有しないと認識し，評価するようなものであるとはいえ」ないとして，「一般の読者（新聞の場合）」「一般の視聴者（テレビの場合）」と同様の基準を提示し（最判平 24・3・23 判時 2147・61），上記の裁判例もそれにしたがっているが，インターネット上の個人が開設・運営しているウェブサイトについて，「一般の閲覧者の普通の注意と読み方」をどのように考えるかについては，なお，議論が必要なように思われる。

（f）新しい人格的利益・権利　　社会関係の複雑化や人々の価値観・意識の多様化にともない，従来，不法行為法による保護の対象となってこなかった多様な人格にかかわる利益（これらの利益の中には，権利として主張されるものもある）が，不法行為法の俎上にのぼってきた。

その第一は，被害者の内心の感情にかかわる利益である。36 頁ですでに紹介したが，水俣病に関する認定業務が遅延したことから申請者が損害賠償を求めた訴訟において，最高裁は，「認定申請者としての，早期の処分により水俣病にかかっている疑いのままの不安定な地位から早期に解放されたいという期待，その期待の背後にある申請者の焦燥，不安の気持を抱かされないという利益は，内心の静穏な感情を害されない利益として，これが不法行為法上の保護

の対象になり得る」とした（最判平3・4・26民集45・4・653）。また，葬儀場を営む業者に対し，その近隣に居住する原告が，居宅の2階から葬儀等（棺の出入り）が見えないよう既設のフェンスを高くすることや慰謝料を求めて提訴した事件で，「人が最も安息と寛ぎを求める自宅において，日常的に縁のない他人の葬儀に接することを余儀なくされることは，その者の精神の平安にとって相当の悪影響を与えるものといわなければならない」として，フェンスを高くすることを被告に命じ，慰謝料を認容した判決がある（京都地判平20・9・16）。ただし，この事件の最高裁判決は，「主観的な不快感」にとどまり，社会生活上受忍すべき程度を超えて平穏に日常生活を送るという利益を侵害しているということはできないとして請求をしりぞけている（最判平22・6・29判時2089・74）。

　さらに，殉職した自衛官が遺族の意思に反して護国神社に合祀されたことについて遺族が損害賠償を求めた自衛官合祀訴訟において最高裁（最大判昭63・6・1民集42・5・277）は，「信仰生活の静謐」侵害は，それが信仰の自由の侵害にあたり，その態様，程度が社会的に許容しうる限度を超える場合でない限り法的利益が害されたとは言えないとしたが，侵害行為の態様によっては賠償が認められうることまでは否定しなかった。この判決には，「現代社会において，他者から自己の欲しない刺激によって心を乱されない，いわば心の静穏の利益もまた，不法行為法上，被侵害利益になりうるものと認めてもよい」との反対意見が付されている。注意すべきは，このような利益侵害の違法性が問題となる場合，侵害行為の種類や態様が重要な意味を持つことである。現に，自衛官合祀訴訟判決では，被告の行為（合祀）が信教の自由によって保障されているといった被告側の事情を考慮の上，「信仰生活の静謐」侵害が法的利益の侵害にあたるかどうかを判断している。

　同様に，内心の感情が保護の対象となるものとして，いわゆるセクシャル・ハラスメントの問題がある。被害者が不快を感ずる性的ないやがらせ（体をさわるとか，性的な言辞を吐くといった）がなされた場合，それが不法行為の対象となることがある。近時これを認める裁判例は少なくない（福岡高判平12・1・28判タ1089・217，京都地判平13・3・22判時1754・125，広島地判平15・1・16判タ1131・131等。なお，以上の3件はいずれも，直接の行為者に加えて，その使用者の責任をも認めている）が，ここでもやはり，侵害行為の態様が重要な意味を持つ。

　新しい人格権として重要なものが，自己決定権である。この権利の侵害によ

る損害賠償が認められたものとして、次のような最高裁判決がある（最判平12・2・29民集54・2・582）。宗教上の理由から、いかなる場合にも輸血を拒否する意思を明確にしている患者に対し、医療機関が手術中に救命の必要から（事前に患者の救命のために必要な場合は輸血するとの方針を説明することなく）輸血したという事件で、最高裁は、「患者が、輸血を受けることは自己の宗教上の信念に反するとして、輸血を伴う医療行為を拒否するとの明確な意思を有している場合、このような意思決定をする権利は、人格権の一内容として尊重されなければならない」と述べて、手術前に、必要な場合には輸血するとの説明を怠った医療機関は、患者が「意思決定をする権利を奪ったものといわざるを得ず、この点において同人の人格権を侵害したものとして、同人がこれによって被った精神的苦痛を慰謝すべき責任を負う」としたのである。ここでは、患者の意思決定をする権利（自己決定権）侵害が人格権侵害として違法なものとされている。

　この事件の自己決定権は医療行為に関するものであったが、自己決定権は、取引行為を媒介にして消費者に損害が生じる、いわゆる取引的不法行為においても主張されることがある。例えば、投機的取引に消費者を勧誘する際に、業者やセールスマンがその取引のリスクを説明しなかったことが消費者の自己決定権（十分な情報を得て取引に入るかどうかを決定できる権利）を侵害したことになるといった議論である（最判平16・11・18民集58・8・2225は、不動産取引において売主が重要事項を説明しなかった場合に、買主の「意思決定」の機会を奪ったものとして、慰謝料を認めている）。このような考え方をとることは、十分な説明がなされれば消費者に被害が生じなかったであろうこと（因果関係）の証明や生じた損害の証明困難を回避する点では意味があるが、学説上は、治療にあたって自己の健康・身体を医者にゆだねざるをえないという医師・患者関係の特質からは、患者の自己決定権の確立が重要な意味を持つが、そのような事情は取引的不法行為には存在しないとして、自己決定権侵害による不法行為を際限なく広げることには批判も強い（錦織成史「取引的不法行為における自己決定権侵害」ジュリスト1086号87頁、窪田充見「取引関係における不法行為」法律時報78巻8号73頁）。さらに、私立学校が生徒の募集にあたって説明していた教育内容や指導方法が子の入学後に変更されたことにより、子らの親が学校選択の自由の侵害にあたるとして損害賠償を求めた事例がある。ここでも、学校選択の自由と

いう，一種の自己決定が問題となっているが，最高裁は，「特段の事情がない限り，親の学校選択の自由が侵害されたものということはできない」として，その要保護性が認められるのは例外的な場合のみだとした（最判平21・12・10民集63・10・2463）。

　このように，自己決定権の不法行為法による保護をどのような種類の不法行為にまで認めるかについては議論があるが，同時に，違法性判断との関係で重要なことは，当該ケースで自己決定権の侵害があったのか，そしてそれが不法行為法上保護されるための要件（違法性）を備えているのかについては，侵害行為の態様を含む多様な要素の総合的判断が必要だということである。それは次の理由による。すなわち，この権利は，例えば，目的物に関する「使用，収益及び処分」（民206条）を認めた所有権のように，一定の利益に対する支配を権利者に排他的に保障する権利（「支配権的権利」）とは異なり，主体がするかしないかを決める可能性が保障されているという意味での権利（「決定権的権利」）であるので，何についてどこまで決定できるかは，他者の権利との衡量によって決まることになるからである（「支配権的権利」と「決定権的権利」については，山本敬三「人格権」内田貴＝大村敦志編・民法の争点44頁以下参照）。

　以上述べたような新しい人格的利益・権利においては，それが侵害された場合の違法性判断において，侵害行為の態様を含む多様な要素の総合的な判断が不可欠であった。それは，これらの利益や権利が，いわば生成途上のものであることによる面も大きい。そしてこれらの利益・権利について，侵害行為等との関係で要保護性を考えていくことは，「当初は全面的には権利性を承認しにくい利益についても，特定の侵害行為との関係では保護を承認するというように，権利の生成を助け」「一定の利益に対する社会的な価値判断等の変化を反映させる」ことにつながるのである（窪田149頁以下）。

　(g)　まとめ　　以上の類型化による違法性判断の基準を整理すれば，(a)の生命・身体・健康が最も強く保護された人格的利益であり，それを侵害することは直ちに違法となる。違法性が阻却されるのは，違法性阻却事由が存在する場合だけである。次に，(b)の生活上の利益や(c)の自由については，その侵害は原則として違法になると考えるべきである。ただし，これらについては，侵害行為の態様の考慮により違法性が否定される場合もありうる。(d)の身分上の利益や(e)の名誉等は，それが侵害されても侵害行為の態様を含む様々な要素を考慮

して違法性が否定される場合がありうる。最後に，(f)の新しい人格的利益については，侵害行為の態様を含む様々な要素の総合的判断が必要であり，そもそもこれらの利益が侵害されたと言えるかどうかについても，行為の目的や，方法としての適切さ等を問題にしなければならない場合があることが少なくない。

(3) 財産的利益の侵害と違法性

財産的利益も，権利（財産権）として保護されているものから，権利にまでは高められていない財産的利益まで，多様なものが存在する。また，財産権も，所有権のように権利の範囲が明確で，しかも，いわゆる絶対権として，全ての人との関係で排他的な保護を主張できる権利と，債権のように，原則として債務者に対してのみその内容を主張できるいわゆる相対権の二種類がある。そして，これらの様々な財産的利益において，それが侵害された場合の違法性の判断には違いが生ずる。権利として認められた利益は，その利益内容が法によって保護されていることを意味するので，そうでない財産的利益よりもその侵害が違法性を帯びる度合いが高い。特に，所有権その他の絶対権については，近代的な法秩序の基礎をなすものとして強く保護され，その侵害は原則として侵害行為のいかんを問わずに違法となる。

ただし，財産権の場合は人格権と異なり，今日の社会が自由競争に基づく経済活動を人々に許容していることから，財産権侵害があっても，それが法的に許容された自由競争による場合，違法でないとされることがある。とりわけ債権侵害の場合には侵害行為の態様も重要な判断要素となる。さらに，権利にまで高められていない財産的利益の侵害の場合の違法性判断は，自由競争との関係でより一層，慎重な判断が必要となる。なぜなら，そのような利益を侵害してはならないという一般的な法規範は存在しないからであり，そこでは，侵害行為の態様との相関は不可欠となる。

(イ) 絶対権の侵害

(a) 所有権の侵害　　目的物に対する排他的な支配権である所有権は，所有権絶対の原則が契約の自由とともに近代民法の二大原則とされていることからも分かるように，法秩序上最も強く保護される財産権である。したがって，所有権の侵害は原則として侵害行為の態様を問わずに違法と判断できる。

所有権とは自己の所有物を自由に使用・収益・処分できる権限であるので

（民206条参照），その侵害は，所有目的物の滅失・毀損の他に，不法占拠等による目的物の利用侵害や，他人の物を処分してそれが即時取得や虚偽表示における善意の第三者保護規定（民94条2項）等により所有権を失わせる結果になった場合（大判大8・10・3民録25・1737）など，多様な形態のものが考えられる。

議論があるのは二重譲渡の場合である。例えば，Aが土地をBに譲渡した後に，さらに同じ土地をAがCに二重に譲渡し，Cが登記を取得した場合，登記のないBはCに対抗できないために土地の所有権を取得できないが，この場合，第一の譲受人であるBは第二の譲受人であるCに対し不法行為に基づく損害賠償を請求しうるであろうか。BのAに対する土地の引渡請求権（債権）の侵害のケースとも考えられるが，民法176条の物権変動における意思主義に従い第一の譲渡によりBは所有権を取得していると見れば，所有権侵害の事例である。判例は，登記をもって物権変動の対抗要件とした民法177条が，二重譲渡であっても登記を先に取得すれば所有権を確定的に取得しうるとしていること，さらには，二重譲渡のような競争的関係にある場合には自由競争を許すべきことを理由に，たとえ第二の譲受人（C）が二重譲渡であることを知っていても，違法とはならないとしており（最判昭30・5・31民集9・6・774，他），学説の多数もこれを支持している（加藤（一）107頁，四宮312頁以下，他）。もっとも，この立場からも，第二の譲受人が「背信的悪意者」にあたる場合には，自由競争の枠を越えるものとして不法行為の対象になろう（鳥取地判昭46・10・18判時654・80，加藤（一）109頁，前田（達）75頁，四宮313，346頁）。

しかし，上記の考え方によれば，第二の譲受人が背信的悪意者であった場合，第一の譲受人は登記がなくても対抗できるのであり，不法行為による保護を認める実益に乏しいことになる。そこで，さらに進んで，第一の売買契約の存在を知りながら買い受けることは不動産という重大な利益侵害の危険を生じさせる行為であり，不法行為の成立を認めるべきとの説も主張されており（平井42頁，窪田110頁も同旨），さらに，両者の中間として，第二の譲受人が背信的悪意者にあたらないため，第一の譲受人としては，登記を取得できないが賠償は請求できるというように，不法行為の成立をより広く認めるべきであるが，第二の譲受人に競争的に買い受ける正当な利益があれば悪意の場合でも違法とはならないとする説もある（澤井155頁）。

この点については，まず，物権法上の保護と不法行為による保護の関係をど

う見るかが問題となる。悪意の場合にも不法行為法上の保護を認めると，背信的悪意者の場合にのみ第一の譲受人が保護される物権法との間にズレが出てくることになる。しかし，物権法上の保護では当該不動産の所有権の帰属が問題となるのに対し，不法行為法では損害賠償が問題となるので，必ずしも両者が一致しなければならないわけではない。次に問題となるのは，第一の譲渡がなされた後に第二の譲渡を受けることを「自由競争」として許容できるかという問題である。特段の事情がなければ，そのような行為は「自由競争」として尊重されるべきものではない（譲渡契約が結ばれる前に有利な条件で買い取ることとは異なる）。このように考えれば，第一の譲受人に不法行為による損害賠償を認めない理由はないことになる。しかし，侵害された利益が所有権であるとは言え，対抗要件を備えていない「中途半端な所有権」であり，保護法益としてはその他の所有権侵害の場合よりも弱い（澤井 154 頁）ことから，第二の譲受人の過失では足りず，第一の譲渡を知っていること（悪意＝故意）の場合に限るべきではないか。

(b)　その他の絶対権　　所有権以外に，絶対権として保護されている権利として，地上権や永小作権，地役権のような用益物権，抵当権等の担保物権，著作権や特許権のような知的財産権（無体財産権）などがある。いずれも，法的に強く保護された利益であることから，基本的には所有権と同様に，その侵害は原則として違法性を帯びると考えてよいが，所有権との違いから，いくつかの留意すべき点がある。

特に，担保物権のうち抵当権については，目的物の占有をともなわずに，その物の価値を把握し，そこから優先弁済を受けうる権利であることから，目的物を占有する行為は，そのことが目的物の担保価値を減少させない限り抵当権侵害とはならず（大判昭 9・6・15 民集 13・1164，加藤（一）111 頁，四宮 319 頁，他），また，目的物を毀損する行為も，目的物の残存価値が被担保債権を上回る場合には不法行為とならない（大判昭 3・8・1 民集 7・671，加藤（一）149 頁，前田（達）79 頁，四宮 319 頁，他）。損害賠償を請求できる時期については，実行によって初めて抵当権者の損害額が確定するのでそれまでは賠償請求できないという説もあるが，判例・通説は，被担保債権回収の見込みが到底ないと考えられる場合には，通常であれば実行されるべき時期以降は賠償請求できるとする（大判昭 11・4・13 民集 15・630，我妻栄・民法講義Ⅲ 386 頁，他）。ただし，毀損

された目的物の価値相当額の賠償を認めることは，実質的に抵当権の実行と同じことになるので，被担保債権の弁済期が到来するまでは認められないとするのが通説である（これに対し，被担保債権の弁済期の到来を待たずに請求できるものとして，道垣内弘人・担保物権法（第4版）190頁以下がある）。

さらに，抵当権等の担保物権の目的物の毀損の場合，物上代位（民法372条による304条の準用）との関係が問題となる。目的物の損傷によって債務者が受けるべき金銭は物上代位の対象となるので，第三者の不法行為により目的物が損傷した場合には，抵当権者は，その第三者に対する損害賠償請求権に代位しうる。この場合，抵当権者は，抵当権侵害による損害賠償と物上代位のいずれを主張してもよいとする説（平井44頁，川井健・民法概論2物権（第2版）391頁，他。なお，窪田104頁は，加害者が担保物権者の担保的な利益の侵害を企図して目的物を侵害した場合は不法行為による賠償請求を認めてよいとする）と，物上代位が優先するとする説（加藤（一）111頁，幾代＝徳本74頁，四宮319頁，道垣内前掲書188頁，生熊長幸・担保物権法（第2版）162頁，他）がある。後者が多数説だが，この説は，担保目的物の価値が減じた分が物上代位によってカバーされるので，その限りでは損害が発生していない，担保権者の直接的損害賠償請求権を認めると法律関係が煩雑になると主張する。これに対し，前者は，物上代位による場合には払渡前に差押えを要して不法行為責任の追及よりかえって煩雑であり，一般的な救済手段である不法行為の意義を（物上代位によって）無意味にするのはおかしい，不法行為責任の追及を認め，損害の金銭評価にあたって物上代位による損害塡補の可能性を顧慮すれば足りるとする。

知的財産権も，絶対権として権利者がその客体（知的財産）を排他的に支配しうる権利であり，その範囲も明確であるため，その侵害は原則として違法である。ただ，この権利は，その客体が観念的なもの（無体）であるために，ある行為がその権利を侵害したのかどうかが明確でない場合が少なくない。そこで，これらの権利に関する特別法の中には，一定の行為を侵害とみなす規定（例えば，著作権法113条）が設けられている。

　㈣　債権の侵害

　前述したように，民法典の起草者は，709条の権利侵害にいう権利は債権を含むと考えていた。その後，物権と債権を峻別するドイツ法の影響を受けて，債権は債務者以外の第三者に対して権利内容の実現を請求しえない相対権であ

り，第三者による債権侵害は不法行為とはならないという学説が有力になった時期もあるが，やがて，債権も全ての権利に共通する「不可侵性」や他人による侵害を許さない「対世的効力」を有するとして，第三者による債権侵害が不法行為となることを認める考え方が判例・通説として確立した（大判大4・3・10刑録21・279）。

　確かに，債権は物権のように目的となる利益を排他的に支配する権利ではない。しかし，それは権利の一種として，一定の利益の享受を権利者に保障したものであり，それが侵害された場合，不法行為法上の保護の問題となりえないわけではない。特に，民法709条の権利侵害をドイツ民法823条1項の権利（そこには債権は含まれないとするのがドイツの判例・学説である）と同視することは，709条という唯一の一般的不法行為の条文しか持たないわが国の不法行為法において極めて不都合な結論をもたらすことになる。他方において，債権侵害の場合，それが同一内容の債権が併存することを排除する効力を持たないこと，権利内容の実現は債務者の意思に基づく給付行為が媒介となることという，物権などの絶対権にはない特色がある。また，債権の種類は，それが実現する利益や実現の仕方に応じて極めて多様である。以上のような特色から見て，債権侵害の場合の違法性判断にあたっては，侵害行為の態様を含めて様々の要素を考慮しなければならない。

　第三者による債権侵害のうち債権の帰属自体を侵害する行為（帰属侵害型）は，行為態様に関係なく違法な行為として不法行為となる。例えば，債権者でない者が受領権者としての外観を有する者（民478条）として弁済を受けたような場合である。この場合は，所有権の対象となる物を奪うのと実質的には変わりがないからである。

　債権侵害としての特別の考慮が必要なのは，債務者の給付行為を妨害することにより債権を侵害する場合（給付侵害型）である。例えば，債務者Aの所有していた物を滅失・毀損させることによりBがAに対して持っているその物の引渡債権を侵害した場合や，甲に対して労務を提供する義務を負っていた乙を監禁したり殺傷することにより甲の労務給付に関する債権を侵害した場合である。判例や通説は，このようなケースにおいて債権侵害による不法行為を認めることは間接的な被害者の賠償請求を広く認めることになるので，それを一定範囲に限定するために，加害者に故意が必要だとしている（大判大7・10・12民

録24・1954，大判大11・8・7刑集1・410）。また，すでに労務提供契約を結んでいる人間を引き抜くといった，債務者の自由意思に働きかけて債権の実現を侵害する行為がある。この場合には，債務者の意思の自由の尊重，好条件での引抜き等も競争の一種と考えられることから，侵害者の故意では足りず，侵害行為が刑罰法規や保護法規，公序良俗に違反する場合にのみ違法となると解されている（四宮321頁，幾代＝徳本71頁）。なお，給付侵害型の重要なものとして不動産が二重に譲渡された場合があるが，この問題については，第二の譲渡により第一譲受人が取得した所有権が侵害されたと考えて，所有権侵害の項（55頁以下）で説明した。

債務者の一般財産は債権実現の最後のよりどころであるから，それを減少させることも債権の侵害となりうる（責任財産減少型）。しかし，債務者の財産権を侵害した場合には，債務者に損害賠償請求権が発生するので一般財産は減少したことにならない。自己の債権の弁済を受けることにより他の債権者の弁済を受けられなくした場合も，そのことは正当な権利行使であり，かつ，計算上は債務者の一般財産に変化はないので違法とはならない。また，債務者の意思に働きかけてその財産を減少させたような場合には，詐害行為取消権（民424条）によることができるので，不法行為による保護の必要性は乏しい。ただ，いずれの場合でも，他の債権者に対する故意が存在したり権利濫用にあたるようなやり方で行った場合には，不法行為の問題となりうる（前田（達）83頁，幾代＝徳本77頁以下，他）。

なお，債権侵害の中でも，賃借不動産の不法占有による賃借権の侵害のような場合には，物権侵害と同じに考えるべきである。なぜなら，このような場合，侵害された権利は賃借権という債権ではあるが，実態として，地上権等の用益物権と何ら異なるものではないからである。

債権侵害　以上のように，判例や通説は，被侵害法益としての債権と物権を区別し，それが侵害された場合の違法性判断においては，物権侵害については侵害行為の態様を原則として考慮せずに違法性の判断が下せるが，債権侵害の場合は例えば故意や害意を必要とするというものであった。しかし，これに対し，このような考え方は，両権利を峻別し債権については保護を認めないドイツ流の考え方であり，わが国においてそのような区別は採用するべきでないとの説が主張されている（吉田邦彦・債権侵害論再考。吉田95頁以下も参照）。

この説は，債権は相対権だから絶対権である物権より保護の程度が弱いという
考え方を前提にして債権侵害の問題を考えるべきではなく，債権についても，そ
の種類に応じていかなる侵害が不法行為となるかを判断すべきであり，契約関係
の保護という観点に立って，現在の判例や通説以上に，第三者による債権侵害に
対する不法行為法による保護を拡大すべきであると主張する（例えば，債務者の
生命・身体・自由等の人格的利益を侵害して債権者に対する債務の履行を妨げた
場合には，加害者の故意を必要とせず，通常の不法行為の要件に従って履行を妨
げられた債権者に対する不法行為の成立を認めるべきだとする）。

　注目すべき考え方だが，この説に立ったとしても，債権侵害においては，やは
り所有権等の物権の侵害に比べて侵害行為の態様の考慮が必要な場合が多くなる
ことは否定できないであろう。債権侵害の場合，侵害された権利である債権が公
示されないものであり，通常は外部から認識できないこと，債権の実現は債務者
の意思にかかわってくるといった，物権とは異なる性質があるからである。なお，
債権侵害の特性として，債権が発生する重要な場面である契約の世界では自由
競争の原理があるので，自由競争の枠内であれば債権侵害も許容されるという点
が指摘されることがある。しかし，不動産の二重譲渡の項でも述べたように，す
でに第一の契約関係が成立し債権が発生しているのに，これを妨害する第二の契
約が自由競争の名において正当化されるかどうかは，大いに疑問である（窪田
108頁，吉田96頁，他）。ただし，第一の契約関係の存在を知らずに第二の契約
が結ばれたような場合にまで，（過失があれば）不法行為の成立を認めるべきか
どうかはなお慎重な検討が必要であり，やはりここでも，行為者の主観的要素と
の相関的な判断が必要なのではなかろうか。

(ハ)　その他の財産的利益

　ある行為が物権や債権といった具体的な権利は侵害していないが，しかし，
なお他人の経済的な利益を侵害することがありうる。このような財産的利益侵
害の場合は，権利の侵害と異なり，その利益の侵害を禁止する一般的な法規範
は存在しないので，侵害行為の態様における法的非難性とあいまって初めて違
法と判断される。

　この種の利益で最も問題となるのは営業活動上の利益である。営業活動はそ
の結果として物権や債権のような様々な財産権を獲得しうるものであるが，そ
のような財産権獲得を目指して行われる営業活動そのもの，あるいは，財産権
獲得の可能性ないし期待が侵害されることがある（例えば，顧客を奪うといった
行為）。この場合に，その侵害行為を違法として被害者に不法行為法上の保護
を与えることができるだろうか。民法709条の権利侵害要件が厳格に解されて

いた段階では，このような利益侵害は不法行為の問題とはならなかった（大判明44・9・29民録17・519は老舗の利益侵害に対し不法行為の成立を否定）。しかし，権利侵害が違法性に置き換えられた段階で，このような利益侵害にも不法行為法上の保護の道が開かれた（大判大14・11・28民集4・670（大学湯事件判決）は老舗の利益侵害に不法行為の成立を認めた）。

　このような営業活動上の利益の侵害は，多くの場合，競業関係にある者の競争行為により生ずることから，営業の自由，自由競争の保障という視点をも尊重しなければならないという特色を持っている。したがって，営業上の利益の侵害だけでは違法と言えず，侵害行為の悪性があいまって初めて違法性を帯びることになる。例えば，Aが経営している喫茶店の近くにBが喫茶店を開店し，その結果，Aの客が減って売上が少なくなっても，そのことだけではBの行為は違法とはならない。しかし，Bがデマをとばすなど社会的に許容されないやり方でAの客を奪った場合には，その行為は違法となる。

　判例上，違法性が認められたものとしては，脅迫による場合（大判大3・4・23民録20・336），独占的な地位を濫用したボイコットの場合（大判昭15・8・30民集19・1521），不当な廉売による競争行為（東京地判昭59・9・17判時1128・21）などがある。また，石油会社のヤミカルテルによる消費者の被害に対する損害賠償が問題となった鶴岡灯油訴訟で最高裁は，独占禁止法違反行為による被害者に不法行為上の損害賠償請求の可能性を認めた（最判平元・12・8民集43・11・1259。ただし，損害の立証がなされていないことを理由に原告の請求を棄却）。さらに，証券会社を通じた資金運用で損失を被ったケースで，証券会社の担当者が，投資取引における適合性原則（証券会社等が投資を勧誘するにあたってその顧客にとって不適当と認められる勧誘を行ってはならないという証券取引上のルール）に著しく反した取引の勧誘を行った場合には違法性を認めうるとした判決がある（最判平17・7・14民集59・6・1323。ただし，当該ケースでは違法性を否定）。

(4)　侵害行為の態様と違法性

　以上のように，不法行為法上保護される利益には，その侵害だけで直ちに違法と判断される保護の程度が強固なものから，侵害行為の悪性が加味されて初めて違法性判断が可能なものまで，様々な種類が存在する。今日の社会では，人格的利益保護の必要性が高いことから，人格的利益侵害の場合には，侵害行

為の態様を加味することなく違法性判断がなされる場合が多かったが，それでも，名誉・プライバシー等の人格的利益の場合などは，表現の自由等の今日の社会で重視されるべき活動の自由との兼ね合いで，違法性判断が微妙なものが存在した。他方，財産的利益については，経済活動の自由を尊重する今日の経済社会のあり方から見て，人格的利益以上に，侵害行為の態様が違法性判断に重要な役割を果たしている。

さらに，違法性の本質が損害賠償責任を発生させるために必要な一般的客観的な法的非難であるとすれば，侵害行為の態様は，被侵害利益がそれほど強固でない場合にそれを補強して違法性判断を導き出すという役割を持つだけではなく，行為態様だけで，その悪性のゆえに違法＝法的非難性を導き出す場合も存在する（澤井 158 頁以下参照）。

そこで，以下において，侵害行為の態様の側面から，違法性の問題を簡単に整理しておこう。この面から見た場合，侵害行為は，(a)刑罰法規違反行為，(b)取締法規違反行為，(c)公序良俗違反行為，(d)権利濫用行為などに分類できる。

(a) 刑罰法規違反行為　　刑罰法規は処罰の対象となる行為をあらかじめ法定したものであるから，それに反する行為は不法行為法上も強い違法性を帯び，刑罰法規違反により他人に損害を与えれば，侵害された被害の種類や程度を問わずに違法となる。例えば，詐欺罪の規定（刑法 246 条）に触れる場合や，背任罪（同法 247 条）にあたる場合である。

(b) 取締法規違反行為　　行政上の目的からある行為の禁止を命じている場合，それを取締法規というが，その法規が当該行為を禁止することにより保護しようとしている利益が当該法規に違反する行為により侵害された場合，その行為は違法となる。なぜなら，その行為は，そのような利益を保護するために設定された行為規範に違反するものとして，法的非難を受けるからである。例えば，銀行の取締役および監査役が商法の規定に反して虚偽の貸借対照表を公告することによって預金者に損害を生ぜしめた場合，その行為は違法である（大判明 45・5・6 民録 18・454）。

(c) 公序良俗違反行為　　(a)や(b)の場合のように明文の規定に反したわけではないが社会的に見て許容されない行為が公序良俗違反として違法となることがある。例えば，不正な方法により取得した確定判決による強制執行は違法であり（最判昭 44・7・8 民集 23・8・1407），不当な訴訟提起は公序良俗に反するの

で，やむをえず応訴した者は不法行為による損害賠償として弁護士費用を請求しうる（大連判昭18・11・2民集22・1179）。ただし，公序良俗という特定の規範が存在するわけではなく，これはもっぱら侵害行為の態様を重視して違法性を導き出すための一般条項として使われているにすぎない（この点を指摘するものとして，澤井160頁以下）。

(d) 権利濫用行為　　権利の行使は本来適法な行為である。しかし，その行使の方法が正当な範囲を越え，濫用とみられる場合には違法性を帯びる。鉄道の煙による被害の賠償を認める際に，権利濫用を理由としたものがある（大判大8・3・3民録25・364）。また，懲戒権の濫用（最判昭52・10・25判タ355・260）が不法行為となった例がある。この場合にも，(a)や(b)のような，特定の行為規範違反が問題となっているのではないことから，権利濫用行為とは結局，被侵害利益との相関において行為態様の悪性を示すために使われている概念として理解すべきであろう。

4　違法性阻却事由

(1)　はじめに

民法720条は，他人の不法行為に対し自己または第三者の権利または法律上保護される利益を防衛するためにやむをえず加害行為を行った場合（1項）と，他人の物から生じた急迫の危難を避けるためにその物を損傷した場合（2項）に，賠償義務を免じている。通常は，これらの場合には加害行為の違法性が阻却されるために不法行為が成立しないと説明される。不法行為の成立要件としての違法性概念をどう見るかについての学説の対立もあり，違法性概念を否定する立場からは，これらの事由は違法性阻却事由ではなく単に正当化事由ないし不法行為責任阻却事由と呼ぶべきとの主張もある（平井91頁以下）が，これらの事由にあてはまる場合には法秩序から見てその行為は非難されえないものとなる（違法性が阻却される）と見るのが素直なのではないかと思われる。したがって，ここでは通説に従い，これらの事由を違法性阻却事由として位置づけ，その内容を説明することにしたい。

(2)　民法に規定された違法性阻却事由

(a) 正当防衛　　前述したように，民法720条1項によれば，他人の不法行

為に対し自己または第三者の権利または法律上保護される利益を防衛するために
やむをえず加害行為をなした場合，当該行為者は，損害賠償責任を負わない。
これを正当防衛という。例えば，暴力団員Aが日本刀でB（自己）やBの家族
（第三者）に切りかかってきたのでやむをえずBが反撃してAを負傷させてしま
った場合や，Aの攻撃を避けるためにCの家に逃げ込んだがその際Cの家具を
壊してしまったような場合である。この場合，BはAを負傷させ，あるいはC
の所有物を壊しており，その限りでは，生命・身体侵害，所有権侵害として違
法な行為を行ったことになるはずである。しかし，この場合のBの侵害行為は
自己や自己の家族の生命・身体の安全を守るためにやむをえず行ったものなの
で，このような場合にBの行為を違法な行為としてBに賠償義務を課すのは妥
当でない。そこで，民法はこのような場合のBには賠償責任が生じないとした
のである。

　正当防衛として違法性が阻却されるためには，他人の不法行為が原因となっ
ていることが必要である。したがって，例えば，洪水で自己の家が流されるの
を防ぐため堤防を決壊させ他人の家を水没せしめた場合のように，違法性を欠
く原因で自己の権利や利益が危険に陥りそれを守るために他人の利益を侵害す
ることは正当防衛とはならない。第二に，自己または第三者の権利または法律
上保護される利益を防衛するための行為であることが必要である。権利でなく
ても法律上保護される利益を防衛するためであれば正当防衛になることは，民
法709条の権利侵害が，判例・通説においては違法性と読み替えられてきたこ
ととの均衡上，従来から認められていたが，この点は，現代用語化のための改
正において，文言上も明確にされた。第三に，正当防衛は，やむをえずなした
行為であることが必要である。具体的には，他に方法がなかったこと，守るべ
き権利（利益）とそのためになした行為により侵害された利益の間に社会的に
見て合理的な均衡が保たれていることが必要である。なお，この点の判断にあ
たっては，侵害された利益が攻撃者のものであった場合と，第三者のものであ
った場合を区別し，後者の場合には，第三者の利益保護の見地から，正当防衛
の成立については慎重な判断が必要である（同旨，澤井164頁以下）。

　(b)　緊急避難　　民法720条2項によれば，他人の物より生じた急迫の危難
を避けるためにその物を壊した場合には賠償責任を負わない。例えば，Aの飼
犬に襲われたBが身を守るためにその犬を棒でなぐって怪我をさせたような場

合である。これを緊急避難という。この場合，ＢはＡの犬に怪我をさせたのであるからＡの利益を侵害していることになる。しかし，その行為は急迫の危険を避けるためのものであり，Ｂに賠償義務を課すことは酷である。そこで民法は，この場合にも違法性が阻却されるとしたのである。

　緊急避難として違法性が阻却されるための要件としては，まず第一に，他人の物から生じた急迫の危難が原因となっていることが必要である。他人の不法行為が原因でなくてもよい点で正当防衛と異なる。さらに第二に，反撃により当該原因となった物を損傷した場合にのみ緊急避難は成立する。したがって，それ以外の法益を侵害した場合には違法性は阻却されない。さらに，その反撃がやむをえなかったこと（他に方法がなく，守られた利益と侵害された利益の均衡が存在すること）が要件となる点では正当防衛と同じである。

> **刑法上の正当防衛・緊急避難との違い**　　刑法にも正当防衛や緊急避難の規定がある（刑法36条，37条）が，民法上のそれとは若干内容が異なる。まず第一に，刑法においては，正当防衛とは自己または他人の権利を守るために侵害者に対し反撃することであり，他人の利益を侵害すること（例えば，隣の家に逃げ込んだ際に家具を壊すといった）は緊急避難とされる。また，刑法においては，他人の物による危険から自己または第三者の利益を守るために他人の利益を侵害した場合でも緊急避難となるが，民法上は，当該物を壊すという方法での危険を避ける行為のみが緊急避難となる。

(3)　その他の違法性阻却事由

　民法典に規定された以外にも，違法性が阻却される場合がある。以下，その主要なものを概観しておきたい。

　(a)　自力救済　　自分の土地に他人が勝手に入り込んで建物を建て始めたとしよう。この場合，その土地の所有者は自らの実力でその建物を取り壊して追い出すことは原則としてできない。なぜなら，近代法は自力救済，すなわち，権利が侵害された場合にその侵害を自分の力で除去することを原則として禁止し，権利の実現は，裁判所その他の国家機関の手によってなさなければならないとしているからである。このような自力救済の禁止は，社会秩序維持の観点からは必要なことであり，私人が勝手に自分の実力で権利行使するのを認めると実力の強い者が勝つことになり社会の秩序が維持できなくなる。したがって，もし自力救済禁止の原則に違反して自己の実力で権利を行使し，その結果他人

の法益を侵害した場合には不法行為となる。

　しかし，例外的に，自力救済を行ってもそのことが違法ではないとされる場合がある。それは，法律の定める手続きをとっていたのでは侵害の除去が不可能または著しく困難と認められる緊急やむをえない場合であり，その場合，当該行為の違法性が阻却されることになる。判例も，傍論ではあるが，「法律に定める手続によったのでは，権利に対する違法な侵害に対抗して現状を維持することが不可能又は著しく困難であると認められる緊急やむを得ない特別の事情が存する場合においてのみ，その必要の限度を超えない範囲内で」自力救済を認めている（最判昭40・12・7民集19・9・2101）。

　(b)　正当業務行為　　警察官が正当な手続きで犯人を逮捕した場合や，消防士が消火活動の必要上隣家を取り壊した場合，親権者の懲戒権の行使，事務管理の要件を満たす場合などのように，形式的に見れば他人の法益を侵害しているが，法律上認められた業務としてこれを行った場合には，正当な権限行使であることを要件として，違法性が阻却される。

　上の例のように法律に定められているもののほかに，法令に規定がなくても同様に正当業務行為として違法性が阻却される場合がある。例えば，ボクシングの試合で相手を殴ることは身体への侵害だが，ルールに従っている限り違法ではない。また，医師の行う手術などのような医的侵襲行為も，形式的に見れば身体に対する侵害ではあるが，医療行為として適切ならば違法ではない。ただし，これらの場合は，患者や競技参加者の同意も必要である。特に，医療行為については，近時はもっぱら患者の同意の側面から問題をとらえる考え方が有力となっている。

　(c)　被害者の承諾・同意　　被害者の承諾や同意が違法性を阻却することがある。なぜなら，私的自治のルールが支配する今日の社会では，自己の利益をどうするかは原則として私人の自由であり，その侵害を利益の保持者たる被害者自身が認めているのだから，あえて違法として不法行為責任を問う必要はないからである。しかし，被害者の承諾が無制限に違法性を阻却するわけではない。その承諾が社会観念からして認められないような場合には，承諾があっても違法性はなくならない。例えば，自殺しようとした人に頼まれて首を締めて殺した場合，生命侵害に対する被害者の承諾はあるが，いかに承諾があるとはいえ生命を奪う行為を適法と認めることは社会観念から見てできない（刑法

202条は自殺幇助を処罰の対象としている）ので，違法性は被害者の承諾によっては阻却されない。

さらに，この被害者の承諾ないし同意は，十分な情報を与えられた上で正常な判断能力を持った状態でなされたものでなければならない。前者は，特に，医療における医師の説明義務との関係で，インフォームドコンセント（informed consent）として議論されている問題である。患者は自己の生命・身体について自己決定権を持つという立場から，病気や治療方法等について十分な説明を受ける権利を有し，逆に医師は説明すべき義務があり，そして，そのような説明と十分な情報を与えられた上での患者の自己決定としての同意（インフォームドコンセント）こそが重要だというのである。医療行為における医師と患者の関係を考える上で重要な見方である。

第3節　故意または過失

1　故　　意

(1)　故意の概念

故意とは，結果発生を認識しながらあえてある行為をするという心理状態として定義されるのが一般的である（我妻103頁，加藤（一）67頁，幾代＝徳本26頁，他）。この定義によれば，①自己の行為の結果についての認識があること，②その結果の発生を認容（あえて）していることが，故意の要素ということになる。

ここで言う認識の対象は，権利侵害といった何らかの結果の発生で十分であり，特定の人に対する侵害を認識する必要はない。したがって，手形の裏書偽造の場合には，それが転々譲渡されて誰が損害を被るかが認識されていなくてもよい（大判昭7・5・3民集11・812）。さらに，結果の認容には，結果の発生を意欲している場合や当該結果の発生を目的としている場合はもちろん，意欲はしないが発生しても構わない（ないし仕方がない）と思っていた場合も含まれる。したがって，AがBを殺してやろうと考えて（意欲して）ピストルを撃った場合だけでなく，AがBを殺そうと意欲したわけではないが，弾が当たってBが死んでも構わないと考えて（認容）ピストルを撃った場合も，その結果発生に

ついての認識はあり，しかも結果発生（Ｂの死）を認容していたので故意あり
とされる（刑法上の未必の故意）。

　多くの公害事件では，この認容の欠如を理由に故意が否定されるが（例えば，
千葉地判昭 63・11・17 判時平元 8 月 5 日号 161，大阪地判平 3・3・29 判時 1383・22，
他），逆に，排煙，排水により被害が生ずることを知りながら「あえて操業に
伴う排煙，排水を継続した」ことは故意にあたるとした判決もある（前橋地判
昭 57・3・30 判時 1034・3）。刑法上は，未必の故意と認識ある過失，すなわち結
果発生を認識していたが認容していたのではない場合の区別が問題となる。原
則として故意犯のみが処罰の対象となる刑法と異なり，「故意又は過失」のど
ちらの場合でも責任が成立しうる不法行為の場合，両者の区別を厳密に論ずる
実益はそれほど大きくないが，通説は，認容の要素が欠けている場合には過失
の問題として考える（加藤（一）67 頁，幾代＝徳本 26 頁，前田（達）27 頁等）。し
かし，公害事件などにおいて，認識があれば故意とみなしうるという説もある
（淡路剛久・公害賠償の理論 100 頁）。

　問題となるのは，故意には違法性の認識が必要かどうかである。結果の発生
を認識しておればよいとする説（我妻 104 頁）と，違法性の認識を必要とする
説（加藤（一）67 頁，幾代＝徳本 26 頁，四宮 301 頁）がある。判例は，違法性の
認識がなければ故意を認めない立場に立っていると思われる（大判明 41・7・8
民録 14・847）。違法性の認識が必要だとの立場に立っても，行為者が他人の権
利ないし法益を侵害していることを認識し，かつ，客観的に見て違法な行為を
している場合には，行為者には少なくとも過失が認められるであろうから，通
説・判例に従い故意と過失の厳密な区別をする必要がないという立場に立つと
き，この議論の実益はそれほど大きなものではないが，権利侵害があれば直ち
に違法であり，その他の法益侵害の場合も，生じた結果を重視する違法論に立
つならば，権利ないし法益侵害という結果発生の認識がありなお違法性の認識
がない場合は，かなり限定されたものになろう（この点を指摘するものとして，
中井美雄編・現代民法講義 6 巻 122 頁以下（植木））。なお，この違法性の認識の有
無を，故意の悪性の程度の差をもたらすものと解する説がある（澤井 172 頁）。

(2)　故意と過失を区別する意味

　すでに述べたように，不法行為の場合，「故意又は過失」が要件となるので，

責任の成否にとって，両者を区別する意味は，刑法の場合ほど大きくない。しかし，判例や通説は，両者の区別に次のような意味を与えている。まず第一に，違法性の項（第2節2）で述べたように，ある種の利益侵害については，被侵害利益の種類や程度と相関的に侵害行為の態様が考慮されるが，その際，行為の態様の悪性を示すものとして加害者の故意が考慮されることがある。例えば，給付行為を妨害することによる債権侵害においては加害者に故意が必要だとするのが判例の立場である（大判大7・10・12民録24・1954，他）。

　第二に，認容される損害賠償の額に違いが出てくることがありうる。賠償額の算定について詳しくは後述するが，基本的には生じた損害を金銭で評価したものが賠償額だとされ，そこでは加害行為が故意によるものか過失によるものかは本来関係ないはずである。しかし，慰謝料に関しては，加害行為が故意によるものかどうかはその額の算定において重要な意味を持つ。なぜなら，慰謝料は，通説によれば被害者に生じた精神的な損害に対する賠償であるが，精神的損害の大きさにとって，加害行為が故意によるものか過失によるものかが影響を及ぼすからである。例えば，名誉を毀損する虚偽の事実の流布行為があった場合でも，加害者がその事実が真実だと知らずに不注意で行った場合と，嘘と知りつつ流布した場合とでは，精神的損害の大きさには違いが生じうる。また，故意か過失か，過失の程度が重大かどうかは違法性の程度に反映され，そのことが賠償額に影響を及ぼすとする説もある（沢(澤)井裕・公害の私法的研究175頁）。

　なお，慰謝料や損害賠償の機能として，加害者に対する制裁的要素を重視すべきとの説も主張されているが（後藤孝典・現代損害賠償論，他），この立場からは，故意不法行為の場合には制裁の必要性が高いことから，賠償額が大きくなるのは当然ということになろう（慰謝料の制裁的機能については，171頁以下参照）。

> **故意概念**　　以上のような通説の故意のとらえ方に対し，次のような批判も有力である。まず第一に，違法性概念を不法行為から排除すべきとする説は，故意の要素として違法性の認識も認容も不要であり，端的に「加害の意思」として定義すべきだと主張する（平井71頁）。そしてこの説は，そのような意思を帰責の根拠とする故意不法行為を，注意義務違反としての過失不法行為と明確に区別し，その要件や効果を過失不法行為の場合と別個に考えるべきであるとするのである（平井72頁以下。前田（達）50頁以下も，故意不法行為と過失不法行為を区別する）。

これとは逆に，通説が故意の場合に心理状態を帰責の根拠とすることを批判し，故意とは「違法な結果を認識しながら行為に出ること」であるとして，過失の場合と同様，結果を回避すべき義務に反した行為をその内容と見る説がある（澤井171頁。四宮300頁も故意を「行為をすること」としてとらえる）。この説によれば，故意と過失の違いは結果の認識があるかどうかの差であり，両者はいわば非難性の程度の異なる，しかし，連続性を持った帰責根拠だということになる。

　思うに，故意が行為者に損害賠償義務を課するための帰責根拠だとすれば，それはやはり「他人を害しないように行動せよ」というわれわれの生活におけるルールに反したことでなければならず，したがって，後者の説が指摘するように，内心の心理状態や意思がそれだけで帰責の根拠となるのではなく，「認識しながら行為すること」によってこのルールを重大に侵害したことに帰責の根拠を求めるべきであろう。

　故意をこのようにとらえることができるとすれば，それには，認識に加えて結果発生の意欲がある場合，認容がある場合，単なる認識しかない場合等の様々の段階があり，最後のものが過失と連続的に接続していると考えるべきではないか。そして，このように考えることが，判例や通説がとっている，故意と過失を一応区別しつつも，違法性判断や賠償額の算定においていわば非難性の量的な差として扱っていることとも整合するのではないか。

2　過失の構造

(1)　過失とは何か

　過失の本質をどう見るかについては，二つの考え方がある。一つは，過失を不注意ないし意思の緊張の欠如という行為者の内心の心理状態における責められるべき状態と見る考え方であり，他の一つは，注意を欠いた行為の仕方をしたことという行為の態様，ないし，注意して行動すべき義務に反すること（注意義務違反）を過失とする見解である。

　民法典の起草者は，「為スベキコトヲ為サヌトカ或ハ為シ得ベカラザル事ヲ為ストカ又ハ為スベキコトヲ為スニ当ツテ其方法ガ当ヲ得ナイ」といった場合が過失にあたると述べているが，そこでは，過失は注意義務違反としてとらえられているように思われる。しかし同時に起草者は，故意・過失を「意思ノ有様」「心ノ有様」としており，そこには，過失を心理状態と見る見解に近いものが示されている。その後，学説においては，権利侵害（違法性）＝客観的要件，故意・過失＝主観的要件という二元的構成をとるドイツ法の影響もあり，

過失を心理状態としてとらえる説が多数を占めるようになった（我妻 103 頁，加藤（一）64 頁，他）。

　判例においてはこれとは逆に，むしろ，当該状況において行為者がとるべきであった注意義務の違反をもって過失とするものが多い。例えば，交通事故の場合には，運転者がとるべき交差点における一時停止等の義務違反の有無で過失が判断され，また，公害においては，操業にともなう排出物の動植物や人体に対する影響についての調査研究義務や防止措置を講ずるべき義務の違反が過失だとされる。学説においても近年では，過失を注意義務違反ととらえる見解が有力になっている（前田（達）35 頁，平井 27 頁，四宮 303 頁以下，他）。このように，過失を行為者の主観的な心理状態ではなく注意義務（客観的に措定される行為義務）違反ととらえるようになることを「過失の客観化」と呼ぶことがある。

　しかし，必ずしもこの両説を対立的にとらえる必要はないのではないか。意思の緊張の欠如という心理状態も，それが帰責の根拠となるのは，そのような心理状態のまま漫然と行為したからであり，そこでは，他人に損害を加えないように注意深く行動せよという一種の注意義務違反が問題となっている。その意味で，過失の本質は注意義務違反である。もっとも，このような抽象的一般的な注意義務だけでは，現在のように危険を内在する行為が増加して，われわれの一挙手一投足が他人に重大な被害を及ぼすことがありうる社会においては不十分であり，他人に損害を生ぜしめないために行為者に求められるものも，単に精神的に緊張しているといった無形の注意にとどまらず，その活動の危険の種類や程度に応じて，このような状況ではこういう行為をせよという有形のかつ具体的な注意義務という形をとって現れることになる。そこで，過失の有無も，そのような具体的な注意義務の違反があったかどうかにより決まることになるのである（この点を指摘するものとして，四宮 304 頁）。しかし，この場合も，注意しておればそのような義務を守れたはずだという意味で，心理状態における慎重さの欠如という側面は完全にはなくならないのである。

　このように見れば，心理状態と注意義務違反はまさに過失の二つの側面ということができるのではなかろうか（澤井 174 頁参照。加藤（雅）145 頁も，過失を心理状態と行為義務違反の二重構造を持ったものとし，近江 116 頁以下も，これに賛意を示している）。ただし，現代社会においては，注意義務違反の側面に比重がか

かるようになってきていることは確かであり，その意味で，過失を，注意を欠いた行動をすること（注意すべき義務を尽さないまま行為すること）としてとらえる上記の有力説は妥当だと言えよう。さらに，現実の訴訟において行為者の内心の心理状態を明らかにすることは不可能であり，心理状態における緊張の欠如を過失ととらえるとしても，そのことは，行為者のとった客観的な行為の態様から推し量るほかないという事情も無視できない（この点を過失の客観化の一要因としてあげるものとして前田（達）36頁，幾代＝徳本32頁等）。

(2) 過失の構造

　以上の意味で過失を行為者が遵守すべき義務の違反（心理状態における非難性をもともなった）だととらえる場合，その中心に置かれるのは損害の発生を防止・回避すべき義務（損害回避義務）である。すなわち，行為者が当該状況において損害を回避すべき義務に反して損害を発生させたとき，その損害結果を行為者に帰せしめることができるのである。しかし同時に，過失が存在するためには，行為者が行為にあたって注意しておれば損害結果を予見できたこと（予見可能性）も必要となる。なぜなら，結果発生について予見可能でなければ，行為者には，当該状況において講ずべき回避義務の内容が分からないからである。

　ここで注意すべきは，予見可能性は「予見義務」を前提としたものだということである。過失責任は，過失があれば責任を負う（過失責任の積極的側面）として人々に注意深い行動を求めるものであるから，人は，ある行動をとろうとする場合，行動の結果を予見する義務を負うべきである。そして，そのような義務を尽くしておれば予見できた場合に予見可能性があるとされるのである。その予見義務の内容や程度は，その行動の危険性に応じて異なる。例えば，薬害や公害等の場合，行為の危険性の高さから高度の予見義務が生じる。公害事例で，化学工場の操業のような場合，「最高の分析検知の技術を用い，排水中の有害物質の有無，その性質，程度等を調査」すべき（新潟地判昭46・9・29判時642・96）とした判決もある。

　　過失と「予防原則」　　以上のような公害・薬害事例における高度の予見義務の根拠を「予防原則」に求める考え方がある。「予防原則」とは，環境法において確立発展してきた考え方であり，そこでは，地球温暖化問題のように，将来の

損害の発生について科学的になお不確実なところがあるが，損害が発生してからでは回復が困難であり，問題が深刻化すればするほど対策は困難になるので，危険の予測になお不確実なところがあっても，予防的な立場から出来るだけ早期に対策に取り組むべきという考え方（「予防原則」ないし「事前警戒原則」：precautionary principle）が確立されてきた。公害，薬害・食品公害等においても，科学的確実性をもって予測できないが，現実化すれば極めて深刻な被害が問題となることが少なくない。そこで，そのような場合，「人体に脅威を与える物質と人体への侵害とを結びつける科学的証明が困難であっても，いったん発生すると回復不可能な重大な損害が発生する場合には，損害発生前のリスクを回避し，または低減するために事前の思慮をおこなうべきである」との観点から予見義務を設定すべきと言うのである（潮見②297頁以下）。

このように，過失を予見可能性（ないし予見義務）と損害回避義務の二つの要素を含むものとするのが通説の立場である。すなわち，結果発生について予見が可能な場合にそれを回避すべき義務が行為者に課せられ，それに違反して損害を発生せしめた場合，過失ありとして賠償義務が生ずるのである（前田（達）34頁，森島196頁，四宮304頁，平井27頁等）。裁判所においても，下級審ではあるが，「『過失』とは，その終局において，結果回避義務を言うのであり，かつ，具体的状況の下において，適正な回避措置を期待しうる前提として，予見義務に裏づけられた予見可能性の存在を必要とする」と明言する判決がある（東京地判昭53・8・3判時899・48）。

以上のように，過失には（予見義務に裏づけられた）予見可能性が必要だが，損害発生の危険性の高い行為については，法規や慣習，さらには社会通念等により，損害発生を防ぐための一定の行為パターンが定型化されていることがある。そのような場合には，その行為パターンに反した行為により損害を発生させた行為者には予見可能性を問題とすることなく過失が認められることがある。例えば，自動車運転に関する各種の義務や医療行為における確立された定型的な治療方法等である。したがって，信号のない交差点で一時停止を怠って損害を発生させた場合，一時停止を怠ったことをもって直ちに過失が認定されることになる。定型化された行為パターンからの逸脱が損害を発生させる危険性が高いことから，結果発生についての具体的な予見可能性はなくとも（ただし，行為パターンからの逸脱についての予見可能性は必要）過失が認められる例外と言えよう（以上について詳しくは澤井176頁以下参照）。

次に，過失の要素としての損害回避義務とは具体的にはどのようなものであろうか。この点に関して，公害問題に関して対照的な二つの裁判所の考え方がある。

　まず第一は，化学工場の排出するガスによる農作物被害の賠償が問題になった大阪アルカリ事件において大審院が示したものである（大判大5・12・22民録22・2474）。この判決の中で大審院は，損害発生が予見できた場合であっても当該工場が損害予防のために「事業ノ性質ニ従ヒ相当ナル設備」を施した場合には過失はないとした。この判決のように相当な設備をすれば回避措置としては十分であり過失なしと解すると，過失が認められるケースはかなり限定的なものとなり，結果として企業の活動の自由が大幅に保障されることになる。もちろん，相当な設備の内容しだいでは結果は異なるが（現に，本件差戻審において大阪控訴院は，相当な設備がなされていないとして責任を認めた），少なくとも論理の上では過失認定を狭く限定しうる論理であり，もし「相当ナル設備」の内容を，「企業の利潤をそこなうことがない範囲における設備」とでも解することになれば，全くの企業保護理論となってしまう。

　第二のものは，新潟水俣病判決（新潟地判昭46・9・29下民集22・9＝10別冊1）や熊本水俣病判決（熊本地判昭48・3・20判時696・15）で示された，最高技術の設備をもってしてもなお人の生命，身体に危害が及ぶおそれがあるような場合には，企業にはその操業停止を含む結果防止のための注意義務（絶対的な防止義務）が課せられるという考え方である。この考え方によれば，被害発生が予見できたにもかかわらずその操業を中止しなかった場合には義務違反があることになり，結果的には，予見可能性がある場合には当該企業の具体的な防止のための諸措置を問うことなく過失が認められるのと同様の結果となる。

　後者のように予見可能ならば操業を停止しても損害発生を絶対的に防止すべき義務があると考えるかどうかについて，決め手になるのは，社会においてはその活動の有用性を理由に，損害発生が予見できてもあえて行うことが社会的に許容されている活動（刑法にいう「許された危険」）があり，このような活動によって損害が発生した場合，予見が可能なケースであったからといって常に過失ありとすべきではないと考えるのか，予見可能ならばその行為を取り止めることにより回避は常に可能だと考えるのかである。確かに，社会においては被害の発生がかなりの程度予見できても，なおその行為をなすことを許容しなけ

ればならない場合が存在する。例えば医療行為において，危険性がかなりの程度予見できても，患者の生命を救うためにあえて実施しなければならない治療方法がありうる。その場合，たとえ予見可能であった損害が発生したとしても，そのことで直ちに医師に過失があったとすることには抵抗感もあろう。しかし，逆に，「許された危険」の考え方の安易な採用は避けるべきであり，特に，大阪アルカリ事件の大審院判決の考え方は企業保護に傾きすぎている。

このように考えるならば，一つの解決方向は，侵害されうる利益の重大さ，行為の危険性や社会的価値といった要素から不法行為を類型化し，各類型ごとに予見可能性に加えて回避義務違反が特別に要求されるのか，されるとしてその内容は何かを考えて行くことではなかろうか（同種の見解として，幾代＝徳本37頁，森島188頁以下，等）。具体的には後述するが，日常生活における市民相互の不法行為については，損害発生が予見できればそのような危険な行為は取り止めるべきであり，したがって，予見可能性に加えて別個に損害回避義務を論ずる必要は実質上なくなる。また，公害のような危険な企業活動の場合にも，そこから生じうる損害が大量の生命・身体・健康被害であること，交通事故などと異なって，損害発生を防止するために配分された注意義務を被害者自身が負うというようなことはないことから見て，本来，無過失責任が妥当すべき領域であり，過失責任を適用する場合でも，少なくとも生命・健康被害が問題となっている場合には，予見が可能であればそれを防止すべき絶対的な回避義務が課されると解すべきである。しかし，先に例としてあげた医療行為やさらには交通事故のような場合，すなわち，危険な活動ではあるが，一定の注意義務を尽くしさえすればその行為を行うこと自体は社会的に許容されている場合には，損害回避義務違反が賠償義務の存否を判断する上で重要な意味を持つことになろう。

3 過失における注意義務の内容

(1) 注意義務の基準

過失における注意義務（予見および回避義務）の内容を考える場合，まず問題となるのは誰の注意能力を基準にして過失の有無を判断するのかである。民法においては，主として契約責任において，二種類の注意義務が規定されている。まず第一は，当該行為者の能力が基準となる場合である。例えば，民法659条

は，無報酬で寄託を受けた者はその物を，自己の財産におけると同様の注意を払って保管しなければならないと規定するが，自己の財産におけると同様の注意とは，自分の能力の範囲で可能な注意を払うことである。このように，当該行為者の能力を基準として認められる過失を具体的過失と言う。

　第二に，当該行為者ではなく，平均的ないし一般的な人間の能力が基準となる場合がある。例えば，民法400条は，特定物の引渡しが目的となっている債権の債務者は引渡しまでその物を善良なる管理者の注意をもって保管しなければならないとするが，善良なる管理者の注意とは，当該取引において一般的に要求される注意のことであり，その基準は当該行為者ではなく，一般人・平均人である。このようにして設定された注意義務に反することを抽象的過失と呼ぶ。

　民法709条の過失が以上のうちどちらにあたるかは規定上は明らかでないが，判例・通説は，抽象的過失，すなわち，平均人・一般人の能力において払うことが期待されている程度の注意を怠ることが同条の過失だとしている（大判明44・11・1民録17・617，加藤（一）68頁，他）。抽象的過失説によれば，当該行為者の能力が平均人より低くても平均人の能力から見て可能な注意を怠れば過失ありとなる。したがって，能力に劣る行為者にとって自己の能力以上のことを要求され酷になることがないわけではない。にもかかわらず判例や通説が抽象的過失説をとるのは，社会生活において人は他人が平均人としての注意を払って行動してくれるものと期待して行動しており，その期待に反して平均人の能力からは可能な注意が払われなかった場合に過失を認めるべきだと考えるからである（この点を強調して，過失責任を「信頼責任」として理解する説もある（前田（達）46頁））。特に，専門化された業務上のミスについて，たまたま本人の能力が劣っていたため過失なしとされたのでは被害者にとって甚だ酷なことになるであろう。ただし，能力に著しく劣る者（自己の行為の法的な結果を認識できないような者）については，後述の責任無能力制度により免責される。

　抽象的過失において注意の程度は一般人の能力が基準になるが，一般人・平均人といってもこれだけではあまりに抽象的すぎ，もう少し当該ケースごとに具体化する必要がある。つまり，当該事故を引き起こした行為の類型における一般的平均的な注意の程度がここで言う抽象的過失の具体的中身となる。例えば，医療事故の場合には医療水準から見て平均的な医者がなすべき程度の注意，

つまり平均的な医者の能力が基準となり，さらに場合によれば，大学病院のような設備の良いところの医師に要求される注意の程度は一般の開業医のそれよりも高いというように，具体的ケースに応じて変わってくることもある。しかし，いかに具体化されるとしてもあくまでそのようなケースにおける平均的な行為者の能力が基準であり，当該行為者自身の能力が基準となるわけではない。

それでは，当該行為者が，特に通常人よりも高い能力を備えていた場合はどうなるのであろうか。例えば，当該医者が，特に優秀で経験もあり，通常の医者よりも高度の診断ないし治療能力を備えていたような場合である。この場合は，行為者にとって特に過度の注意を要求するものではないので，当該行為者の能力を基準とすべきではないか。

(2) 過失における注意義務の具体的内容

過失における注意義務のレベル・内容を決定する基準としては，様々のものが主張されている。例えば，①結果発生の蓋然性（危険性），②被侵害利益の重大さ，③以上二つの因子と注意義務を課すことにより犠牲にされる利益の比較衡量，の三つの因子をあげるもの（平井30頁）や，ⓐ当事者の互換可能性，ⓑ加害行為の危険性，ⓒ発生した結果の重大性，ⓓ行為の社会的有用性や防止措置の難易，を注意義務のレベルを決めるファクターとしてあげるもの（澤井185頁以下）などがある。このうち，①やⓑ，②やⓒが重要な要素となることは当然であり，ⓐも重要な視点である。しかし，それらを③やⓓの要素と比較衡量すべきかどうかについては，慎重な判断が必要である（内田貴・民法Ⅱ（第3版）342頁も，生命・身体に被害が及ぶ場合は，回避コストの大きさは，必ずしも決定的なファクターではないとする）。

いずれにせよ，不法行為には日常の市民生活で生ずるものから公害のように科学技術を駆使した企業の活動によるものまで，様々のものがあり，これら多様な不法行為において過失の有無を判断する場合，一定の類型化が必要となる。

(イ) 一般市民の日常生活から生じた事故の場合

人ごみで他人に突き当たって転倒させて怪我させたり，ボールを投げて隣家の窓ガラスを割ったりといった，われわれの日常生活で生ずる事故の場合，要求される注意義務は，市民生活を営む上で最低限度必要とされる程度の義務であり，注意（意思の緊張）を欠いたという抽象的な注意義務で足りる。また，

これらのケースでは，危険が予想されれば行為を取り止めることにより結果の発生を防止することができるのだから，特別の結果回避措置を問題にすることなく過失を認定すべきである。

　㋺　業務活動にともなう事故の場合

　医師や弁護士等の専門家，自動車の運転のように免許を要する活動の従事者には，通常の市民一般よりも高度の能力が要求され，したがって，注意義務の程度もそれだけ高くなる。このことは，これらの活動の多くが，日常の市民生活における活動に比して危険性が高い場合が多いことからも根拠づけられる。しかし他面において，これらの活動は社会的な有用性が高く，かりに法益侵害の危険性が予測できる場合でも当該行為を法的に禁止できない場合もある（例えば，医療における医的侵襲行為）。さらに，あまりに高度の注意義務を課すことはこれらの活動を萎縮させるおそれがあるとの指摘もなされている。したがって，これらの行為においては，一方でその危険性，他方でその社会的価値を考慮して注意義務の内容が具体化されることになる。ただし，後者の側面をあまりに強調することは被害者保護の視点からは問題であり，その行為の危険性との相関的な判断が必要である。活動の種類により注意義務の内容はさらに異なるが，以下，いくつかの例をあげてみよう。

　⒜　自動車事故　　自動車事故のうち人身事故は自動車損害賠償保障法により処理される（同法については，第4章第5節参照）が，いわゆる物損の場合は民法の規定が適用される。

　自動車の運転は免許の取得を要する特別の危険行為であるが，現代社会においては多数の人が免許を取得し自動車を運転しており，その円滑な運行は社会の様々な活動を維持する上で不可欠になっている。そこで，自動車事故における過失を考えるにあたっては，自動車運行の持つ危険性とともに，自動車の円滑な運行が有する社会的価値を考慮しなければならない。

　特に問題となるのが，他の交通に関与する者が交通ルールに従った行動をとってくれるであろうことを信頼したが，その信頼に反する行動があったために事故を起こした運転者に過失があるのかどうかである。刑事事件では，運転者は「他の車両が交通法規を守り自車との衝突を回避するため適切な行動に出ることを信頼して運転すれば足りる」として責任を否定する考え方が採用され（最判昭41・12・20刑集20・10・1212），民事責任においても実質的にこの考え方

が採用されるようになっている（最判昭43・7・25判時530・37，最判昭45・10・9交民集3・5・1343，最判平3・11・19判時1407・64，他）。

　この考え方によれば，例えば，青信号に従って交差点に進入しようとする運転者は，赤信号を無視して交差点内に進入してくる車があることまでをも予想して回避措置をとる必要はないとされるのである。この考え方はドイツにおいて，その交通事情を前提に主張されるようになったものであり，わが国にそのままあてはまるかどうかには議論の余地もあり，また，かりに採用するにしても，他の交通関与者も加害者と同様の危険性を持ち同レベルの注意義務を課されている車両対車両の事故に限定すべきであり，対人事故については，歩行者には自動車運転者のような高度の注意義務は課されていないことや人間尊重の理念から，この考え方をとるべきではない（近江120頁も，少なくとも人身事故の場合には，信頼の原則をとるべきではないとする）。例えば，赤信号で道路を横断した歩行者が事故にあった場合も賠償義務を認め，歩行者の行為は過失相殺の問題として処理すべきである。

　(b)　医療過誤　医療行為は人の健康を回復させる行為であり，その社会的な有用性は高いが，反面において，人体に対する侵襲行為をともない，ミスがあれば生命・健康等に重大な被害を生じさせる危険な活動でもある。したがって，医師は，専門的職業に従事する者として「その業務の性質に照らし，危険防止のために実験上必要とされる最善の注意義務を要求される」（最判昭36・2・16民集15・2・244）。

　具体的な注意義務のレベルと内容は，上のような医療行為の特質に適合して決められることになるが，その際の判断基準は一般的に言えば医療水準である。医者は医療水準に照らして適切な医療行為を行わなければならず，逆に，その行為が医療水準から見て適切であれば過失はないことになるのである。ここで言う医療水準とは「臨床医学の実践における医療水準」（最判昭57・7・20判タ478・65）であり，学問としての「医学水準」とは区別される。したがって，まだ臨床段階で普及・定着していない治療方法をとらなかったことは直ちに過失とはならない。しかし，医学は日々進歩しており，「臨床医学の実践における医療水準」とは言えなかったような最新の治療方法が急速に普及して行くことは珍しいことではない。また，医療水準は，画一的ではなく，当該医療機関の性格，所在地域の医療環境の特性等の諸般の事情を考慮して決定される（最判

平 7・6・9民集49・6・1499)。したがって，両者の関係をあまりに固定的にかつ分断的にとらえるのは誤りであり，特に，医者には常に最新の医療知識を習得する「研鑽義務」や，より高度な治療方法を行っている他の医療機関を紹介したり，場合によればそこへ転医させる義務があると解するべきである（最判平15・11・11民集57・10・1466）。なお，医療水準として未確立の治療法であっても，患者に治療法選択の機会を与えるために，医師に説明義務が認められることがある（最判平13・11・27民集55・6・1154）。

(ハ) 高度の危険性をともなった企業活動から生ずる事故の場合

公害や食品・薬品被害のように，高度の科学技術を使った企業活動の結果として，重大な被害が発生することが少なくない。このような事例は，特別法により無過失責任の問題として処理されることもある（例えば，大気汚染防止法25条や水質汚濁防止法19条，製造物責任法など）が，そのような特別法がない場合は民法709条の過失責任による。

この類型の事故の特色は，その危険性が極めて高いこと（生命・健康といった重要な法益に対する被害が大量に発生する），企業活動には社会的有用性も認められるが，他方においてそれらは企業の営利活動として行われていることである。このような事情を考慮して，判例や学説上は，この種の活動について高度の予見ないし回避義務を課すことが認められている。例えば，「化学工場が廃水を工場外に放流するにあたっては，常に最高の知識または技術を用いて廃水中の危険物質混入の有無および動植物や人体に対する影響の如何につき調査研究を尽くしてその安全性を確認するとともに，万一有害であることが判明し，あるいは又その疑念が生じた場合には，直ちに操業を中止するなど必要最大限の防止措置を講じ，とくに地域住民の生命・健康に対する危害を未然に防止すべき高度の注意義務を有する」（熊本地判昭48・3・20判時696・15）。

また，そのような予見（調査研究）義務や損害防止義務を考える場合，対象を特定の原因物質や特定の被害に限定すべきではない。例えば，水俣病において特定の物質（有機水銀）についての予見が可能であったかどうかを問題とすることは「人体実験を容認することになるから不当である」とする判決（前掲熊本地判）や，スモン事件において，スモン症という「具体的な障害そのもの」についての予見が製薬会社等に可能であったかどうかではなく，その内容をある程度抽象化して予見の幅を緩やかに解し，神経障害が予見できればよいとし

た判決（東京地判昭53・8・3判時899・48）がある。

4 責任能力

(1) 責任能力の内容

　民法712条によれば，「責任を弁識するに足りる知能」に欠ける未成年者が他人に損害を加えた場合，その未成年者には賠償義務は生じない。同じく713条によれば，精神上の障害により自己の責任を弁識する能力に欠ける状態で他人に損害を加えた場合，その者には賠償義務がない（責任能力に欠けることを主張立証して責任を免れることができる）。これらの条文から，不法行為により損害賠償義務が発生するためには，その行為者に一定の判断能力が備わっていることが必要であることが分かる。この能力を責任能力と呼ぶ。

　責任能力とは具体的にはどのような能力であり，どの程度の判断能力があって初めて賠償義務を負うことになるのだろうか。この点につき，当初の判例や学説は，自分の行為の是非善悪の区別がつく程度の能力としていた（大判大4・5・12民録21・692）が，後に，単に事柄の是非善悪の区別がつくだけでは不十分で，加害行為が法律上の責任を発生させるものであることが分かる程度の能力が必要だとするようになった（大判大6・4・30民録23・715）。責任能力は賠償義務という法的非難を負わされる前提なのだから，自己の行為により賠償義務が発生するという程度の認識ができる能力が必要だと考えたことによるものと思われる。

　責任能力は，取引における行為能力や刑法上の責任能力と異なり，当該行為者の判断能力の程度や当該行為の性質から個別的に判断することになる。行為の性質が問題となるのは，当該行為が法的に非難されるべきものかどうかの判断は，物を壊すとか人に傷を負わせるとかいった単純な場合には比較的容易であるが，名誉や信用を害するような行為についてはその法的是非の判断にはかなり高い程度の能力が必要だからである。

　712条の未成年者の場合，一般的に言って12歳前後が一つの基準となる。責任能力を以上のように定義した場合，単純な不法行為ならば，10歳未満の子どもでもその程度の能力はあるのではないかとも思われるが，判例は，民法714条が，行為者たる未成年者に責任能力がなく賠償義務を免れる場合にのみその監督義務者（親など）が責任を負うとしているため，賠償を実効あらしめ

るためにはむしろ未成年者の責任能力を否定した方がよいという事情から，比較的高い年齢の子どもにまで責任能力を否定する傾向にある。これとは逆に，民法 715 条の責任を使用者が負うためには被用者に責任能力が必要だとされることから，11 歳の少年店員の責任能力を肯定した事例もある（大判大 4・5・12 民録 21・692）。

　713 条によれば，精神上の障害により責任を弁識する能力を欠く状態で他人に損害を加えたとしても賠償義務を負わないが，そのような状態が，病気，飲酒，薬物服用等，どのような原因によったかを問わない。また，民法 7 条以下の成年被後見人とは異なり，常時そのような状態にある必要はない。したがって，酒に酔って前後不覚になった状態で行為した場合でも，賠償義務を負わない。ただし，一時的にそのような状態に陥った場合においては，その状態が本人の故意または過失により招かれたものである場合には，行為者は責任を負う（民 713 条ただし書）。例えば，酒に酔えば暴れることを知りながら深酒をし責任を弁識する能力を欠く状態で他人に暴行した場合がこれにあたる。

(2)　責任能力と過失の関係

　以上のように，行為者に責任能力の存在することが，当該行為者に不法行為責任を負わせるためには必要となる。従来，この要件は，故意・過失要件の前提だとされてきた。すなわち，故意・過失においては自己の行為の結果を予測しそれを回避するために一定の判断能力が前提とされ，したがって，責任能力の存在が故意・過失を行為者に認めるための論理的前提であると理解されたのである。しかし，すでに述べたように，今日の判例・通説は，不法行為上の過失は当該行為者の能力を基準とした具体的過失ではなく，平均人の注意能力を基準にする抽象的過失だと解している。抽象的過失説をとった場合，たとえ平均人より能力において劣る者にも平均的な注意が要求されるので，そこからは責任能力が故意・過失の当然の前提であるという理解は出てこないことになる。なぜなら，抽象的過失の考え方を徹底すれば，普通人より能力の著しく劣る者でもやはり平均人の能力を基準として過失の有無を判断することも論理的には可能だからである。

　この点を強調して，責任能力と抽象的過失は論理的に矛盾しているとするものもあるが（石田穣・損害賠償法の再構成 32 頁），通説は，具体的過失説が前述

したように大きな問題点を含んでいることから，行為者の能力を個別的に判断して，自己の行為の法的意味を認識する能力すら有しない者は712，713条により免責されるが，その程度の能力ありと判断された者には平均的な人間に求められる注意を要求することが社会生活を円滑に営んで行く上で必要なことであり，被害者との関係における公平な調整でもある（澤井190頁）として，抽象的過失説を維持する。

　学説の中には，さらに進んで，責任能力は不法行為責任の積極的要件ではなく，その能力において著しく劣る者を保護するという政策的考慮に基づく制度であるとするものもある（加藤（一）141頁，前田（達）65頁，森島138頁）。このような責任能力理解を推し進めると，責任能力の欠如による免責は，年齢や精神上の障害により未発達な人格の自由を保障する原理が根底にあるということになる（益澤彩「過失不法行為における帰責・免責システムの構造（2・完）」民商法雑誌126巻2号244頁以下参照）。このように，責任無能力制度の目的が判断能力に劣る者の保護にあるとすれば，民法709条の過失責任を修正し被害者保護をはかった責任類型において，被害者保護と（責任無能力者は責任を負わないとすることによる）無能力者保護の調整という問題が出てくることになり，被害者保護の視点から責任無能力者規定の適用を制限する必要がある場合が生じうることになる。この点は，特殊の不法行為の項で触れるが，自賠法3条の運行供用者責任や民法717条の土地工作物責任などでは，賠償義務を問われている運行供用者や所有者・占有者に責任能力がなくても賠償を免れないとされており，715条の使用者責任においても，使用者は被用者に責任能力がなかったとして責任を免れることはできないという説が有力である（潮見③20頁，他。以上について，詳しくは，樫見由美子「不法行為における責任無能力者制度について」星野追悼・日本民法学の新たな時代715頁以下参照）。

5　故意・過失の立証責任

　故意・過失はともに不法行為に基づく損害賠償請求権の成立要件として，被害者の側に立証責任があるとされる。したがって，もし被害者が故意や過失の存在の立証に失敗すれば賠償請求権は発生しない。しかし，故意・過失の立証は，とりわけ現代的な事故の場合必ずしも容易ではない。例えば公害において，被告企業の操業のどこにどのような過失があったのかを被害者が立証するのは

極めて困難であり，そのことが被害者の救済の大きな障害になっている。そこで，故意・過失要件の証明責任を被害者から加害者に転換することによって被害者救済をはかる必要が出てくる。

　立証責任の転換には二つの方法がある。第一は，法律の明文規定により立証責任を転換する方法である。民法においては714，715，717，718条などが，被告の側で監督上の義務（714条），選任監督上の相当の注意（715条），損害発生防止に必要な注意（717条），相当の注意（718条）を尽くしたことの証明に成功しない限り義務を免れないとしているのがこれにあたる。また特別法においても，このような立証責任の転換を規定しているものが少なくない。

　第二の方法は「過失の一応の推定」と呼ばれるもので，ある事実が存在すれば過失の存在が一般的に肯定できるという経験則が認められる場合に，その事実の存在を立証すれば経験則から見て過失の存在が推定されるとするものである。この場合，加害者の方で過失の不存在やあるいは当該ケースにおいて経験則が働かないことを示す他の事実の証明によりその推定を破らなければならないことになるので，被害者の立証負担が軽減される。

　例えば，テレビから出火した事例において，合理的に利用中のテレビから出火した場合，そのテレビには欠陥が認められ，「製品に欠陥のあることが立証された場合には，製造者に過失のあったことが推認される」とした判決がある（大阪地判平6・3・29判時1493・29。他に，冷蔵庫からの発火事故について欠陥から過失を推定したものとして東京地判平11・8・31判タ1013・81があり，さらに，食品被害や薬害に関するものとして福岡地判昭52・10・5判時866・21，福岡地判昭53・11・14判時910・33がある）。あるいは，注射されたが消毒不十分で化膿した場合，どこから雑菌が入ったか（医者の行為のどこに過失があったか）が不明であっても，消毒が完全になされておれば化膿は生じないという経験則からして，どこかの過程で消毒不十分という過失があったことは推定される（最判昭39・7・28民集18・6・1241）。

第4節　不法行為要件の基本枠組み
──違法性と過失の関係を中心に

1　はじめに

　伝統的な理論においては，不法行為の要件は，権利侵害（違法性）＝客観的要件と故意・過失＝主観的要件の二つに区別されていた。しかし，この両者の関係については様々の議論がある。両要件の接近・交錯が指摘され，むしろ両要件は一つに統合すべきではないかとの主張（一元説）も有力になされている。

　そのような状況が生じてきた要因のまず第一は，違法性，過失の両方において，そのとらえ方が変化してきたことである。第2節で述べたように，709条の権利侵害要件は違法性に読み替えられ，そしてその違法性の有無を判断するにあたっては，被侵害利益の種類と侵害行為の態様を相関させる，いわゆる相関関係説が通説となった。ところでこの相関関係説によれば，違法性の判断にあたっては，被侵害利益の種類という客観的な要素だけではなく，侵害行為の態様という行為者の主観に関係した要素をも考慮しなければならない。例えば，侵害行為の態様の一つとして刑罰法規違反があげられるが，刑罰法規に違反したかどうかは，加害者が故意によってその行為をしたのか過失によるのかといった点を含めて，行為者の主観に立ち入った判断が要求される。ここに，違法性は単に客観的な要件としては整理しきれない問題が生じてくる。

　他方，過失について見れば，もしそれをかつての学説のように加害行為者の心理的緊張の欠如という主観的な要素としてのみとらえるならば，それはあくまで主観的要件であり，違法性とは別のものということになる。しかし，これも第3節で述べたように，近年では，過失の判断において，当該行為を行う上で社会生活上要求される注意義務を遵守していたかどうかが問題とされ（例えば，化学工場の操業にあたって要求される調査・研究義務を尽くしたかどうか），しかも，通説・判例によれば，その注意の程度は行為者本人の判断能力ではなく通常人の能力が基準とされる（抽象的過失説）。ここにおいて過失は，もはや単純に行為者の主観的な要素とは言えなくなってきている。このような両要件の接近ないし交錯現象が，両者の関係について複雑な議論を生んでいる最大の原因

である。

　以上に加えて，両要件の関係を複雑にしている要因として次のようなものがあげられる。裁判例を見れば，両要件をそれぞれ別個に判断するというよりも，どちらか一方の要件のみを決め手にして賠償義務の有無を判断する場合が少なくない。これは，現実の訴訟では両要件がともに当事者間で争いとなることはそれほど多くはなく，裁判所は当事者間であまり争いのない要件については特に判決理由で言及しない場合があるという事情による面もあるが，判決が両要件を別個独立に吟味していない場合が少なからず存在するという事情は，両要件の並立への疑問を生じさせることにもなる。

　また，比較法的に見れば，過失と違法性要件を区別し，それを並立するのは19世紀のドイツ法学の所産であり，それ以外の国では，英米法の negligence，フランス法の faute のように両要件を峻別していないものが多い。このような比較法的状況は，わが国の709条の置かれている体系的位置が，三つのタイプの不法行為規定を持つドイツ法型よりも，一般条項のみを持つフランス法型に属するのではないかとの主張とあいまって，両要件の峻別に対する反省の契機の一つとなったのである（平井12頁以下参照）。

　このような両要件のいわば接近・交錯現象を背景にして，両者の関係について様々な議論がなされてきた（この議論については，沢(澤)井裕「不法行為法学の混迷と展望」法学セミナー296号72頁，錦織成史「違法性と過失」星野英一編集代表・民法講座6巻133頁以下，森島246頁以下，瀬川信久「民法709条」広中俊雄＝星野英一編・民法典の百年Ⅲ559頁参照）。また，両者の関係にとどまらず，民法の条文にない違法性要件については，その不要説も主張され，さらには，不法行為をいくつかのタイプに分けて異なる要件構造を主張する説も登場してきている。これらの不法行為要件の基本構造・枠組みにかかわる議論の現状は，何が通説であり有力であるのかが不明確な一種の「混迷」状態になっているが，違法性と過失の関係について見れば二つの考え方に整理できる。第一は，両者の接近・交錯を理由に両要件を統合する説（一元説）であり，他方は，両者の接近・交錯を認めつつもなお両要件の区別を維持する説（二元説）である。以下では，違法性と過失の関係を中心に，不法行為要件の基本枠組みに関する議論を整理してみよう。

2 一元説

　故意・過失と違法性要件を峻別することを否定し，両要件を一つに統合する説を総称して一元説と呼ぶことができる。その場合，どのような要件に統合するのかについてはさらに説が分かれる。ここでは，代表的なものとして，過失に統合する説（「新過失論」）と違法性に統合する説（「新違法性論」）を中心に紹介する。

　① 「新過失論」　違法性要件を否定し過失要件に統合する説である。その主張の概要は以下のとおりである（平井20頁以下，平井宜雄・損害賠償法の理論324頁以下）。違法性という概念は709条の権利侵害要件を緩和する際には有用な概念であったが，権利侵害が利益侵害一般に拡大された今日そのような概念は不要となっており，また，フランス法型に属するわが国の不法行為においては，主観的要件としての過失と客観的要件としての違法性を対置するドイツ法の考え方をとるべきではない。したがって，709条の不法行為の要件は過失につきることになる。

　その場合の過失は，単なる心理状態ないし主観的要件ではなく，不法行為が成立したかどうかという判断一般を含む高度に法的かつ規範的な概念に転化する。このような観点から過失を再定式化するならば，過失とは損害の発生を回避すべき行為義務に違反する行為であり，その有無の判断においては，(1)被告の行為から生ずる結果発生の蓋然性（危険性），(2)当該行為によって侵害されるであろう被侵害利益の重大さ，(3)上の(1)(2)の因子と損害回避義務を課すことにより犠牲にされる利益との比較衡量によってなされる。そして，この意味において，過失の有無の判断の中に，ドイツ民法的意味における違法性と過失はともに含まれるのである。

　② 「新違法性論」　違法性要件への一元化をはかる説である（前田（達）119頁以下，前田達明・不法行為帰責論195頁以下）。この説によれば，不法行為の目的は発生した損害の公平な分担にあるが，そのためには当該不法行為事件についての加害者と被害者の事情が考慮されなければならない。考慮されるべき加害者の主たる事情はまず故意・過失であり，被害者の事情は「権利侵害」である。公平という限りはそれぞれの事情を比較衡量して賠償の有無を決めなければならないが，そのための共通の土俵として違法性概念が機能するのである。

過失とは主観的な心理状態ではなく結果回避のための注意義務に違反することであり、その意味で客観的なものだが、このようなものとしての客観化された過失は、その他の要素と総合して違法性の中で考慮されるべきであり、結局のところ行為の結果の側面と回避義務違反の側面の両方を総合的に判断し、賠償義務を加害者に負わせる方が公平の見地から見て妥当と思われる場合に、その加害行為を違法な行為と呼ぶのである。その意味で、違法という概念は、民法典の起草者が使った、「不法行為」という言葉の「不法」と同様の趣旨である。

新受忍限度論　　以上の他に次のような一元説も主張されている。主として公害事件で主張された「新受忍限度論」である（淡路剛久「公害における故意・過失と違法性」ジュリスト 458 号 375 頁，他）。従来，公害における違法性の判断基準として，社会生活においてはある程度までの被害はお互いに受忍（我慢）しなければならずその程度を超えた場合に初めて違法なものとなるという考え方（「受忍限度論」）があったが，これを発展させて，709 条の故意・過失と権利侵害（違法性）要件を「被害が受忍の限度を超える」という要件に一元的に統合しようとする説である。この説によれば，被侵害利益の性質や程度，地域性，防止措置の難易等，様々の要素を総合的に判断し（その結果，予見可能性がなくても受忍限度を超えて責任が認められる場合がありうることになる（淡路剛久・公害賠償の理論 45 頁以下）），侵害の程度が被害者が社会的に受忍すべき程度を超えれば 709 条の要件を満たし損害賠償しなければならないが，それ以下であれば賠償義務は発生しないことになる。

　この説に対しては，709 条の文言からあまりに離れすぎるといった批判があり，また，受忍という言葉が，被害者は被害が生じていてもある程度まで我慢しなければならないという，一種の「企業擁護」的イメージを持つことから，公害事件などでは批判も強かった。そこで，後にこの説の主張者は，過失要件への一元化を主張する新過失論を支持し，新受忍限度論は構造的には新過失論の公害事例への適用であるとするようになる（淡路前掲書 98 頁）。

3　新二元説

　一元説に対し，両要件を区別する二元説もなお有力である。しかし，この説も，過失＝主観的要件と違法性＝客観的要件を対置したかつての二元説とは異なり，両要件の接近・交錯を否定せず，被侵害利益と侵害行為の態様の相関的な判断が必要であることも認める。したがって，近時の二元説（新二元説）に

あっては，両要件の接近・交錯にもかかわらずなぜ両要件を二元的に並立させておくのか，どのような要件を二元的に対置するのかについての説明が求められることになる。

　最近の二元説には二つの流れがあるが，その一つは，違法性概念をとらずに，権利侵害要件（現代語化改正後は，権利または法律上保護される利益の侵害要件）と故意・過失を対置する二元説であり，他は，違法性を維持しつつ二元説をとるものである。後者はさらに，違法性を二元的にとらえる説と，行為不法論からの主張がある。

　① 違法性不要説　　民法の現代語化改正前のものとしては，709 条の構造に即した無理のない構成をとるべきだとして，条文どおり故意・過失と権利侵害とを要件として考え，それぞれの内容を検討すれば足りるのではないかとする主張がある（星野英一・民法論集 6 巻 317 頁以下）。この説は，権利侵害要件には加害行為の結果の問題を，故意・過失要件には加害行為そのものの問題を割り振るべきとする。その結果，相関関係説に言う「被侵害利益の態様」にあたるものは「権利侵害」に，「侵害行為の態様」にあたるものと同説に言う故意・過失を含めたものが「故意・過失」に振り分けられることになる。そして，この説は，「このように考えると，『権利侵害』を『違法性』におきかえる必要は全くない」，違法性概念の採用は，違法性とは何かという難問をしょいこむことになるとして，違法性概念を否定する。

　さらに，不法行為の目的を個人の権利保護にあるとして，違法性と故意・過失ではなく，権利侵害と故意・過失の要件を対置し，権利侵害要件において「法秩序全体の見地から，現代社会の中で憲法を頂点とする法秩序により保障された個人の権利が何かを基点として，709 条に言う『権利』としての要保護性を決定していくべき」であり，被侵害利益と侵害行為の相関的な判断は，「違法」要件ではなく，故意・過失要件においてなされるべきとする説がある（潮見① 26 頁以下）。

　民法現代語化改正後の同様の主張として，不法行為の要件は，侵害された利益に対する社会的評価を判断する要件としての権利侵害または法律上保護される利益の侵害と，行為態様に対する評価である故意・過失に分けられるとして，従来，違法性の中に取り込まれていた侵害行為の態様は，後者の故意・過失要件に含まれるとする説がある（窪田 85 頁以下）。権利侵害のみが要件となって

いた改正前と異なり，法律上保護される利益侵害という柔軟な文言が付加されることによって，あえて違法性概念を採用し権利侵害を違法性に読み替えずとも，広い範囲の多様な利益を取り込むことに条文上の障害が無くなった今日，このような立場は，今後，有力になるかもしれない。

② 違法性維持説　違法性概念を維持した上で，それを過失に対置することを主張する説もある。そのうちの一つは，次のような主張である（澤井102頁以下，136頁以下）。違法性は客観的法秩序違反であり，事後的に評価される。すなわち，生じた結果について（いわゆる結果不法）口頭弁論終結時の知見を基礎に結果発生時点における客観的法秩序違反の有無が判断される（正確には，被害者が弁論終結時の知見に基づいて違法性を立証すれば結果発生時のそれが推定される）。絶対権侵害や生命・身体などが侵害された場合は，それらが絶対的に保護されるべき法益なので直ちに違法となるが，その周辺の権利の侵害や，被害の程度が重大でない法益の侵害は，侵害行為の悪性を斟酌して判断される。これに対し有責性は，行為に対する非難であるから，行為時が基準となる損害回避義務違反の判断であり，行為時点における予見可能性や損害回避可能性が前提となる（同時的評価）。このような違法性と有責性を区別する発想法はドイツ法から継承されたものだが，それが明治以来定着してきたことや，講学上の便宜，そして何よりも，侵害行為の態様を考慮することなく違法との法的評価がなされる生命・健康・所有権などの絶対権侵害の場合と，それ以外の法益侵害の場合の判断のしかたの違いを明確にしうることから，なお維持すべきである。

この説の特徴は，客観的法秩序違反であり事後的評価としての違法性と，行為規範（損害回避義務）違反であり同時的に評価がなされる有責性を，明確に内容の異なる要件として二元的に区別していること，その上で，違法性判断において，絶対権侵害や生命・身体等の侵害については侵害行為の態様を問題にすることなく直ちに違法との判断枠組みを提示している点である。

これと異なる二元説として，違法性要件を積極的に擁護しつつ，その中で行為不法（行為の違法（不法）性を行為者に対する行為規範違反と見る立場）論を徹底する説がある（四宮276頁以下）。この説によれば，違法性と有責性の区別は，事態に適切な評価を可能にし，思考の経済にも役立つものである。さらに，違法性と過失の接近は否定できないが，両者は全く同化してしまうわけではない。加害者に責任を負わせるためには，加害者の行為が一般人に向けられた法秩序

の命令・禁止に反するものとして一般的非難に値すること，および，行為者個人に非難を加えることができることが必要であり，前者が違法性の，後者が有責性の問題である。違法となるのは，権利侵害といった結果の発生があったからではなく，権利侵害を回避すべき義務に違反したからである。その回避義務は，結果回避行為の必要性と可能性に法秩序の立場からする利益衡量を加えて判断される。有責性とは行為の違法性を認識して結果回避を決意することができるのに違法性を認識せず，または結果回避を決意しなかったことである。

　この説の特徴は，違法性と有責性の対置構造を維持しつつ，違法性において行為不法論を徹底し，それを行為義務違反の問題として構成することである。したがって，この説においては，権利侵害自体が違法性を構成することはなくなる。

　③　違法性説の「発展形」　違法性を不法行為責任の判断の基礎に置きつつ，成立要件の次元では違法性要件ではなく，権利・法益侵害（権利・法益の違法な侵害）要件を立てる説がある（窪田充見編・新注釈民法（15）297頁以下（橋本），Legal Quest 109頁以下。根本尚徳＝林誠司＝若林三奈・事務管理・不当利得・不法行為35頁（根本）も同旨）。

　この説は，有責性に対置される意味での違法評価を支持し，また，違法性の実質に関して結果不法論に依拠する。そして，このように権利・法益の違法な侵害を論じることは，不法行為責任による事後的保護と，差止めや正当防衛による事前的保護の横断的利益に資するとする。その上で，結果不法論を支持するのは，行為不法論は差止め・正当防衛には適合しないこと，また，行為無価値に違法性の重点を置く限り，生命・身体の侵害行為を当然に違法として絶対的な保護を与えることができなくなることにあるからであるという。このように考えつつ，成立要件論の次元では違法性要件を立てないのは，過失の客観化（過失を行為義務違反とする）が進んだ現在の過失論では，過失に違法要素が含まれ，違法性と過失の二要件の対置は「客観的違法性と主観的有責性」の対置と噛み合わないからだとする。また，違法性要件を支持する学説や判例においては，同要件は，むしろ不法行為となるべき権利・法益侵害を画定するための抽象的・規範的要件の役割を果たしているともいう。

4 不法行為二分説

　侵害された利益に応じて不法行為を二分化し，それぞれにおいて，一元説と二元説を組み合わせる主張がある。それによれば（加藤（雅）180頁以下），不法行為法上保護される利益には，「侵害があった場合に侵害者に故意・過失があれば常に損害賠償が認められる」「絶対権・絶対的利益」と，「一般的に保護されるわけではないが，悪辣・悪質な方法での侵害からは保護される」「相対権・相対的利益」がある。前者では，故意・過失と権利侵害・利益侵害の二元論が適合的であるが，後者については，違法性一元論（「被侵害利益の種類・性質，侵害行為の客観的態様，行為者の意図等の内心的な要素を総合的に判断した違法性の有無のみを基準とする一元的な判断枠組み」）によって考えるべきである。不法行為法上の利益を絶対権的なものとそうでないものに分ける点では，権利侵害があればただちに違法と判断できる場合と，侵害行為の態様との相関的判断を要する場合を区別する違法性二元説（本章第2節1の(5)参照）と似ているが，後者が，不法行為の責任要件としてはなお統一的なものを維持しているのに対し，この考え方では，不法行為が二分化され，「絶対権・絶対的利益」侵害型において違法性概念をとらないこと，「相対権・相対的利益」侵害型では違法性概念をとるが，故意・過失と対置するのではなく，違法性一元論をとっていることが異なる。

　この説の場合，「絶対権・絶対的利益」と「相対権・相対的利益」の区別が重要だが，前者には，物権ないし物権的権利と生命・身体・健康・自由などの「絶対的人格権」が含まれ，後者には，債権等の相対権と経済的利益，家族関係，平穏な生活，相対的人格権（名誉，プライバシー，氏名，肖像等）が含まれる。この説によれば，なぜ「絶対権・絶対的利益侵害類型」では故意・過失があればその他の要素を考慮せずに損害賠償を認めるかと言えば，これらの権利・利益には「可視性・公示性」があるからである。これに対し，「相対権・相対的利益」には「可視性・公示性」がないので，「基本的には，他者が支配する絶対権的な権利領域の外におかれ，市民の自由な活動が許される範囲」だから，侵害行為の態様との相関的判断が必要となるのである（以上は709条の解釈として不法行為を二分するものだが，異なる要件を709条という一つの条文で受け止めることは「透明性」「統一性」に欠けるとして，権利侵害と故意・過失を要件とする規定と，

権利・法益が「社会生活上許されない方法」あるいは「不相当に」侵害された場合に賠償を認めるという規定への二分化を立法論として提唱する説もある（山本敬三「不法行為法における『権利又は法律上保護される利益』の侵害要件の立法的課題」NBL 1056号17頁以下））。

不法行為要件の基本枠組みに関する本書の立場　①　不法行為二分説の評価　不法行為二分説は，侵害された利益の種類によって不法行為責任の判断の仕方が異なることを鮮明にした点で，注目すべきものである。しかし，本書では，以下の理由からその立場を採用していない。まず第一に，わが国の不法行為規定の構造が，異なる要件構造を持つ二つの不法行為に二分化することと相いれるのかという疑問である。複数の異なる不法行為規定を有するドイツ法などとは違って，709条という統一した要件構造を持つ不法行為規定を有するわが国において（現代語化改正によって709条に，権利侵害に加えて法律上保護される利益の侵害があげられることになり，被侵害利益の二元的な把握が明確になったように思われるが，それらは全体として故意・過失要件と対置されており，その意味で，統一的な要件構造は，条文の文言上は，なお維持されている），このような要件構造の二分化が可能かつ適切なのかどうかは，慎重な検討が必要である。

　第二に，確かに，不法行為法によって保護される利益には，生命・身体や絶対権のように絶対的なものと，名誉・プライバシー，さらには，生活上のアメニティや景観利益のような侵害行為との相関が必要な相対的なものがある。しかし，それらの区別は固定的なものととらえるべきではなく，権利とはいえないような利益が社会や人々の意識の変化を背景に，権利に高められることがあるように，流動的ないし動態的なものと見るべきである。また，ある利益が不法行為法による保護を受けることによって権利へと高まる，いわゆる不法行為の権利生成機能も否定できない（この点を強調するものとして窪田149頁）。さらに，権利の中にも，所有権のような絶対権と，精神的人格利益や生活・環境に関する権利のような多様なものがあることは，多くの論者が指摘している（本章第2節の2参照）。もしそうだとすると，権利や法益の区別，権利の中の区別はあくまで違法性判断における類型として位置づけ，不法行為要件の基本枠組みとしては統一的なものを維持する方が，より柔軟かつ動態的な対応が可能となるのではないか。

　②　違法性概念の要否　権利と法律上保護される利益に関して多元的構成をとりつつ，不法行為二分説ではなく統一的要件構造を維持するとすれば，次の問題は，それらと別に違法性概念をなお維持するのかどうかである。この点では，民法の条文に法律上保護される利益という，かつての大学湯事件判決と同様の多様で幅の広い利益を含みうる要件がつけ加わった以上，もはや権利侵害を違法性に読み替えて保護を拡大する必要がなくなったとの立場もありうる。この点につ

いての本書の立場は，すでに，本章第2節2の(1)で簡単に述べたが，それを敷衍するならば，まず，かつての相関関係説のように権利ないし法益侵害要件を違法性要件に置き換えて要件としての意義を失わせてしまうことは避けるべきである。それは，権利ないし法益侵害を明記している民法709条の明文からくる要請というだけではなく，これらの要件を違法性という要件に置き換えてしまった場合，その侵害があっただけで不法行為の要件充足性を肯定できる権利（絶対権などの古典的権利ないし伝統的権利）侵害の場合の判断枠組みと，行為態様を含む総合的な判断が必要な場合の判断枠組みの違いが失われてしまうおそれがあるからである。

それでは，今度は逆に，権利や法益侵害だけで十分であり違法性という概念は不要かというと，そうではないのではないか。なぜなら，これらの要件が充足されたとき，それが損害賠償という法的サンクションと結びつくという意味で法的非難に値するものであることを示す（権利ないし法益侵害という要件充足の法的意味を明らかにする）ものとして，法秩序全体からする判断を行う場ないしはそのような判断の結果（評価）を示すものとして，違法性概念にはなお意味があるのではないかと思われるからである。多くの裁判例においても，利益の要保護性についての全法秩序的な判断を行う場として違法性概念が維持されている。このような概念によって，権利侵害と法益侵害という異なる多元的な判断枠組みを，不法行為という統一的な制度として組み立てることが可能となり，そしてまた，この概念によって，正当防衛や被害者の同意といった，不法行為責任を阻却する事由を整合的に組み入れることができるのではないか。

③　一元説か二元説か　　本文で述べたように，違法性と過失の関係についての議論は複雑であり，今日なお収斂する方向を見出しにくい状況にある。しかし，そのような中にあって注目すべきは，どの説も，不法行為の成否を客観的なファクターと主観的なファクターの相関的な考慮によらしめるという点では共通性を持っていることである。この意味で，かつての通説であった相関関係説は各説の中で形を変えてなお生き残っていると見ることもできる。

その上で一元説と，二元説のうち行為不法論に基づく説に共通の特徴は，権利侵害に不法行為成立要件上の特別の位置を与えず，その他の場合との区別を相対化していることである。これらの説では，権利侵害は法的保護に値する利益一般に置き換えられ，権利侵害とそれ以外の利益侵害は，不法行為の要件上質的に区別されないことになる。それに対し，二元説のうち，結果不法を重視する説は，権利（＝絶対権）侵害の場合に直ちに違法との判断枠組みを維持した上で，それ以外の利益侵害において侵害行為の側面をも考慮した判断を行う（違法性二元説）。この点をどう考えるかが，各説を評価する上での第一のポイントである。

第二のポイントは，体系的にはフランス法に似て709条という唯一の一般的不

法行為規範しか持たないわが国において，ドイツ法流の違法性概念を採用するかどうかである。一元説のうち新過失論はこの点でわが国の不法行為法をむしろフランス法のタイプに属すると考え，フランス不法行為法におけるフォート（faute）にあたる要件として過失を理解する。それに対し，新違法性論や二元説はなお違法性概念の有用性を肯定し，それを捨てさることに抵抗するのである。この点についての判断は微妙である。前述したように（26 頁参照），権利侵害という文言の類似性にもかかわらず，わが国の 709 条を，ドイツ民法 823 条 1 項に対応する規定と理解することは，その体系的位置の違いからして明確な誤りであり，709 条の解釈にあたっては，それがフランス民法 1382 条のように，広い範囲をカバーする不法行為の一般規定であることを踏まえた解釈が必要である。しかし，そのことから直ちに，違法性と過失の二元説をとるべきではない，あるいは違法性概念はわが国の不法行為法では採用すべきでないという結論が出てくるかどうかはなお大きな問題である。結局のところ，どちらがわが国の問題を処理する上でベターかという判断に帰着することになろう（この点を指摘するものとして，澤井 86 頁）。

　本書においては，両者の接近・交錯を肯定し，とりわけ，権利侵害以外の不法行為においては，行為者の主観的ファクターの考慮が不法行為の成否にとって大きな役割を果たすことを認めつつ，なお二元説を維持する立場から説明を行った。それは，次の理由により，二元説の方がベターではないかと考えたからである。

　まず第一に，最近の二元説が，要件を二つに区分することが「思考の整理の便宜」（幾代＝徳本 114 頁）や「思考の経済にも役立つ」（四宮 277 頁）と指摘していることには，重要な意味がある。要件を統合して一元的な構成をとった場合，一面ではより柔軟な判断が可能になるというメリットがあるが，そのことは反面で，判断基準が曖昧で裁判官の裁量の範囲が広くなるという結果をもたらすおそれもないではない。もちろん，二元説をとればそれだけで基準が明確になるというものではないが，判断すべき要素をその性質に即して二つの要素に区別する二元説の方が，この要請に応えやすいと言えるのではなかろうか。

　第二の理由は，一元説によれば権利侵害要件が不法行為の独自の成立要件として否定され，あるいは，特別の意味を持たないものとして相対化されてしまうことに対する疑問である。この傾向は行為不法論からの二元説にも共通している。しかし，このような権利侵害要件の相対化は，本来この要件が含んでいたはずの，法的に保護された利益としての「権利」が侵害された場合に直ちに法的な保護が与えられるべきであるという利益衡量そのものを否定し，結果として権利保護を弱めてしまう結果にならないのだろうか（この点を指摘するものとして，錦織成史「違法性と過失」星野英一編集代表・民法講座 6 巻 188 頁）。特に，損害賠償の問題だけではなく，差止めによる権利保護の問題をあわせて考える場合，この

点は重要な意味を持ってくる。なぜなら，権利侵害要件を放棄することは，権利侵害があったとしても，その他の要素，とりわけ侵害行為の公共性や社会的有用性を理由に侵害行為の差止めを否定するという，権利の保護という視点からは重大な結果をも招くことになるからである（差止めについては第3章第2節参照）。

　以上のような法的評価機能をになったものとしての違法性を考える場合，侵害された利益を類型化して，権利およびそれに準ずる法的に強固に保護された利益の侵害とそうでない利益侵害を区別すべきである。なぜなら，権利として認められているものは，その内容が法律秩序の内容として認められているのであり，権利を侵害するということは，法律秩序を破る（＝違法）ということを意味するのであるから，権利侵害やそれに準ずる強固な利益侵害があった場合，正当防衛等の特別の正当化事由がない限り，侵害行為の態様を問うことなく違法と判断すべきである。それに対し，侵害されたのがそれ以外の比較的強固でない利益の場合には，そのような利益の侵害は直ちに法的非難に値するとの評価ができるとは限らないので，侵害行為の態様との相関的判断において違法性の有無を判断することが必要となる。ただし，権利と呼ばれるものの中にも，生命・身体や所有権のような絶対的保護を要するものだけではなく，侵害行為の態様との相関は必要だが要保護性が高く，伝統的に認められてきた名誉等の人格権，さらには，自己決定権のような，そもそもそれが侵害されたと言えるかどうかが侵害行為の態様を含む総合的な判断を必要とする新しい権利まで，多様なものが含まれる。不法行為法による保護の積み重ねがある利益の権利としての承認につながっていくということもある（プライバシー権や日照権等）。したがって，違法性判断は，多元的に行われるべきである。

第5節　損害の発生と因果関係

1　損　　害

　不法行為に基づく損害賠償は，被害者に生じた損害を填補する制度である。したがって，不法行為の成立には，被害者に損害が発生していることが必要となる。英米法には，損害の証明がなくても認められる「名目的損害賠償」や，生じた損害を上回る賠償を認める「懲罰的損害賠償」の制度が，加害行為の抑止や制裁を目的として存在するが，わが国の判例は，第1章第2節3で述べたように，民事責任と刑事責任の区別を理由に，このような制度はわが国の法制度には相いれないものだとする（東京地判昭57・2・1判時1044・19，最判平9・

7・11 民集 51・6・2573)。

　損害をどのように定義するか（損害概念）は，二つの意味において重要である。まず第一に，損害概念は，ある人に生じた様々の不利益の中から，損害賠償という法制度により救済すべきものを選び出すという役割を果たす。この点では，損害をどう定義するかは，損害賠償の目的や機能についての理解の仕方と密接な関連を持っている。第二に，損害のとらえ方は，損害賠償額の算定方法と結びついている。

　ところで，不法行為によって発生する損害は，不法行為がなかったと仮定した場合の被害者の財産的・精神的利益状態と不法行為により現実にもたらされた財産的・精神的利益状態の差であると定義されるのが一般的である（例えば幾代 = 徳本 276 頁，他）。そして，この説は，利益状態の差を金銭化したものが損害だとするので，差額説と呼ばれる。このようにして定義された損害はさらに，差が生じた利益状態の性質に応じて，財産的損害と非財産的損害に分類される。財産的損害とは被害者の財産上の利益状態に生じたマイナス額であり，非財産的損害（精神的損害とも言う）とは被害者の財産以外の利益状態に生じた不利益の額である。差額説によればこの損害の区別は侵害された法益の種類による区別ではなく，当該法益侵害の結果被害者の利益状態のどのような部分にマイナスが生じたかによるものである。したがって，例えば，可愛がっていた犬（財産的利益）が事故で死んだ場合，その所有者には，犬の価格相当の財産的損害が発生するだけではなく，精神的なショックを受けることによる非財産的損害も発生しうる（東京地判平 16・5・10 判時 1889・65 は，糖尿病に罹患したペットの犬が死亡して動物病院の医療過誤責任が問われた事件で，本件の犬が原告らの生活においてかけがえのないものになっていたとして，60 万円という比較的高額の慰謝料を認めた）。

　財産的損害はさらに積極的損害と消極的損害に分類される。積極的損害とは，例えば，被害者の自動車が壊れた場合のように，既存の利益が失われたことにより生じた損害であり，消極的損害とは，例えば，他の人に売って儲けようとしていた物が壊されて儲けを得ることができなくなった場合のように，将来における財産の増加が妨げられることである（得べかりし利益の喪失ないし逸失利益とも言う）。差額説において，その額は，現実に，どのようなマイナスが被害者に生じたかを計算して算定することになる。したがって，例えば，後遺障害に

より労働能力が減少しても収入が減らない場合には，逸失利益は生じていないことになる（最判昭42・11・10民集21・9・2352）。

　このような通説的損害論である差額説が，歴史的に見て，個別的でバラバラであったそれまでの損害賠償論に代えて統一的な損害賠償論を形成する上で大きな役割を果たしたこと，さらにまた，被侵害利益の客観的価値だけではなく被害者の主観的利益をも保護の対象にすることにより損害賠償による保護の拡大に寄与したことは重要である。しかし他方において，差額説に対しては次のような問題点も指摘されている。まず第一に，この損害概念が財産的損害にはあてはまっても精神的損害にはあてはまらないのではないかとの指摘である。そもそも差額説はドイツにおいて財産的損害の概念として形成されてきたものであり，精神的損害を被害者に生じた利益状態の差額としてとらえることには無理がないわけではない。第二に，財産的損害においても，侵害された法益が財産的価値を持ち金銭に換算可能なものである場合には，被害者の財産状態に生じた差額として財産的損害をとらえる差額説により損害額を算定することは可能かもしれないが，生命・身体に対する侵害のような場合，はたして差額説によって損害額を適正に算定することができるかどうかは疑問である。なぜなら，生命・身体のように金銭に換算不可能な利益が侵害された場合，その侵害が被害者の財産状態に与えた影響を測定することは極めて困難だからである。

　以上のような批判に基づいて，特に人身損害に関して，差額説とは異なる次のような新しい損害論が主張されている。

　①　死傷損害説　　生命・身体の侵害による損害を，それによって被害者の利益状態に生じたマイナスとしてではなく，生命・身体侵害そのもの，すなわち死傷それ自体であるとする説（西原道雄「生命侵害・傷害における損害賠償額」私法27号107頁，他）。この立場からは，生命侵害・負傷による損害は，財産的損害と精神的損害の二種類に分類されるのではなく，全体として一個の非財産的損害であるとの主張がなされる。

　②　労働能力喪失説　　人間は潜在的・顕在的に労働し収入を得る能力（労働能力ないし稼働能力）を持っており，生命・身体侵害によりその能力が失われたことを損害と見る説（楠本安雄・人身損害賠償論，他）。この説は，前述の死傷損害説とは異なり，伝統的な損害の区別を維持しつつ，人身損害のうち，従来逸失利益として理解されてきた部分についてのみ，労働能力という法益の侵害

そのものを損害だとするのである。

③　包括損害説　　公害や薬害等の訴訟において原告が主張した考え方であり，損害を積極的損害・消極的損害，精神的損害に区別するのではなく，被害者に生じた社会的・経済的・精神的被害の全てを包括した総体を損害として把握し，その総体としての損害に対する賠償を求める説（「熊本水俣病原告最終準備書面」法律時報臨時増刊・公害裁判第3集243頁，他）。この考え方は，差額説によっては公害や薬害等における多様で複合的な被害の全体像を把握することはできないとの問題意識から主張されたものであり，損害を逸失利益等に区分しない点では死傷損害説と共通しているが，死傷損害説に比べて損害として把握される被害の範囲が包括的になっている点に特徴がある。なお，このようにして包括的にとらえられた損害の賠償を請求する場合，公害や薬害事件等では，損害を個別項目ごとにではなく，包括して一律ないし症状等で類型化された慰謝料（財産的な性質を有する損害をも含んだものであり，精神的損害に対する賠償に限らないという意味で（純粋慰謝料ではなく）「包括慰謝料」と呼ばれることがある）として請求することが多いが，包括損害説の場合，論理必然的に「包括慰謝料」になるというわけではなく，包括的な損害をいくつかに項目化して算定し請求することもありうる。現に，包括的に把握した損害を「治療・リハビリ補償費」「生活保障費」等のいくつかの項目に分けて算定する方法も提唱されている（包括損害説の意義とその算定方法については，吉村良一・人身損害賠償の研究138頁以下，同・市民法と不法行為法の理論362頁以下参照。なお，この点は，159頁以下の損害賠償額算定論において再び取り上げる）。

これらの考え方はいずれも，法益侵害により被害者の利益状態において生じたマイナスとしてではなく，侵害された法益の喪失そのものを損害ととらえる点で共通性を有している。侵害された法益の実体的な価値の喪失を損害と見ることから実体的価値説と呼ばれる。これらの説においては，賠償額の算定は，被害者に生じた不利益（所得の喪失等）を現実的に算定することによってではなく，侵害された法益そのものの価値を規範的に評価して行うことになる。したがって，例えば後遺症のある場合，労働能力喪失説においては，現実の所得の減少にはとらわれず，労働能力の喪失程度に応じた賠償額の算定が可能となる（大阪高判昭40・10・26下民集16・10・1636（交通事故），津地四日市支判昭47・7・24判時672・30（公害））。

以上の議論は人身損害に関するものだが，広く損害一般に関して，損害を不法行為によって生じた不利益事実そのものと見る説（損害事実説）も有力に主張されている（平井 75 頁以下，他）。この説は，損害を金銭で表すことが必要なのは賠償方法が金銭賠償によるからであり，損害という事実の把握とその金銭評価は区別すべきとする。なぜなら，後者においては，裁判所の裁量的・創造的・評価的要素が介入せざるをえないのであり，これと事実としての損害の確定の作業は性格が異なるからである。そして，この説は，人身損害において新しい損害概念が主張されるのは，以上のことが特に明瞭に現れるからであり，それ以外の場合についても同様に考えるべきだとする。このように考えれば，前述の人身損害における実体的価値説も損害事実説の一種だということになるが，損害事実説においては，損害は事実として（規範的判断と切り離して）確定されるとするのに対し，実体的価値説にあっては，生命・身体といった法益の特質，あるいは，人間の平等や尊厳といった規範的判断を損害把握においても重視する点が異なっている（以上を指摘するものとして，潮見① 218 頁以下）。なお，損害事実説において何を損害と見るかについては，金額を割り付ける前の個々の損害項目を損害と見る説，個々の項目の最上位にくる事実（死亡や負傷，物の毀損等）を損害と見る説（この場合，損害と権利ないし法益侵害は同じものとなる），不法行為がなければ被害者が置かれていた事実状態と，不法行為の結果，被害者が置かれている事実状態の差を損害と見る説などがある（以上については，潮見④ 61 頁参照）。

> **規範的損害論**　不妊手術の失敗によって「望まない子の出産（wrongful birth）」が行われた場合や，医師の不適切な診断や説明によって重い障害を持った子を産むことになった場合（wrongful life），その両親に生じた不利益（精神的苦痛，養育費や医療費・介護費等）は損害として賠償の対象になるか。このような場合，両親に不利益が生じていることは間違いないが，その賠償を認めることは，そのような出生を損害ととらえることになり，人間の尊厳の理念から問題がないわけではない。このような場合，（人間の尊厳という）規範的評価から損害を認めるべきではないという考え方がある（東京地判平 15・4・25 判時 1832・141 は，障害児の出生の可能性についての医師の説明義務違反が問われた事件において，原告らが事実上負担することになる介護費用等を損害と評価することは，障害児の生をもって，原告らに対して，健常児と比べて上記介護費用等の出費が必要な分だけ損害を与えるいわば負の存在であると認めることにつなが

るものといわざるをえず，かかる判断をして，介護費用等を不法行為上の損害と評価することに躊躇せざるをえないとして，医師の説明義務違反が出産に関する両親の自己決定に不当な影響を与えたとする慰謝料のみを認めた）。このような考え方が規範的損害論であるが，損害事実説や実体的価値説では，主として損害額の算定において規範的要素が強調されるのに対し，この考え方では，損害の存否そのものにおいて規範的評価を行うべきとされるのである（規範的損害論については，吉田 34 頁以下，前田（陽）57 頁以下等参照。より詳しくは，若林三奈「法的概念としての『損害』の意義」立命館法学 248，251，252 号参照）。

2 因果関係

(1) はじめに

　自分の引き起こした結果についてのみ責任を負うのが近代民事責任法の原則であるから，不法行為責任が発生するためには加害行為と損害の間に因果関係が存在することが必要である。従来，この因果関係について，判例や学説は，ドイツの法理論にならって，相当因果関係でなければならないとしてきた。すなわち，加害行為と原因結果の関係がある全ての損害に対し加害者が賠償義務を負うのではなく，「相当性」という法的判断が必要だと言うのである。しかし，判例や従来の学説が言う「相当因果関係」には，いくつかのレベルの異なる問題が含まれていることが，後の学説により明らかにされた（平井宜雄・損害賠償法の理論 101 頁以下）。

　まず第一は，加害行為が損害発生の原因となっているのかどうかであり，事実的因果関係と呼ぶことができる。第二に，この事実的因果関係が存在することを前提として，生じた損害のうちどの範囲まで賠償させるべきかの法的判断をする必要がある。現実の事態は様々な要因によって思わぬ展開を見せることが多いため，事実的因果関係の流れを追って行くと際限なく広がるおそれがあるが，これら全てについて加害者が賠償することは適切ではなく，法的価値判断を加えて一定の範囲に賠償すべき損害を限定しなければならない（賠償範囲の問題）。最後に，そのようにして画定された範囲の損害を金銭賠償の下では金銭に評価する必要があるが，これも従来は相当因果関係の問題として語られてきた。この三つの問題はこれまで相当因果関係の問題として取り扱われてきたが，それらは区別して論ずるのが望ましいと，上の有力説は主張するのである。金銭評価の問題をどう位置づけるかについては議論もあるが，事実的因果

関係の問題と賠償範囲の問題を明確に区別し，不法行為の成立要件としての因果関係を前者に限定する点は，今日の通説となっている（幾代＝徳本116頁以下，前田（達）126頁以下，他）。

事実的因果関係説批判　事実的因果関係と損害賠償の範囲の問題の明確な区別に疑問を呈する説も存在する（澤井195頁以下）。例えば，いじめを苦に自殺した場合のように，原因行為の結果に対する「起因力」が弱い場合や，殺人を意図して飛行機にのせたところ想定したとおり飛行機が墜落して死亡した場合のように，「反復性（確率）」が低い場合には，事実的因果関係と賠償範囲の峻別は妥当ではなく，これらの場合には因果関係の存否の判断において，公平の観点からの法的評価が必要であり，その場合，因果関係の存否の判断において法的判断を可能とする相当因果関係という概念は有用だとするのである。

　さらに，事実的因果関係は不法行為の成立要件であり加害者に賠償義務を負わせるために原因・結果の関係を問題とするわけであるから，その判断は単なる事実の連鎖関係を確定する作業とは異なるとする説（松浦以津子「因果関係」山田卓生編集代表・新・現代損害賠償法講座1巻149頁以下）や，価値判断と切り離された事実的因果関係の有無の確認が可能でない損害類型（例えば不作為不法行為）の存在を指摘し，因果関係をもっぱら事実レベルで把握することに疑問を呈する説（水野謙・因果関係概念の意義と限界）などもある。また，医療過誤訴訟や公害・環境訴訟を念頭に，評価的判断が因果関係判断には介入せざるをえないとした上で，その評価的判断において，不法行為法の目的・機能といった政策判断を重視すべきとの説も主張されている（米村滋人「法的評価としての因果関係と不法行為法の目的（1）（2・完）」法学協会雑誌112巻4号534頁，5号821頁。因果関係を事実的因果関係に限定することへの批判については，吉田39頁以下も参照）。

　従来の相当因果関係という概念が様々な内容を含んでいたことから，これを整理することは議論を明確にする上で意義を有する。事実的因果関係を相当因果関係から切り離すことにより，一方では，賠償範囲の画定の問題は因果関係の認定とは異なる固有の法的判断を要する問題であることが明確になった。そして他方では，公害や医療過誤など因果関係の存否そのものが争点となるケースにおいて，その立証困難をどのように克服するかという課題が理論的にも実務的にも重要であることが明らかになり，後述するような（事実的）因果関係の証明における理論の展開につながっていったのである。

　しかし同時に，前述の諸説が主張するように，事実的因果関係から法的評価を切り離すのが困難な場合や，事実的因果関係の存否と賠償範囲の判断の峻別が困難で両者一体とした判断が求められるケースが存在すること（このようなケース

の典型は，加害行為後被害者が自殺した場合であるが，これについては，後に検討する（157頁以下参照）は確かである。したがって，事実的因果関係においても，完全に価値中立的な因果関係判断がなされているのではなく，場合によれば，規範的判断を先行せざるをえない場合があることは否定できない（同旨，窪田350頁，他）。

　前述したように，事実的因果関係とは，加害行為を原因として損害結果が生じたと言える関係のことであり，損害発生にいたる経過を観察し，そこに原因・結果の関係があること，すなわち，Aの行為があったが故にBに損害が発生した（Aの行為がなければBの損害はなかった）と言いうることが必要であり，かつ，それで足りる。このような意味での事実的因果関係存否の判断においては，その損害を行為者に賠償させるのが法的に見て妥当かどうかの判断とは一応別個に，事実の経過を客観的に観察し，Aの行為がなければBの損害もなかったという関係（「あれなければこれなし」の関係＝条件関係）を認めることができるかどうかが判断されることになる。事実の経過を客観的に観察して有無を判断するという意味で，事実的因果関係と呼ぶのである。ただし，事実的因果関係とは言っても，それはあくまで損害賠償という法的効果を発生させるための要件であり，これを自然科学的な意味での因果関係と同視すべきではない。この意味で，事実的因果関係といっても，単なる過去の事実関係の復元ではなく，そこには必然的に法的評価が必要となる（潮見①127頁。なお，平井84頁も，それが法律上の概念である以上，社会学的・自然科学的事実の問題ではなく，広い意味で責任を負わせるか否かという法的な判断が介入せざるをえないとする）。

　「あれなければこれなし」公式（「不可欠条件公式」）への批判　　通説は，事実的因果関係有無の判断は，「あれなければこれなし」という公式（「不可欠条件公式」）によって判断することを基本として，原因競合のような場合，例えば「因果関係の不存在の立証のために他の者の不法行為を援用することを認めない」（窪田354頁参照）といった規範的判断によりその修正をはかろうとする。これに対し，当該行為が自然法則・経験則・蓋然性法則などで法則的に決定づけられる場合に因果関係が認定できるとする説（合法則的条件説）が有力に主張されている（潮見②348頁以下）。一般的に当該不法行為があれば当該損害が発生することが法則（自然法則に限らず経験等を含む）によって確認されれば因果関係が認定できるというのである。また，実際の裁判実務においては，「あれなければこれなし」公式による単純な因果関係の認定がなされているのではなく，当該事

件においてどのような経過をたどって損害発生にいたったのかが様々な法則に従って判断されているとされる。この説によれば，以下の(2)で検討する原因競合事例においても，規範的判断による「あれなければこれなし」公式の修正という迂遠な方法をとる必要がなくなるとされる（潮見②368頁）。

割合的因果関係論　法的責任の発生要件としての因果関係は，あるかないかのどちらかである。しかし，下級審や学説の一部には，複数の原因（例えば，交通事故と被害者の体質的素因）が競合したような場合に，因果関係を割合的に認め，その限度で賠償を命ずるべきであるとの主張がある（東京高判昭50・3・31判時781・76，他）。確かに，複数の原因が競合した場合に，ある加害行為者にどの範囲の損害を賠償させるかは大きな問題であるが，責任の発生要件としての因果関係は，その行為が唯一の原因でなくても認められるのであるから，問題は事実的因果関係のレベルにおいてではなく，賠償額の算定（被害者の素因の競合等の場合）あるいは複数加害者間の損害分担の問題として扱われるべきであろう（平井85頁以下）。

(2)　事実的因果関係の競合

　事実的因果関係の有無は，基本的には「あれなければこれなし」という判断によりなされるが，そうだとすると，次のような場合にもなお事実的因果関係の存在を肯定しうるのかどうかが問題となる。

(イ)　同時的な競合

　Ａ工場の廃液とＢ工場の廃液が川に流れ込んで公害被害を発生させたとしよう。これはさらに，ＡＢ両工場それぞれの廃液だけでも同じ被害を発生させうる場合と，単独では発生させないが両者あいまって被害を発生させた場合に分けて考えることができる。

　前者の場合，両工場の廃液はそれぞれ単独で被害を発生させうるのだから，Ａの排水行為がなくても被害は発生し，逆にＢの排水行為がなくても被害はやはり発生するので，ともに「あれなければこれなし」の関係を満たさないことになってしまう。しかし，どちらにも不法行為責任がないという結論が妥当ではないことは言うまでもない。したがって，この場合には両者に事実的因果関係が認められるべきであるが，そのような結論を得るためには，「他人の違法行為により責任を免れるべきではない」という判断や，単独で責任を負う場合との均衡といった何らかの法的価値判断が働かざるえない。

　後者の場合，Ａ（またはＢ）の排水行為なければ被害発生なしという関係は

あるが，同時に，B（またはA）の排水行為との競合がなければ損害は発生しない。しかし，事実的因果関係が存在するためにはAの行為が結果発生のための必要条件であればよく，十分条件である必要はないので，この場合も事実的因果関係は肯定される。

　なお，この両者の場合，ＡＢが損害の全部についてまで賠償しなければならないのか，それとも，他の原因の存在を理由に損害の一部のみを賠償すればよいのかは，事実的因果関係とは別個の問題であり，この問題については，第4章第4節で扱う。

　㈡　異時的な競合

　Aが不法行為をした後にBの不法行為が異時に競合した場合，例えば，Aが致死量の毒物をXに飲ませた後に，（Xの死亡前に）BがXをピストルで射殺したとしよう。この場合，最初に不法行為をしたAはXの死亡に対し責任を負うのだろうか。通説は，Bによる射殺までの（すなわち，毒物により重傷を負うという）被害についての責任は別にして，死亡については，Bの行為により因果関係は否定され責任は生じないとしてきた（加藤（一）157頁，幾代＝徳本123頁，四宮425頁，他）。

　しかし，このような考え方は，事実的因果関係と賠償範囲の画定・賠償額の算定を区別していなかった従来の相当因果関係説の名残りであり，事実的因果関係が認められたからといって全ての損害を賠償すべきことにはならない近時の学説の動向からして，再検討の必要があるのではないかとの指摘（中井美雄編・現代民法講義6巻149頁（植木））や，Aの行為が同時であった場合との均衡から見て死亡についても責任を負わせるべきであるとの説（澤井225頁以下）も有力である。このように考えれば，Aの行為とXの死亡の因果関係は，「あれなければこれなし」公式の適用の例外ということになろう（平井85頁）。

　逆に，上の事例で，Aの行為後にXを射殺したBの行為とXの死亡の間の因果関係はどうなるのであろか。確かにこの場合も，Bの射殺行為がなくともXは服毒により死亡していたであろうから，「あれなければこれなし」の関係はないことになる。しかし，XがBの行為により死亡したことは明白なのであるから，この場合も，事実的因果関係は当然肯定すべきである。ただし，この場合には，Aの行為の存在がBの賠償義務を軽減するのかどうかについて，別途の判断が必要となる。

(3) 事実的因果関係の証明

(イ)　事実的因果関係に関して重要なのは，その立証の問題である。因果関係は損害賠償請求権を発生させるための要件であるから，その存在は請求権者である被害者が立証しなければならない。通常の不法行為ではその証明は必ずしも困難ではないが，公害や薬害等の現代的な事件ではその立証は被害者にとって不可能に近いほど困難な場合が少なくない。

因果関係の証明に関して，判例は，「訴訟上の因果関係の立証は，一点の疑義も許されない自然科学的証明ではなく，経験則に照らして全証拠を総合検討し，特定の事実が特定の結果発生を招来した関係を是認しうる高度の蓋然性を証明することであり，その判定は，通常人が疑を差し挟まない程度に真実性の確信を持ちうるものであることを必要とし，かつ，それで足りる」（最判昭50・10・24民集29・9・1417）と一般的な考え方を述べている。アメリカ法などでは，「証拠の優越」（50％を超える蓋然性）でよいとの立場がとられているが，この判決は，それでは足りず，高度の蓋然性が必要だとしているのである。

しかし同時にこの判決の考え方で重要なことは，訴訟における（事実的）因果関係の証明を，自然科学的証明と明確に区別していること，そして，高度の蓋然性を要求しつつ，その基準を通常人におき，通常人が疑いを差し挟まない程度の証明で足りるとしていることである。このように考えるならば，訴訟において必要とされる証明の程度は，訴訟の特質，とりわけ，証明の難易により異なってくることになり（四宮415頁），証明が困難な公害や薬害訴訟においては必要な証明の程度が低められることになろう（沢（澤）井裕「不法行為における因果関係」星野英一編集代表・民法講座6巻274頁）。

(ロ)　因果関係の証明困難緩和の方法

先にも述べたように，公害や医療事故のような現代的な不法行為において，因果関係の証明には大きな困難がつきまとう。例えば，ある工場の操業と付近住民の健康被害との因果関係の立証には，①健康被害の原因物質は何か，②その物質が被告工場の操業から発生していること，③その物質が工場の外に排出され被害者の体内に入るまでの汚染経路を明らかにすることが必要である。しかし，これらの証明は被害者にとって現実には極めて困難である。なぜなら，原因物質を特定しその生成のメカニズムを明らかにするには専門知識がいるが被害者にはそれが欠けており，専門家に調査を依頼しようとしてもその財政的

力がないからであり，また，当該物質の生成が行われているのは企業の中で被害者にはうかがい知ることはできず，企業の中へ立ち入った調査をしようとしても企業が協力しないことが多いからである。そこで，公害等のように事実的因果関係の立証が困難なケースにおいては，被害者の立証の負担を軽減することが公平からして必要となってくる。以下のような考え方が公害訴訟等において登場している。

(a) 蓋然性説　　前述した，訴訟の特質，証明の難易により，必要とされる証明の程度は異なるという考え方をさらに一歩進めて，公害訴訟等における因果関係の証明は「かなりの程度の蓋然性」でよいとする考え方である（徳本鎮・企業の不法行為責任の研究 50 頁，沢(澤)井裕・公害の私法的研究 223 頁，他）。

この説の核心は，公害訴訟における被害者による因果関係証明の困難性を理由として，被害者の立証程度を「かなりの程度の蓋然性」に引き下げる点にあるが，問題は，その根拠である。一つの考え方として，民事事件の場合には原告・被告どちらの主張する事実の方が確かと言えるかが問題であり，50％を超える蓋然性があればよいとして，英米法の証拠の優越の考え方により，蓋然性説を根拠づけようとする見方がある。しかしこの説に対しては，職業的裁判官が積極的に事件に働きかけて納得のいくまで審理することのできる大陸法型の事実審の構造の下では，証拠の優越によって事実認定を行うことを認めるべきではないとの批判がある。第二の考え方は，原告が因果関係の存在を「かなりの程度の蓋然性」でもって証明したときには，因果関係の一応の証明がなされたものとしてその存在が事実上推定され，被告の方でこの推定を覆すに足る反証をあげない限り因果関係は存在するものとして扱われるという主張である。この考え方によれば，蓋然性説は，後述(b)の，事実上の推定理論の意図的な活用として位置づけられることになる（澤井 198 頁）。

蓋然性説に対しては，「かなりの程度の蓋然性」とはどの程度かが明らかでない，民事訴訟における証明度を安易に引き下げるのは問題があるといった批判が強いが，この説が，法的責任の要件としての因果関係の証明において，科学的に厳密な証明は必要ないことを明らかにしたことの意義は大きい。また，前述した，因果関係証明に関する判例においても，事実的因果関係の証明の場合，基準となるのは「通常人」であるとしていることに着目すれば，公害等の特質に応じた証明度のあり方として，十分に成り立ちうる考え方ではないか。

(b)　「事実上の推定」理論　　Ａという事実が存在すればＢという事実が存在するのが一般的であるとの経験則が存在する場合，それを使った証明が可能である。すなわち，原告が立証すべき事実（「主要事実」）の存在を直接の証拠によって証明できない場合でも，経験則からその事実の存在を推認させるような事実（「間接事実」）を証明することにより主要事実の存在を推認させるという方法である。主要事実を推認させるのに役立つ間接事実は決して固定的なものではなく，それぞれの場合に応じて原告が立証主題を選択できることから，原告における証明困難を緩和する方法として有用である。この場合，相手方は，主要事実の不存在を直接に証明するか，経験則が当該ケースでは働かない「特段の事情」の存在を証明（「間接反証」）して，経験則による因果関係の推認を覆さなければならない。

　このような考え方は，因果関係の証明にも応用できる。例えば，注射した部位が化膿したケースにおいて，注射器具，施術者の手指，患者の注射部位等の消毒の不完全という医者の過失がなければ化膿という事態は考えられないという経験則を利用して，消毒不完全がどこにあったかを特定することなく，因果関係を推定した判決がある（最判昭39・7・28民集18・6・1241）。

　また，新潟水俣病判決（新潟地判昭46・9・29下民集22・9＝10別冊1）は，因果関係の証明には，①被害疾患の特性とその原因物質，②原因物質が被害者に到達する経路（汚染経路），③加害企業における原因物質の排出（生成・排出にいたるまでのメカニズム）が明らかにされることが必要だが，そのうち①と②が証明され，汚染源の追求が企業の門前にまで到達したならば，③についてはむしろ企業の側において自己の工場が汚染源になりえない理由を証明しない限りその存在が事実上推認されるとした。汚染源の追求が企業の門前にまで到達すればあとは企業の側で反証しなければならないとした点で「門前説」などと呼ばれるが，要するに，①と②が証明されれば，経験則からして③の存在が推定され，企業の側で自分の工場が汚染源となりえないことを反証しない限り，因果関係の証明はなされたことになるという考え方であり，工場内の操業過程が企業秘密により容易にうかがいしれないことから見ても，妥当な考え方と言うべきであろう。

　(c)　疫学的因果関係論　　疫学とは，「集団現象として，傷病の発生，分布，消長およびこれに及ぼす自然的社会的諸要因の影響，あるいはまた逆に傷病の

蔓延が社会に及ぼす影響を研究し，この知識に基づいて疾病の蔓延を防止制圧し，その社会生活に与える脅威を除去しようとする学問」（曽田長宗「公害と疫学」戒能通孝編・公害法の研究236頁）であるが，このような疫学によって，被害と被告の行為の因果関係が証明されれば，法的責任の要件としての事実的因果関係も証明されたとする考え方が疫学的因果関係論である。多くの公害訴訟判決が，この考え方を採用している（富山地判昭46・6・30下民集22・5＝6別冊1，名古屋高金沢支判昭47・8・9判時674・25，津地四日市支判昭47・7・24判時672・30，他）。

疫学によれば，ある因子（原因物質として特定されている必要はない）と疾病の間に因果関係ありとされるためには次の四つのことが必要とされる（前掲四日市公害判決等）。

① 因子が結果（疾病）の一定期間前に作用しているものであること。

② 因子と結果の間に量と効果の関係（因子が増大すれば結果も増大するという関係）があること。

③ 因子の分布消長により結果発生の特性が矛盾なく説明できること。

④ 因子と結果の関係が生物学的に矛盾なく説明できること。

疫学的手法による因果関係の証明の意義は，次の点にある。疫学も医学の一分野として確立しているのだから，その方法によって因果関係を証明することに理論上は問題なく，医学的に因果関係の存在を立証するという点ではそれほど目新しい考え方というわけでもない。しかし，これまで，特に公害による健康被害の場合に，因果関係が証明されたと言うためには当該因子がどのように作用して病気が発生したか（病理学的メカニズム）が明らかにされねばならないとの考え方が強く，そのことが被害者にとって極めて困難な証明を強いられる原因となっていたことから見ると大きな変化であり，特に公害のように集団的に被害が発生するケースでは被害者の立証負担を実質的に軽減しうる。

そもそも，因果関係の証明がなされたとするためには病気の発生メカニズムまで明らかにされなければならないとするのは誤りである。なぜなら，ここで問題となっているのは，あくまで損害賠償責任を負わせるべきかどうかを考える要件としての因果関係である。したがってここでの因果関係証明の目的は，例えば，当該疾病を治療するために必要な因果関係証明の程度とはおよそ異なるからである。

疫学的因果関係論への批判　　疫学の活用は，特に，公害事件における因果関係証明において，大きな役割を有する。これに対して，疫学による因果関係の証明は特定の集団（例えば，ある地域の住民集団）における疾病の多発と因子の因果関係（集団的因果関係）を明らかにすることはできるが，そのことだけでは，当該集団のある個人が損害賠償を請求した場合に，その原告個人の疾病と因子の間の因果関係（個別的因果関係）を証明したことにはならないのではないかとの批判がある（新美育文「疫学的手法による因果関係の証明（下）」ジュリスト871 号 92 頁他）。

　また，疫学調査によって明らかにされた相対危険度（汚染にばく露された集団と非ばく露集団における疾病の頻度を比で表現したもの。「相対危険度」が 1 であればばく露集団も非ばく露集団も発生率は等しいが，1 より大きければばく露集団の方が非ばく露集団よりも発生率が高くなる）に応じた割合的賠償を認めるべきとする説もあり，西淀川第二～四次訴訟判決（大阪地判平 7・7・5 判時1538・17）は，疫学等によって統計的ないし集団的には一定割合の事実的因果関係の存在が認められる場合には，「いわば集団の縮図たる個々の者においても，大気汚染の集団への関与自体を加害行為と捉え，右割合の限度で各自の被害にもそれが関与したものとして，損害の賠償を求めることが許される」とした。

　確かに，大気汚染公害において問題となるような呼吸器系疾患については，アレルギー等の他の原因も考えられることから，集団的因果関係の証明が個別的因果関係の証明に直結するものではない。しかし，当該個人がその集団に所属しており，かつ，疫学により当該集団において当該因子によって多発したことが証明された疾患に罹患している場合には，個別の因果関係の存在を推定してよいのではないか。もしこのような証明方法を否定すれば，大気汚染のような場合に，因果関係を証明することは原告にとっておよそ不可能になってしまう。問題はその推定の程度であるが，相対危険度が 5 倍（当該因子が寄与した危険割合が 80％）を超える場合は，高度の蓋然性を超える心証が形成されると見てよく，相対危険度が 2 倍（寄与危険割合が 50％）以上は事実上の推定を認めてもよいとする説が有力に主張されている（河村浩「公害環境紛争処理の理論と実務 4」判タ 1242号 52 頁以下。瀬川信久「裁判例における因果関係の疫学的証明」加藤古稀・現代社会と民法学の動向（上）183 頁以下も，目算として，70～80％を超えるときは個別的因果関係を推定し，それ以下でも 50％を超えるときは事実上の推定を認めるべきであろうとする），裁判例においても，尼崎大気汚染公害判決（神戸地判平 12・1・31 判時 1726・20）は，大気汚染に関する千葉大調査に依拠して，「本件沿道汚染が気管支喘息の発症をもたらす危険度がこれがない場合の 4 倍であるとの危険度の大きさに照らせば，沿道患者が公健法の暴露要件を充足する場合には，その気管支喘息が本件沿道汚染に起因する確率が極めて高いということ

になるから，沿道患者個々人の気管支喘息が本件沿道汚染に起因する高度の蓋然性がある」とした。

相対危険度に示される疫学的な関連性の強さは，集団的因果関係から個別的因果関係を推定する際に大きな意味を持つ。80％を超える寄与危険割合が明確になった場合には，個別的因果関係は高度の蓋然性をもって証明されたと見るべきであろう。しかし，相対危険度を推定度に直結することには問題がないわけではない。その他の証拠や当該疾病の特質などの総合判断がなされるべきであり，疫学調査によって示された相対危険度がそれほど高くない場合であっても，その他の証拠等の総合判断による個別的因果関係の推定がなされてよい場合もあると考えるべきではないか（淡路剛久「大気汚染公害訴訟の現状と課題」法律時報 66 巻 10 号 23 頁は，「自然有症率に対する超過の割合が高ければ高いほど，大気汚染の影響である蓋然性が高くなるが，それが何倍でなければ法的因果関係を肯定できない，といった一律の判断を要求することは無理である。疫学的な量的調査結果，質的な調査結果，その他の証拠を総合して，法的な判断を加えざるを得ない」とする。公害における因果関係の証明について詳しくは，吉村良一・公害・環境私法の展開と今日的課題 218 頁以下参照）。

補論　不作為による不法行為

1　はじめに

人の積極的な行動（作為）によってではなく，人がある行動をとらなかったこと（不作為）によって損害が発生することがある。例えば，母親が乳児に授乳しなかったことによりその乳児が死亡した場合や，踏切の警手が電車が近づいてきているのに遮断機を下ろさなかったために通行人が電車にはねられ重傷を負ったような場合である。

このような場合にも不法行為上の損害賠償が問題となりうるが，ここでは，乳児に毒を飲ませるといった積極的な加害行為は存在せず，存在するのは，例えば，後者の場合は，警手が「居眠りをしていた」とか「よそ見をしていた」とかいった行為と，その結果としての，遮断機を下ろさないという不作為状態の継続だけである。しかし，例えば「居眠りをする」といった行為は一般に不法行為責任を負わせる対象となりうるものではない。したがって，不作為が不法行為責任の対象となるのは，一定の作為を命ずる義務（作為義務）が存在し

その義務に反して不作為であったために，その不作為状態が違法と評価される場合だけである。もちろん，この作為義務は，その違反による不作為が違法として評価されるものであるから，道義的なものでは足りず，法的な義務でなければならない。

2　不作為不法行為における作為義務

　どのような場合に作為義務が課されるのか。その判断基準は何か。従来，不作為不法行為における作為義務は，法律が特定の作為を義務づけている場合（例えば，親権者には子どもを監護する義務（民 820 条）や扶養する義務（民 877 条）があり，それに反して監護や扶養を怠り子どもに損害を負わせた場合）や契約のほか，慣習ないし条理によっても発生するが，ある作為を義務づけることは，それによって人の活動の自由を制限することになるので，そこで言う条理ないし慣習は，「私法秩序の一部をなすものとして法による強制を要請される慣習もしくは条理」でなければならず（東京地判昭 48・8・29 判時 717・29），その認定には慎重な判断が必要であるとされてきた。裁判例で認められたものとしては，有毒アルコールを飲料として販売した者が販売先に対し危険防止の措置をとらなかったとして，そのアルコールを飲んで死亡した遺族への損害賠償を命じた事例（大阪控判大 7・2・15 新聞 1386・20）や，大学の空手愛好会に加入した学生が退会にともない集団暴行を受けた事例において，事情を知りながら特別の対応をとらなかった当大学の学生課長・学生主事に条理上の作為義務違反を認めた事例（東京地判昭 48・8・29 判時 717・29）などであり，生命等に対する危険が切迫しており，しかも，これを知りかつ被害の発生を防止しうる立場にある者について作為義務が認められてきた。また，中学生のグループのいたずらで電車のレールに置き石がなされて電車が脱線転覆した事件において，自らは置き石をしなかったが，事前に仲間と話し合いを行った子どもについて，置き石の存在を知りながらそれを除去する等の措置をしなかったことによる責任を認めた事例（最判昭 62・1・22 民集 41・1・17）があるが，ここでは，事前に線路内に入り現場で話し合いをした等の「先行行為」ないし「先行状況」の存在を重視して，作為義務が導き出されている。

　これらの裁判例をも踏まえ，学説においては，次の二つの基準によって作為義務の有無を判断すべきとする説が有力に主張されている（Legal Quest 156 頁，

橋本佳幸・責任法の多元的構造 28 頁以下。潮見②347 頁も参照）。自己の支配領域に
権利・法益の侵害へといたる因果の流れがある場合（例えば，交通事故で病院に
運び込まれた患者に対し医師が頭部の CT 検査を行わなかったような場合。この場合，
頭部の傷害から死亡等の重大な障害にいたる因果の流れが医師の支配領域にある）に，
その当該因果系列に介入して権利・法益侵害を回避するための作為義務がこの
者に割り当てられるとする基準（「支配領域基準」）と，権利・法益を危険にさら
す先行行為により権利・法益侵害に向かう因果系列を設定した場合に，その危
険が現実化しないように，この因果系列に介入して権利・法益侵害回避のため
の作為義務が割り当てられるという基準（「先行行為基準」）である（例えば，鉄
道の線路に置き石をした者は，脱線事故にいたる因果の流れを設定したので，この因果
系列に介入して脱線事故による権利・法益侵害回避のための作為義務が課される）。

3　不作為不法行為における作為義務と違法性・過失

　不作為不法行為の場合，権利ないし法益を侵害する行為そのものは存在しな
いため，作為義務違反を媒介として，不作為という人の消極的な容態が違法と
評価される。問題は，この作為義務違反と過失との関係である。今日では，結
果を回避するための注意義務違反として過失をとらえる考え方が有力になって
きており，過失の中でも，被害を防止するための作為義務が問題となりうるの
である。そうだとすると，不作為不法行為における違法性判断の基礎としての
作為義務違反の問題と過失の問題は極めて接近してくることになる。

4　不作為不法行為における因果関係

　さらに，不法行為が成立するためには，当該加害行為が損害発生の原因とな
っていなければならない（因果関係要件）が，不作為不法行為の場合，積極的
に加害行為に出たわけではなく，損害発生を防止する行動に出なかっただけで
あるから，損害の原因となる被告の行為は存在しないことになる。したがって，
通常の意味での原因結果の関係（因果関係）を不作為不法行為と損害の間で語
ることはできず，むしろこれに代わって，不作為不法行為の場合には，作為義
務を履行していれば損害が発生しなかったであろうという関係が認められる場
合に，作為の不法行為における因果関係になぞらえて因果関係が存在するとさ
れるのである（前田（達）109 頁，四宮 293 頁）。このように，不作為不法行為に

おける因果関係を考えると，因果関係の存否における判断は，結局，当該作為義務が尽くされていれば損害は発生しなかったかどうかによってなされることになり，結果として過失の判断と接近したものとなり，「不作為の因果関係として判決例上論じられたものは作為義務すなわち過失の程度または範囲の問題として考えれば足りる」（平井 83 頁）などとされる。また，その結果，不作為不法行為においては，因果関係が規範的なものとなる。すなわち，どのような作為義務を想定できるかという規範的判断に因果関係の存否が依拠する構造が存在するのである。

作為不法行為との関係　　以上のような不作為不法行為の特殊性を踏まえ，それをさらに進めて，これを作為不法行為とは異なるタイプの不法行為と見る説が有力に主張されている。作為不法行為は，加害者が自らの作為によって権利・法益侵害に向かう因果系列を新たに設定したという加害類型であるのに対し，不作為不法行為は，何らかの原因から設定された権利・法益侵害に向かう因果系列を放置したという加害類型であり，その責任成立のあり方も異なるというのである（Legal Quest 154 頁以下，橋本前掲書 9 頁以下）。

　これは注目すべき考え方であり，この考え方に基づいて提示されている（前述した）作為義務の判断基準は有用なものであるが，これに対しては，作為と不作為という区別自体がそれほど明確で意味のあるものではないこと（交差点に赤信号で進入して事故を起こした場合，「進入した」と見れば作為だが，「ブレーキを踏まなかった」と見れば不作為である），また，作為不法行為でも，事実的因果関係を判断するときに，当該事故と因果系列のある事象は多数考えられるが，不法行為における因果関係の起点としての事実は何かを考える場合，当然に規範的な判断（どのような義務違反があり，義務に適合した行為をすればどうなったか）がなされることから，不作為不法行為を作為不法行為とは責任判断の異なる独自類型と考える必要はないとする批判もある（窪田 351 頁）。

★　不法行為法の要件事実

（1）　要件事実論とは何か

　実体法である民法は，権利の発生・変更・消滅という法律効果の要件を定めている。要件事実とは，このような法律効果発生の要件に該当する事実である。そして，要件事実論とは，「一定の法律効果を発生させる法律要件を確定した上で，それに該当する事実に関する主張・立証責任の所在と当事者が提出すべき攻撃防御の配列を明らかにすることを目的としたものである」（山本敬三・民法講義Ⅳ

-1 契約法 xiii 頁）。訴訟においては，要件事実をどちらの当事者が主張立証するかが問題となるが，この点を明らかにしようとするものが要件事実論である。

実務において，この点は，以下のように整理されている（司法研修所編・増補民事訴訟における要件事実 1 巻 2 頁以下参照）。まず，主張立証責任の所在は，実体法の解釈（規範の構造と内容）によって決まる（実体法の定めた要件の種類により主張立証責任の所在が決まることから，法律要件分類説と呼ばれる）。実体法の規範は，そこで問題となっている法律効果との関係で，法律効果（権利）の発生を根拠づける規定（権利根拠規定）と，権利根拠規定による権利発生を阻却する規定に分かれる。後者はさらに，権利根拠規定による権利の発生を妨げる権利障害規定，権利根拠規定により発生した権利を消滅させる権利消滅規定，権利根拠規定により発生した権利の行使を阻止する権利阻止規定に分かれる（以上，山本前掲書 xiv 頁以下）。このうち，権利根拠規定の要件事実は，その規定の法律効果発生が自己の利益になる当事者が主張立証するが，権利発生を阻却する規定の要件事実は，相手方が主張立証責任を負う。各要件がどれにあたるかは実体法規範の解釈により，基本的には規定の形式・文言によって決まるが，実体法規の趣旨・目的，体系的整合性，さらには，立証の難易や当事者の公平なども総合的に考慮されることになる。

以上のような主張立証責任の分配を踏まえて，訴訟においては，原告の請求を基礎づける事実であり訴訟の対象となっている権利の成立要件にあたる請求原因と，請求原因と両立する事実であって，請求原因から発生する法律効果を阻却する規定の要件である抗弁が区別されることになる（なお，抗弁と両立する事実であって抗弁から発生する法律効果を阻却し請求原因から発生する法律効果を復活させる効果を有する規定の要件にあたるものを再抗弁という）。これを，売買契約に基づく代金請求訴訟を例に説明すると，売買契約を締結したという事実が請求原因にあたり，これに対し，例えば，消滅時効は抗弁となる（消滅時効は売買契約の締結という請求原因と両立しつつその効果を阻却するもの）。そして，消滅時効の抗弁に対し，例えば，承認（時効の中断）が再抗弁となる（中断は消滅時効という抗弁と両立しつつその効果を阻却するもの）。

なお，要件事実論を考えるにあたって注意すべきは，何が要件か，その要件はいかなる意味を持つかといったことは，実体法規の解釈により決まるということである。したがって，ある実体法規の要件の理解について甲説と乙説が争っている場合，要件事実の整理は，甲説を前提とする整理と乙説を前提とする整理の両方が考えられるのであり，「要件事実論の思考結果が実体法の特定の解釈を当然に否定することはありえない」（村田渉＝山野目章夫編著・要件事実論 30 講（第 4 版）54 頁（山野目））。特に，不法行為法の場合，条文が抽象的であり，同時に，

各条文の要件理解について様々な議論があることから、何が要件事実でその主張立証責任が誰にあるかは、必ずしも一義的ではないということにも留意する必要がある。

以上のような要件事実論の理解を前提に、ここでは、これまで本書で述べてきた民法709条における損害賠償請求権の成立要件理解に基づき、その要件事実を概観しておきたい（民法709条以外の特殊の不法行為における要件事実は、第4章の各所に記すことにする）。

(2) 民法709条の要件事実

条文および本書でこれまで整理してきた民法709条の解釈によれば、同条における要件事実は、以下のように整理できる。

〔賠償を請求する原告が請求原因として主張立証すべき事実〕
① 原告の権利または法律上保護される利益が侵害されたこと
② 被告の故意または過失ある行為（これを、加害行為とそれについて故意または過失があることの二つに分ける考え方もある）
③ 損害の発生およびその金額
④ ②と③の因果関係（条文に忠実に、行為（②）と侵害（①）の因果関係、侵害（①）と損害（③）の因果関係に分ける考え方もある）

〔被告が抗弁として主張立証すべき事実〕
イ 責任能力がないこと
ロ 違法性阻却事由
＊抗弁としてはイまたはロのいずれかでよく、両方を主張立証する必要はない。また、これ以外に、消滅時効や過失相殺の抗弁もあるが、ここでは省略。

以上の民法709条の要件事実については、要件に関する理論の対立を反映して、以下のような議論がある。

　　a　権利・法益侵害要件について　　上では、条文の文言に従い、権利または法益が侵害されたことを要件事実とした。これには、原告が権利または法律上保護される利益を有することと、それが侵害されたことの二つが含まれる。しかし、この点については、権利または法益侵害要件の理解、とりわけ違法性との関係に関する様々な議論を反映して、異なる考え方もありうる。

すでに述べたように、従来の判例や学説は、権利侵害のみを要件としてあげていた旧条文の下で、権利と言えないような利益にも不法行為法上の保護を与えるために、それを違法性と読み替え、違法性の有無の判断にあたっては、被侵害利

益の種類と侵害行為を相関的に判断するという考え方を採用した。このような立場を忠実に受け止めるならば，上記①は，「原告の権利または法律上保護される利益が違法に侵害されたこと」とするか（例えば，伊藤滋夫総括編集・民事要件事実講座4巻191頁以下（長秀之）），あるいは端的に「違法性」に置き換えられることになろう。

それに対しては，現代語化改正によって権利侵害に法益侵害が付加され多様な利益侵害が取り込めるようになった以上，違法性への置き換えは不要との主張もあろう。あるいは，権利や法律上保護される利益の侵害があった場合，違法性阻却事由がない限り原則として違法と判断されるのだから，これらと別に（あるいは，それに置き換えて）違法性を取り上げる必要はないとも考えられる。

しかし，例えば，景観利益や新しい人格的利益・権利のように，その侵害に不法行為法上の保護を与えるかどうかの判断にあたっては，利益の客観的な性質とともに，侵害行為の態様を含む多様な要素との相関ないし総合的な判断が必要な利益も存在する。また，セクシュアル・ハラスメントによる被害のように，侵害行為の態様についての考慮抜きには法益侵害があったかどうかの判断が困難な利益もある。不法行為法がこのような利益保護をも課題とする以上，違法性概念は必要とするのが本書の立場だが，そうすると，考えられるのは，要件事実としては，「権利または法益が侵害されたこと」とした上で，それらの侵害があったことの法的評価として違法性概念を位置づけるか，あるいは，「違法性」自体を要件事実として位置づけ，権利または法益侵害を，違法性を根拠づける具体的事実として原告が主張立証しなければならないと考えるのかのいずれかということになるのではないか。

いずれの立場に立つにせよ，留意すべきは，不法行為法上保護される権利や利益は多様であり，したがって，この要件充足の判断においては，権利ないし法益の種類により多元的な判断が必要となるということである。例えば，生命・身体侵害や所有権侵害の場合，その事実だけでこの要件が充足され，あとは，抗弁としての違法性阻却事由が問題となるだけであるが，前述した景観利益侵害やセクシュアル・ハラスメント被害などでは，それらが，損害賠償による保護を与えるに相応しい権利や利益か，あるいは，権利や利益が当該不法行為によって侵害されたといえるかどうかの判断において，侵害行為の態様を含めた相関的ないし総合的な判断が必要となる。

  b　過失要件について　　過失があったということは具体的な事実ではなく，例えば，自動車事故を例にとれば，スピード違反があった，前方不注意であったといった具体的事実に基づいて行われる法的な評価である。同様のものとして，他には，民法1条3項の「権利濫用」，借地借家法の「正当事由」などがあるが，

これらは，規範的要件と呼ばれる。規範的要件である過失においては，裁判で主張立証の対象となるのは法的評価としての過失そのものではなく，それを根拠づける具体的事実である。過失といった評価を根拠づける事実の位置づけについては争いがあるが，実務は，例えば，スピード違反といった具体的事実を過失の間接事実と考えるのではなく，これらの事実（評価根拠事実）が，原告の主張立証すべき要件事実だとする（司法研修所編前掲書30頁以下）。これによれば，裁判において賠償を請求する原告は，スピード違反や前方不注意といった，過失という規範的要件の評価根拠事実を主張立証し，被告は，そのような評価を妨げる方向に働く事実（評価障害事実）を抗弁として主張立証することになる（潮見④36頁参照）。

　　c 「行為」要件について　　不法行為が成立するためには，加害者の「行為」が必要である。これを独立の要件と見る考え方もあるが，一般的には，「権利又は法律上保護される利益を侵害する行為」として①の要件に含める考え方や，「故意・過失ある行為」として②の故意・過失要件に含める考え方が有力である（Legal Quest 100頁は，過失または権利・法益侵害は常に過失行為ないし権利・法益侵害行為の形をとり，過失要件や権利・法益侵害要件は結局は行為までを要件の内容に含むとする）。

　　d 損害について　　すでに述べたように，損害のとらえ方については争いがあった。そのうち，判例の立場とされる差額説においては，不法行為がなければ被害者がおかれていたであろう利益状態と不法行為があったために現実に被害者がおかれている利益状態の差額を損害ととらえることから，請求原因として原告が主張立証すべき要件事実は金額をも含むということになる。しかし，これに対しては，法益侵害そのものを損害と見る損害事実説も有力である。この立場からは，要件事実は，これらの法益侵害そのもの，ないしその侵害によって被害者に生じた不利益な事実であり，金額は，それに対する金銭評価の問題となろう。ただし，金額が要件事実になると解しても，民事訴訟法248条が，「損害の性質上その額を立証することが極めて困難であるときは，裁判所は……相当な損害額を認定することができる」としていることに注意が必要である。また，慰謝料については，その額は，170頁以下で述べるように，裁判官の裁量的評価によって決まる。

　　e 因果関係について　　判例は，不法行為における要件としての因果関係は相当因果関係であり，相当性の判断は民法416条を類推適用して行うとする。したがって，この考え方によれば，不法行為の要件事実としての因果関係では，「侵害行為と損害発生の間に条件関係としての事実的因果関係があること」と「相当性」が合わせて主張立証されることになり，後者については，当該損害が

通常損害であるか，特別事情による損害だが行為者が予見しもしくは予見可能であったことを主張立証すべきことになる（山本和敏「損害賠償請求訴訟における要件事実」鈴木忠一＝三ケ月章監修・新・実務民事訴訟講座 4 巻 330 頁以下）。

　これに対し，相当因果関係説を批判し，それを事実的因果関係と賠償範囲（さらには金銭評価）に区別する説が有力に主張されている。この説によれば，不法行為の要件事実としての因果関係は事実的因果関係のことであり，賠償範囲の問題の一部は損害要件（その金銭評価）に吸収され，さらに，それらとは別に，「生じた損害が賠償範囲に入っていること」が要件事実として求められることになろう（同旨，潮見④ 89 頁）。

第3章　不法行為の効果

第1節　序　　説

　不法行為の成立要件を満たせばその効果として損害賠償請求権が発生する。損害賠償請求権の内容について考える場合，不法行為制度の目的をどう見るかが重要である。

　第1章で述べたように，不法行為による損害賠償の主たる目的は，損害を塡補することにより被害者の状態を加害行為がなかったと同じ状態に戻すこと，すなわち原状回復である。損害賠償の方法には，後に詳しく述べるように，金銭による賠償（金銭賠償）と金銭以外の方法により損害を塡補する方法があり，後者も通常，原状回復と呼ばれる（狭義の原状回復）。しかし，損害賠償の目的ないし理念としての原状回復とはより広い意味のものであり，金銭賠償をも含めて，およそ損害賠償一般が目指すべき理念を指す（広義の原状回復）。たとえ金銭賠償の場合であっても，その賠償額を算定するにあたっては，この広義の原状回復の理念によるべきである（同旨，四宮476頁以下）。したがって，例えば人身損害の場合，その多くは狭義の原状回復が不可能であり金銭賠償による他ないが，賠償額の算定としては，被害者やその遺族の生活が可能な限り原状に回復しうる額を算定すべきである。

　しかし同時に，不法行為制度は，少なくとも副次的な目的として，不法行為の抑止や加害者に対する制裁をも目的としている。これらの目的も，損害賠償の内容，とりわけ，慰謝料額を考える場合において，考慮すべきである。

第2節　損害賠償の方法

1　はじめに

　損害賠償の方法には，前述したように，損害を金銭に評価しその金額を給付する金銭賠償と，侵害された物と同種同価値の物を給付したり故障を修理したりすることよって損害を填補する（狭義の）原状回復の二つがある。さらに，ある法益が侵害された場合の救済方法として，差止めがある。例えば，工場排水が流入してきて被害が発生している場合に，その流入をストップさせることがこれにあたる。差止めと不法行為における損害賠償の方法としての原状回復は，厳密に言えば異なるものである。原状回復は過去の損害の回復であるのに対し，差止めは現在の侵害ないし将来の侵害のおそれの除去であり，また，原状回復では，過去の行為により被害者に生じた損害の回復が目指されるのに対し，差止めは加害者に現在あるいは将来の侵害行為をやめさせることに力点が置かれるからである（四宮468頁，平井105頁，澤井82頁以下）。しかし，例えば工場排水の流入による被害のような継続的な侵害の場合，両者の区別は必ずしも容易ではなく，また，ある救済策が同時に過去の損害の回復にもなり将来の侵害の危険を除去するものであることも少なくない。そのことから，両者を厳密に区別しない学説もある（幾代＝徳本289頁）。

　本書は，狭義の原状回復と差止めを区別する立場を支持しつつ，便宜上，差止めについても，本節で述べることにしたい。

2　金銭賠償の原則

　わが国の民法は金銭賠償を原則としている（民722条1項による417条の準用）。この点につき，立法者は，商品社会においては損害を測定するには金銭によるのが最も便利であり，原状回復は不便であると説明している。しかし，法令に明文の定めがある場合および当事者に特約がある場合（通常は不法行為後の特約）には狭義の原状回復によることが認められている。明文の規定や当事者の特約がない場合に解釈により原状回復を認めることができるかどうかについて，判例（大判明37・12・19民録10・1641，大判大10・2・17民録27・321，他），多数

説（四宮 475 頁以下，澤井 110 頁，他）は否定的であるが，具体的に被害者・加害者双方の利害得失を考慮して，必要に応じて原状回復を認めるべきであるとの説もある（加藤（一）215 頁）。原則的には明文規定が必要だとしても，原状回復の方が適切だと考えられる場合には，その明文規定の類推適用を認めるなど，柔軟な対応が必要なのではないか。

　金銭賠償の場合，その支払方法は，賠償金額を一括して支払う方法（一時金賠償）と，一定期間ごと（例えば毎月あるいは毎年）に支払う方法（定期金賠償）の二つがある。将来における変動に対応して正確な賠償額を定める上では定期金賠償の方がすぐれているが，定期金賠償には，支払いが長期にわたるため賠償義務者の賠償資力の確保に不安が残ること，請求や取立てが賠償権者にとって煩わしいこと，将来にわたって加害者との関係が継続することは被害者の立ち直りに好ましくない心理的影響を与えることがあるなどの欠点が指摘されている。

　わが国の民法には，ドイツ民法 843 条，844 条のように，一定の場合には定期金賠償によるべきことを規定した明文はなく，圧倒的多数の判決は一時金賠償の方法によっている。最高裁も，被害者が一時金賠償を申し立てている場合には，定期金賠償を命ずることはできないとする（最判昭 62・2・6 判時 1232・100）。しかし，人身損害においては，被害者やその遺族の将来の生活を長期にわたって保障する上で，定期金賠償の方が有利な面も少なくない。したがって，定期金賠償の方が合理的と見られる場合には，定期金による賠償を認めるべきである（加藤（一）216 頁，四宮 470 頁）。裁判例においては，定期金賠償を認めるものは少数にとどまっていたが，1996 年改正の民事訴訟法により，定期金による賠償を命じた確定判決について，口頭弁論終結後に生じた著しい事情の変更を理由とする判決の変更を求める訴えを認める規定（同法 117 条）が置かれたことから，定期金賠償を認める裁判例も増えてきた（判例や学説の状況については，橋本佳幸・私法判例リマークス 63 号 39 頁以下参照）。最高裁は，交通事故により 4 歳の幼児が高次脳機能障害の後遺症が残り労働能力を失ったケースにおいて，以下のように述べて定期金賠償の方法を認めた（最判令 2・7・9 民集 74・4・1204）。

　後遺症が残った場合，その損害「額の算定は，不確実，不確定な要素に関する蓋然性に基づく将来予測や擬制の下に行わざるを得ないものであるから，将

来，その算定の基礎となった後遺障害の程度，賃金水準その他の事情に著しい変更が生じ，算定した損害の額と現実化した損害の額との間に大きなかい離が生ずることもあり得る。民法は，不法行為に基づく損害賠償の方法につき，一時金による賠償によらなければならないものとは規定しておらず……，他方で，民訴法117条は，定期金による賠償を命じた確定判決の変更を求める訴えを提起することができる旨を規定している。……不法行為に基づく損害賠償制度（の）……目的及び理念に照らすと，交通事故に起因する後遺障害による逸失利益という損害につき，将来において取得すべき利益の喪失が現実化する都度これに対応する時期にその利益に対応する定期金の支払をさせるとともに，上記かい離が生ずる場合には民訴法117条によりその是正を図ることができるようにすることが相当と認められる場合があるというべきである。以上によれば，交通事故の被害者が事故に起因する後遺障害による逸失利益について定期金による賠償を求めている場合において，上記目的及び理念に照らして相当と認められるときは，同逸失利益は，定期金による賠償の対象となるものと解される」。

　このように後遺障害において定期金賠償を認めると，当該被害者が死亡した場合，その時点が定期金の終期となるのかどうかが問題となる。この点については，死亡が終期となるとする考え方が一般的であったが，上記最高裁判決は，一時金による賠償については，その後の死亡については考慮しないとする判例（最判平8・4・25民集50・5・1221，最判平8・5・31民集50・6・1323。これらの判決については，本書173頁以下も参照）との対比で，「後遺障害による逸失利益の賠償について定期金という方法による場合も，それは，交通事故の時点で発生した1個の損害賠償請求権に基づき，一時金による賠償と同一の損害を対象とするものである。……交通事故の被害者が事故後に死亡したことにより，賠償義務を負担する者がその義務の全部又は一部を免れ，他方被害者ないしその遺族が事故により生じた損害の塡補を受けることができなくなることは，一時金による賠償と定期金による賠償のいずれの方法によるかにかかわらず，衡平の理念に反するというべきである。したがって，上記後遺障害による逸失利益につき定期金による賠償を命ずる場合においても，その後就労可能期間の終期より前に被害者が死亡したからといって……就労可能期間の終期が被害者の死亡時となるものではないと解すべきであ」り，「定期金による賠償を命ずるに当た

っては，交通事故の時点で，被害者が死亡する原因となる具体的事由が存在し，近い将来における死亡が客観的に予測されていたなどの特段の事情がない限り，就労可能期間の終期より前の被害者の死亡時を定期金による賠償の終期とすることを要しない」とした。なお，この点について，定期金支払義務者は，民訴法117条を適用または類推適用して，「判決の変更を求める訴えの提起時における現在価値に引き直した一時金による賠償に変更する訴えを提起するという方法も検討に値するように思われ，この方法によって，継続的な定期金による賠償の支払義務の解消を図ることが可能ではないか」とする補足意見が付されている。

3　原状回復

　明文規定により狭義の原状回復が認められるのは，以下のような場合である。
　①　名誉毀損の場合，裁判所は，金銭による損害賠償に代え，または金銭による損害賠償とともに，名誉を回復するのに適当な処分を命ずることができる（民723条）。例えば，新聞や雑誌の記事により名誉が毀損された場合に，その記事の取消広告や謝罪広告を掲載させるなどの方法である。また，インターネット上の電子掲示板に名誉を毀損する書込みがなされた場合，電子掲示板の運営管理者に当該書込みの削除を求めることも認められる（東京高判平14・12・25判時1816・52，東京地判平15・6・25判時1869・46）。このような方法を民法が明文で認めたのは，名誉毀損の場合には，侵害の源となった行為をそのまま放置しておけば名誉毀損状態が継続し，また，金銭を与えるだけではその救済として十分でない場合が多いことや，逆に，適切な方法をとれば毀損された名誉を回復させることが可能であることによる。
　原状回復のうち謝罪広告については，謝罪という倫理的な判断を賠償義務者に強いることになり良心の自由を保障する憲法19条に違反するのではないのかという議論がある。最高裁は，「右放送及び記事は真実に相違して居り，貴下の名誉を傷つけ御迷惑をおかけいたしました。ここに陳謝の意を表します」といった，単に事実の真相を告白し陳謝の意を表明する程度のものは被告の倫理的な意思，良心の自由を侵害するものではなく，憲法19条に反するものではないとした（最大判昭31・7・4民集10・7・785）。
　学説においては，謝罪・陳謝の意思の表明を命ずることは違憲ないし違憲の

疑いありとする説も多い（幾代＝德本309頁，平井104頁，他）。このような立場からは，取消または訂正公告にとどめるべきであるとする説（平井104頁，四宮473頁。ただし，幾代＝德本309頁は，このような方法もそれを強制することは違憲だとする），あるいは，「被告の原告に関する行為は，原告の名誉を毀損する不法行為を構成するものである。これは当裁判所が判決において示した判断である」という裁判所名義での広告を裁判所の指定する方法でなすよう被告に命ずる方法が適切であると主張する説（幾代＝德本309頁）などがある。かりに，被害者の立場からは，陳謝の文言抜きでは十分でないとして最高裁の多数意見の立場に立つとしても，謝罪広告の文言については，被告の人格を傷つけないよう慎重に判断すべきである。下級審において，「今後は絶対に右の如き不法行為を為さないことを誓う」といった文言の謝罪広告は行き過ぎで許されないとした判決がある（神戸地姫路支判昭35・2・29下民集11・2・447）。

名誉を回復するためのその他の手段として，反論権が考えられる。これは，新聞等により名誉を毀損された者が，その記事等に対する反論を同一のメディアに同一の態様（場所・活字等）で掲載するよう要求する権利である。名誉毀損を回復する手段として有効な方法であることは確かであるが，他面，反論の掲載を強制されるメディアの側の表現の自由との兼ね合いをどう考えるかという問題があり，フランスなどこれを認めた立法例もあるが，わが国において正面からこれを認めた判決を見当たらない。これが723条の名誉を回復するための適当な処分の一つとして認められるためには，反論の内容・方法等を含めて，より慎重な検討が必要である。

723条は，名誉毀損の場合についてのみ原状回復措置を認めている。しかし，プライバシー侵害や信用毀損等についても，適切な原状回復措置がありうる場合には，本条の類推適用により，これを認めるべきである（澤井112頁）。ただし，プライバシー侵害の場合，その措置によりさらにプライバシーが広い範囲で暴露されることのないような配慮が必要であり，信用毀損については，不正競争防止法（2条1項11号・7条）や各種の工業所有権に関する特別法（特許法106条，他）に明文規定がある。

②　鉱業法に基づく鉱害（鉱物の掘採のための土地の掘削その他の行為や排水・鉱煙等の排出による被害）の賠償については，金銭賠償が原則だが（鉱業法111条2項本文），賠償金額に比して著しく多額の費用を要しないで原状回復ができる

とき（同項但書），または，賠償義務者から申立てがあった場合で裁判所が適当と認めるとき（同法112条3項）は，金銭賠償に代えて原状回復を命ずることができる。具体的な原状回復の方法としては，土地が陥没した場合の埋め戻し，鉱滓の堆積による被害の場合の鉱滓の除去などである。

　このような規定が設けられたのは，まず第一に，鉱害により農地が被害を受けた場合などにおいては，金銭賠償によって土地の価格が賠償されたとしても，その土地を耕作して生活を営んでいる農民にとって十分な救済とならないことが多いこと，第二に，農地が被害を受けたまま放置されることは国民経済上望ましくないとの判断による。しかし，他方において，賠償義務者から原状回復を申し立てることができる旨の規定から明らかなように，原状回復の方が費用がかからない場合にそれを認めることにより，賠償義務者である鉱業権者の負担を軽減する狙いをも持っている。

4 差止め

(1) はじめに

　公害などのように，継続した加害行為により人の健康等に被害が発生する場合においては，生じた損害を事後的に塡補するだけでは不十分であり，そのような被害発生を事前に防止すること，あるいは，継続した加害状態を除去することにより現在および将来における被害の発生を防止させることが重要となる。このように，加害行為の中止を命ずることを差止めという。わが国の民法にこの差止めを規定した明文はないが，判例・学説は，その現実的な必要性から，以下のような様々の考え方によって差止めを認めている。

(2) 差止めの法的構成

　差止請求権をどのように法的に構成するかについては様々な考え方があるが，大別すれば，何らかの絶対権ないし排他的支配権が侵害されたとして，その権利に基づいて差止めを認めようとする説（権利説）と，不法行為の効果として差止めを認めようとする説（不法行為説）の二つの考え方に分かれる。

　(a) 権利説　　侵害された権利の効力として差止請求権が発生すると考える立場である。裁判所も，名誉・プライバシー等の人格権に基づく差止めを認めている。例えば，名誉を毀損する記事が掲載されている雑誌の販売に対する事

前の差止めの適法性が問題となった事件で最高裁大法廷は，「人格権としての名誉権に基づき，加害者に対し，現に行われている侵害行為を排除し，又は将来生ずべき侵害を予防するため，侵害行為の差止めを求めることができる」としている（最大判昭61・6・11民集40・4・872（北方ジャーナル事件））。また，モデル小説によって，名誉，プライバシー，名誉感情が侵害され重大で回復困難な損害を被らせるおそれがある場合には，人格権としての名誉権等に基づく出版の事前差止めが認められる（最判平14・9・24判時1802・60）。

　公害の差止めの場合，この説はさらに，差止めの根拠となる権利をどのようなものと考えるかにより説が分かれるが（詳しくは，沢（澤）井裕・公害差止の法理参照），公害等による生命・身体等への侵害は人格権への侵害であり，この人格権に基づいて差止めを請求しうるとする考え方（人格権説）が有力である。例えば，大阪空港公害訴訟控訴審判決（大阪高判昭50・11・27判時797・36）は，「個人の生命，身体，精神および生活に関する利益は，各人の人格に本質的なものであって，その総体を人格権ということができ，このような人格権は……その侵害に対してはこれを排除する権能が認められなければならない。……このような人格権に基づく妨害排除および妨害予防請求権が私法上の差止請求の根拠となりうる」と述べている。

　さらに，新しいタイプの人格権としての，平穏な生活を営む権利＝「平穏生活権」を根拠に差止めが認められることがある。例えば，暴力団が建物を建築して組事務所として使用していたのに対し，近隣住民が使用禁止の仮処分を求めた事例において，「何人にも生命，身体，財産等を侵されることなく平穏な日常生活を営む自由ないし権利があ」るとして，そのような権利を根拠に差止めを認めた決定（静岡地浜松支決昭62・10・9判時1254・45）がある。

　この平穏生活権は，公害でも認められるようになっている。横田基地を利用する米軍機による騒音・振動等の被害に対し，人格権，環境権に基づく差止めと損害賠償を請求した事件において，東京高裁は，「人は，人格権の一種として，平穏安全な生活を営む権利（以下，仮に，平穏生活権又は単に生活権と呼ぶ。）を有して」おり，騒音・振動等はこの平穏生活権に対する民法709条所定の侵害であり，また，この権利は，「物上請求権と同質の権利として」差止めの根拠となりうる「排他性」を有するとした（東京高判昭62・7・15判時1245・3。ただし，請求そのものは棄却）。また，産業廃棄物最終処分場が水質汚濁

等をもたらす危険があるとして，その使用・操業差止めの仮処分申請がなされた事件で裁判所は，「人格権の一種としての平穏生活権の一環として，適切な質量の生活用水，一般通常人の感覚に照らして飲用・生活用に供するのを適当とする水を確保する権利があ」り，「これらの権利が将来侵害されるべき事態におかれた者〔は〕……将来生ずべき侵害行為を予防するため事前に侵害行為の差止めを請求する権利を有するものと解される」と述べて，差止めを認めている（仙台地決平4・2・28判時1429・109）。

平穏生活権の意義　平穏生活権概念は，上記のような場合のほか，葬儀場紛争など，当事者の主観的な利益を表すものとしても使われる。例えば，葬儀場の近隣に住む原告にとって，居宅の2階から葬儀等（棺の出入り）が見えることが「平穏な日常生活を営む利益＝平穏生活権」侵害にあたるかどうかが争われた事例がある（52頁参照）が，ここでは「平穏生活権」概念は，多様な主観的利益を不法行為や差止めによる保護の対象としてすくい上げてくるという機能，あるいは，多様な利益の要保護性を検討する場ないし多様な利益を民事訴訟における検討の俎上に載せるための受け皿ともいうべき機能を果たしている。この場合，そのような利益が法的に保護に値するかどうかや，そもそもそのような利益が存在し侵害されているかどうかにおいても，利益の客観的側面からだけの判断は不可能であり，また，かりにそのような利益が存在し侵害されていることが認められたとしても，それが受忍限度を超えているかどうかの吟味が必要となる。この二重の意味において，侵害行為の態様を含む利益衡量が不可欠である。

これに対し，暴力団事務所事件や公害（騒音や水質汚染等）においては，生命・身体・健康と結びついた平穏な生活に関する権利・利益が問題となっている。暴力団事務所事例において危険にさらされているのは付近住民の生命・身体であり，騒音公害や廃棄物処分場ケースでも，激しい騒音にさらされることが健康被害につながったり，生活用水の水源が汚染されることは健康被害につながりうる。あるいは，原発事故による平穏生活権侵害が問題となっている（315頁参照）が，それも同様に考えることができよう。このような平穏生活権については，侵害行為の態様等の事情は，かりに考慮されるとしても，このような平穏生活権の侵害の有無や程度にかかわっての考慮にとどめるべきではなかろうか。

さらに，良き環境を享受しかつこれを支配しうる権利を環境権として構成し，環境が汚染された場合，環境権を根拠にして差止めを求めることができるとする考え方（環境権説）がある（大阪弁護士会環境権研究会編・環境権）。この説には，早い段階で環境汚染を食い止めることができるという長所がある。公害は，生命・健康等に重大な侵害をもたらすことが多く，それらの法益に具体的被害が

発生してから差止めを認めたのでは遅すぎる場合が多いが，この説によれば，たとえまだ住民の人格的利益に被害が発生していなくても，地域の環境が悪化すればそれ自体が環境権の侵害であるとして差止めを求めることができる。また，環境権説においては，原告個人に生じた被害だけではなく，地域住民の被害の総体を環境破壊として差止請求の中で主張することができる。この環境権に対しては，実定法上の根拠に乏しいことや，権利としての内容（例えば，自然環境に限るのか，歴史的建造物のような歴史的環境も含むのか）や外延（「環境」の範囲）があいまいであり権利者の範囲もはっきりしないといった批判も強く，これを正面から認めた判決は下級審においても存在しない。確かに，以上のような批判があてはまる点が環境権説に存在することは否定できないが，他方においてこの説のメリットも小さくない。したがって，人格権説によるとしても，その場合の人格的利益の内容に，環境的価値を広く取り込むなどして，環境権的発想を取り入れる必要があろう。

　(b)　不法行為説（ないし受忍限度論）　　公害のような継続的な侵害の場合においては，不法行為における損害賠償としての原状回復と差止めの間に厳密な区別を行うことは困難ないし無意味であるとして，侵害された権利の効力としてではなく，不法行為の効果として差止めを認める考え方がある。その中には，民法709条の効果として差止めを認めようとする純粋の不法行為説もあるが，その場合，加害者の故意・過失が要件となり，重大な侵害が生じていても加害者の故意・過失の欠如を理由に侵害行為の差止めが認められないという結果を招くので，不法行為説の中ではむしろ，過失と違法性という709条における要件を一元化して受忍限度という判断枠組みを設定し，侵害された利益の種類や侵害の程度，侵害行為の種類や性質，差止めを認めた場合の両当事者に対する影響やさらには社会的な影響等の様々な要素を比較較量し，受忍限度を超える侵害であると判断できる場合に差止めを認めようとする受忍限度論（加藤一郎編・公害法の生成と展開387頁（野村），他）が有力である。

　(c)　二元説　　権利説と不法行為説（とりわけ受忍限度論）との違いは，前者が差止めの可否の判断において利益衡量をできるだけ排し，主として権利の侵害があったかどうかに着目して結論を出そうとするのに対し，後者は被害と侵害行為やさらにはその他の要素をも視野に入れた総合的で柔軟な利益衡量を行う点にある。確かに差止めの場合にあまりに硬直的な判断をすることは問題で

あるが，受忍限度論のような広い要素を考慮に入れた利益衡量を認めた場合，例えば重大な被害が発生しているのに侵害行為の公共性や社会的有用性から差止めは認められないといった結論が導き出されるおそれがあり，また，問題の解決を裁判官の判断に全面的に委ねることにも問題がある。

　両者の間では，1970年代前半において激しい議論が戦わされたが，その後，その議論は収斂していった。その結果主張されるようになったのが，一定の被害が発生したならばいかなる利益衡量も排斥して差止めを認めるべき場合と，受忍限度判断が必要な場合があるとする複合構造説（沢(澤)井前掲書）である。それによれば，生命・身体（健康）への侵害があれば，いかなる利益衡量をも排斥して差止めを認めるべきである（「絶対的差止基準」）が，「絶対的差止基準」に達していない場合には，原告が被害を受けていることを立証すれば，原則として違法となるものの，被告は地域性の考慮から受忍限度以下であることや，社会的有用性などを主張することができ，したがって，ここでは，被害の重大性と侵害行為の態様が相関的に衡量されることになる。

　(d)　裁判例　裁判例としては，権利構成（人格権）によりつつ，必要な利益衡量を加えるという態度をとるものが多いが，人格権の内容をどのように理解するかについては説が分かれる。大阪空港公害訴訟控訴審判決（前掲）は，「個人の生命，身体，精神および生活に関する利益は，各人の人格に本質的なものであって，その総体を人格権ということができ，このような人格権は……その侵害に対してはこれを排除する権能が認められなければならない」とするが，名古屋新幹線訴訟控訴審判決（名古屋高判昭60・4・12判時1150・30）は，差止めの根拠となる人格権を「身体権としての人格権」としており，この立場からは，差止めが認められる場合が実質上，身体侵害の場合に限られることになる。大阪空港公害訴訟控訴審判決のように広く解すると，権利の外延があいまいになるという点は否定できないが，名古屋新幹線訴訟控訴審判決の考え方は，公害の場合，その被害は人の精神的あるいは生活上の利益侵害から始まり，徐々に身体・健康の侵害に及び，身体侵害が生じた時点では回復困難な場合が多く，それにいたる以前に差し止める必要性が高いことからすると，狭すぎるのではないか。

　　差止めの根拠に関するその他の説　まず，不法行為構成と権利構成を組み合わせる二元説がある（大塚直「人格権に基づく差止請求」民商法雑誌116巻

4＝5号25頁以下）。それによれば，大気汚染や騒音のように，汚染等が境界を越えて侵害を及ぼす積極的侵害と，日照妨害や眺望妨害のような消極的侵害を区別すべきである。前者の積極的侵害によって権利が侵害された場合は，権利構成により，加害者の主観的態様は問題とならず利益衡量も限定的に考えるべきである。しかし，消極的侵害については，不法行為構成をとって加害者の注意義務違反を要件とすべきである。なお，この説の場合，権利と認めうるためには，権利としての「社会的な認識可能性」を有し，「他人の権利と区別された固有の領域」を有することが必要であり，単なる不快感をはじめとする軽微な精神的侵害は権利（人格権）の侵害にはあたらないとされる。

　次に，秩序違反を根拠に差止めを認めるべきであるという考え方がある。その代表的な論者は，次のように言う（吉田克己・現代市民社会と民法学244頁以下）。環境のような利益は公共的性格があり，厳密な意味での権利を語ることができない。しかし，環境という公共的利益は，市民の生活にかかわるものとして生活利益秩序を構成している。そして，それが侵害された場合，環境秩序ないし生活利益秩序違反を理由とした差止めを認めることができる。

　さらに，権利固有の効力としてではなく，しかし同時に不法行為の効果としてでもなく，法秩序によって私人に割り当てられた法益がその内容や性質に照らして違法に侵害された場合に，それに対する固有の保護手段として差止請求権が発生するという考え方も主張されている（根本尚徳・差止請求権の理論）。この説は，物権的請求権を物権の内在的効力として位置づけるのではなく，権利内容を割り当てる規範としての法秩序にその実質的発生根拠を求める。そして，およそ法秩序によって私人に割り当てられた法益は，その内容や性質に照らして違法と認められる侵害から保護されなければならないので，そのような保護手段である差止請求権は物権以外の法益にも広く付与されなければならないとするのである。

(3)　差止めの要件

　以上を踏まえて，公害・環境侵害の差止めの具体的な要件を考えるならば，差止めの可否について，第一に考慮すべきは，どのような被害が発生しているか（あるいは発生するおそれがあるか）である。例えば，生命・身体といった利益の侵害があればそのことは直ちに差止めの効果をもたらすべきである。しかし，日常生活上の不便等，いわば人格的利益の外縁部分に被害がとどまる場合においては，侵害行為の種類・性質等の事情をも考慮して差止めの可否を決するという柔軟な判断も必要であろう。

　第二に，加害行為の性質も問題となる。開発にあたって，事前の調査や代替

案の検討，住民に対する説明等の民主的手続きを尽くしていない場合，そのことは，差止めを認める上での重要な判断要素となりうる（し尿ゴミ処理場建設の事前差止めにつきこの点を重視したものとして，広島高判昭 48・2・14 判時 693・27）。

議論があるのは，公害発生源が空港，鉄道，道路のような公共性を帯びている場合である。名古屋新幹線訴訟控訴審判決（前掲）は，新幹線の公共性は極めて高く，騒音振動対策の一つとしての減速は，当該地区にとどまらず全線に波及し，「わが国陸上交通体系に由々しい混乱を惹起し，社会経済的にも重大な結果に逢着せざるを得ないこととなる」として，差止めを棄却した。差止めの可否の判断において利益衡量はある程度必要であり，公共性がその利益衡量において一定の役割を果たすことは否定できない。だからといって，加害行為の公共性の存在だけで差止めを認めないのは行きすぎであり，生じた被害が何かを十分考慮すべきである。特に，被侵害利益が生命・身体・健康といったかけがえのない人格的利益である場合には，公共性があるからといって差止めを否定しそれらの侵害を事実上許容する態度をとることは許されないと考えるべきではないか。この点で，道路沿道の大気汚染につき，侵害が単なる生活妨害ではなく呼吸器疾患に対する現実の影響という非常に重大なものであることから，当該道路が持つ公共性を考慮したとしても，なお差止めを認めるにたる違法性を有するとして，一定以上の汚染物質の差止めを認めた判決（神戸地判平 12・1・31 判時 1726・20。同旨，名古屋地判平 12・11・27 判時 1746・3）が重要である。

　なお，裁判例は，公共事業の場合，例えば，空港の夜間の利用を差し止めることは，航空行政権の行使の取消し・変更ないしその発動を求めることになり，民事訴訟においては認められない（最大判昭 56・12・16 民集 35・10・1369，自衛隊機の騒音につき最判平 5・2・25 民集 47・2・643 もほぼ同旨）などとして，司法権と行政権の関係を理由に差止請求を却下することがある。

⑷　差止請求の内容

　公害等の場合，例えば，防音壁の設置といった具体的行為を要求するのではなく，「被告の騒音が○○ホンを超えて原告の居住地に侵入しないことを求める」というような請求を行うことが多い。これに対し，このような抽象的不作為請求は，請求の趣旨が特定できず強制執行も不可能だから不適法であるとする考え方がある。国道 43 号線訴訟一審判決（神戸地判昭 61・7・17 判時 1203・1）

は，原告の不作為請求は被告の複数の措置（作為）のうちどれを求めるのか特定されていないから，被告が訴訟において（その請求は不適切であるといった形で）防禦権を行使することができず，また受忍限度判断もできない（受忍限度判断は差止方法の難易をも考慮すべき）ので不適法だとした。

これに対し，学説上は，このような請求の適法性を肯定する説が有力であったが，裁判例としても，その後，抽象的不作為請求の適法性を肯定する判断が一般的になった。例えば，国道43号線訴訟控訴審判決（大阪高判平4・2・20判時1415・3）は，「原告らの差止請求は……趣旨の特定に欠けるところはない」とし，同訴訟で最高裁（最判平7・7・7民集49・7・1870）も，この点に触れることなく，実体審理に入っている。

第3節　損害賠償請求権者

1　序　説

⑴　自然人・法人・胎児

⑴　不法行為による損害賠償請求権の主体は，不法行為によって損害を被った被害者である。賠償権者は自然人に限らない。法人も権利能力を有する以上，不法行為によって損害を被った場合にはその損害の賠償を請求することができる。問題は，法人が財産的損害以外の損害に対する賠償（いわゆる慰謝料）を請求できるかどうかである。例えば，法人の名誉，氏名，活動の自由などが侵害された場合，法人に慰謝料請求権が発生するのだろうか。肉体や精神を持たない法人には精神的・肉体的苦痛は考えられないので慰謝料請求権は発生しないとの考え方もありうるが，法人といっても各種の人格的利益を享有する以上，それらの人格的利益に対する賠償としての慰謝料請求権の主体たりうると考えるべきであろう（四宮486頁，他）。

民法710条の「財産以外の損害」は精神的損害のみを意味するものではなく，それ以外の金銭評価可能な「無形の損害」をも含み，法人の名誉権侵害の場合に生ずる「無形の損害」については加害者に賠償させるべきであるとして，新聞の誹謗記事によって名誉・信用を侵害された財団法人に，710条に基づく賠償請求権を認めた最高裁判決がある（最判昭39・1・28民集18・1・136）が，こ

の判決が法人に精神的損害に基づく慰謝料を正面から認めたものか，それとも，金銭評価が困難な財産的損害を「無形の損害」として，それに対する賠償を認めたにすぎないのかについては議論がある。なお，法人格を取得していないが法人と同様の実体を備えたいわゆる権利能力なき社団・財団についても，法人に準じて損害賠償請求権を認めるべきである（前田（達）280頁，四宮487頁，他）。社会的実体として法人と変わらない以上，その利益は不法行為法上，法人と同様に保護されるべきだからである。

　(ロ)　出生前の胎児は権利能力を有しない（民3条参照）が，損害賠償請求権についてはすでに生まれたものとみなされる（民721条）。したがって例えば，胎児の間に父親が交通事故で死亡した場合でも，胎児は損害賠償請求権を取得する。また，生命侵害の場合に，死者の損害賠償請求権を遺族が相続するという立場（相続説——後述）に立てば，父親自身の損害賠償請求権の胎児への相続の可否も問題となるが，民法は，相続についても胎児はすでに生まれたものとみなしている（民896条1項）。

　ところで，これらの条文の「生まれたものとみなす」の意味については争いがある。胎児には権利能力がないので胎児である間に権利が帰属しそれを行使することができるわけではなく，胎児が生きて生まれてきた場合に，賠償請求権や相続権をさかのぼって取得すると考える説（人格遡及説ないし法定停止条件説）と，胎児も不法行為の損害賠償請求権や相続に関してはすでに権利能力を取得しており，死産の場合にさかのぼって権利能力を失うとする説（制限人格説ないし法定解除条件説）が対立している。両説の違いは，出生前に，母親その他の親族が胎児の法定代理人として胎児の権利を行使しうるかどうかである。判例には，前説を採用し，出生前に母親その他の親族が加害者となった和解の効力を否定したものがある（大判昭7・10・6民集11・2023）が，死産よりも生きて産まれてくる確率の方が高いことや，胎児の間であっても権利を保存する行為を認める方が胎児の保護に厚いことから，後者の説をとる学説も有力である（四宮489頁以下）。ただし，後者の説をとっても，胎児の間に法定代理人がなしうるのは権利を保存する行為に限られるべきであろう。

(2) 間接被害者

(イ) はじめに

不法行為によりある人の生命・身体・財産等が侵害された場合，その被害者が賠償権者となるのは当然であるが，それとは別に，被害者と一定の関係にある人にも損害が発生した場合，そのような間接的な影響を受けた者（「間接被害者」）も損害賠償を請求することができるのであろうか。例えば，家族の一員が事故により死亡したり負傷したことによって他の家族に大きな精神的痛手が生じた場合や，企業の従業員が死傷して働けなくなったことによりその企業の売り上げが低下したような場合である。

「故意または過失により，他人の生命，身体，健康，自由，所有権その他の権利を侵害した者は，その他人に対して」損害を賠償すべきと規定したドイツ民法832条1項と異なり，わが国の民法709条は，直接の被害者に賠償権者を限定する明文の規定を有していない。そこで，このような「間接被害者」に生じた損害をどう扱うかが問題となる。一方の考え方は，この問題を（加害者はどの範囲までの損害を賠償すべきかという，次節で述べる賠償範囲の問題ではなく）賠償請求権の主体の問題として理解し，賠償権者は原則的には直接被害者であるが，一定の例外的ケースにおいては間接被害者にも賠償請求権が認められるとして，どの範囲までの間接被害者に賠償請求権の主体性を認めることができるかどうかという視点から問題を整理するものである（幾代＝徳本245頁以下，四宮493頁以下，前田（達）281頁以下，他）。

これに対し，損害賠償権者を原則として直接の被害者に限るとするのは，明文上賠償権者を直接の被害者に限定したドイツ民法の考え方に由来するものであり，そのような明文規定のないわが国においては，このような立場をとる必要はなく，むしろ問題を，賠償範囲の問題としてとらえる方が妥当であるとする説がある（平井185頁，他）。

実際上問題となるのは，2で詳述する被害者死傷の場合の近親者の損害と，次の従業員死傷の場合の企業の損害である。

(ロ) 企業損害

Aが不法行為により死傷したために，彼の勤務する企業Bが何らかの損害を被ることがある。Aの死傷により企業Bが被った損害の中でも，Aの不就労にもかかわらず企業Bが給与を支払ったりAの治療費を支出したような場合，そ

のことによるＢの不利益はいわばＡの損害がＢに反射したものなので（反射損害ないし不真正企業損害），企業Ｂが加害者に対し直接賠償を請求しうるとする点では争いがない。ただし，その法律構成については様々な考え方がある。

　企業Ｂの支出が労働基準法や労働協約等に基づいてＡとの関係では義務的になされたものである場合には，例えば企業Ｂは賠償者の代位規定（民422条）の類推適用により加害者に対し請求しうるとの説（最判昭36・1・24民集15・1・35）や，賠償義務を負う加害者と支出義務を負う企業ＢはＡに対し不真正連帯債務者の関係になり，企業Ｂが支払った場合，求償権により加害者に請求できるとする説などがあり，また，企業Ｂの支出が義務的でない場合については，民法499条の弁済による代位の規定を類推適用する説や，民法422条の類推によるべきとする説などがある。

　従業員が死傷により就労しなかったために，被害者が勤める企業の売り上げが減少したり取引がうまく行かなくなるなど，直接の被害者の損害とは関係なく企業に固有に発生した損害（真正企業損害）を企業が賠償請求できるかどうかについては，説が分かれている。

　まず，賠償請求権の主体は民法711条のように立法者が特別に認めた場合を除き直接の被害者に限るべきであるとの立場から，企業損害の賠償を原則として否定する説がある（幾代＝徳本272頁，他）。この説は，問題を（賠償権者の範囲ではなく）損害賠償の範囲ととらえると賠償請求をなしうる間接被害者の範囲が不明確になり，その判断の仕方しだいでは，第二，第三の間接被害者についても賠償請求が可能となって，取引関係が複雑に絡まり合っている今日の社会において，賠償請求権者の範囲が際限なく広がってしまうおそれがあるとする。また，従業員の労務提供を期待する権利は本来不安定なものであり，従業員の死傷による営業上の損失については，企業としてあらかじめ考慮しておくべきであるともされる（幾代＝徳本272頁）。ただし，この立場においても，例外的に企業損害の賠償が認められるケースが肯定される。例えば，競争相手の企業を害する目的で社員を殺害するといったような場合である。このような場合は，従業員への加害はあくまで手段にすぎず，社会観念上は，企業に対する加害行為があったと見てよいからである。

　さらに，この説からも，次のような場合にも企業損害の賠償を認められることになろう。一つは，会社の慰安旅行中のバスの事故で役員・従業員15名中

の 10 名が死傷し，企業自体が休業状態に陥った事例（大津地判昭 54・10・1 判時 943・28 が企業損害の賠償を認めた。ただし，控訴審である大阪高判昭 56・2・18 判タ 446・136 は否定）のように，従業員への死傷という形をとって，実質上，企業の人的組織，すなわち企業そのものに対する加害行為があったと考えてよい場合である。第二には，直接の被害者と企業は形式的には別人格であるが実質上は同一主体と見られるようなケースである。後者のケースについては，最高裁も，交通事故によって薬剤師Aが負傷したケースにおいて，Aが代表取締役をしていたB会社（Aのいわゆる個人会社）に，「AにはB会社の機関としての代替性がなく，経済的に同人とB会社とは一体をなす関係にある」として，Aの負傷による収益減に対する賠償をB会社に認めている（最判昭 43・11・15 民集 22・12・2614）。

　これに対し，賠償権者を直接の被害者に限定する必要はないとの立場からは，企業損害の場合も損害賠償の範囲の問題としてとらえれば足りることになる。したがって，企業損害は間接的な被害者に生じた損害なので原則的に賠償されないとの立場には立たない。賠償範囲に入るかどうかは会社の規模・被用者（受傷者）の地位・損害の内容および程度・侵害行為の危険性等を総合的に考慮して判断すべきであるとの説（吉田邦彦・債権侵害論再考 626 頁以下）や，加害者の損害回避義務が間接被害者たる賠償権者に生じた損害の回避を含むかどうかにより決まるとする説（平井 185 頁以下）などである。この説は企業損害の賠償を原則として否定するという立場には立たないので，原則否定説よりも広く企業損害賠償を認めるようにも思われるが，この説からも，例えば，交通事故の場合，自動車事故における損害回避義務は当該自動車によって生じる定型的危険に関するものなので，企業損害はその不法行為から生ずる定型的な危険に属さないので原則として賠償範囲に入らないなどとされる（平井 186 頁）ので，原則否定説と，その具体的適用においては大きな差は生じないのではないかとも考えられる。

　さらに，企業損害の問題を，企業の営業利益の侵害として考える説がある（潮見④ 101 頁，他）。従業員の死傷等によって企業の収益が低下したことを企業の営業上の利益侵害と見るわけである。したがって，企業は「間接被害者」ではないことになる。そして，この場合は，（61 頁以下で述べたような）競争相手が現れて売り上げが落ちたといった営業利益喪失の場合とは異なって，営業活

動の自由や自由競争の保護といった要請を考慮する必要がないので，加害行為の特別の悪性は必要ないが，他方で，通常の場合，企業としては，従業員の死傷といった事態に備えて一定の対応をしておくべきことから，このような営業損害としての企業損害の賠償が認められるためには，一定の限定が必要となる。この点では，例えば，当該従業員の「非代替性」を要件とすることが考えられる（非代替性があれば企業損害の賠償を認めるべきとするものとして，吉田99頁）。なお，これに関連して，最高裁が，「会社の機関としての代替性がなく，経済的に……一体をなす関係にある」場合に，会社の賠償を認めた（前掲最判昭43・11・15）ことから，「代替性」と「経済的一体性」の二つがこの種の企業損害の賠償を認めるための要件だと解する向きもないではないが，この判決の事例では，負傷した従業員と会社が経済的に一体であった（いわゆる個人会社）が，経済的一体性が認められないような場合でも，「非代替性」があれば賠償が認められるべきであろう。

福島原発事故と「間接被害」　2011年3月に東日本大震災の中で生じた福島第一原子力発電所事故によって多大な損害が発生している（その概要は310頁以下参照）が，その中で，事故によって原発周辺地域の企業の営業が成り立たなくなり（これ自体は賠償の対象となる営業損害である），その結果，その企業と取引をしてきた他地域の企業に取引先の喪失等による損害が発生した場合（例えば，周辺地域の病院や介護施設のシーツ等のクリーニングを行ってきたクリーニング店が取引先を失ったような場合），それが賠償されうるかどうかという問題が生じている。

　この問題を，間接被害と見て，本文で見たような「間接被害者」が賠償請求権者たりうるかという視点から考える説もありうるが，ここでは，当該企業の営業利益が侵害されたものとして，どのような要件の下で営業利益侵害が不法行為となるかを論じるべきではないか。そうすると，そこでは，当該利益の性質（非代替性等）や被害者としての回避可能性といった利益の性質と侵害行為の態様の側面からの検討を行うべきであり，その上で，保護利益性が認められた場合，どこまでの損害を賠償すべきか，特に，いつまでの損害を賠償すべきかといった問題を，賠償範囲論において検討すればよいのではないか。

　この事故における賠償に関して，原子力損害賠償紛争審査会が策定した「中間指針（これについて詳しくは317頁以下参照）は，問題を「間接被害を受けた者（間接被害者）」ととらえた上で，第一次被害者と「間接被害者」の取引が「非代替的」な場合に相当因果関係ある損害として賠償すべきとしている。「非代替性」

という基準は，前述のように，営業利益の要保護性を考える上でも参考になる基準であり，ここでは，指針のように問題を「間接被害」と位置づけるのではなく，営業利益の侵害ととらえた上で，当該営業利益が当該企業にとって「非代替的」と言えるかどうかを，取引の性質（その継続性等）や地域的限定性，さらには当該利益が当該企業の活動において占める量的質的比重等から判断し，これが肯定されれば，当該利益は不法行為によって保護される法益であると考えてよいであろう。

　なお，同指針は，事業者のリスクヘッジの視点から，「事前のリスク分散が不可能又は著しく困難な場合」という限定を付しているが，少なくとも，福島原発事故においては，このような限定は課すべきではない。なぜなら，このような事故のためのリスクヘッジを事業者に求めることはおよそ非現実的だからである。営業主体にとって事前に予見してリスク分散をはかることを合理的に期待できないリスクについては，その引き受けを営業主体に求めるべきではない（潮見④102頁以下）。損害が無限定に広がってしまうという懸念に対しては，一定時期以降の損害は賠償範囲に入らない，あるいは，損害拡大抑止義務ないし過失相殺の問題として処理すればよいのではないか（ただし，福島原発事故の場合，事故の態様と被害の実態から見て，被害者側の損害拡大防止義務や過失相殺を認めることにも慎重であるべきである。この問題について詳しくは，吉田邦彦「福島原発爆発事故による営業損害（間接損害）の賠償について」淡路剛久他編・福島原発事故賠償の研究 157 頁以下参照）。

2　生命侵害の場合の賠償請求権者

(1)　はじめに

　不法行為により被害者が死亡した場合，誰がどのような内容の損害賠償を請求しうるのだろうか。この場合，被害者自身はすでに死亡しているので，被害者自身が請求することは現実にはありえず，実際には被害者の家族や近親者が請求することになる。問題は，その際の理論構成である。

　二つの異なる考え方がある。まず第一は，生命侵害によって被害者自身に損害賠償請求権が発生しそれが相続人たる近親者に相続されるとする立場（相続説）である。この説においては，遺族が行使する賠償請求権は死者自身のものであり，遺族はあくまで死者の権利の承継人として権利を行使することになる。第二の立場は，死者にいったん死亡による損害賠償請求権が帰属することはありえず，遺族は，例えば，扶養者を失ったという財産的利益の損失や，近親者

を失ったことによる精神的損害という自らの損害に対する損害賠償を請求しう
るだけであるとする説（相続否定説ないし固有損害説）である。この説において
は、遺族が行使する賠償請求権は死者のそれを承継したものではなく、遺族自
身の賠償請求権だということになる。

　この問題についての民法典起草者の考え方を簡単に整理すれば、以下のとお
りである（詳細については、淡路剛久「生命侵害の損害賠償」星野英一編集代表・民
法講座 6 巻 323 頁以下、好美清光「生命侵害の損害賠償請求権とその相続性について」
田中古稀・現代商法学の諸問題 675 頁以下参照）。

　まず、現行 709 条にあたる草案 719 条審議の際、「権利侵害」要件に関連し
て、例えば親が殺された場合その子は「権利」を侵害されたとして賠償請求で
きるのかどうかが問題となったが、起草委員は「自分ガ扶養者ヲ失ツタトカ言
フコトデナケレバ自分ノ権利ニナリマセヌ」と述べて、扶養の侵害により遺族
が損害賠償を請求できる余地があることを肯定している。ただ同時に、起草者
は、慰謝料請求権については、「父母ガ其子ニ付テ権利ヲ持ツテ」いるとか
「配偶者ガ夫ヲ生カシテ置クトカ妻ヲ生カシテ置クトカ言フヤウナ権利モ亦無
イ」ので、近親者が死んで「快楽ヲ失フトカ悲ミガ生ズル」といった場合には、
それは「権利侵害」に入らず、719 条によっては賠償されないと説明している。
そして、それに対し、719 条の「権利侵害」要件をはずしてそのような損害を
も賠償すべきであるとの意見が強く出されたが、種々討議の結果、719 条の
「権利侵害」要件はそのまま残した上で、近親者の死亡により生じた精神的損
害に対する賠償を特に規定した条文（草案 732 条、現行 711 条）が置かれること
になったのである。さらにまた、起草委員はこの草案 732 条の説明において、
「本案ハ丸デ例外ノ規定デ、本条アツテ始メテ恰モ父母ハ子ヲ喪ハヌ民法上ノ
権利ガアルト言ヘルヤウニ為ツテ来マス」と述べ、近親者死亡による慰謝料請
求は本条によって初めてなしうるとの考え方を示している。

　以上の経過を見るならば、起草者は、生命侵害の場合、財産的損害について
は遺族が扶養に対する権利を侵害されたことにより 709 条で賠償請求しうるが、
慰謝料については 711 条により、父母・配偶者・子といったごく近い近親者に
例外的に、死亡による悲しみ等に対する賠償が認められると考えていたことが
推測される。なお、後に起草委員の一人は、人は自己の生命について権利を有
するのは当然であるが、他人の故意・過失により生命が侵害された結果、その

者は死亡しており，加害者に対し損害賠償を求めることはできず，また，相続人が死者に代わって損害賠償を請求することもできないとして，相続説を明確に否定している（梅謙次郎・民法要義3巻886頁）。

(2) 相 続 説

　民法典施行後しばらくの間は，判例・学説とも，相続否定説に立つものが多かった。しかし，その後判例は立法者の考え方から離れ，相続説を確立して行く。ただし，その展開過程は財産的損害の場合と慰謝料の場合で異なっている。財産的損害については，大正15年になって，被害者が即死の場合に正面から死亡による財産的損害賠償請求権の相続を認める判決が登場した（大判大15・2・16民集5・150）。国鉄の列車に接触して即死した被害者の子どもが国を相手どって不法行為に基づく損害賠償を請求したケースにおいて，大審院は，即死の場合に人格が消滅しているため賠償請求権が発生せず，即死でない場合にこれが発生するということになると不均衡が生ずるとした上で，即死の場合でも受傷と死亡の間に観念上時間の間隔があり，受傷の時点で取得した損害賠償請求権が死亡により相続されるとしたのである。その後，判例は，現在にいたるまで，下級審を含めて，財産的損害の賠償については，死者自身に発生した損害賠償請求権が遺族に相続されるとの立場を変えていない。

　慰謝料請求権に関して判例は，財産的損害の賠償請求権とはやや異なった展開を示す。すなわち，判例は，比較的最近まで，慰謝料請求権は民法896条但書に言う相続人に承継されない被相続人の一身に専属した権利であり，金銭賠償により精神的損害を慰謝してもらうかどうかは被害者自身が決定すべきであるとして，被害者が生前に慰謝料請求権行使の意思を表明していた場合にのみ相続されるとの立場をとってきたのである（意思表明説。例えば，大判明43・10・3民録16・621や大判大2・10・20民録19・910，他）。

　しかし，このような意思表明の有無によって相続の可否を決めることになると，行使の意思の表明があった場合とない場合で不均衡が生ずることになる。そこで判例は，行使の意思表明について一種の擬制的な認定を行うことによって，慰謝料請求権が相続される場合を広げていった。例えば，死亡前に「残念，残念」と叫んだのを慰謝料請求権行使の意思表明とみなしたもの（大判昭2・5・30新聞2702・5）や「向うが悪い向うが悪い」と叫んだことを意思表明であ

るとみなした判決（大判昭 12・8・6 判決全集 4・15・10）などがある。しかし，このように，被害者が死の直前にどのように叫んだのかにより賠償の可否が決まるということは，極めて偶然的な要素に相続の可否が左右されるという結果を導く。例えば，「助けて呉れ」では意思表明と見ないとした判決（東京控判昭 8・5・26 新聞 3568・5）などもあった。

　その後，最高裁は，昭和 42 年になって，意思表明の有無を問うことなく当然に相続を認めるべきであるとの説（当然相続説）を採用した。交通事故で重傷を負い意識不明のまま死亡した被害者の妹が，被害者の慰謝料請求権を相続したとして賠償を求めたケースにおいて，①民法は損害賠償請求権の発生時期について損害が財産的なものか非財産的なものかによって区別していないこと，②慰謝料が発生する被侵害法益は一身に専属するが請求そのものは単純な金銭債権であること等を理由に，被害者は損害発生と同時に慰謝料請求権を取得し，被害者本人が請求権を放棄したものと解しうる特別の事情がない限り慰謝料請求権は相続人に当然に相続されるとしたのである（最大判昭 42・11・1 民集 21・9・2249）。

> **相続説の論理構成**　財産的損害の賠償請求権であれ慰謝料請求権であれ，死亡によるこれらの権利の相続を認める相続説の最大の問題は，死亡の時点ですでに権利主体でなくなっている死者自身の損害賠償請求権がなぜ遺族に相続されることになるのか，そこに論理的な矛盾はないのかという点である。この困難を克服するために相続説は様々な説明を試みる。
> 　第一に，死者の人格と相続人の人格の同一性ないし継続性を理由に死亡による損害賠償請求権の発生・承継を説明する説がある。例えば，相続人が死者の人格を承継する結果，被害者本人が死亡により権利主体でなくなっても生命侵害に対する賠償請求権が承継されるとする説（人格承継説）や，死者の人格は損害賠償請求権に関しては存続し，生命侵害の場合にはこの法律上の同一人格に対し損害賠償がなされるとの説（人格存続説）である。第二に，即死に近い受傷の場合には死亡よる損害賠償と受傷によるそれの内容が実質的に同じであることに着目し，死亡による損害賠償を受傷によるそれに置き換えて説明する説がある。例えば，大審院判例が採用した，即死の場合でも致命傷と死亡の間には論理上・実際上時間的間隔があり，受傷の時点で被害者本人が取得した賠償請求権が死亡の時点で相続されるとする説（時間的間隔説）や，円が多角形の極限概念であるごとく生命侵害は身体侵害の極限概念であり，死者が死亡の直前に死亡による損害と極限的に同一内容の受傷による損害賠償請求権を取得しそれが相続されるとの説（極

限概念説）などである（相続説の理論構成について詳しくは，舟橋諄一「生命侵害による損害の賠償と相続」我妻還暦・損害賠償責任の研究（上）331 頁以下参照）。

しかし，これらの説はいずれも難点がある。例えば，時間的間隔説は，受傷により被害者に発生した賠償請求権が次の瞬間の死亡により遺族に相続されることを説明しているだけで，死亡そのものによる損害賠償請求権の相続については説明できていない。また，極限概念説は巧みな説明ではあるが，これに対しては無限に円に近い多角形も円そのものではないのと同じように，いかに重大な身体傷害でもそれは生命侵害そのものではないとの批判がある。さらに人格承継説や人格存続説については，本来別の法的人格の存在を前提としてその間の権利義務の承継を問題にする相続の本質に反するのではないかという疑問があり，また，全ての個人に独立の法主体性を認めた近代法における個人主義との関係でも問題が残る。

以上に対し，その後，死亡による損害賠償請求権の相続に関する諸説を，「死」による損害を傷害に組み込もうとする点で無理があり，むしろ端的に，生命侵害の場合をも致命傷を負ったことによる損害として処理すべきであり，そのような極限的な重傷による損害に対する賠償請求権が受傷により発生し死亡によって相続されるとする説が主張されている（澤井 259 頁以下）。確かに，極限的な重傷による損害が賠償されれば，「死亡による損害」を別の損害項目として計上することは困難ないし無意味であることから，このような考え方によって，死亡による損害賠償請求権の相続の問題は，論理上はともかく実質的には処理されることになる。ただし，慰謝料については，受傷によるそれと死亡によるそれには質的な相違があることから，この考え方の論者も，死亡慰謝料の相続は理論的に困難だとする（澤井 260 頁）。死亡による慰謝料とは死亡による精神的苦痛に対するものではなく，「死に向けた苦痛」（「死にたくない」「ここで死ぬのは不本意だ」といった）に対するものだとの説明も考えられなくはないが，かなり技巧的であるとの感は拭えない（このような考え方を提示する窪田 334 頁も，死亡慰謝料の相続の問題は，なお不透明なまま残っているとする）。

(3)　相続否定説（固有損害説）

判例の立場である相続説に対し，学説上は相続否定説が有力である。その理由は，相続説が持つ次のような問題点が学説によって意識されるようになったからであろう。

相続説の問題点のまず第一は，それが立法者の考え方と異なっているだけで

はなく，比較法的に見ても特異なものであることである。第二に，相続説は，死亡による損害賠償請求権は死亡によって初めて発生するので損害賠償請求権発生のためには被害者本人の死亡が前提となるが，他方，本人にいったん損害賠償請求権が発生しそれが相続されるためには賠償請求権発生時に本人がまだ生きており権利主体でなければならないという論理矛盾（「死前に死あり，死後に死あり」）に陥ってしまうという問題点が指摘されている。この論理矛盾を克服するために様々な理論が考えられたが，すでに指摘したように，それらの理論も，完全な意味においては，この矛盾を解決しえていない。

　さらに第三に，「逆相続の不合理」と呼ばれる問題点がある。相続説によれば，一方で本人が死亡しなかったならば得たであろう利益を計算しながら，他方においてその逸失利益の賠償請求権を死亡時点での相続人が相続する結果，相続人の平均余命の方が死者のそれより短い場合には，相続人は本人が死亡しなければ取得しえなかったはずの利益に対する賠償をも請求できることになってしまう。例えば子どもが死亡した場合，相続説によれば，その親は子が平均余命を終えるまでに獲得しえたであろう利益を賠償請求することになるが，もし不法行為による子の死亡がなければ子どもよりも早く死ぬはずの親が，自分の死後における子の逸失利益についてまで賠償請求しうるのは奇妙なことである。第四の問題点は，相続説の長所としてあげられる賠償権者の範囲が明確であることの裏返しの問題，すなわち，相続説においては死者の賠償請求権を相続するのは相続権を持つ近親者であるが，それらの中には，被害者の死亡によって事実上何ら経済的・精神的痛手を受けていない者（いわゆる「笑う相続人」）が含まれてしまうことである。

　このような問題点，とりわけ第二の論理構成上の問題点から，学説の多くは，立法者の考え方に立ち戻って，被害者死亡の場合，それが即死の場合であれ受傷後一定時間経過後の死亡であれ，死亡そのものによる損害賠償は考えず，問題を遺族固有の損害の賠償によって解決する相続否定説に立つのである。そして，そのような考え方は，基本的に妥当なものと思われる。問題は，その場合，遺族固有の損害の内容をどうとらえるかである。本人が天寿をまっとうしたとすればその財産を相続できたであろうとの期待を侵害されたと見る説（相続期待侵害説）や，本人の生存や収入に依存して生活している者あるいは将来そのことを期待していた者が本人の死亡により扶養を受けられなくなったことを固

有の損害と見る説（扶養侵害説）などがある。前者の場合，問題を相続の平面で考える結果，やはり，相続説と同じように「笑う相続人」の問題が生ずるおそれがあること，内縁の妻のように本人の収入に依存していながらも相続権のない者の保護をどうするかという点から見て，後者の扶養侵害説が学説上は有力である（前田（達）92頁，四宮512頁以下，他）。

また，相続否定説においては，死亡そのものによる精神的損害の賠償は，即死の場合はもちろん受傷後死亡の場合でも問題とならず，遺族は近親者が死亡したことによって受けた精神的損害に対する固有の慰謝料請求権を民法711条により取得することになる。ところで，711条が固有の慰謝料を請求できる者として明記しているのは死者の親・配偶者・子だけである。そこで，固有の慰謝料を請求できるのはこれらに限られるのかどうかが問題となる。起草者は，前述したように，本条を，特に父母・配偶者・子に限って例外的に固有の慰謝料請求権を認めた規定だとしていた。しかし，その後の判例・学説は，死者と実態において親・子・配偶者に準ずる関係にある者については，固有の慰謝料を認めるようになった。具体的に認められるのは，内縁の妻や未認知の子，親代わりの祖父母や兄弟などである。交通事故で死亡した幼児（9歳）の兄（12歳）が事故を目撃し，自分が被害者を止めていれば事故が起こらなかったと自責の念にかられているケースで，民法711条所定の者と「実質的に同視できる身分関係がある」として兄に慰謝料を認めた事例がある（秋田地判平19・7・5判時1982・136）。

> **相続説の実質的根拠**　判例が，被害者死亡における賠償請求権について相続を認め，かつ，学説の批判にもかかわらずそれを維持する理由はどこにあるのであろうか。相続説採用・維持の大きな理由は，相続説の方が否定説よりも賠償額が多くなると考えられたことにあると思われる（鈴木禄弥・債権法講義（四訂版）112頁は，この点を重視して，多くの難点にもかかわらず，なお相続説を捨てることには問題があるとする。また，近江183頁以下も，相続否定説では賠償額が低額化することは否定できないので，「現在の裁判実務（司法政策）の下では」相続説が妥当だとする）。もし死者自身の損害賠償請求権の発生とその相続を否定した場合，遺族は，例えば，財産的損害については，近親者の死亡によってその近親者から扶養を受けられなくなったことによる損害を被ったとして，その損害の賠償を求めることが考えられる。しかし，被害者自身が将来得るであろう利益のうち家族の扶養にまわるのは通常その一部分でしかないので，被害者自

身の逸失利益の賠償を認める相続説の方が，実際上遺族が請求しうる賠償額の点で遺族に有利になるのである。

　加えて，死者の得べかりし収入を基礎に行われる相続説に基づく賠償額の計算の方が，遺族の死者に対する経済的依存の程度を考慮しなければならない相続否定説より算定が容易である点，さらに，賠償請求権者の範囲が相続法理により一義的に決まる点において便利であることも否定できない。相続説の実質的基礎として，このような「司法政策的な配慮ないしは便宜」があるとの指摘（幾代＝徳本 252 頁）や，公害等の大規模集団訴訟では，これを個別的に扶養構成するのでは訴訟を維持できないとの主張（澤井 260 頁）もある。

　確かに，これらの指摘は的を射ている。したがって，相続説を批判し，前述の相続否定説を主張する場合，相続説の持つこれらのメリットをそこなわないような手立てが必要である。賠償額の算定について言えば，相続否定説に立つ場合，遺族固有の損害は，本文で述べた扶養利益に限定せず，より広い範囲のものを考えるべきではないのか。家族の一人が事故により死亡した場合，その遺族が受けた損害は，財産的損害に限定しても，扶養利益の喪失に限るものではなく，その死者が家族の内部で果たしていた（果たすであろう）経済的寄与はより多様である。したがって，そこでの損害は遺族の生活権の侵害（川井健「慰謝料請求権の相続」ジュリスト 500 号 225 頁），家計共同体への寄与分の喪失（倉田卓次「相続構成から扶養構成へ」有泉亨監修・現代損害賠償法講座 7 巻），婚姻共同生活の破壊（平井 175 頁）などと見るべきである（潮見① 344 頁は，問題を扶養利益侵害ととらえつつ，その確定のためには，生前の収入が遺族の生活にどのように役立っていたかが有力な指標になるとする）。

　ただし，このような損害を賠償額として金銭評価することには困難がともなうため，一定の類型化を含めて，どのような経済的寄与をこの「共同体」においては果たすべきであったかという一種の規範的な損害計算（これについて詳しくは第 4 節参照）が必要となろう。同時に，生命侵害の場合に遺族が受ける損害の中で最大のものはむしろ精神的損害であり，その大きさに鑑みれば，遺族に対する慰謝料をもっと高額にすべきではないのか。そして慰謝料をこのように多くすることは，相続否定説の採用による賠償額の減少を防ぐことにもつながる（この点を指摘するものとして，前田（達）92 頁，幾代＝徳本 256 頁以下）。いずれにせよ，相続説のメリットが賠償額算定の容易さや認められる賠償額の多さにあるとすれば，相続否定説に立とうとする場合，損害のとらえ方や算定方法等についての内容を一層精緻化する必要がある。

　なお，判例は死亡事故の場合，相続説に立つが，例外的に扶養侵害を理由に損害賠償を認めることがある。最高裁は，殺害された被害者が多額の債務を抱えていたため，配偶者および子が相続を放棄して扶養請求権侵害を理由として賠償請

求した事案において，扶養利益侵害による賠償を遺族に認めた（最判平 12・9・7 判時 1728・29）。婚姻届を出さない事実婚の配偶者が他の配偶者の収入で生活していたが，その配偶者が不法行為によって死亡したような場合も同様に考えられる（内縁の妻の扶養損害賠償請求を認めたものとして，最判平 5・4・6 民集 47・6・4505 がある）。死者の逸失利益に対する賠償請求権の相続を認める場合，死者の将来の収入と遺族の扶養利益は重なるが，相続が放棄された場合や，遺族が相続権を持たない場合には，扶養利益喪失による賠償が考えられてよい。ただし，前掲平成 12 年最判は，その賠償額は，「扶養者の生前の収入，そのうち被扶養者の生計の維持に充てるべき部分，被扶養者各人につき扶養利益として認められるべき比率割合，扶養を要する状態が存続する期間などの具体的事情に応じて適正に算定すべきものであ」り，死者の逸失利益の額と当然に同じになるものではないとした。また，このように，逸失利益の相続と別に扶養利益侵害による賠償が認められうるとすると，例えば，相続人である兄弟と事実婚の妻がいる場合，前者の逸失利益賠償請求と後者の扶養利益賠償の調整をどうするかという問題が発生する。この点につき，死亡した被害者が死亡しなければ得られたであろう収入から扶養料が支出されていただろうと考えて，唯一の血族である妹の請求分から事実婚の妻の請求分を控除した判決（前掲最判平 5・4・6）があるが，これは，相続人である妹は音信不通であったケースであることから，一般論として，両者の調整をどうするかは難しい問題である。

3　負傷の場合の近親者の賠償請求

　不法行為によってある人が負傷した場合，そのことにより，負傷者の近親者に損害が発生することがある。例えば，近親者が治療費を支出した場合や，負傷者に付き添うために休業したような場合である。さらに，近親者に精神的損害が発生することもありうる。これらの損害の賠償を近親者自身が加害者に求めることができるのだろうか。

　治療費の支出や付き添いによって近親者に財産的損害が生じた場合について判例は，近親者自身が賠償請求することを認めている。例えば，母親が負傷した場合にその治療費を支出した長男は加害者に対し直接賠償を請求しうる（大判昭 12・2・12 民集 16・46）。このような近親者に生じた不利益を負傷した被害者自身の損害として請求することも認められる。例えば，子が負傷した場合に親権者が支出した治療費を被害者本人である子自らが賠償請求しうるとした判決（大判昭 18・4・9 民集 22・255）や，受傷者の娘が付き添い看護するために要

した費用を被害者自身が請求しうるとした判決（最判昭46・6・29民集25・4・650）がある。学説も、この場合、近親者と被害者は経済的に一体であり、どちらが請求しても実質的に差がないことを理由に、理論構成に関しては様々な考え方があるものの、この結論を支持するものが多数である。

しかし、以上の考え方に対しては、近親者の支出が扶養義務等の法律上の義務による場合とそうでない場合に分けて、前者の場合にのみ近親者は独自の賠償請求権を取得すると考える説もある（幾代＝徳本263頁以下、四宮522頁）。この説は次のように主張する。近親者が扶養義務に基づき支出した場合には、もし当該加害行為がなければ扶養義務者はそのような支出をしないですんだはずが、加害行為があったため治療費等を支出することを法律上義務づけられているのであるから、その近親者には支出を強いられたという意味で法的保護に値する損害が発生しており、近親者に対する不法行為があったのと同様に、近親者に賠償請求権を認めることができる。しかし、扶養義務によってではなく、情誼や好意により支払った場合には、近親者が当該不法行為により支出を強制されたわけではないので、賠償さるべき損害が発生したと見るべきではなく、むしろ、それらの近親者から被害者に贈与があったと見るか、あるいは被害者から事務管理に基づく費用の償還（民702条）を受けうるにとどまるべきだというのである。

近親者に生じた精神的損害の賠償について、かつての判例や学説は、民法711条が被害者死亡についてのみ近親者の慰謝料請求を認めていることから、その反対解釈として、被害者負傷の場合に近親者に慰謝料請求権を認めることには否定的であった。しかし、戦後になって変化が見られる。昭和27年に、18歳の電気工が両腕を切断された事件において、その父親に慰謝料請求を認めた下級審判決が現れ（福岡高判昭27・4・9下民集3・4・482）、さらに最高裁も、10歳の女児の容貌が著しく傷つけられたケースにおいて、母親からの慰謝料請求を、「子の死亡したときにも比肩しうべき精神的苦痛を受けた」として民法709、710条を理由に認めた（最判昭33・8・5民集12・12・1901）。その後、「死亡にも比肩しうべき精神的苦痛」をどのような場合に認めるのかについて争いはあるものの、一定の場合には負傷者の近親者に慰謝料請求を認めるのが判例の立場である。学説も大勢としてこれを支持している（加藤（一）237頁以下、幾代＝徳本266頁、他）。

しかし，これに対して，このような間接的な被害者に安易に賠償を認めるべきではないとの批判もある（好美清光「慰謝料請求権者の範囲」有泉亨監修・現代損害賠償法講座7巻，他）。立法者が死亡のときにのみ近親者に慰謝料を認めたことや，負傷の場合，被害者本人に慰謝料が認められればそれによって近親者の慰謝も同時になされることが通常であるので特に近親者自身に慰謝料を認める必要はないこと等を理由にしている。ただしこの批判説も，被害者の負傷により，近親者が直接の被害者と評価しうる程度の精神的損害を受けたとき，例えば，長期の付き添い看護によって病気になってしまったような場合には，近親者の慰謝料請求を認めており，他方，肯定説も賠償権者の範囲を親・子・配偶者に重大な傷害が生じた場合に限っており（幾代＝徳本266頁），批判説と通説の間にそれほど大きな差はない。

第4節　損害賠償の範囲と額の算定

1　損害賠償の範囲

(1)　はじめに

　賠償義務者が賠償すべきは，加害行為との間に因果関係のある損害である。この場合の因果関係について，かつての学説は，相当因果関係であるとしたが，最近では，それを，加害行為が当該損害の原因となっていたこと（事実的因果関係）と，当該損害が加害者の賠償すべき範囲に入っていること（賠償範囲）の二つに区別して考えるのが一般的である（第2章第5節参照）。不法行為責任が発生するためには加害行為と損害の間に事実的因果関係が存在することが必要であるが，このことは逆に，加害行為と事実的因果関係のある全ての損害に対し加害者が損害賠償をしなければならないことを意味するものではなく，事実的因果関係の存在を前提にさらに法的価値判断を加えて，賠償すべき損害を一定の範囲に限定しなければならないとするのである。

　例えば，Aの前方不注意による交通事故でBが負傷して入院したとする。その負傷はそれほど重大なものではなかったが，入院先の病院内で流行していたインフルエンザに感染して死亡してしまった場合や，骨折が治り切らないうちにスポーツを行い重大な傷害に発展した場合，果たしてAはBの死亡や重大な

傷害についてまで賠償責任を負うのだろうか。Ａの過失による不法行為がなければＢの負傷もなく，したがって死亡や重大な傷害もなかったと考えられるのでＡの不法行為とＢの死亡の間に事実的因果関係はあると考えられるが，そのことから直ちに，ＡはＢの死亡や重大な傷害に対しても責任を負うべきとの結論が出てくるかどうかは問題であり，やはり一定の基準に基づいて賠償範囲を画定する作業が必要となる。

　ところで，賠償すべき損害の範囲に関して，民法416条に規定を有する債務不履行の場合と異なり，不法行為による損害賠償については明文の規定がない。そこで従来から，不法行為による損害賠償の範囲について，民法416条が類推適用されるのかどうか，もしされないとすれば，不法行為の場合，損害賠償の範囲はどのような基準で決まるのかについて，様々な議論がなされてきた。

⑵　民法416条類推適用説（判例の立場）

　民法典の起草者は，不法行為においては，416条にあたる賠償範囲に関する規定を置かなかった。この点について，立法過程において，なぜ416条のような賠償範囲の制限がないのかという質問が出されたが，それに対して起草委員は，一方で，「原因結果ノ関係ガアリマスル以上ハ……其結果ノ全部ハ其責ニ任ゼナケレバナラヌト言フガドウモ相当デアラウ」と述べて，債務不履行と異なり加害行為と因果関係のある損害については，賠償範囲を限定せず，全て賠償すべきとの立場をとったかのごとき説明をしている。しかし他方において，「裁判官ニ原因結果ノ関係ガアルカナイカト言フコトヲ任セテ置ク方ガ穏当デアラウ」として，不法行為とはいえ無制限に賠償されるわけではなく，裁判官の判断によって一定の賠償範囲の限定がなされるとの見解をも明らかにしている。両者をあわせて見れば，立法者は416条の不法行為への類推適用を否定し，不法行為の場合，賠償範囲を画定する基準を規定するのは難しいので，基本的に問題を裁判官の判断に委ねるべきであるとの態度をとっていたように思われる。

　民法典施行後しばらくの間は，判例・学説も立法者の考え方に従い，不法行為には416条の適用はないと考えていた。例えば，当該損害は被告の予想外の特別事情による損害であるとの上告に対し，不法行為については416条のような規定がないので，通常生ずべき損害か特別の事情により生じた損害かを問う

必要はなく，当該損害についての予見可能性は問題とならないとした判決（大判大4・2・8民録21・81）などがあった。しかしその後，債務不履行と不法行為で差を設ける合理性がないことや，さらには，ドイツ民法学の強い影響を受け，そもそも不法行為においても債務不履行においても損害賠償の範囲は権利侵害と相当因果関係のある損害に限るべきであるが，416条はこの相当因果関係の原則を定めたものなので不法行為にも妥当すべきであることなどを理由として，不法行為による損害賠償の範囲も416条の類推適用により決めるべきであるとの学説が有力になった。

　大審院も，大正15年に，船（富喜丸）が衝突して沈没し，それに対する損害賠償が問題となったが，事件当時，第一次世界大戦の影響で船の価格が大きく変動しており（事件当時約10万円の価格が最高約190万円にまで上昇し，後にまた10万円程度に下がった），どの時点での船の価格を基準にして賠償額を定めるべきかが争点となったケースにおいて，賠償額を算定する基準時をどう定めるかという問題をもここで論じている賠償範囲画定の問題と同視した上で，加害者は一般的に観察して相当と認める範囲（相当因果関係の範囲）においてのみ賠償責任を負うべきこと，416条は相当因果関係の範囲を定めた規定であること，したがってそれは不法行為に基づく損害賠償の範囲を定めるについても類推適用されるべきことを明言した（大連判大15・5・22民集5・386（富喜丸判決））。

　民法416条を相当因果関係を定めたものとする説によれば，通常生ずべき損害が賠償範囲だと規定している同条1項は相当因果関係の原則を規定したものであり，特別の事情により生じた損害であってもその事情について当事者が予見可能であった場合には賠償されると規定した同条2項は，通常生ずべき損害にあたるかどうかの判断において考慮すべき事情の範囲を定めたものであるとされる（我妻栄・債権総論118頁以下）。このように理解された416条が不法行為にも類推適用されるわけであるから，具体的には，次のようになる。すなわち，賠償すべきは不法行為から通常生ずべき損害であり，通常生ずべき損害かどうかは，加害者が予見できた事情をも含めて判断されるべきである。したがって，結局のところ，加害者は，自らが惹起した損害のうち予見可能な損害を賠償すべきであり，加害者に予見できなかったような特別の事情による損害についてはいかに不法行為とはいえ賠償する必要はないということになる。

　富喜丸判決以後，判例は，後述する類推適用否定説の台頭にもかかわらず，

一貫して416条類推適用説を維持している。例えば，母親が交通事故により瀕死の重傷を負ったため，留学先に赴く途中の娘が看病のため急きょ帰国したがそのための旅費が賠償されるかどうかが争われたケースにおいて，不法行為にも416条が類推適用されることを前提にして，国際交流が発達した今日，家族の一員が外国に赴いていることはしばしば見られる事態であり，また，日本にいるその家族の看護のために一時帰国して再び外国に赴くことも容易であることから，そのための旅費は通常生ずべき損害だとして賠償を認めた最高裁判決がある（最判昭49・4・25民集28・3・447）。この判決は，通常損害の範囲を広く解し，結果として加害者の予見可能性の有無についての判断を避けているのが特徴的である。これには，賠償を認めること自体は適当であるが，そのような旅費まで通常生ずべき損害とするのはこじつけであり，それは416条を不法行為にも適用することから生ずる矛盾である，むしろ賠償範囲は公平の理念に照らして具体的事情に応じて定められるべきであるとする大隅裁判官の意見も付されている。

(3) 民法416条類推適用否定説

以上のような類推適用説に対しては，いくつかの批判がなされている。まず第一に，類推適用説の前提である，416条は相当因果関係を定めたものであるとの理解については，以下で詳述するように，わが国の損害賠償法と相当因果関係説を生んだドイツの損害賠償法は構造が違うので，その点を無視して416条を相当因果関係を定めたものと解するのは誤りであるとの有力な批判がある。

さらに，類推適用説では予見可能性の有無が判断の決め手となるが，損害発生以前に加害者と被害者の間にすでに契約関係という一定の関係が存在する債務不履行による損害賠償の場合ならばともかく，損害発生以前には当事者同士に何らの関係も存しないのが一般的な不法行為において，予見可能性を決め手に賠償範囲を画定することになると，予見可能性がないとして賠償範囲が極めて狭いものになってしまうか，あるいは逆に，そのような被害者救済に欠ける結果を防ごうとすれば，予見可能性の存在を不自然に擬制するかしかないことになってしまうとの批判がある。また，それに関連して，現実の判例においては予見可能性は賠償範囲画定の基準としては機能していないとの指摘もある。

■　「民法416条＝相当因果関係」説への批判　　わが国の416条をドイツ法に由

来する相当因果関係の概念によって解釈することへの批判の内容は，以下のとおりである（平井宜雄・損害賠償法の理論 23 頁以下）。

　ドイツ民法は，損害賠償請求権を発生させる要件がいったん充足された以上は発生した全ての損害が賠償されなければならないとの原則（「完全賠償の原則」）に立っている。そこでは，行為者の故意・過失の程度や予見可能性の有無などに関係なく，責任原因と因果関係のある損害が賠償さるべき損害であるとされる。このような原則をとるドイツ民法において賠償範囲を限定するために生まれたのが，相当因果関係概念である。それは，賠償すべき損害は責任原因と因果関係のある全ての損害だという場合の因果関係を，当該結果の発生の可能性を一般的に高める関係（すなわち「相当因果関係 = adäquate Kausalität」）であるとして因果関係概念に限定を加えることにより，責任原因と因果関係にある全ての損害を賠償すべしとする原則と矛盾なく賠償範囲を限定しようとして生まれた概念である。しかしわが国の民法は，416 条の立法経過や予見可能性を重視する文言から見て，ドイツのように責任原因と賠償範囲の問題を切り離し責任原因と因果関係のある全損害を賠償するという立場を採用してはおらず，むしろ責任原因と賠償範囲を結合することにより賠償範囲を限定するという立場（「制限賠償原則」）をとっていると見るべきである。したがって，このようなわが国とドイツの損害賠償法の構造の違いを無視して相当因果関係説をわが国に持ち込むことは誤りである。

　そこで，以上のような批判を踏まえて，416 条を類推適用するのではなく，別の基準で賠償範囲を画定すべきことを主張する，次のような考え方が有力に主張されている。

　① 義務射程説　　損害賠償の範囲は，加害者が犯した注意義務が当該損害の発生を回避すべきことを目的としていたかどうか，すなわち，当該義務の射程に入るかどうかにより決まるとする説である（平井 123 頁，幾代 = 徳本 139 頁）。

　この説によれば，故意による不法行為においては加害者に賠償を負担させるべき程度は高いので，故意行為と事実的因果関係に立つ損害は原則として賠償範囲に含まれ，例外的に加害者の意図した結果と著しく食い違った結果が実現された場合にのみ賠償範囲から排除される。他方，過失による不法行為については，加害者が当該損害につきその発生を防止ないし回避すべき注意義務を負うかどうか，すなわち，加害者の違反した注意義務がどのような範囲の損害の防止にまで及ぶものであるのか（義務の射程）によって賠償範囲が決まることになる。

義務射程の範囲を決定する要素の第一は被侵害利益の重大さであり，被侵害利益が重大であればあるほど賠償さるべき範囲は拡大される。第二の要素として，損害を生ぜしめた行為の危険性と社会的有用性の比較衡量も問題となる。当該行為がどのような危険をもたらす行為なのか，どの程度の社会的有用性をもたらす行為なのかの衡量である。そして賠償範囲はこの第一，第二の要素の相関によって決まるとされる（平井宜雄・損害賠償法の理論460頁）。

　②　危険性関連説（危険範囲説）　　義務射程説では，損害の種類を問わずに同一の賠償範囲画定基準（義務射程）があてはまるとするのに対し，損害を，加害行為の直接の結果として発生した損害（第一次損害）と，第一次損害が原因となって派生した損害（後続損害）に分け，後者の場合に，加害者の損害回避義務は賠償範囲画定の基準としては機能しえないとし，後者につき，危険性関連ないし危険範囲という別の基準を設定するのがこの説である（前田（達）299頁以下，石田穣・損害賠償法の再構成48頁以下，四宮448頁以下）。

　どのような第一次損害を賠償しなければならないかは，過失不法行為の場合，当該不法行為における過失の前提となった注意義務がそのような損害の発生を防止するためのものであったかどうか（その意味で損害回避義務が当該損害に及ぶかどうか）によるが，どのような後続損害まで賠償しなければならないかは，後続損害と第一次損害の危険性の関連の有無，あるいは，後続損害が第一次損害が作り出した危険範囲に属しているかどうか，すなわち，後続損害発生が第一次損害によってもたらされた「特別の危険」の実現か，それとも単に「一般生活上の危険」の実現にすぎないかによるべきである。

　具体的には，後続損害と第一次損害との危険性の関連が否定されるのは，次の二つの場合である。まず第一は，第一次損害と後続損害の間に自然現象や社会的事象，第三者の行為，被害者の特異体質や異常才能などが介在し，後続損害の発生が偶然的な場合，例えば，加害行為により負傷した被害者が治療のため入院したところ入院先で落雷や第三者の放火による火災が発生し死亡した場合などである。第二は，後続損害の派生に被害者の危険な行為が介在している場合，例えば，加害行為により右足を負傷した被害者が左足でスキーに乗り転倒して死亡した場合などである。入院先でインフルエンザに罹患して死亡した場合は，インフルエンザへの罹患を「一般生活上の危険」と見れば賠償範囲に入ってこないが，負傷により抵抗力が落ちていたため死亡につながったと見れ

ば，危険性関連は肯定されることになろう（四宮 451 頁）。

　この危険性関連説も，判例の立場である 416 条類推適用説をとらない点では，義務射程説と共通している。両者の違いは，義務射程説では賠償範囲は当該損害に対する回避義務違反が加害者に存在するかどうかによって決まることになり，結局のところ要件としての過失の問題と賠償範囲の問題が事実上同一の基準で判断されることになるのに対し，危険性関連説では，後続損害については過失判断とは別の要素によって行われる点にある。義務射程説のように全ての場合を義務の射程＝過失の有無という一つの基準で解決できるかどうかには疑問がないわけではない。例えば，先にあげた交通事故の負傷者が入院先の病院でインフルエンザにかかって死亡した場合，その死亡について加害者が責任を負うかどうかの判断にあたって，加害者の違反した義務の射程が及ぶかどうかという判断基準は果たして有効に機能するのだろうか。その意味で，第一次損害との関連性という客観的判断による危険性関連説の方が妥当と思われる。

　しかし義務射程説であれ危険性関連説であれ，さらには相当因果関係説であれ，損害賠償範囲の画定が政策的な価値判断をともなう問題であることは否定できない。その意味で，賠償範囲の画定にあたっては公平の理念に基づく判断が必要であるとした昭和 49 年最高裁判決（前掲）における大隅裁判官の意見は的を射ている。現実の判断においては，どの説によるにせよ，結局のところ，当該加害行為から不可避的に発生し，かつ異例ないし偶然的とは言えない損害が賠償されるべき損害だということになろう。

　　　民法（債権関係）改正と損害賠償の範囲　　民法（債権関係）改正の議論において，当初の段階では，現行 416 条を，「契約に基づき発生した債権において，債権者は，契約当時に両当事者が債務不履行の結果として予見し，または予見すべきであった損害の賠償を，債務者に対して請求することができる」という案が出されていた（民法（債権法）改正検討委員会案・別冊 NBL 126 号 139 頁以下）。これは，契約責任としての損害賠償は契約に基づくリスク分配を基礎にして決すべきという考え方を基礎とするものであり，そこでは，同条の不法行為への類推適用は否定されていた。そこで，同委員会は，不法行為に関する損害賠償の範囲について，「責任を基礎づける規範が保護の対象としている損害およびその損害の相当の結果として生じた損害が賠償される」という試案を提示していた。
　　しかし，その後の議論の中で，このような契約責任のとらえ方は後景に退き，その結果，不法行為における賠償範囲について法制審議会による中間試案段階で

は，解釈論に委ねるとされ，新416条は，2項の「予見し，又は予見できた」を「予見すべきであった」という規範的概念に変えただけで，現行法とほとんど変わらないものとなり，また，不法行為による損害賠償の範囲規定は見送られた。したがって，改正後も，改正前の416条を前提とした本文で見た議論は引き継がれることになる（潮見佳男・民法（債権関係）改正法の概要71頁）。

被害者の自殺（自死）　　加害行為に起因して被害者が自殺した場合に，加害者は自殺についてまで責任を負うかどうかが問題となる。この点についての裁判例は次のようである。

①　交通事故後の自殺　　交通事故後，その障害等を苦にして被害者が自殺したケースにつき，従来の下級審判決は判断が分かれていたが，最高裁は，比較的軽微な後遺症を残した被害者が，事故による精神的ショックなどによりうつ病状態になり，事故後3年半を経過して自殺した事案において，事故と自殺の間の相当因果関係を認めた上で，被害者の心因的要因を斟酌して8割の賠償減額を行った（最判平5・9・9判時1477・42）。その後，相当因果関係を肯定し，過失相殺（ないしその類推）による減額を行う実務が定着している。

②　いじめによる自殺　　学校におけるいじめを苦にして生徒が自殺した場合について，裁判例の多数は，自殺が賠償範囲に含まれるか否かを相当因果関係の問題ととらえ，特別損害である自殺について学校側に予見可能性はなかったとして，責任を否定する（東京地判平3・3・27判時1378・26，福岡地判平13・12・18判時1800・88，鹿児島地判平14・1・28判時1800・108，他）。これに対し，悪質かつ重大ないじめは被害生徒の心身に重大な被害をもたらし続けるものであるから，悪質重大ないじめであることの認識が可能であれば自殺についてまでの予見可能性は不要だとして，学校側の責任を認めた判決（福島地いわき支判平2・12・26判時1372・27）や，事件当時（平成6年）にはすでにいじめが自殺にいたった事件が続発していることが相当程度周知されていたのであるから自殺についての予見可能性があるとして責任を認めた判決（東京高判平14・1・31判時1773・3）などもある。なお，学校ではないが，海上自衛官が勤務中に先輩や上官からいじめを受けて自殺した事例で，自殺との相当因果関係を認めた裁判例がある（福岡高判平20・8・25判時2032・52，東京高判平26・4・23判時2231・34）。

③　医療事故後の自殺　　手術ミスにより下肢切断を余儀なくされた主婦が，神経症的状態に陥り，手術後約9ヶ月たって自殺したケースで，これらは「被告だけでなく，通常人においても予見することが可能な事態」だとして，手術ミスと自殺による死亡との間に相当因果関係を認めた判決がある（高松地観音寺支判平16・2・26判時1869・71）。

④　消費者被害と自殺　　被害者が，いわゆるデート商法により多数の宝石を購入させられ借金を負わされ自殺したケースで，同人が同年代の者や通常人と比

して判断力に乏しく，手取り収入も少ないことを認識しながら宝石等を売りつけた販売業者に，自殺について予見可能性があるとして責任を認めた裁判例がある（仙台地判平 16・10・14 判時 1873・143）。また，いわゆるヤミ金融組織が債権回収を口実に過酷な脅迫を行ったケースで，自殺について予見可能性があるとして，責任が認められている（大阪地判平 21・1・30 判時 2035・91）。

⑤　原発事故避難者の自殺　　福島原子力発電所の事故によって，多数の住民が避難を余儀なくされたが，避難所や仮設住宅等での避難生活は住民に強いストレスをもたらし，中には，自殺にいたったケースもある。このようなケースで，自殺と事故の因果関係を認めて遺族に損害賠償を認容した裁判例がある。例えば，福島地判平 26・8・26 判時 2237・78 は，自殺にいたる状況について，「生活の場を自らの意思によらずに突如失い，終期の見えない避難生活を余儀なくされたことによるストレスは，耐え難いものであったことが推認される」として，極めて強いストレスがかかったことを指摘した上で，自殺と事故の因果関係を肯定している。

学説の多数も，裁判例と同様に，自殺（自死）の問題を賠償範囲の問題ととらえる。そうすると，相当因果関係説＝民法 416 条類推適用説では，自殺が当該不法行為から通常生ずべき損害にあたるかどうか，もし特別事情による損害だとすれば，その結果が予見可能であったかどうかが判断されることになるだろう。他方，危険性関連説によれば，自殺が加害行為により第一次的に発生した特別の危険の実現と言えるかどうかによって決まることになる。また，義務射程説では，過失の前提となる行為義務の射程が自殺にまで及ぶかどうかによることになる。

いずれにしても，判断のポイントは，加害行為の重大性や，それによって受けた精神的肉体的被害の性質や程度等であるが，加えて，自殺を加害行為とは独立した被害者の意思的行為と見るか，それとも，交通事故によって身体的精神的被害を受けたり，いじめ等による被害を受けた場合，うつ病状態になったり精神的に追い詰められて自殺することが一般にありうることと見るかも重要である。その意味で，事故やいじめにあった場合，そのダメージがうつ的な精神状況を招来し，そのことが自殺に結びつきやすいことが社会的にも認識されるようになるにつれて，自殺についてまで責任を認めるケースが増加してきていることは，十分に理解しうるところである。そして，このように考えれば，自殺そのものに予見可能性がなくとも因果関係を認めることができるのではないか。前掲の自衛官自殺事例では，「うつ病にり患するなど心身の健康が損なわれた時点では，自殺等の結果が回避できなくなっている可能性もあるから」，うつ病ひいては自殺の予見可能性は問われないとしている（前掲福岡高判平 20・8・25）。

ただし，かりに自殺についてまで責任が認められるとしても，多くの裁判例では賠償額が過失相殺（ないしその類推）によって大幅に減額されていることには

> 注意する必要がある。被害者が精神的に追い詰められて自殺したことを被害者の
> 過失として減額事由にしうるかどうかについては疑問も残るが，一方で広く責任
> を認め他方でその額を減額するという判断には，ある種のバランス感覚が働いて
> いると見ることもできる（被害者の自殺事例に関する判例・学説の詳細は，石橋
> 秀起・不法行為法における割合的責任の法理280頁以下参照）。

2　損害賠償額の算定方法

(1)　はじめに

　金銭賠償原則をとっているわが国においては，損害賠償を金銭（額）で表す
必要がある。これが損害賠償額の算定という問題である。注意すべきは，この
作業は，単純な計算の問題ではないということである。このことは，例えば，
交通事故で怪我をした場合の損害賠償額をどう算定するかという事例を考えれ
ば明らかであろう。そこには，負傷者にどのような賠償額を認めることが発生
した被害の救済ないし回復にとって必要かつ十分かという，ある種の規範的な
判断をともなう「評価」という作業がともなわざるをえないのである。

　このような賠償額算定における規範的判断を強調するのが，損害を，不法行
為によって生じた事実ととらえる損害事実説である。そこでは，事実認定によ
って確定できるのは損害の事実であり（損害事実説はこれを損害だととらえる），
金銭の形に表示することは事実の確定ではなく，「何らかの評価作用の産物」
であり，裁判官の創造的・裁量的判断だとされる（平井130頁）。

　それでは，損害を，不法行為によって生じた差額ととらえる差額説ではどう
か。この説からは，損害賠償額の算定は，「評価」の問題ではなく，どのよう
な額の損害が発生しているかという事実認定の問題だとされる。しかし，差額
説においても，不法行為がなければ生じていたであろう状態と現に不法行為の
結果，出現した状態の差を金銭に評価するという作業によって初めて差額とし
ての損害が明らかになるのであるから，そこには，評価という要素が介在せざ
るをえないのではないか。特に，人身損害の場合，その額をどう算定するかは，
決して単純な計算の問題ではない。なぜなら，そこで侵害された生命・身体と
いった権利ないし法益は市場価格を持たないものだからである。したがって，
そのことによってどのような額の損害が発生したかを考えるにあたっては，何

らかの意味において規範的な判断をともなう「評価」が必要となる。そのことは，例えば，（後述するように）裁判例の多くが，差額説に立ちつつも，逸失利益の男女格差をどう考えるか（この問題については164頁以下参照）といったような場合に，そこに何らかの規範的判断を加味していることからも明らかである。

ただし，損害額算定のこのような性格を認めることは，裁判官が全く自由にどんな判断でもできるということを意味するものではなく，損害事実説からも，損害の金銭評価のルールが必要であることは否定されない。それでは，損害額の「評価」において考慮すべき規範的要素とは何か。これは，個々の事例において多様であり，その全てを一般的に示すのは難しい（損害賠償の内容を，不法行為法の規範目的から明らかにしようとするものとして，長野史寛・不法行為責任内容論序説がある）が，まず重視すべきは，損害賠償の目的としての原状回復である。第1章第2節3や本章第1節で述べたように，損害賠償の第一の目的は原状回復にあるのだから，損害額の算定においても，どのような額の賠償を認めることが被害者の事故前の利益状態を回復できるのかということを重視すべきである（平井138頁は，損害の金銭評価の基本原則として「不法行為前の財産状態を回復させること＝全額評価の原則」をあげ，公害訴訟等で主張される「包括損害論」では，被害の完全回復＝原状回復が強調される。また，長野史寛「賠償額算定規定の立法論に向けた論点整理」別冊NBL 155号181頁以下では，比較法的には，賠償額の算定指針として「原状回復の理念」が掲げられていることが多いとされる）。なお，損害賠償には原状回復に加えて，制裁や加害行為の抑止といった機能ないし目的を持つことは否定できないが，これを賠償額算定に反映させることの当否については，議論がある（抑止という観点から損害額を評価して加害者が不法行為で得た利益の吐き出しを実現する方向を示すものとして，窪田412頁以下，他）。第二には，当該不法行為によって侵害された権利・法益の内在する価値も重要である。例えば，人の生命が奪われた場合，それに対する損害賠償額の算定にあたっては，人間や生命の尊厳，その平等性といった規範的要素を考慮した算定が望ましい。

以下では，このような規範的判断にも留意しつつ，実務が実際に行っている賠償額の算定方法を見てみよう。

具体的損害計算と抽象的損害計算　損害賠償額を算定する方法として，当該被害者を基準として，その被害者が被った損害とその額を具体的に算定する方法（具体的損害計算）と，社会生活において当該被害者が属するグループの人を基

準に，いわば平均的な損害とその額を算定する方法（抽象的損害計算）がある（潮見④64頁以下）。例えば，交通事故で治療や入院を余儀なくされた場合，その被害者が実際に支払った金額に基づいて，積極的損害である治療・入院による損害賠償額を算定するのが前者であり，同様のけがをした同様の人において一般的な治療・入院費等による算定をするのが後者である。

　実務は，通常は具体的損害計算によるとされるが，後述するように，葬儀費や入院雑費等の積極的損害は一定の基準に基づいて抽象的・定型的に算定され，また，逸失利益においても，幼児や専業主婦等の死傷の場合，平均賃金を活用するなど，具体的損害計算が困難な場合，あるいは，それが適切でないと考える場合，抽象的損害計算を行っている。学説も，このような抽象的損害計算を支持している（四宮557頁，他）。抽象的損害計算が原則であり，そのようにして算定された賠償額を最小限の損害とし，被害者が具体的損害計算によりそれ以上の損害項目や額を主張立証した場合には，それを認めるべきだとの説もある（潮見④65頁以下）。

(2)　人身損害における算定方法

(イ)　はじめに

　人の生命・身体が侵害された場合（いわゆる人身損害），賠償額の算定には困難がつきまとう。なぜなら，侵害された法益が人の生命・身体という市場価格を持たないものだからである。人身損害における損害賠償額の算定方法として，実務においては，大別して次のような二つのやり方が行われている。

　第一は，損害を積極的損害・逸失利益・精神的損害の三つに分け，各損害項目ごとに損害額を算定しそれを合計する方法であり，個別算定方式ないし個別積み上げ方式と呼ばれている。交通事故による人身損害賠償においてはこの方法によるのが一般的であり，それ以外の人身損害においてもこの方法によることが多い。第二の方法は，個別算定方式のように個別の損害項目に分解せずに，人身損害全体に対する賠償額を一括して算定する方法である。一括算定方式ないし包括算定方式と呼ぶことができる。公害や薬害訴訟において原告の側が採用する方法である。

　算定方式に加えて人身損害の算定における重要な論点は，生命・身体に対する侵害があった場合，具体的損害計算方法と，抽象的損害計算方法のいずれをとるかである。

　一括ないし包括算定方式の場合，人身損害を生命・身体等に対する侵害その

ものととらえ，それに対する賠償額を算定することから，抽象的損害計算が一般的である。それに対し，個別算定方式の場合，判例は，後遺傷害の場合でも現実の所得の減少がなければ損害はないなどとして，具体的計算を採用している（最判昭42・11・10民集21・9・2352）が，この考え方を徹底すれば，専業主婦や幼児のような無収入者が死傷した場合には現実的な損害はないということにもなるので，後述するように，これらの場合には，例えば，労働能力が失われたことが損害だと見て，平均賃金によりその損害を抽象的に計算することが一般的に行われている。

　㈣　個別算定方式

　(a)　生命侵害の場合　　個別算定方式の場合は，積極的損害・逸失利益・慰謝料の三つの損害項目に分けた算定方法が基本となる。

　①　積極的損害　　まず生命侵害の場合に積極的損害として認められるのは，受傷後死亡までの治療費や入院費，付添看護費，入院中の日用品購入費等の雑費，さらには葬儀費や墓碑建設費等の葬儀関係費である。葬儀関係費については，事故がなくともいずれは支出しなければならない費用であるという考え方もありうるが，判例は，死亡により必要になった現実の支出であることを考慮して，被害者の社会的地位等から見て合理的と見られる範囲でこの賠償を認めている（最判昭43・10・3判時540・38，他）。

　これらの積極的損害の場合，損害の各費目ごとに，出費が現実になされたか，それらが賠償すべき損害の範囲に入るかどうかが訴訟において問題になる。例えば，過剰高額の診療費等は事故と相当因果関係ある損害とは言えないとして賠償が否定される（大阪地判昭45・6・18下民集21・6・825）。

　しかし，このような各費目ごとの立証や相当性の判断は，原告にとってだけではなく裁判所にとっても加重な負担となることが多い。そこで，わが国の裁判所は，大量の事件を迅速に処理しなければならない交通事故訴訟において，一種の抽象的計算方法を採用した。交通事故訴訟の場合，入院費，葬儀費等については，現実の支出の有無やその金額に関係なく，一定の基準に基づく定型的な算定が行われるのが一般的である。例えば，入院費においては入院一日についての基準額に入院日数を乗じてその額が算出される。また葬儀費については，成年，未成年で有職者，無職の未成年などといった被害者の種類に応じて一定の基準額がある。

②　逸失利益　　判例は，前節で述べたように，死亡の場合に，死者の損害
賠償請求権が遺族に相続されるという，いわゆる相続説に立つ。したがって，
死亡による逸失利益については，被害者本人が天寿をまっとうしたならば得ら
れたであろう利益の算定が行われる。その算定方法を式で表せば次のとおりで
ある。

> 逸失利益＝死者の得べかりし年間収入×稼働可能年数−生活費−中間利息

ⓐ　死者の得べかりし年間収入の算定方法は，原則として具体的計算，すな
わち，現に得ていた収入が算定の基礎となる。

まず有職者のうち給与所得者の場合は，死亡当時の給与額が計算の基準とな
る。将来のベースアップの見込について判例は，相当程度の蓋然性をもって
ベースアップが予測できる場合には，その算入を肯定している（最判昭43・8・
27民集22・8・1704）。個人営業の企業主については，企業主の死亡により廃業
のやむなきにいたった場合等の特段の事情がない限り，企業主生存中の従前の
収益の全部ではなく，企業利益のうち当該人の寄与部分の額が逸失利益算定の
基準となる（最判昭43・8・2民集22・8・1525）。また，年金を受けていた者が死
亡した場合は，被害者が受給権を有していた年金の性格が問題となり，恩給法
に基づく普通恩給（最判平5・9・21判時1476・120）や地方公務員等共済組合法
に基づく退職年金（最大判平5・3・24民集47・4・3039），国民年金法に基づく障
害基礎年金と厚生年金保険法に基づく障害厚生年金（最判平11・10・22民集
53・7・1211）については，その逸失利益性が肯定されたが，厚生年金保険法に
基づく遺族厚生年金については，それがもっぱら受給権者自身の生計の維持を
目的とし，受給権者が保険料を拠出していない社会保障的性格が強いものであ
ること等を理由に，逸失利益性が否定されている（最判平12・11・14民集54・
9・2683）。

死亡当時無職であった者については，近い将来職を得る可能性が高い場合に
はその職において得られる収入を基準とした具体的計算が維持される。それ以
外の場合に逸失利益を認めることができるかどうかについて争いがあったが，
以下のように，平均賃金を使った抽象的計算により逸失利益が認められるよう
になった。

まず，被害者が年少の場合について最高裁は，昭和39年の判決において，幼児の場合逸失利益の算定は極めて困難ではあるが，そのゆえをもって賠償を否定すべきではないとして，幼児の場合にも逸失利益の賠償が認められることを明言した（最判昭39・6・24民集18・5・874）。問題は何を基準にして算定を行うかであり，この判決は，「被害者側が提出するあらゆる証拠資料に基づき，……できるかぎり蓋然性のある額を算出するように努め，ことに右蓋然性に疑いがもたれるときは被害者側にとって控え目な算定方法」を採用すべきとのみ述べて，具体的な算定方法を示さなかったため，下級審は，具体的な算定方法を確立するという課題に直面することとなった。被害者は事故当時無職の年少者であるため具体的損害計算は不可能であり，結局のところその後の裁判実務は，平均賃金を基礎にした計算を行っている。

　次に，被害者が専業主婦の場合についても，収入がないため，その逸失利益をどう考えるかが問題となる。裁判実務は，かつては，女子の平均賃金による算定を行うもの（大阪高判昭40・10・26下民集16・10・1636）や，逆に主婦に逸失利益の賠償は認められないとの立場から，女児が死亡した場合に，その稼働期間を平均結婚年齢までとした判決（大阪地判昭42・4・19下民集18・3＝4・400）などに分かれていた。しかし，最高裁は，昭和49年になって，7歳の女児が死亡したケースにおいて，主婦は家事労働によって現実に金銭収入を得ることはないが，家事労働は労働社会において金銭的に評価されうるものであるから，主婦はこれに従事することによって財産上の利益をあげており，したがって家事労働に専念する主婦も平均労働不能年齢に達するまで女子労働者の平均賃金に相当する財産上の利益をあげるものと推定できるとして，平均初婚年齢以降の逸失利益の賠償をも認めた（最判昭49・7・19民集28・5・872）。

逸失利益の男女格差問題　本文で述べたように，逸失利益算定の基礎となるのは，有職者の場合は被害者が現実に得ている収入だが，無職者の場合は平均賃金である。ところで，現実の社会には男女の賃金には大きな格差が存在する。したがって，逸失利益の算定を男女別の平均賃金によって行う限り，社会における賃金の男女格差が逸失利益の額に反映してくることになる。現に収入を得ている有職者の場合，このような格差は現実社会における差の反映でありやむをえないものだとの考え方もありうるが，被害者がまだ何の収入をも得ておらずまた将来どのような可能性を持つかの予測も困難な幼児である場合，男児か女児かによって逸失利益の額に大きな差が生ずることに不合理な面があることは否定できない。

特にこの点は，男女雇用機会均等法の施行などにより，労働における男女平等が強く叫ばれている現代では，大きな問題である。

　学説や下級審判決においては，被害者が幼児の場合に逸失利益の男女格差が生ずるのは望ましくないとの立場から，その是正を試みるものが少なくなかった。具体的には，稼働能力喪失説の立場から女児についても女性の平均賃金ではなく男女を含む全労働者の平均賃金によるべきとするもの（例えば鍛冶良堅「家事労働の法的評価」法学セミナー229号21頁，他），平均賃金により算出された金額の他に主婦として家事労働に従事することを考慮し家事労働分を加算すべきことを主張するもの（東京地判昭49・2・19判時746・63，他），女児について生活費の控除割合を少なくするもの（東京地判昭58・9・27判夕519・240，他），慰謝料の額を増額することによって調整しようとするもの（東京高判昭55・11・25判時990・191，他）などである。

　これらの主張に対し，最高裁は格差是正に必ずしも積極的ではなかった。特に，昭和62年の判決は，14歳の女子中学生死亡のケースにおいて，家事労働分加算を否定した原審を維持し，「被害者が専業として職業に就いて受けるべき給与額を基準として将来の得べかりし利益を算定するときには，被害者が将来労働によって取得しうる利益は右の算定によって評価し尽くされることになると解するのが相当であり，したがって，これに家事労働分を加算することは，将来労働によって取得しうる利益を二重に評価することに帰するから相当ではない」と述べ，家事労働分加算を否定した（最判昭62・1・19民集41・1・1）。さらに，この判決は，「賃金センサスに示されている男女間の平均賃金の格差は現実の労働市場における実態を反映していると解されるところ，女子の将来得べかりし利益を算定するに当たって，予測困難な右格差の解消ないし縮少という事態が確実に生ずるものとして現時点において損害賠償額に反映させ，これを不法行為者に負担させることは，損害賠償の算定方法として必ずしも合理的なものとはいえない」としている。

　しかし，以上のような最高裁の，格差是正に消極的とも見える態度にもにもかかわらず，その後，下級審では，年少者の場合には多様な就労可能性を有しており，女性の就労環境をめぐる近時の動向を勘案すれば，年少者の将来の就労可能性の幅に男女差はもはや存在しないなどとして，女児の場合も全労働者の平均賃金による算定を認める判決が，複数，登場している（奈良地葛城支判平12・7・4判時1739・117，東京高判平13・8・20判時1757・38，大阪高判平19・4・26判時1988・16，他）。これに対しては，年少者に男女を問わず等しい就労可能性が与えられているとしても，女児が将来男児と同じ収入を得られる蓋然性があるとは言えないなどとして，全労働者の平均賃金を使うことに反対する判決（東京高判平13・10・16判時1772・57，他）もあるが，東京・大阪・名古屋の各地裁

は男女全労働者の平均賃金を使うことで見解が一致しており，実務上，この見解で固まったとされている（能見善久＝加藤新太郎編・論点体系判例民法8（第3版）208頁以下）。

外国人死傷の場合の逸失利益　わが国は不法行為については行為地法主義をとっており（法の適用に関する通則法17条），これによれば，日本国内において発生した不法行為に基づく損害賠償訴訟は，被害者が外国人であっても，日本の法律によって判断されることになる。問題は，その場合の賠償額の算定方法や算定基準である。外国人死傷の場合に，日本の生活水準や賃金水準による賠償額の算定をすべきか，それとも，当該被害者の母国のそれを基準にすべきかが問題となる。現在，日本を多くの外国人が訪れている。そして，その中では，日本と大きな経済格差がある国々からの訪問者が大きな割合を占めている。これらの国の人々が日本において人身損害を被った場合，その賠償額を日本と母国のいずれの生活水準や賃金水準を基準に算定するのかが，大きな問題である。

裁判例を見れば，まず，日本で現実に得ていた収入は，たとえそれが「資格外就労」によるものだとしても算定の基礎となりうるという点で，実務はほぼ一致しているように思われる。例えば，密入国による就労についても，現実の就労による収入を基礎とした休業損害の算定を行った判決がある（東京地判昭51・8・19交民集9・4・1111）。それに対し，逸失利益算定の基礎となる期間については判決は分かれている。現実あるいは仮定的な在留期間を問題とし（2～3年とする場合が多い），その期間は日本での収入，それ以降は母国での収入を基礎に逸失利益を算定している判決が多く（東京地判平4・9・24判時1439・131，他），最高裁も，来日目的・本人の意思・在留資格・在留期間・就労の態様等の「事実的規範的」な要素を考慮して認定される日本での予測滞在期間は日本での収入を，その後は想定される出国先での収入を基礎にして逸失利益を算定するのが合理的であるとした（最判平9・1・28民集51・1・78）。最高裁判決後は，予測される日本での就労ないし滞在可能期間は日本の賃金水準により，それ以降は母国の水準による算定が実務では一般的であるが，人間の尊厳や平等といった理念から見て，このような算定方法が適切かどうかには疑問もある（この問題についての私見については，吉村良一・市民法と不法行為法の理論335頁以下参照）。この最高裁判決以前のものであり，外国人労働者の事例ではないが，観光旅行で来日中に交通事故で死亡した中国人被害者のケースにおいて，法の下の平等原則を根拠に全面的に日本人の賃金による逸失利益を認めた判決もある（高松高判平3・6・25判時1406・28）。

なお，逸失利益ではなく慰謝料の算定において，被害者が外国人であった場合に，被害者やその遺族の母国等の物価水準を考慮すべきかという問題がある。この点，「死亡慰謝料額の算定にあたっては……その支払を受ける遺族の生活の基

盤がどこにあり，支払われた慰謝料がいずれの国で費消されるのか，そして当該
外国と日本との賃金水準，物価水準，生活水準等の経済的事情の相違を考慮せざ
るを得ない」としてスリランカ人の死亡慰謝料を 500 万円とした判決（東京高判
平 13・1・25 判タ 1059・298）もあるが，日本人と同様な基準で判断する裁判例
が多いとされている（伊藤高義・交民集 42 巻索引・解説号 322 頁は，これが実
務の大勢だとする）。多くの裁判例がこのような算定を行うのは，特に交通事故
の場合，慰謝料額は定型的な算定が一般的であり死亡慰謝料などでは一定の定額
化がなされており，これを被害者の出身国等の事情で変えることへの抵抗感，あ
るいは，人によって慰謝料に差が出ることへの違和感があること，さらには，逸
失利益に差が出てくるとすれば，慰謝料に差を付けないことにより，慰謝料の調
整的ないし補完的機能（これについては 171 頁以下参照）を働かせ，逸失利益に
よる差を緩和しようとするバランス感覚が作用していると思われる。

　　障害児の逸失利益　　将来において平均的な就労が可能な労働能力の獲得が困
難と見られる重度の障害を持った子どもが事故で死亡した場合，将来における収
入を基礎とした逸失利益の算定に困難がともなうことから，その賠償額の算定に
おいては，障害を有する被害者の人間としての価値や尊厳をどう損害賠償法にお
いて受けとめるかという重い課題が突きつけられることになる。この問題につい
て，横浜地判平 4・3・5 判時 1451・147 は，自閉症の男児が体育の水泳授業中に
溺死した事件において，被害者は，卒業後，地域作業所に進む蓋然性が最も高い
と認められるとして，県下の作業所入所者の平均収入（年約 7 万円）を基準に算
定すれば，被害者死亡による逸失利益は 120 万余円となるとした。このような算
定方法に対しては批判も強く，同事件の控訴審（東京高判平 6・11・29 判時
1516・78）は，「人間一人の生命の価値を金額ではかるには，この作業所による
収入をもって基礎とするのでは余りにも人間一人（障害児であろうと健康児であ
ろうが）の生命の価値をはかる基礎としては低い水準の基礎となり適切ではない
（極言すれば，不法行為等により生命を失われても，その時点で働く能力のない
重度の障害児や重病人であれば，その者の生命の価値を全く無価値と評価されて
しまうことになりかねないからである）」として，被害者の能力の将来の発展可
能性を比較的広く認めた上で，最低賃金を基礎とした計算，養護学校卒業自閉症
男子生徒の平均初任給による計算，平均賃金より 40〜50% 低い金額による計算
等のいくつかの算定方法により試算された金額を比較すれば，逸失利益の額を
1800 万円と認めても不合理ではないとした。また，青森地判平 21・12・25 判時
2074・113 も，死亡事故当時 16 歳の養護学校生徒死亡事例で，知的障害者雇用
に関する社会条件の変化をも併せて考慮すれば「少なくとも最低賃金額に相当す
る額の収入を得ることができたと推認するのが相当であるというべきである」と
した。さらに，最近のものとして，重度の知的障害児死亡のケースで，障害者差

別解消法（2013年）や障害者雇用促進法（2013年）等による障害者雇用に関する社会状況の改善の兆しなどを指摘し、全労働者の平均賃金（ただし19歳のもの）による算定を行ったもの（東京地判平31・3・22 LEX/DB 25506542）や、同じく障害者雇用に関する変化などに触れて、全盲の被害者につき平均賃金の（70％とした原審を変更し）80％としたもの（広島高判令3・9・10 LEX/DB 25591105）などがあり、障害者雇用をめぐる社会の動向を反映し、変化も見られるようである。

　学説においては、（障害者のように）稼働能力を欠く者については逸失利益の否定ないし制限を行わざるをえないが、その場合、人間の平等の要請が無視されることになるので、その点には、慰謝料の比重を増大して応えるべきだとするもの（四宮587頁）、差額説の立場からは逸失利益は否定されることになろうが、死傷損害説からは、損害の金銭化のために一定の理念に基づく評価ないし価値判断を媒介とするので、逸失利益を直ちに否定すべきことにはならない、労働能力のない者でもその被害者が生存している場合にはその生活を補償すべきという要請は障害のない者が負傷した場合と変わらないので、平均賃金による賠償を認めるべきである、死亡の場合にも、傷害の場合とのバランスからして平均賃金までの賠償は認めるべきであるとする説（淡路剛久・不法行為法における権利保障と損害の評価135頁）などがある（この問題についての私見は、立命館法学387・388号521頁以下参照）。

　ⓑ　稼働可能年数は、被害者の年齢・経歴・職業・健康状態その他具体的事情を考慮して、自由な心証によって算定される（最判昭36・1・24民集15・1・35）が、実際には、統計による平均余命を基礎にして計算される。18歳から67歳ぐらいまで（67歳以上の被害者については、平均余命と事故当時の年齢の差の半分程度）とするのが一般的であるが、このような基準が確立した時代（昭和40年代）から大学進学率や平均寿命が変化したことから、再検討の余地もあろう（大島眞一・判例タイムズ1483号13頁は、高齢者雇用安定法に触れ、「終期を70歳に延長することも考えられる」とする）。

　ⓒ　平均稼働期間における本人の生活費は、死亡により支出が不要になったものとして控除される。控除の方法としては、現実の計算が困難であることから、年間収入の一定割合（30〜50％）を控除するのが一般的である。なお、被害者が年少者の場合、成年に達するまでの養育費を控除すべきかどうかについては争いがある（この点については、183頁参照）。

　ⓓ　以上のようにして計算された額は、本来、被害者が将来の一定期間ごと

$$X：中間利息を控除した損害額 \quad n：稼働可能年数$$

A：純利益　　　B：年間純利益　　　r：年利率

単式ホフマン方式　　　$X = \dfrac{A}{1+nr}$

複式ホフマン方式　　　$X = \dfrac{B}{1+r} + \dfrac{B}{1+2r} + \cdots\cdots + \dfrac{B}{1+nr}$

複式ライプニッツ方式　$X = \dfrac{B}{1+r} + \dfrac{B}{(1+r)^2} + \cdots\cdots + \dfrac{B}{(1+r)^n}$

に取得するはずのものである。したがって，それを一時金賠償の方法によって被告に支払わせる場合には，賠償額の支払いがなされる現在の時点から，もし被害者が生きておれば現実にその利益を取得しえたはずの時までの利息（中間利息）を控除して，現在の価額に換算する必要がある。中間利息控除の方法には，単利で計算するホフマン方式と複利計算によるライプニッツ方式があり，また，最終時に一括して純利益総額を取得するものとして計算する単式の他に，1ヶ月ごとあるいは1年ごとにその間の収入を取得できるはずであることを前提とした複式の控除方法がある。判例はホフマン（最判昭37・12・14民集16・12・2368），ライプニッツ（最判昭53・10・20民集32・7・1500），いずれの方式の使用をも認めており，交通事故における下級審の実務では，前者による大阪地裁方式と後者による東京地裁の方式に分かれていたが，東京・大阪・名古屋各地裁交通部の協議による共同提言では，ライプニッツへの統一がはかられることになった（判タ1014号62頁）。なお，控除の利率としては，法定利率（年5％）を使うことが一般的であったが，近年の低金利状況を反映して，年4％とするもの（東京高判平12・3・22判時1712・142），3％とするもの（長野地諏訪支判平12・11・14判時1759・94），事故後一定期間は3％でその後は5％とするもの（津地熊野支判平12・12・26判時1763・206）なども現われた。しかし，最高裁は，法的安定性および統一的処理の必要性，被害者相互間の公平の確保，損害額の予測可能性による紛争予防等から，民事法定利率によらなければならないとした（最判平17・6・14民集59・5・983）。

民法（債権関係）改正と法定利率　民法（債権関係）改正により，法定利率は年3％とし，3年を一期として変動するものとされた（民404条）。そして，中間利息控除について，判例の立場を採用し，法定利率によることが明記され，

かつ，いつの時点での法定利率を使うかについては，損害賠償請求権の発生時点
の法定利率だとした（民417条の2，722条）。不法行為に基づく損害賠償請求権
は不法行為時に発生すると考えられるので，不法行為時の利率によることになる。
後遺症による逸失利益についても，基準時が症状固定時だとすると症状がいつ固
定したかについて深刻な争いが生ずることから，症状固定時ではなく，不法行為
時が適切だとの説明がなされている（潮見佳男・民法（債権関係）改正法の概要
72頁）。

　以上の結果，かりに，他の要素が全く同じでも，不法行為の時により被害者が
受け取れる賠償額に差が生じる，法定利率の変動によって賠償額が変動し損害保
険実務に影響しないのかといった問題点も，審議の段階で指摘されている（大塚
直編・民法改正と不法行為11頁以下）。また，安全配慮義務違反のような債務不
履行による損害賠償請求権の場合，中間利息は改正規定による義務違反時の法定
利率により控除されるが，遅滞による遅延損害金については，請求時から遅滞に
陥るとするのが判例・通説なので（この点については196頁以下参照），使われ
る法定利率に違いが生じる可能性がある。この点については，安全配慮義務違反
のような場合は，遅延利息についても不法行為と同じく義務違反時の法定利率に
よるべきとの説もある（大塚前掲書14頁）。

③　慰謝料　　判例・通説によれば，慰謝料は被害者に生じた精神的損害を
塡補するものであり，その額は精神的損害の大きさによって決まる。しかし，
塡補されるべき精神的損害は，その性質上，金銭による評価が困難ないし不可
能なものであるため，実際には，裁判官が口頭弁論に現れた諸般の事情を斟酌
して裁量によりその額を定める。

　算定にあたって考慮されるべき事情に制限はなく，被害の程度等の被害者側
の事情だけではなく，加害者側の事情も入る。具体的には，被害の程度，加害
者・被害者双方の年齢，学歴，職業，収入，社会的地位といった事情や，不法
行為の動機や経過（例えば，加害者が事故後に示した態度等）等，多岐にわたる。
また，判例によれば，裁判官は数額の算定根拠を示す必要はなく（大判明43・
4・5民録16・273），原告も請求にあたってその額を明示する必要はない（大判
明34・12・20刑録7・11・105）。

　以上のように，慰謝料の算定においては多様な要素が考慮されることから，
訴訟の迅速な処理という見地からは裁判所にとって負担となることがある。そ
こで，交通事故が多発し多くの民事訴訟を処理しなければならなくなった裁判
所は，昭和40年代以降，慰謝料を一定の基準に基づいて定型的に算定すると

いう方法を採用するにいたった。後には，裁判所以外の各種の基準が作成され，裁判においてだけでなく，交通事故補償に関する示談などでも大きな機能を果たしている。

　これらの基準は細部では違いもあるが，基本部分においては共通している。それらの基準によれば，死亡による慰謝料については，被害者が一家の支柱であった場合とそうでない場合に分け一定の基準額が定められ，また，傷害による慰謝料については，傷害の程度や入・通院日数，後遺傷害の程度に応じた算定基準が作成されている。これらの基準は，紛争の早期解決のためには有効な機能を果たしているが，反面，その運用が硬直的となった場合，慰謝料算定の柔軟性が失われるおそれもある。

　慰謝料は，まず第一に精神的損害を塡補することを，その主たる機能としている。しかし同時に，慰謝料は，前述したように柔軟に算定されることから，硬直的になりがちな財産的損害賠償額の算定を調整ないし補完する機能（補完的機能）を持つことがある（この点を指摘するものとして加藤（一）229頁，他）。例えば，財産的損害としての立証が不十分なものを，金額の算定根拠を証拠で立証する必要のない慰謝料の中に含み込ませて，その額を算定し，賠償額を全体として妥当に算定することが行われることがある（東京地判昭42・10・18下民集18・9＝10・1017）。さらに，最高裁は，同一の人身損害を理由として財産的損害と慰謝料を請求する場合，訴訟物は一個であり，財産的損害を含む認容総額として原告の請求額を超えなければ，その内訳としての慰謝料額は請求額を超えて認容することも可能だとする（最判昭48・4・5民集27・3・419）。

> **制裁的慰謝料論**　本文で述べた精神的損害の塡補や調整・補完的機能に加えて，慰謝料の制裁的機能を重視する考え方がある。慰謝料が塡補すべき精神的損害の中には被害者の怒りのような感情が含まれることから，慰謝料がそのような被害者の怒りや復讐感情を和らげる作用を果たすものであることは異論のないところである。判例も，慰謝料の算定において，加害者側の事情をも算定要素として認めている。問題は，そのことを超えて慰謝料の制裁的機能を正面から肯定することができるかどうかである。
>
> 　古くから，慰謝料の制裁的機能を認める説が存在した（例えば，戒能通孝「不法行為に於ける無形損害の賠償請求権」法学協会雑誌50巻2号，3号，三島宗彦「慰謝料の本質」金沢法学5巻1号，他）。これに対し，通説は，慰謝料の制裁的側面をあまりに強調することは民事責任の本質と衝突することになるとして

これに批判的であった（加藤（一）228 頁以下，他）。しかし，公害や薬害等のように加害者が加害行為から利益を得ているような種類の不法行為では，被害者に生じた実損害を加害者に賠償させるだけでは加害者に対する制裁や加害行為の抑止としては不十分だとの認識から，慰謝料の制裁的機能を重視すべきであるとの説が有力に主張されている（例えば，後藤孝典・現代損害賠償論 187 頁以下）。

　比較法的に見て，制裁的要素を持つ民事上の制度が決して珍しくないことから，慰謝料の制裁的機能を肯定することは民事責任の本質と衝突するとして，その主張をしりぞけることは一面的である。少なくとも公害や薬害等のような事故類型や，加害者の悪性の強いものにおいては，慰謝料の制裁的機能を今日の通説よりももっと重視すべきなのではないか。学説においても，侵害行為の態様は慰謝料に反映してしかるべきであり，加害行為の犯罪性などは被害の重さとして最大限取り込むべきであるという説（澤井 243 頁以下）や，加害者の悪性が強ければ，そのことは，被害者の感情を通して慰謝料額に反映し，その結果，慰謝料は制裁性を帯びるという説（加藤（雅）288 頁以下）も有力である（この問題については，17 頁以下も参照）。

(b) 負傷の場合　　個別算定方式によれば，被害者が傷害を負った場合の損害項目も，積極的損害・逸失利益・慰謝料の三つである。

①　積極的損害　　治療費，付添看護費，入院費等の治療に要した費用と，さらに後遺症がある場合にはそのために要する費用が賠償される。被害者が要介護状態になった場合は，介護費用も賠償される。しかし，被害者が別の原因で後に死亡した場合には，それ以降の介護は不要になるので，もはや介護費用の賠償を命ずることはできない（最判平 11・12・20 民集 53・9・2038。別原因で死亡した場合の逸失利益については後述）。なお，負傷の場合も，交通事故においては，一部の費目について，一定の基準による定型的な算定がなされている。

②　逸失利益　　傷害の場合の逸失利益には次の二つのものがある。第一は，治療のために休業した間の逸失利益である。これについては，原則として，現在の収入に休業期間を乗じて算定される。第二は，症状が固定した後に後遺障害がある場合の逸失利益である。例えば，歩行が不自由になって職を失ったような場合である。後遺障害による逸失利益についても，原則として，障害がなかった場合と比較してどれだけ収入が現実に減少したかを計算して算定がなされる。問題は，負傷後，後遺障害があるにもかかわらず収入が減少しなかった場合である。例えば，事故で片足を失ったが，本人のリハビリの努力や周囲の

好意により従来どおりの収入を得ることができたような場合に，負傷による逸失利益を認めることができるのであろうか。具体的計算を行うべきとの立場に立って，収入の低下がないことを理由に逸失利益を否定する最高裁判決（最判昭42・11・10民集21・9・2352）もあるが，下級審には，労働能力喪失説の立場から，たとえ収入の減少がなくても労働能力そのものは部分的に失われているのだから，その喪失程度を事故前の収入やあるいは平均賃金に乗じて逸失利益を算定できるとするものもある。すなわち，抽象的計算方法を採用するのである。

　後遺障害がありながら例えば本人の努力でそれを克服し従来どおりの収入を得ている場合に，収入の低下がないとの理由で加害者を免責することは，結果として本人の努力を加害者に有利に機能させることになって不当である。また，もし収入の減少がなければ損害はないとの立場に立つのであれば，そもそも主婦や幼児のような無収入者には後遺障害による損害はないことになってしまう。したがって，この場合，抽象的計算方法を採用し，労働能力の喪失程度に応じて損害額を算定すべきである。最高裁も，傍論ではあるが，「本人において労働能力低下による収入の減少を回復すべく特別の努力をしている」とか「本人が現に従事し又は将来従事すべき職業の性質に照らし，特に，昇給，昇任，転職等に際して不利益な取扱を受けるおそれがある」場合には，損害ありと認定しうると述べている（最判昭56・12・22民集35・9・1350）。前述の，交通事故における各種の算定基準では，労働基準局通達の労働能力喪失率を参考にした算定がなされている。ただし，この労働能力喪失率は，労災に関する昭和32年の労働基準局長通知に基づくものであり，その淵源は，昭和6年労働者災害扶助法施行令別表である。ＩＴ化が進む今日の労働実態から見て，その内容には限界がある（大島眞一裁判官は，「労働能力喪失率というのは，確たる根拠に基づいて策定されたものではないわけですから，この点を踏まえて判断する必要があります」と述べている（判例タイムズ1483号15頁））。

　なお，後遺障害による逸失利益の算定が，このように，後遺障害による減収と就労可能期間を基礎になされるとすると，被害者が事実審の口頭弁論終結時までに事故とは別の原因で死亡した場合，損害額の算定にあたって死亡時以降の就労可能期間をも算入するかどうかが問題となる。この点については，死亡の事実を考慮して，それ以降はもはや損害は発生していないとする考え方もあ

るが，判例は，労働能力の一部喪失による損害は事故時にすでに発生しているのであるからその算定にあたっては死亡時以降の就労可能期間の逸失利益をも算入するとしている（最判平8・4・25民集50・5・1221，最判平8・5・31民集50・6・1323）。その場合，判例は，死亡後に生ずるはずであった生活費分は控除されないとする（前掲最判平8・5・31）。なぜなら，当初の「事故と死亡との間の相当因果関係が認められない場合には，被害者が死亡により生活費の支出を必要としなくなったことは，損害の原因と同一原因により生じたものということができず，両者は損益相殺の法理又はその類推適用により控除すべき損失と利得との関係にないからである」とされる。

③　慰謝料　慰謝料の算定やその機能については，先に生命侵害における慰謝料について述べたことがそのままあてはまる。

(ハ)　一括算定方式

以上のような個別算定方式は，交通事故賠償を中心に今日の実務の大勢が採用するところであるが，これに対する批判も多い。その第一は，この方式の不確実さに対する批判である。この方式は，一見したところ精緻なもののように見えるが，例えば，逸失利益の算定において，実際には，将来の収入や稼働可能年数という極めて不確定な要素を基礎にした算定がなされている。それにもかかわらず，他方で，中間利息控除においては極度に厳密な計算を行うといった矛盾したことも行われている。第二は，この方式によった場合，算定された額は被害者の収入によって大きな差が生じるが，このことは，人間の平等の理念から見て問題があるのではないかという批判である。さらに第三に，損害をいくつかの費目に分解するこの算定方法は，それらの費目に分類しきれない被害を見落とすことになったり，個々の被害が絡み合っている場合にその全体像が把握できないのではないかとの批判がある。最後に，個別算定方式は，損害を個々の項目に分ける結果，その立証に時間がかかり，迅速な被害者救済にマイナスになる危険性がある。

これらの批判に対し，個別算定方式においても，抽象的損害計算を部分的に導入するなどの対処が行われている。しかし，個別算定方式では対応に限界がある問題もある。そこで，個別算定方式のように損害を積極的損害・逸失利益・慰謝料といった項目に分けて算定するのではなく，人身損害に対する賠償額を一括ないし包括して算定しようとする方式が，有力に主張されている。こ

のような方式は，その基礎に，生命・身体に対する侵害（死傷）そのものを損害ととらえる死傷損害説や，被害者に生じた不利益を広く包括的に損害と見る包括損害説（以上については，第2章第5節参照）を置いている（ただし，このような損害論に立った場合，常に一括ないし包括算定がなされるわけではなく，例えば，包括的にとらえられた損害を，いくつかの項目に分けて算定することもありうることはすでに，100頁で述べた。詳しくは，吉村良一・市民法と不法行為法の理論366頁以下参照）。

　ところで，一口に人身損害を一括して算定すると言っても，人身損害の場合，侵害された利益が人の生命・身体という本来金銭に換算が不可能なものであるため，その算定は，当該人身損害にはどのような賠償を与えるのが適切かという評価的判断を含む規範的ないし抽象的計算によって行われることになる。具体的な方法は様々に異なるが，主要なものは，次の定額化説と包括請求方式の二つである。

　①　定額化説　　死傷それ自体が損害であるとの死傷損害説に立ち，人間の本質的平等の理念を強調し，被害者の収入の多寡などとは関係なく定額にすべきだとする主張である（西原道雄「生命侵害・傷害における損害賠償額」私法27号，他）。具体的には，判例や示談などの積み重ねの中から形成された「相場」がその額だとされる。この説に対しては，定額化は個人の多様性を無視することになるのではないか，定額化された賠償額はどのようにして決めるのかが明確でないなどの批判がなされている。

　②　包括請求方式　　被害者が被った社会的・経済的・精神的被害の全てを包括する総体を損害としてとらえる包括損害論に立って，それに対する賠償を一括して求める方式であり，主として公害訴訟において原告から主張されている（熊本水俣病訴訟原告最終準備書面・法律時報臨時増刊・公害裁判第3集243頁，他）。原告が多数の公害訴訟において，損害立証を容易にして迅速な救済をはかる必要があること，公害被害においては個々の被害が複雑に絡み合っており，個別算定方式ではその被害の全体像を把握するのが困難であることを根拠としている。

　下級審判決において，かつては，原告のこのような主張を正面から受け止めるのではなく，それを個別算定方式における慰謝料の主張と解した上で，現実には，その慰謝料額の算定において，単なる精神的被害だけではなく，被害者の生活状態や収入など，個別算定方式においては財産的損害の算定において考

慮されるような事情を含む様々の要素をも考慮して賠償額を算定するものが多かった（熊本地判昭48・3・20判時696・15, 他）が, その後は, これを正面から肯定するものも多い。例えば, 西淀川大気汚染訴訟（第一次）判決は, 大気汚染による疾病のように, 発症以来長期間継続し, 症状の経過も一様ではなく, 被害が物心各種多方面にわたっているような場合には, 「これらすべての被害を個別に細分しないで, 固有の意味の精神的損害に対する慰謝料, 休業損害, 逸失利益等の財産的損害を含めたものを包括し, これを包括慰謝料として」請求することも許されるばかりか, むしろ「公平で, 実体にも即しており, より合理性が認められる」と述べている（大阪地判平3・3・29判時1383・22）。なお, 慰謝料額は裁判官の裁量によって決まるが（170頁参照）, 逸失利益等の財産的損害を含めた包括慰謝料については, 裁判官の裁量には限界があるとされる（最判平6・2・22民集48・2・441は, 財産上のそれを含めた全損害につき請求しているのであるから, 「本訴請求の対象が慰謝料であるとはいえ……慰謝料額を認定するに当たっても, その裁量にはおのずから限界があり」, 原審の認定した「慰謝料額は低きに失し, 著しく不相当であって, 経験則又は条理に反し……原審の裁量判断は, 社会通念により相当として容認され得る範囲を超えるものというほかはない」とした)）。

　この方式の課題は, このような包括的な損害を具体的にどのように算定するかを明らかにすることである。公害訴訟等では, 被害の程度により数種類のランクを分け, 各ランクごとに一律の賠償を請求する方法（「類型別一律方式」）がなされることが多いが, 裁判所は, 個別算定方式における慰謝料の場合と同じく, 様々の事情を考慮した総合的な判断により, その額を算定している。しかし, これでは, 裁判官の裁量の範囲が広くなりすぎ, 結果として賠償額が低く押さえられているという批判（後藤孝典・現代損害賠償論254頁）もある。そこで, 前述の「類型別一律方式」を発展させて, ランクごとの基準額に加えて, 一定の修正要素を加味して基準を具体化・精緻化するという方法がとられることがある。例えば薬害スモン事件において, 次のような算定方法がとられたことがある（東京地判昭53・8・3判時899・48）。

ⓐ　鑑定による症度区分に応じて基準額を定め, これに年齢その他の修正要素による加算を行う。

ⓑ　基準額　　症度Ⅲ　2500万円, 症度Ⅱ　1700万円, 症度Ⅰ　1000万円

ⓒ　年齢による加算　　発病時において30歳未満の者には基準額に20%,

30 歳以上 50 歳未満の者には 10％を加算。

ⓓ　超重症者加算　　症度Ⅲの基準額に 35％を加算。

ⓔ　発病時に一家の支柱（有職者で扶養親族を有する者）であった者について
は，症度Ⅲにつき 30％，Ⅱにつき 20％，Ⅰにつき 15％を基準額に加算。

ⓕ　発病時において乳幼児ないし義務教育就学中の子女を有した主婦につい
ては，基準額の 10％を加算。

このような算定方法には，基準化になじみにくい事実が考慮されないという
欠点もあるが，算定にあたって考慮された事情や考慮の仕方が客観化され，他
者からの批判が可能になるというメリットがある。

(3)　物損の場合の算定方法

(ｲ)　物損の場合の算定の考え方

物の滅失・毀損のように，被害者の物的利益が侵害された場合（いわゆる物
損），侵害された利益が金銭的に評価可能なものであるため，通常は，侵害さ
れた利益を個別的・現実的に金銭に換算する算定方法がとられる。しかし例外
的に，物損においても，一括ないし包括的算定方式が問題となることがある。
例えば，水害において家屋が浸水し家庭生活を営んで行く上で大きな被害を被
った場合や，公害による土壌汚染により農業被害が発生した場合である。これ
らの場合，侵害されたのは家屋や土地といった物的利益だが，その被害が多岐
にわたっていることや被害の発生が長期的に継続していることなどから，個別
的に侵害された利益の額を算定することは，被害者にとって極めて困難である。
さらにまた，これらの被害は個々の被害が全体として絡まり合って被害者に大
きな影響を与えているため，個々の被害に切り離しては被害の全体像を正確に
とらえきれない。そこで，これらの場合，単純な物損とは異なる面に着目して
包括的な算定を認める考え方がある（牛山積「安中公害判決の検討 (2)」法律時報
54 巻 9 号 106 頁，臼田和雄他「水害訴訟の法理と課題」ジュリスト 613 号 39 頁以下）。

確かに，これらの損害は物損とは言っても立証の困難性やその被害をバラバ
ラに切り離しては正確な評価ができない点において，包括請求方式が主張され
る公害等における人身損害の場合と類似している。したがって，このような場
合には，少なくとも，人身損害の場合に準じた抽象的損害計算を導入するなど
して，通常の物損とは異なる算定上の配慮が必要なのではないか（以上につき

詳しくは，沢（澤）井裕「災害における損害論」法律時報臨時増刊・現代と災害 113 頁以下）。

損害額の算定と民事訴訟法 248 条　1996 年に改正された民事訴訟法は，損害額の算定に関する新しい規定を設けた。損害が生じたと認められる場合において損害の性質上その額の立証が極めて困難なときに，裁判所は口頭弁論の全趣旨および証拠調べの結果に基づき相当な損害額を認定しうるとした 248 条である。

　本条の趣旨は，制定段階の説明や制定後の解説によれば，次の点にあるとされている（本規定については，坂本恵三「損害賠償の金額」法学教室 192 号 31 頁，春日偉知郎「『相当な損害額』の認定」ジュリスト 1098 号 73 頁以下参照）。すなわち，これまで損害額の証明は原告がなすものとされてきたが（最判昭 28・11・20 民集 7・11・1229），その証明が容易でない場合も少なくない。その場合，例えば慰謝料や人身被害の逸失利益については，裁判所の裁量に算定をゆだねたり，幼児等の無収入者の逸失利益についていわゆる「控え目な算定方法」（最判昭 39・6・24 民集 18・5・874）を採用するなどの対応がとられてきた。しかし，これ以外の損害，とりわけ人身被害の逸失利益以外の財産的損害については，これらの方法は許容されてこなかった。本条は，慰謝料や幼児等の逸失利益におけるこれまでの実務を追認するとともに，それをその他の損害の場合にも適用可能なように一般化したものである（ただし，山本克己「自由心証主義と損害額の認定」竹下守夫編集代表・講座新民事訴訟法 2 巻 301 頁以下や潮見① 234 頁以下は，幼児等の逸失利益の場合は損害額の算定のための実体法ルールが問題となっており，損害額認定（事実認定）における証明度の軽減をはかる本条とは局面が異なると指摘する）。

　本条を適用した裁判例としては，節税目的で等価交換方式によるマンション建設の勧誘を受けてマンションを建設した者が，業者の誤った説明のため減税措置を受けられなかったことによる損害の賠償を求めたケース（東京高判平 10・4・22 判時 1646・71）や，税理士のミスのために税制上より有利な遺産分割をすることができなかったケース（東京地判平 10・9・18 判タ 1002・202）のように，不確定要素がある場合の損害の算定のほか，火災で家財道具が焼失した場合に，購入時の代金額から経年を考慮して減額した価値ないし代替物の購入費用等をもって損害額を算定することが極めて困難だとして本条を適用したもの（東京地判平 11・8・31 判タ 1013・81），さらには，原告のデータベースを複製し，それを自動車整備業用のシステムに組み込んで販売した被告の不法行為につき，本条を適用して，被害のシステムと競合したため販売機会を失った原告のシステムの数を認定して，原告が被った損害額を算定した判決（東京地判平 14・3・28 判時 1793・133）などがある。

最高裁も，特許権侵害において本条の適用を認めており（最判平 18・1・24 判時 1926・65），さらに，採石権侵害の不法行為を理由とする損害賠償請求事件において，損害額の立証が極めて困難であったとしても，民事訴訟法 248 条により相当な額が認定されなければならないのであるから，損害が発生したことを前提としながら損害額の算定ができないとして請求をしりぞけた原判決判断には法令違背があるとした判決がある（最判平 20・6・10 判時 2042・5）。

(ロ)　物の滅失・毀損

　物が滅失・毀損した場合の損害賠償額の算定については，いくつかの考え方がありうる（以下について詳しくは，窪田充見「原子力発電所の事故と居住目的の不動産に生じた損害」淡路剛久他編・福島原発事故賠償の研究 142 頁以下参照）。まず，対象物が事故直前に有していた市場価値（交換価値）の賠償を前提に，市場性のあるものは中古市場における同種の物の価額を，市場性のないものは，新品価額から中古品であることによる価値減少分を引いた額を基準として算定する方法がある（交換価値アプローチ）。第二は，対象物が有していた利用価値に着目した計算方法，すなわち，その対象物を利用することで，今後，どのような利益を実現することができたであろうかという点から賠償額を算定する方法である（利用価値アプローチ）。さらには，原状回復に必要な費用に即した方法もある。修理が可能な場合の修理費費用による賠償額の算定，あるいは，修理が不可能な場合は，対象物と同種同値の物を再調達するのに必要な金額によって算定する方法である（原状回復費用アプローチ）。

　注意すべきは，これらの方法のいずれをとるかは，どれが正しいかどうかという問題ではなく，どれが当該ケースにおいて最も適切妥当かという問題だということである。例えば，自動車事故では毀損した車の中古価格が基準とされている（最判昭 49・4・15 民集 28・3・385）が，それは，中古車市場の存在の結果，これが最も簡便な方法であること，自動車の場合，中古車の価格が賠償されれば，これによって，被害者は，同様の自動車を入手して，事故前の状態を回復できるのが一般的だからである。また，物が滅失した場合，通常それと同価値の物を被害者が新たに入手しうる金額が賠償額となるが，それは，この金額の賠償がなされれば，それはその物の通常の使用価格を含むので，通常の使用により使用利益をあげることができると考えられるからであり（大連判大 15・5・22 民集 5・386），通常の使用利益を超える利益については，それを得た

であろうことが確実な場合は，その利益も賠償されうる（前田（達）348頁，四宮575頁）。

> **居住用不動産の喪失による賠償額の算定**　物の滅失・毀損による賠償額算定をどの方法で行うのが適切なのかが問題となった事例として，福島原発事故において避難を余儀なくされ，それまで居住していた家屋に居住することができなくなった避難者の居住用不動産に対する賠償額をどのように算定するかという問題がある。原子力損害賠償紛争審査会は，居住用不動産の賠償額算定について指針を策定しているが，そこでは，「本件事故発生直前の価値を基準として」算定するとして，交換価値アプローチが採用された。しかし，これに対しては，このような方法によって算定された賠償額では，避難者が新たに居住を確保することができないという強い批判があり，審査会は，後に，「住宅確保に係る損害」を認めることによって，事実上，原状回復費用アプローチによる是正を認めた。
>
> この問題を考える上で重要なことは，居住用不動産は，被害者らの事故前の生活の基盤となっていたという事実である。したがって，その喪失は，当該不動産の事故直前の市場価値が失われたにとどまらず，生活の基盤が奪われたことを意味する。この点が，一定期間使用すれば買い換えが予定されている自動車とは異なるところである。そうだとするならば，損害賠償が（広義の）原状回復を目指している以上，賠償額は従前の生活と同様の生活を営めるだけの生活基盤の再確立の費用であるべきであろう。

　物の滅失の場合，いつの時点での価格を基準にするかについても問題となる。判例は，この問題を損害賠償の範囲の問題としてとらえた上で，民法416条を類推適用し，原則として不法行為時の価格（同条1項の「通常損害」）だが，その後の価格騰貴が予見可能であれば（2項の「特別事情による損害」として）考慮されるとしている（前掲大連判大15・5・22。この判決については，152頁も参照）。しかし，学説においては，これは賠償範囲の問題ではなく損害額の算定問題であり，不法行為の目的である原状回復の理念から最も適切な時期を基準とすべきとの説も有力に主張されている（Legal Quest 226頁参照）。

　(ハ)　その他の場合

　物が不法に占拠された場合には，通常，その物の利用料相当額が賠償されるべき損害である（大連判大7・5・18民録24・976）。また，賃貸借契約終了後引き続き目的物を不法占拠している場合には，従来の賃料額が（前掲大連判大7・5・18），無断転借人の場合は転借料（最判昭34・7・30民集13・8・1209）が基準

となる。ただし，被害者が現実に使用していた物の占有が奪われた場合には，より具体的な損害額，例えば代わりの物の賃料等の賠償を認めるべきであろう（幾代＝徳本 293 頁）。

　賃借権等の用益権侵害の場合，用益権そのものを失わせた場合には，その交換価格が賠償額となる。それに対し，賃借している土地や家屋の不法占拠のように一時的な侵害の場合は，その期間の賃料相当額が賠償額である（大判昭 7・7・7 民集 11・1498）。担保権の侵害による損害賠償が認められるためには，被担保債権の満足が得られなくなることが必要であり（57 頁参照），賠償額は，満足を得られなくなった不足額であるが，目的物の価格が債権額以下の場合には，目的物の価格が賠償額の上限となる（大判昭 7・5・27 民集 11・1289）。

(4)　弁護士費用

　一般に，訴訟費用は敗訴した側が負担しなければならない（民事訴訟法 61 条）。しかし，弁護士費用は訴訟費用に含まれない。そこで，不法行為に基づく損害賠償を請求するにあたって弁護士に依頼した場合，その費用が被害者の損害の一種として賠償請求の対象となるかどうかが問題となる。判例は，かつては，わが国は弁護士強制主義をとっていないことを理由に弁護士費用を賠償に含めることに消極的な態度をとっていたが，その後，まず，不当な訴訟を強いられた場合のように相手方の訴訟提起そのものが不法行為にあたる場合は弁護士費用は賠償されるべきとの判断を示した（大連判昭 18・11・2 民集 22・1179）。さらに最高裁は，専門化の進んだ今日の訴訟を一般人が十分に遂行することは不可能に近くなっていることを理由に，不法行為の被害者が権利を行使するために提訴を余儀なくされた場合の弁護士費用は，事案の難易，請求額，認容額その他の事情を斟酌して相当と認められる範囲のものに限り賠償を認めるとの判断を示した（最判昭 44・2・27 民集 23・2・441）。

　その後，不法行為訴訟に関しては，弁護士費用を賠償範囲に含めることを肯定する判決が定着しており，現在では，加害者の方で，被害者が無理に訴訟を起こしたこと（例えば，請求額が適正であれば任意で支払ったのに請求が過大であったためやむなく訴訟で争ったなど）を立証できない限り，弁護士費用の賠償を認めるのが一般的である。損害として賠償できる弁護士費用は，必ずしも実際に支払われた額ではなく，当該事件の処理に対する報酬および手数料として相当

な額であり，実務では，請求額（認容賠償額）の1割とされるのが一般的である。なお，安全配慮義務違反による損害賠償は債務不履行と理解されているが，不法行為訴訟と主張立証すべき事実はほとんど異ならず，弁護士に委任しなければ十分な訴訟活動をすることが困難であることから，同様に弁護士費用も損害として認められる（最判平24・2・24判時2144・89）。医療事故において債務不履行として医師の責任を追及する場合も同様に考えられよう。

(5) 損害賠償額の調整
(イ) 損益相殺

　不法行為の被害者が同じ不法行為により利益を受けた場合，その利益を控除して損害額を算定することを損益相殺という。不法行為における損害を，加害行為がなければ存したであろう利益状態と加害行為により減少した利益状態の差と見る差額説によれば，賠償さるべき損害とは加害行為により被害者が受けた利益を差し引いた不利益であることから，損益相殺は当然のこととされる。しかし，後述するように，不法行為により被害者に生じた利益であっても控除されないものもあるので，損益相殺の意義は，被害者の原状回復の裏返しとしての，被害者は原状より利得してはならないという理念，あるいは，加害者と被害者の公平の確保にあると見るべきであろう（四宮601頁，澤井248頁）。

　損益相殺において問題となるのは，控除される利益の範囲である。従来，不法行為と相当因果関係にある利益が控除されると解されてきた（加藤（一）245頁，他）が，損害賠償の範囲を定める際に因果関係の相当性が必ずしも明確な基準とならなかったのと同様に，この場合も相当因果関係という概念は具体的な基準を提供するものとはならない。近年では，加害行為と利益の関係にではなく，生じた損害と利益の関係に着目して，当該利益が不法行為を契機に生じたものであることに加えて，両者の関係からして損益相殺を認めるのが公平であると判断されること，すなわち，両者に「法的同質性」があることが必要だとする説が有力になっている（四宮602頁，澤井248頁，平井147頁）。近時最高裁も，「同一の原因」によって受けた「同質性」ある利益に限って相殺すべきものとの基準を示した（最大判平5・3・24民集47・4・3039）。これらの基準はなお抽象的ではあるが，損益相殺の前述したような意義から見て，妥当な見解と言うべきであろう。具体的には，以下のような利益の控除の可否が問題となる。

①　生活費・養育費　　被害者死亡の場合の損害賠償額の算定においては被
害者の生活費が控除される。これに関連して問題となるのは，幼児死亡の場合
に，その幼児の養育費を控除すべきかどうかである。最高裁は，生命侵害の場
合の賠償請求権につき相続説に立って，養育費は父母自身の出費であり，請求
されている幼児の損害賠償請求権とは別個のものであるので幼児自身の逸失利
益の算定にあたっては，親の支出した養育費を控除すべきではないとする（最
判昭39・6・24民集18・5・874，他）。

　非控除説が妥当であるが，その理由は，最高裁があげる形式的な論拠ではな
く，むしろ，養育費を免れたことをもって父母の利益と見ることはできないか
らである。子の養育をもっぱら父母の法的義務としてのみとらえ，その義務を
免れた結果，利益を受けたと見て損益相殺の対象とするのは，市民の素直な感
覚からかけ離れたものであり，規範的見地からは，養育費の出費を免れたこと
を利益と見るべきではない（四宮606頁）。

②　保険金　　被害者が死亡し遺族が生命保険金を受け取ったとしても控除
されない。この根拠について判例は，生命保険金はすでに払い込んだ保険料の
対価の性質を有し，もともと死亡の原因と関係なく支払われるものであること
をあげる（最判昭39・9・25民集18・7・1528）。しかし，むしろ，生命保険金は
損害を塡補する目的を持たないからと考えるべきであろう（加藤（一）245頁，
澤井249頁以下）。負傷の場合の傷害保険金も同様に考えるべきである。

　物損の場合の損害保険金も同様に損益相殺の対象とはならない（火災保険に
つきこのように判示するものとして最判昭50・1・31民集29・1・68）が，損害保険
の場合には保険金が支払われるとその範囲で保険者代位が生じ保険者に損害賠
償請求権が移転する（保険法25条）ので，被害者との関係では，損益相殺をし
たのと同じ結果となる。

③　労災保険給付等　　不法行為の被害者やその遺族が労災保険給付等を受
けた場合，給付額を損害賠償額から控除することは古くから行われてきた。そ
の理由として，かつては，使用者以外の第三者が賠償義務を負う場合（第三者
行為災害）には，政府が労災保険を給付したならば，その給付の限度で被害者
から賠償請求権を取得するので（労働者災害補償保険法20条（現12条の4）），被
害者にとっては損益相殺したのと同じ結果となり，使用者が賠償義務を負う場
合（使用者行為災害）には，政府が労災保険を給付したならば，労働基準法84

条2項を類推して労災保険給付を控除すべしとされてきた（最判昭52・10・25民集31・6・836）。ただし労災給付が年金の形をとる場合は，第三者行為災害の場合も（最判昭52・5・27民集31・3・427），使用者行為災害の場合も（前掲最判昭52・10・25），将来の年金相当額を控除すべきではないとされてきた。

これに対し，最大判平5・3・24民集47・4・3039は，地方公務員等共済組合法の遺族年金について「損害と利益との間に同質性がある限り，公平の見地から……損益相殺的な調整を図る必要があ」り，「損益相殺的な調整を図ることが許されるのは，当該債権が現実に履行された場合又はこれと同視し得る程度にその存続及び履行が確実であるということができる場合に限られるものというべきである」が，すでに給付した分だけではなく，支給を受けることが確定した分についても控除すべきとした。

このような損益相殺的控除を行う場合，損害賠償請求権のいかなる部分から控除するかが問題となるが，労災保険給付は慰謝料を含まないので，慰謝料請求から控除すべきではない（最判昭62・7・10民集41・5・1202）。問題となるのは，遅延損害金との関係である。自賠責保険金については，特段の合意がなければ民法491条（旧規定）によって遅延損害金から充当されるとされてきた（最判平11・10・26交民集32・5・1331，他）ところ，最高裁は，労災保険法上の遺族補償年金についても同様の扱いをした（最判平16・12・20判時1886・46）。社会保険給付と遅延損害金の性質の違いから，最高裁のこの扱いを批判する説も有力であったが，最高裁は，まず，後遺障害を理由とする給付について，「本件各年金給付は，労働者ないし被保険者が……労働能力を喪失し，又はこれが制限されることによる逸失利益をてん補するために支給されるものであ」り，これと「同性質であり，かつ，相互補完性を有する関係にある後遺障害による逸失利益の元本との間で損益相殺的な調整を行うべきであり」，遅延損害金との間で上記の調整を行うことは相当でないとし（最判平22・9・13民集64・6・1626），さらに，遺族補償年金について，「遺族補償年金は……その支給が著しく遅滞するなどの特段の事情のない限り，その塡補の対象となる損害が不法行為の時に塡補されたものとして損益相殺的な調整をすることが相当である」が，「遅延損害金を債務者に支払わせることとしている目的は，遺族補償年金の目的とは明らかに異なるものであって，遺族補償年金による塡補の対象となる損害が，遅延損害金と同性質であるということも，相互補完性があると

いうこともできない」として，遅延損害金から充当することを認めた上記判例を変更した（最大判平 27・3・4 民集 69・2・178）。この結果，事案によっては，賠償請求権者が受け取れる金額はかなり少なくなることがある。

④　公害健康被害補償法の給付　　公害健康被害補償法は，特定の公害により健康被害を受けた被害者とその遺族に，認定手続きを経た上で，療養費・障害補償費・遺族補償費等の給付を行うことを定めている。このような給付を受けた者が民事責任に基づく損害賠償を請求した場合，その給付分は損益相殺により控除されるべきであろうか。下級審においては，控除を認める判決が多い（福岡高宮崎支判昭 63・9・30 判時 1292・29，千葉地判昭 63・11・17 判時平元 8 月 5 日号 161，岡山地判平 6・3・23 判タ 845・46，他）。

同法による給付が公害による健康被害を契機としてなされ，かつそれを塡補するという目的・機能を持っている以上，控除そのものは肯定しうるが，問題は同法の給付により塡補されるのはどの部分の損害かであり，特に，同法の給付が慰謝料分を含むかどうかが問題となる。この点については，例えば障害補償費が最高で平均賃金の 80％でしかないといった給付の実態を見るとき，慰謝料が含まれているとの見方には無理があり，同給付は，全体として被害者およびその家族の経済的生活を保障するものと解すべきである。したがって，控除は財産的損害からのみ行われるべきである（宮崎地延岡支判平 2・3・26 判時 1363・26）。ただし，請求されている慰謝料が，財産的損害をも含んだ包括慰謝料の場合，裁判例は，公害健康被害補償法の給付を控除している（神戸地判平 12・1・31 判時 1726・20 は，包括慰謝料ではなく純粋慰謝料を認容した上で，同法の給付を控除しなかった）。

⑤　税　　金　　所得税法は，人身損害に対する賠償金については非課税所得としている（同法 9 条 1 項 17 号）。人身損害の賠償額算定にあたって，所得税法の規定により徴収を免れた予想税金分を利益として損益相殺により控除すべきであろうか。この点について学説上は争いがあるが，所得税法が人身損害に対する賠償金を非課税所得としている趣旨は，国は人身損害が生じた場合，不法行為がなければ徴収しえたはずの所得税を徴収しないという政策判断をしたことにあると解して，非控除を主張する説が有力であり（四宮 606 頁），最高裁も非控除説をとる（最判昭 45・7・24 民集 24・7・1177）。

⑥　香典，見舞金等　　これらは，不法行為を契機に給付されるものではあ

るが，損害額から控除されない（大判昭5・5・12新聞3127・9，最判昭43・10・3判時540・38)。損害を塡補するものではないからである。

　(ロ)　過失相殺

　(a)　はじめに　　民法722条2項は，被害者に「過失」があるときは裁判所はこれを考慮して損害賠償額を定めることができると規定している。被害者の「過失」を加害者のそれと対比して賠償額を縮減するという意味で，「過失相殺」と呼ばれている。この制度の趣旨は，被害者にも「過失」がある場合，発生した損害の全部を加害者に負担させるのは公平の理念に反するということである（四宮615頁，他)。なお，被害者の「過失」は，損害の発生に寄与したものだけではなく，その拡大に寄与したものを含む。

　(b)　過失相殺における「過失」の意義　　722条2項の「過失」の意義については争いがある。判例は，かつては過失相殺制度は被害者に注意義務違反としての過失という非難可能性がある場合，それを理由に賠償を減額する制度であり，そこにいう「過失」も民法709条における過失と同じものであると考え，過失相殺が認められるためには被害者に注意義務違反による非難可能性の前提としての責任能力が必要であるとの立場に立っていた（最判昭31・7・20民集10・8・1079，他)。しかしその後，ここでの問題は709条のように不法行為者に対し積極的に損害賠償責任を負わせるべきかどうかという責任発生要件の問題とは異なり，損害賠償の額を定めるについて，公平の見地から損害の発生・拡大についての被害者の不注意をどのように考慮すべきかであって，709条の過失の場合とは異なり責任能力までは必要なく，事理弁識能力，すなわち，自分の行為の是非善悪を理解できる能力が備わっておればよいとして，8歳の子どもが自動車にひかれて死亡したケースにおいて過失相殺を認めた（最大判昭39・6・24民集18・5・854)。

　学説においても，人は一般に自己の利益を害しないという義務を負っているものではないので，過失相殺は被害者の注意義務違反（＝709条の意味での過失）を要件とせず，したがって，必ずしも加害者として不法行為責任を負う際の過失の域に達するものでなくとも，公平の観念に基づいて賠償額を減額することが妥当なような被害者の何らかの非難性，すなわち不注意であればよいとの立場から，被害者に責任能力は必要なく，自分の損害の発生を避けるのに必要な程度の注意能力があればよいとするようになった。現実には，5，6歳あたり

がそのボーダーラインである。学説の中には，さらに進んで，被害者に不注意すら必要ではなく，たとえ被害者に事理弁識能力がなくとも，被害者に加害者の行為の違法性ないし非難可能性の程度を減ずる客観的な行動があれば過失相殺により賠償額を減じうるとする説もある。

この問題は，過失相殺制度の意義をどう理解するかにかかっている。過失相殺制度は公平の理念に基づくものだとされるが，それではなぜ被害者に「過失」があるときに全額の賠償を被害者に認めるのが不公平となるのか。この点については学説上争いがある。

学説は三つの立場に分けることができる。まず第一は，被害者自身に損害の発生・拡大について責められるべき行為があったのに加害者に全額を負担させるのは不公平だとして，被害者の非難可能性に加害者の賠償義務軽減の根拠を求める考え方である。ここでは，単に被害者の行為が損害の原因となっただけでは不十分であり，それが被害者に対する非難可能性を生じせしめうるものでなければならない。ただし，被害者の非難可能性としてどの程度のものを要求するかについてはこの立場の中でも説が分かれ，今日では単なる不注意でよいとする説が有力である（加藤（一）247 頁，他）。第二の立場は，被害者ではなく加害者の非難性ないし違法性の程度を問題にし，被害者に「過失」がある場合はそのために加害者の行為の非難性や違法性が減少し，そのことが賠償の減額を公平たらしめるという説である（西原道雄「生命侵害・傷害における損害賠償額」私法 27 号 110 頁，川井健「過失相殺の本質」判タ 240 号 10 頁以下）。この説によれば，過失相殺制度により考慮される被害者の「過失」とは，加害者の非難性を減少せしめる事情を広く含むことになる。第三は，因果関係によって説明する考え方であり，被害者に「過失」がある場合，そのことによって生じた損害については加害者の不法行為との間に因果関係がないので，その部分だけ減額されるとする見方がある。民法の起草過程で起草委員の一人であった梅謙次郎博士がこの立場を主張しており，また，損害の発生に複数の原因が寄与している場合には，因果関係はその原因の影響力の程度に応じて部分的に認めることができるとする部分的因果関係の理論から，過失相殺を因果関係に対する被害者の寄与度により根拠づける説もある（浜上則雄「損害賠償法における『保証理論』と『部分的因果関係の理論』」民商法雑誌 66 巻 4 号 544 頁以下）。

これらのうち第二，三の考え方の場合，過失相殺制度によって賠償減額要素

として考慮される要素の範囲は広くなり，被害者に責任能力やさらには事理弁識能力も不要ということになろう。しかし，過失相殺により賠償額を減額するということは，生じた損害の一部を被害者に負担させることを意味するが，加害者が有責に惹起した損害を原状に復せしめることが不法行為の本来の目的であることや，加害者には何らかの意味での非難性が存在することからすれば，過失相殺が認められるためには，やはり，加害者との関係で，被害者がその部分を負担すべきと考えられる根拠，すなわち，何らかの意味での被害者の非難性が認められる場合に限定すべきではないか（窪田428頁以下は，過失相殺における「被害者の過失」とは，被害者自身に求められる危険な結果を避けるための合理的な対応をしなかったことであり，「加害者の非難可能性を減少させるようなさまざまな事情……のひとつではなく，あくまで『被害者の過失』という被害者自身が損害を負担することを正当化することにむけられたもの」だとしている）。

(c) 被害者側の「過失」　被害者本人のものではないが，被害者と緊密な関係にある者に「過失」があり，それが損害の発生・拡大に寄与した場合に，被害者本人からの賠償請求にあたり，その「過失」を考慮して賠償を減額することができるかどうかが問題となることがある。

① 被害者の監督義務者の「過失」　幼児が不法行為により被害を受けて損害賠償を請求する場合，その幼児を監督すべき義務ある者の監督上の「過失」は斟酌されるであろうか。例えば，親と散歩中の幼児が親の注意が離れていたすきに道路に飛び出して車にはねられたような場合である。かつての判例は，人は他人の過失によって不利益を受けることはないとの個人主義・自己責任原則の立場から過失相殺を否定したが，後に，監督義務者の「過失」を「被害者側の過失」と考え，その考慮を認めるようになった（最判昭42・6・27民集21・6・1507，最判昭44・2・28民集23・2・525，他）。ただし，実際の判例において，「被害者側の過失」として考慮される範囲は限定的である。例えば，「被害者側の過失」とは幼児の監督者である父母ないしその被用者である家事使用人などのように「被害者と身分上ないし生活上一体をなすとみられるような関係にある者」の「過失」に限るとして，保母に引率されて保育園へ登園中に交通事故で幼児が死亡したケースにおいて，保母の「過失」の斟酌を否定した判決がある（前掲最判昭42・6・27）。

なお，この問題は，幼児の過失相殺能力をどう考えるかと密接な関係がある。

過失相殺において被害者の能力は問題とならず，加害者の非難性を減ずるような被害者側の事情であればよいとする説に立てば，「被害者側の過失」論を採用しなくても，監督義務者の不注意を含めて総合的に被害者側の行動が考慮されることになろう。

　②　被害者の被用者の「過失」　被害者の被用者の「過失」が加わって損害が発生・拡大した場合には，判例・学説とも古くから，被害者たる使用者の賠償額算定にあたりその「過失」の考慮を認めている（大判大 9・6・15 民録 26・884，大判昭 12・11・30 民集 16・1896）。民法 715 条の使用者責任において用者の過失により使用者が責任を負うこととの対比で，被害者の被用者の「過失」を考慮しうる点には問題はない。ただし，単に使用・被用関係があるだけで被用者の「過失」が全て考慮されるのではなく，715 条において被用者の「過失」により使用者が責任を負うのは被用者の行為が「事業の執行について」なされたものであることが必要なのと同様，被用者の「過失」が被害者たる使用者の指揮監督下にある際に犯されたものでなければならないと解すべきである。

　③　無償同乗の場合の運転者の「過失」　例えば，Ａが友人Ｂの車に無償で同乗させてもらっていた際にＣの車と衝突して負傷した場合，ＡのＣに対する賠償請求にあたり，Ｂの「過失」をも「被害者側の過失」として考慮すべきであろうか。無償同乗者と運転者が夫婦のケースにおいて，運転者の「過失」を考慮した判決がある（最判昭 51・3・25 民集 30・2・160。最判平 19・4・24 判時 1970・54 は，内縁の夫婦についても認めた）が，このような身分上，生活上の一体性がある場合を除いては，被害者Ａは賠償義務者Ｃから全額の賠償を求めることができ，Ｂの「過失」はＣのＢに対する求償の問題としてのみ考慮すべきではないか。

　関連して，最高裁は，暴走行為を行っていた自動二輪車が，それを停止させようとしたパトカーに衝突し，当該二輪車に同乗していた被害者が死亡したケースで，本件運転行為は，自動二輪車の運転者と同乗していた被害者の「共同暴走行為」であるとし，運転者の過失も被害者の過失として過失相殺にあたって考慮しうるとした（最判平 20・7・4 判時 2018・16）。同乗者の賠償額算定にあたって運転者の過失を考慮しうるとしたものだが，両者の間には身分上，生活上の一体関係がないことから，このような場合にまで，被害者側の過失とし

て斟酌すべきかどうかには疑問もある（従来，友人・同僚といった関係だけでは被害者側の過失による減額を否定するのが一般的であった）。このケースは，同乗者も「共同暴走行為」を行っていた点に着目した判断であり，これを同乗者一般に拡大すべきではなかろう。

④　死者の「過失」　　直接の被害者が死亡しその遺族が自己固有の賠償請求権を行使する場合も，その賠償額の算定にあたり直接の被害者である死者の「過失」を考慮しうる。

(d)　過失相殺の方法　　被害者の「過失」の考慮は，事実審裁判所がその裁量によって行う（最判昭 34・11・26 民集 13・12・1562, 他）。ただし，裁量の範囲を逸脱して違法と見られる場合には，破棄理由となる（最判平 2・3・6 判時 1354・96）。交通事故においては，迅速な処理の必要から，事故の種類を類型化し，その類型ごとに過失相殺割合の基準を作る試みがなされている。

民法 722 条 2 項は，被害者に「過失」があったときは，これを考慮して損害賠償「額」を定めることが「できる」と規定しており，債務者の「過失」を考慮して「責任及びその額を定める」と規定した民法 418 条とは文言が異なっている。従来は，このような文言の違いを理由に，不法行為の場合には債務不履行による損害賠償の場合とは異なり，被害者の「過失」の程度が大きくても賠償義務を免除することはできず（大判昭 12・5・14 民集 16・618, 他），また，722 条 2 項の考慮は裁判官の裁量であり，これらの点で 418 条とは異なるとされてきた。

条文の体裁がこのように異なっているのは，立法者が債務不履行よりも不法行為の方が加害者の非難性が強く被害者救済の必要が大きいと考えたためと思われる。しかし，現実には，医療事故のようにどちらの構成も可能なケースもあり，非難の程度もいちがいにどちらが大きいとは言えないことから見て，不法行為による損害賠償と債務不履行による損害賠償でこのような差異を設ける合理性はなく，両者の運用を統一的に考えるべきである（澤井 255 頁, 他）。実務上も，両者で差を設けることはなくなっている。

(e)　被害者の素因の競合　　人身事故において，被害者の素因が競合して損害が発生ないし拡大することがありうる。例えば，追突事故で頸部に損傷を負ったが，脊椎にもとから変形があったため重度の障害を引き起こしてしまったような場合である。このような場合，加害者は生じた全損害に対し賠償責任を

負うのか，それとも賠償義務が減免責されるのか，されるとすればその根拠は何かが問題となる。

　この問題に関して，かつては民法 416 条を適用し，被害者の素因は 2 項の特別の事情であり，したがって，加害者がその素因につき予見可能であった場合には賠償させるとの考え方が判例の立場であった。しかし，このように，素因についての予見可能性の有無を判断の決め手にすることは，加害者と被害者が損害発生以前に特定の社会関係に立つことが少ない不法行為の損害賠償において妥当な結論を導く上で無理があるのではないかとの批判があり，さらにそれに加えて，416 条によった場合，賠償を認めるか認めないかのどちらかの結果になってしまい，損害の一部についてのみ責任を負わせるといった柔軟な解決ができないという問題点も指摘された。

　そこで，判例は，過失相殺規定の類推による減額という法理を確立した。まず，交通事故で鞭打ち症になった被害者が後遺症に対する損害賠償を求めた事件において，被害者の「心理的な要因」が回復を長引かせることに寄与しているとして，過失相殺規定の類推による減額を認めた判決（最判昭 63・4・21 民集 42・4・243）が出され，ついで，一酸化炭素中毒による脳内損傷を有する者が，交通事故による頭部打撲が「引金」になって，いったん潜在化ないし消失していた症状が顕在化して，ついには死亡にいたったとされた事件において，過失相殺の類推適用による減額を認めた判決（最判平 4・6・25 民集 46・4・400）が登場した。その後，原審において首が長く胸郭出口症候群になりやすいという体質的素因があったとして過失相殺規定の類推適用により賠償額を減額された被害者の上告に対し，最高裁は，「被害者が平均的な体格ないし通常の体質と異なる身体的特徴を有していたとしても，それが疾患に当たらない場合には」その事情は賠償額を定めるにあたり斟酌すべきでないとして，斟酌しうる被害者の素因に限定を付した（最判平 8・10・29 民集 50・9・2474）。ただし，最高裁は，これと同日の判決で，「頚椎後縦靱帯骨化症」という疾患が損害の発生・拡大に寄与した事例において，過失相殺の類推適用による賠償減額を認めた（交民集 29・5・1272）。

　以上の判例法理を，素因を考慮するかどうかは，それが身体的特徴か疾患かによると理解する向きもある。しかし，判例をこう理解すると，疾患と身体的特徴はどう区別するのか（例えば加齢による機能低下をどう見るか）といった問題

を抱え込むことになり，そもそも，なぜ身体的特徴と疾患で扱いは異なるのか
という理論的根拠も明確ではない（この点を指摘するものとして，窪田445頁）。
むしろ，判例は，当該素因が，それを有する者に日常生活上の注意を要求する
ものかどうかで区別しているのではないか。そのことは，身体的特徴を考慮し
なかった上記判例（最判平8・10・29民集50・9・2474）が，「極端な肥満など通
常人の平均値から著しくかけ離れた身体的特徴を有する者が，転倒などにより
重大な傷害を被りかねないことから日常生活において通常人に比べてより慎重
な行動をとることが求められるような場合は格別」としていることから読み取
れよう。そうすると，判例の準則に従えば，素因を考慮するかどうかにおいて
は，（疾病か身体的特徴かの区別ではなく）当該素因が標準人の個体差からどれだ
け異なったものか，そして，それを有する人に日常生活における注意を求めて
も，その人の活動の自由を過度に制限することはないのかといった点を，公平
の見地から判断することになるのではないか。ただし，判例は，被害者が当該
素因の存在を知っていたかどうかは問わない。

　この問題につき，学説上は，被害者の素因は原則として顧慮すべきではない
との批判も有力である。被害者はその素因が損害発生に寄与することを自ら選
択したわけではなくむしろ加害行為によって強制されたのであり，また，素因
減額を認めることは，素因を持つ被害者に自己の利益または安全を防衛する上
で一般人以上の負担を課すことになり公平とは言えないとするのである（窪田
充見・過失相殺の法理70頁以下，平井159頁以下，他）。これに対しては，ある損
害危険が誰の支配領域にあるかという基準で損害発生のリスクを割り当てると
いう「領域原理」に基づいて，被害者の領域にある素因は，それが通常人より
も高い損害危険の場合，過失相殺の類推適用による減額を正当化できるという
説（Legal Quest 235頁。詳しくは，橋本佳幸・責任法の多元的構造116頁参照）もあ
る。

　確かに，素因は被害者の属性である点で単に自然現象が競合したような場合
とは異なるが，不法行為がなければ素因が被害者に損害をもたらすこともなか
ったのであり，被害者は自らの素因が損害発生に寄与したことに責任はない。
そのような事情を違法な加害行為と同列に並べて責任の分配を行うのは問題で
ある。したがって，素因の競合による減免責は，当該素因を有する人に注意を
求めても，それがその人の行動や社会参加を過度に制限するようなものでない

場合であって，かつ，素因の存在を知りながら適切な処置をしなかった場合のように，被害者にも何らかの意味で不注意と評価しうるような事情があった場合，すなわち過失相殺規定の類推適用ではなく，本来の適用が可能な場合に限るべきではないか。

　なお，この点に関し，素因が存在するとの事実そのものは賠償額算定にあたって直接に考慮されるべきではないが，被害者に素因を発見あるいは統制することが期待可能で，かつこれに基づいて自己の行動を適切にコントロールすることが可能であったという場合に限って，被害者の素因発見・統制義務を媒介させて，その違反を理由に賠償額の減額を認めるという考え方がある（潮見④132頁以下。同様の素因の発見・統制義務を言うものとして，永下泰之「損害賠償法における素因の位置」北大法学論集62巻4号〜65巻1号がある）。注意すべきは，このような素因の発見・統制義務は，（この説自身が明言しているように）過失相殺において想定されている結果回避・損害拡大防止義務とは異なり，被害者の過失の向けられた対象は損害ないし結果の発生そのものではなく，素因の発見と統制であることである。したがって，これも，被害者の過失を拡張してとらえるものであり，一種の類推適用ないし拡張解釈といえよう。

　確かに，人は危険を避けるという意味でも，心身の健康を維持・管理するという意味でも，自分の素因について，その発見に努め，それを適切にコントロールすべきである。しかし，それはあくまで自己管理の問題であり，この自己管理を怠ったことと，そのことが自己の法益を侵害した加害者の責任を減ずることは基本的に別のことではないのか。

　　交通事故以外の素因減額　　以上の判例の事案はいずれも交通事故であった。交通事故では，加害者と被害者の立場に相互に交代可能性があり，かつ，偶然に起こる結果，被害者の属性（素因の有無等）について加害者としては，およそ認識可能性がない。それでは，このような交通事故とは異なる事故類型の場合にも，同様の減額を行ってよいのか。

　　この点，最高裁は，過労自殺のケースで，被害者のうつ病親和的性格を理由に過失相殺した原審の判断をくつがえし，「ある業務に従事する特定の労働者の性格が同種の業務に従事する労働者の個性の多様さとして通常想定される範囲を外れるものでない限り……その性格及びこれに基づく業務遂行の態様等を，心因的要因としてしんしゃくすることはできない」とした（最判平12・3・24民集54・3・1155）。ここでは，雇用する労働者の個性の多様性の大きさから，考慮す

べき素因を限定的に考えている。これに対し，最判平20・3・27判時2003・155は，従業員が研修への参加等によるストレスに起因する急性心筋虚血で死亡したケースで，被害者の家族性高コレステロール血症等の疾患を理由に，過失相殺の類推適用を認め，その際，労災事故による損害賠償の場合においても（交通事故と）基本的に同様であるとした。しかし，従業員の健康管理に責任を負い（労働安全衛生法参照），定期健康診断等により従業員の疾患を知りうる立場にある企業との関係では（現に，上のケースでは企業側は被害者の疾患を認識していた），従業員の疾患を理由に過失相殺の類推による減額を行うべきかどうかは，慎重な判断が必要である。また，医療事故の場合は，やはり，患者として通常予想される個体差の範囲は広くとらえられるべきであろう（前田（陽）110頁）。

第5節　不法行為による損害賠償請求権の性質

1　譲渡性と相続性

　財産的損害の賠償請求権については，一般の債権と同様に譲渡・相続可能である。したがって被害者の債権者はこれを差し押さえたり代位行使することもできる。

　慰謝料請求権について判例は，生命侵害による慰謝料の場合には，前述したように，一身専属性（帰属上の一身専属性）を否定し当然相続を認める（最大判昭42・11・1民集21・9・2249）。しかし，それ以外の場合については，慰謝料は本来それにより慰謝されるべき者のみが行使しうる権利（行使上の一身専属権）であるとして，その譲渡性や差押可能性を否定するのが一般的である。名誉毀損に基づく慰謝料請求権が請求権者の破産により破産財団に帰属することになるかどうかが争われたケースにおいて，慰謝料請求権が一身専属性を失うのは「債務名義が成立したなど，具体的な金額の慰謝料請求権が当事者間において客観的に確定したとき」だとした判決がある（最判昭58・10・6民集37・8・1041）。

2　相殺の禁止

　改正前の民法509条は，不法行為による賠償義務者は被害者に対して有する債権によって損害賠償債権と相殺することはできないとしていた。この規定の

趣旨は，被害者に現実の賠償を取得させることにより救済を実効あるものとすること（趣旨①），債権を回収できない債権者が腹いせに債務者に対して不法行為を行いその賠償義務と自己の債権を相殺することを防ぐという趣旨（趣旨②）によるとされた。このような趣旨からして，逆に，不法行為の被害者の側から損害賠償請求権を自働債権として自己が加害者に対し負っている債務と相殺することは許されるとされてきた（最判昭42・11・30民集21・9・2477）。また，自動車が衝突して双方に賠償請求権が発生したような場合（いわゆる交叉的不法行為）について，この場合にも相互に相殺は許されないとするのが判例の立場である（最判昭32・4・30民集11・4・646）が，交叉的不法行為の場合には趣旨②は問題とならないこと，相殺を認めないと双方別個の訴訟の状況しだいでは不公平が生ずるおそれがあることなどを理由に，相殺を認めるべきであるとする学説も有力であり（加藤（一）255頁，幾代＝徳本343頁，四宮643頁），下級審判決では相殺を認めるものも少なくなかった。他方で，この相殺禁止規定が債務不履行（安全配慮義務違反等）に基づく損害賠償請求権に適用されるかどうかについては，適用ないし類推適用を求める説もあったが，通説は，適用されないとしてきた。

　これに対し，改正後の509条は，不法行為に基づく損害賠償請求権一般について相殺を禁止するのではなく，「悪意による不法行為に基づく損害賠償の債務」（509条1号）と，「人の生命又は身体の侵害による損害賠償の債務」（同項2号）に限って相殺を禁止した。前者は改正前規定より相殺禁止を制限したものである。他方で後者は，生命・身体の侵害に限った点では同じく制限だが，1号のように不法行為に基づく損害賠償請求権とせず，単に損害賠償請求権としていることから，債務不履行に基づく損害賠償請求権にも適用される点で，禁止の範囲が拡張されている。

　前者は，改正前規定の趣旨①によるものであるが，問題は，ここでいう「悪意」の意味である。趣旨①から見て，故意（結果発生の認識＋認容）でもなく，また，取引法における善意の反対概念の悪意（そこでは知不知が問題となる）でもなく，害する意図という，結果発生についての積極意欲と解される。この点，立法過程では，破産法253条1項2号の「悪意で加えた不法行為」という文言が参照された。同規定での悪意は，故意や重大な過失ではなく，「他人を害する積極的な意欲（害意）」とされている。ただし，故意や重大な過失による不

法行為であっても害意がなければ相殺可能とすることが適切かどうか，また，悪意の立証は民法509条1号による相殺の禁止を主張する受働債権者が行うことになるが，そのことは，被害者（受働債権者）に相手方（自働債権者）の事情に関する過度の立証負担を課すことになるのではないかという問題が残る。また，民法714条や715条の「他人の行為による不法行為」の場合，誰の悪意を問題とするのかも問題となりうる。

509条2号については，そこで言う「生命・身体の侵害」とは何かが問題となるが，この点は，時効に関する新規定167条，724条の2でも問題となるので，そこで検討する（198頁以下参照）。

なお，改正前規定において問題となった交叉的不法行為については，今後の解釈に委ねられることになる。

3　賠償者の代位

不法行為については債務不履行の場合と異なり，債権者が損害賠償としてその債権の目的物または権利の価額の全部を受けたときに債務者にその物または権利について債権者に代位することを認めた規定（民422条）は存在しない。しかし，同様の代位は不法行為の場合もこれを認めるべきだとするのが通説である（幾代＝徳本346頁，前田（達）394頁，四宮656頁，他）。それによれば，例えば，加害者が不法行為により毀損した物について全額の賠償をしたときは，その物についての権利は賠償者に移転する。

4　損害賠償債務の遅滞

不法行為に基づく損害賠償債務は原則として金銭債務であるから，一般の金銭債務と同様，履行期を徒過すれば遅滞に陥り，遅延賠償金を支払わなければならない（民419条）。問題は，履行期はいつかである。判例は，不法行為発生時（初日算入）に遅滞に陥ると解している（大判明44・2・13民録17・49，大判大3・6・24民録20・493，最判昭37・9・4民集16・9・1834）。学説も，ローマ法以来の沿革的理由や公平の観念からこれを支持するのが通説である。しかし，民法412条3項との均衡等の理由から請求時（訴状送達時）説もあり（平井165頁以下），また，遅延利息を発生させるための意図的な訴訟引き延ばしを防ぐという意味からも原則として請求時（訴状送達時）と考えてよいが，故意不法行為

の場合は，民法704条（悪意受益者の不当利得返還債務の範囲として利得時からの利息が含まれる）との権衡上，不法行為時と考えてよいのではないかとする説（潮見①267頁）もある（この問題について詳しくは，若林三奈「不法行為による損害賠償債務が遅滞に陥る時期・試論」立命館法学363＝364号1022頁以下参照）。なお，不法行為に基づく損害賠償債務が損害の発生と同時に何らの催告を要せず遅滞に陥るという考え方を前提に，後期高齢者医療広域連合が代位取得した損害賠償請求権の遅延損害金の起算日を当該医療保険給付が行われた日の翌日とした判例がある（最判令元・9・6民集73・4・419）。滅失した物の価格が変動し，不法行為時ではなく騰貴した価格により賠償額が算定された場合には，騰貴時からの遅延利息を計算すべきとする判例があり（大判大10・4・4民録27・616），学説上もこれを支持するものが多い（加藤（一）219頁，幾代＝徳本346頁，他。）。

5　損害賠償請求権の期間制限（消滅時効）

(1)　短期の期間制限

不法行為による損害賠償請求権は，被害者またはその法定代理人が損害および加害者を知った時より3年で時効により消滅する（民724条1号）。期間が短いのは，偶然的に発生する不法行為に基づく損害賠償請求権においては，契約によって発生する通常の債権と比べて時間がたつと証拠も消滅して立証が困難になること，時間の経過とともに被害者の感情も平静に戻る場合が多いことなどの理由があげられているが，実際上は，この3年の期間は短すぎ，被害者にとって酷なことも多く，是正の必要性が指摘されている（澤井272頁，他。紛争が長期化することが予想された福島原発事故については，原子力損害賠償請求権の3年の消滅時効期間を10年とする特別法が2013年に制定された）。解釈論としても，時効の起算点の定め方や権利濫用条項の援用等によって，被害者にとって酷な結果を避けるべきである。労働災害のような場合，不法行為ではなく安全配慮義務違反の責任が追及され，また，医療事故や学校事故等でも契約上の責任が追及されることが多い。その一因は通常の債権の消滅時効期間が不法行為の場合よりも長い（改正前は10年）ことであったが，民法（債権関係）改正によって，債権の消滅時効期間は「債権者が権利を行使できることを知った時から」5年に短縮された結果，このような運用の必要性は大きい。

なお，改正によって，生命・身体侵害の場合は時効期間が5年とされた

（724条の2）が，5年という期間が十分なものかどうかについては，疑問も残る（これでも，従前の安全配慮義務等による場合の10年から半分に短縮されている）。また，この規定に関しては，生命・身体侵害に限ることが適切かどうか，名誉・プライバシーといった人格権侵害の場合も同様に考える必要はないのか（立法過程では，「生命・身体のほか，これらに類するもの（例えば，身体の自由）」や「生命・身体の侵害のほか，名誉その他の人格的利益の侵害」とする案，「生命・身体等」という幅のある表現にすべきとの意見も出された。他方で，軽微な身体侵害は除いた方が良いのではないかとの意見もあった。これらを含め，724条の改正過程については，大塚直編・民法改正と不法行為36頁以下参照）といった点についても議論の余地がある。さらに，ここでいう生命・身体侵害にはどのようなものが入るのか。例えば，PTSD（心的外傷後ストレス障害）や低線量の放射線被ばくのような場合などはどう考えるのか（この点につき，筒井健夫＝村松秀樹編著・一問一答民法（債権関係）改正61頁以下は，「単に精神的な苦痛を受けたという状態を超え，PTSDを発症するなど精神的機能の障害が認められるケースについては，身体的機能の障害が認められるケースと区別すべき理由はなく，精神的機能の侵害による損害賠償請求権は，ここでいう『身体の侵害による損害賠償請求権』に含まれる」とする。同旨Legal Quest 243頁。妥当な指摘である），あるいは，航空機による夜間の騒音被害の場合，「睡眠妨害を被っていることが認められ血圧の上昇及び高血圧症状の発症のリスクが高まっている」（那覇地沖縄支判平28・11・17判時2341・3）といった被害が認定されることがあるが，これらについてはどう考えるのか（この点は，債務不履行の場合も生命・身体侵害の場合に時効期間を「権利を行使できる時」から20年とした167条や，194頁以下で述べた相殺禁止の509条2号の適用範囲に関しても問題となる）。さらに，公害事例などでは，身体侵害があったかどうか自体が訴訟の争点になることが多いが，その場合，時効期間が3年か5年かは裁判所の被害認定が確定して初めて決まることになるという問題もある。

　なお，民法711条の近親者の固有慰謝料請求権も，生命侵害によって発生する損害賠償請求権なので，死者の相続人が相続した死亡による死者本人の損害賠償請求権と同様に，5年の時効期間と解すべきである。また，一つの事故で人損と物損の両方が発生する場合があるが，この場合，同一事故にもかかわらず消滅時効期間の差異を設けることは避け，人損の5年に統一すべきであろう（同旨，松岡久和他編・改正債権法コンメンタール987頁）。

(2) 短期期間制限の起算点

(イ) 民法724条1号によれば，起算点は不法行為による損害賠償請求権の発生時ではなく，被害者またはその法定代理人が損害および加害者を知った時である。これらの時点を起算点としたのは，被害者がこれらの事実を知らず賠償請求が事実上不可能な間に賠償請求権の消滅時効が進行するのは被害者にとって酷であるとの理由による。したがって，具体的に起算点を定めるにあたっては，この趣旨を活かした解釈を行うべきである。

まず，損害を知るとは，原因となった行為ではなく損害が発生したことを知ることであり，知った時とは，損害の発生を認識しうる時とする説もあるが，判例は現実に認識した時であるとしている（最判平14・1・29民集56・1・218）。なお，損害が発生したことさえ知れば損害の程度や種類を知る必要はないとされる（大判大9・3・10民録26・280）。また，損害を知るということは単に自己に損害が生じたことを知るだけではなく，その損害が他人の不法行為により生じたことを知るということを意味し，損害が不法な加害行為によるものであることを知るまでは時効は進行しないとするのが判例・通説である。なぜなら，このような認識があって初めて被害者は，損害賠償を請求しうることになるからである。ただし，この点をあまり厳格に解すると，不法行為であることが訴訟により確定されるまでは時効が進行しないことになってしまうので，加害行為が当該状況から見て不法行為と見られる可能性があることを被害者が認識すれば時効は進行すると解されている（幾代＝徳本348頁，前田（達）390頁）。

次に，加害者を知った時の意味だが，724条1号がこの時から時効が進行するとしたのは，その時から被害者は賠償請求権を行使しえたはずであることを理由にしている。したがって，加害者を知った時とは，加害者に対する賠償請求が事実上可能な状況の下に，その可能な程度においてこれを知った時を意味する（最判昭48・11・16民集27・10・1374）。例えば，児童に対する性的虐待行為の場合，虐待行為時（9歳から11歳）には，被害者はそれが不法行為を構成するものであるとの認識を持っていたとは認められないので，虐待行為時が起算点となるのではない（福岡高判平17・2・17判タ1188・266。この判決は，刑法176条（強制わいせつ）や177条（強姦）が13歳未満の子については性的自由の意味することを判断する能力がないことを前提としていることから，特段の事情がない限り，満13歳が起算点になると判示している）。また，出資勧誘における説明義務違反に

よる不法行為法上の損害賠償請求権の時効の起算点について，遅くとも，同様の被害にあった者らによる集団訴訟が提起された時点から時効は起算されるとした判例もある（最判平23・4・22判時2116・61）。遅くとも，この時点で，損害賠償請求を行うことが被害者に期待できたというわけである。

　使用者責任のように直接の加害者と賠償義務者が異なる場合，加害者を知るというのは何をさすのかが問題となるが，本条の趣旨からして，賠償義務者（使用者責任の場合，使用者）に賠償義務ありと知った時と解すべきである。判例は，使用者責任につき，使用者ならびに不法行為者との間の使用関係，さらにその行為が事業の執行につきなされたものと判断するに足る事実の認識をも必要としている（前掲最判昭48・11・16）。

　㈣　継続的不法行為における時効の起算点

　土地の不法占拠や日照妨害，騒音被害などのように，加害行為が継続してなされている場合，消滅時効の起算点については争いがある。かつては，被害者が加害者および損害を最初に知った時から損害全部について時効が進行するとしていたが（大判大9・6・29民録26・1035），このような解釈では，加害者および損害の発生を最初に知ってから3年たつと，なお不法行為が継続している場合にも賠償請求できなくなるという不都合がある。そこで判例は後に，不法占拠による損害賠償の事例において，侵害が継続する限りその損害は日々新たに発生しその消滅時効も日々新たに進行するとの考え方をとるようになった（大連判昭15・12・14民集19・2325）。学説上もこの判例を支持するのが通説であり（加藤（一）264頁，幾代＝徳本348頁以下），騒音被害について同様の考え方をとった判決もある（福岡高判平4・3・6判時1418・3）。

　しかし，継続的不法行為の中でも，例えば，工場排水に含まれていた有毒物質による被害のように，被害が進行性であり累積的に発生するようなケースでは，損害を日々発生した部分に分けることは不可能であり，同時に，不法行為に基づく損害賠償請求権につき短期の消滅時効の制度を設けた理由である立証上の困難についても，不法行為がなお継続しているため問題とならない。そこで，この場合は，継続的不法行為を一つの不法行為と見て，不法行為が終わった時から時効が進行すると解すべきとの説も有力に主張されている（前田（達）390頁，森島446頁以下）。鉱業法115条2項は，進行中の損害については，その進行のやんだ時から時効が進行するとしており，その他の累積的な不法行為に

ついても，同条にならった処理が妥当であろう。仙台高判平 23・2・10 判時 2106・41 は，工事騒音被害について，「不法行為が長期間継続するものであっても，全体として一個の不法行為と認められる場合は……当該不法行為が終了した日から起算することが公平の見地からみて相当」とした。

(ハ) 後遺症と時効の起算点

不法行為は一回限りのものだが，損害が継続的である場合，例えば，交通事故により後遺症が発生し継続している場合，後遺症に対する損害賠償請求権の消滅時効はいつから進行するのか。まず，受傷時に顕在化していない後遺症については，不法行為時において通常予測できるものは事故時から時効が進行するが，予測できなかったものは，その後遺症が顕在化するまで，時効は進行しないとするのが判例である（最判昭 42・7・18 民集 21・6・1559）。もし不法行為時から時効が進行するとすれば，3 年以上たって顕在化した後遺症については賠償請求の可能性がなくなるので，判例のように考えるべきである。これに対し，受傷時から顕在化している後遺症がその後も回復せず残るケースでは，症状固定時から時効が進行するというのが判例の立場であり（最判平 16・12・24 判時 1887・52），学説の多数も，そう解する（前田（達）390 頁，四宮 650 頁，他）。

(3) 長期の期間制限（除斥期間）

改正前の 724 条後段によれば，不法行為に基づく損害賠償請求権は，不法行為の時から 20 年の経過によって消滅するとされていた。この期間制限の性質について，民法典の起草者は前段の 3 年と同じく消滅時効と考えていたと解されるが（立法経過については，徳本伸一「損害賠償請求権の時効」星野英一編集代表・民法講座 6 巻 704 頁以下参照），その後の学説においては除斥期間と解するものが多かった（加藤（一）263 頁，前田（達）392 頁，他）。判例も，不発弾の処理作業に加わっていてその爆発により負傷した被害者が事故後 28 年 10ヶ月あまりを経過して国家賠償法に基づく損害賠償を求めて提訴した事件において，「同条後段の 20 年の期間は被害者の認識のいかんを問わず一定の時の経過によって法律関係を確定させるため請求権の存続期間を画一的に定めたものと解するのが相当であるから」除斥期間であるとした（最判平元・12・21 民集 43・12・2209）。

消滅時効と除斥期間の区別については，一般に次のように整理されてきた。消滅時効とは，権利の不行使という事実状態の継続を根拠にして権利の消滅を

認める制度であり，権利の不行使状態が何らの障害（中断事由・停止事由）なくして一定期間継続すること，および，当事者が時効を援用することが必要である。これに対し，除斥期間とは，権利の性質や公益上の必要から権利の行使期間を制限したものであって，当事者の援用を必要としない（両者の関係について詳しくは，吉村良一「消滅時効と除斥期間」法学教室193号121頁以下参照）。

　これらの違いのうち，不法行為に基づく損害賠償請求権の20年の期間制限に関して問題となってきたのは，除斥期間には援用の必要がないとされた点である。前掲の不発弾事件で原告は，被告の側に事実と異なる被害調書を作成するなど原告の権利行使を困難にした事情がありながら消滅時効を主張することは権利濫用にあたると主張したのに対し，最高裁は，20年の期間制限は除斥期間であり，除斥期間については当事者の主張がなくても裁判所がその適用を判断できるため，そこでは，消滅時効の場合のように援用が信義則違反や権利濫用にあたるとされることはありえないとの判断を示したのである。下級審においては，この最高裁判決を機械的に適用して，被害者救済に，20年の厚く高い「時の壁」を設ける判決が少なくなかった。例えば，旧優生保護法により不妊手術を強制的に受けさせられた被害者が国家賠償法に基づく損害賠償を求める訴訟において裁判所は，旧優生保護法の優生条項の違憲性を認めるものの，損害賠償請求については，前記最高裁判決を援用し，手術後，民法724条後段（改正前）の20年の期間を経過していることを理由に請求を棄却している（仙台地判令元・5・28判時2413＝2414・3他）。

　しかし，判決のこの論理では，援用のない除斥期間の場合は権利濫用や信義則等の一般条項すら使えない以上，原告の側にどのような権利行使上の困難があっても，あるいは，被告の側に原告の権利行使を困難にさせるどのような事情があっても，不法行為の時から20年を経過すれば損害賠償請求権は自動的に消滅することになってしまうという問題点があり，学説はこれを厳しく批判した（例えば澤井277頁は，「民事紛争において私人の権利を裁判官の職権で消滅させ，しかも信義則，権利濫用則も認めないというようなことは到底賛成できない」とする）。

　最高裁も，生後5ヶ月目に受けた痘そうの集団接種で被害を受け，高度の精神・知能・運動障害をともなう寝たきり状態になり，提訴時点ではすでに22年が経過していた原告について，民法724条後段は除斥期間を定めたものであるが，本条を「字義どおりに解すれば，不法行為の被害者が不法行為の時から

20 年を経過する前 6 箇月内において心神喪失の常況にあるのに後見人を有しない場合には……その心神喪失の常況が当該不法行為に起因する場合であっても……単に 20 年が経過したということのみをもって一切の権利行使が許されないこととなる反面，心神喪失の原因を与えた加害者は，20 年の経過によって損害賠償義務を免れる結果となり，著しく正義・公平の理念に反するものといわざるを得ない」として，「民法 158 条の法意に照らし」て民法 724 条後段の効果は生じないと判示した（最判平 10・6・12 民集 52・4・1087）。さらに，殺人事件で，加害者が死体を自宅の床下に隠したため遺族が被害者の死亡を知るのが遅れた事案で最高裁は，「民法 160 条の法意に照らし，同法 724 条後段の効果は生じないものと解するのが相当である」とした（最判平 21・4・28 民集 63・4・853）。なお，前述した旧優生保護法による強制不妊手術事件において大阪高判令 4・2・22（LEX/DB 25591730）は，除斥期間の規定も例外を一切許容しないものではなく，「正義・公平の観点から，時効停止の規定の法意（民法 158～160 条）等に照らして除斥期間の適用が制限されることは……法解釈上想定される」とした。ここでは，停止規定の個々の条文ではなく，停止制度全体の「法意に照らして」除斥期間の適用が制限されている。また，同じく強制不妊手術事件において東京高判令 4・3・11（LEX/DB 25591851）は，最判平 10 年と同 21 年のいう法意とは，「権利行使が極めて困難ないし事実上不可能な場合に，被害者の権利が消滅し，その原因を作った加害者が責任を免れることは，著しく正義・公平に反する」という趣旨に解されるとし，「民法 158 条から 161 条までの時効停止規定が直接適用されるような事例ではないとしても，同法 724 条後段の効果を制限するのが相当であり，また，条理にもかなう」とした。

　（改正前の 724 条後段につき）かりに 20 年の期間制限を除斥期間と考えるにしても，そこには権利濫用や信義則の機能する余地がないとするのは問題である。なぜなら，「加害者と被害者の間の具体的事情からみて，加害者をして除斥期間の定めによる保護を与えることが相当でない特段の事情がある場合」に，加害者が訴訟上「除斥期間の経過の事実を主張することは権利の濫用にあたる」（京都地判平 5・11・26 判時 1476・3）として除斥期間の適用を制限することも考えられるからである。学説においても，損害賠償請求権の発生原因となった不法行為の態様を含む事情を考慮し信義則を介して除斥期間による権利の絶対的な消滅を阻止する余地は残しておくべきであるとする主張が有力である（潮見

① 296 頁以下，他）。戦後補償裁判において，「除斥期間制度の適用の結果が，著しく正義，衡平の理念に反し，その適用を制限することが条理にかなうと認められる場合には，除斥期間の適用を制限することができる」とした判決もある（福岡地判平 14・4・26 判時 1809・111。同旨，東京地判平 15・9・29 判時 1843・90）。最高裁のように，後段を除斥期間と考えると援用（援用権の行使）が観念できないので，権利濫用規定や信義則規定を適用して，援用は信義則に反するとか援用権の濫用であるといった議論はできないという見方もあるが，個別事案について妥当な解決を導くために個別事案の処理に際して適用可能な裁判基準を信義則等の一般条項を活用して構成する（例えば，背信的悪意者を 177 条の第三者から排除するために，信義則という一般条項を利用して「背信的悪意者を 177 条により保護すべきでない」という裁判基準を構成する）ことは法解釈として可能なのであるから，後段の適用が公平・妥当な結論を導かない場合に，これらの一般条項を利用して，後段の適用を排除する（同項の縮小ないし制限解釈をする）ことは可能なのではないか。

　しかし，ひるがえって，20 年の期間制限の性質については，むしろこれを消滅時効と解すべきではないか。消滅時効と除斥期間の違いは前者が権利の消滅を権利者の意思にかからせている（援用や中断）のに対し，後者は客観的・画一的に権利を消滅させる公益的性格にあるとされるが，不法行為による損害賠償請求権の場合，画一的な処理という公益からする要請はそれほど強いものではなく，被害者の権利救済という要請の方が強い場合も少なくないこと，また，権利濫用や信義則を機能させるには援用をともなう消滅時効と解する方がより自然なのではないかと考えられるからである。

　以上の議論は，民法（債権関係）改正によって決着がつけられた。改正規定は，724 条本文において，「次に掲げる場合には，時効によって消滅する」と規定し，1 号に「損害及び加害者を知った時から 3 年」，2 号に「不法行為の時から 20 年」と併記し，20 年を消滅時効ではなく除斥期間と解する余地をなくしたのである（立法段階のパブリックコメントでも，20 年を消滅時効期間とすることにほぼ異論は見られなかった（大塚直編・民法改正と不法行為 48 頁以下））。その結果，信義則や権利濫用法理による適用制限や，時効の停止（改正後は完成猶予）規定の適用や類推適用の道は広がったと言えよう。ただし，強制不妊手術訴訟において，20 年は除斥期間であるという最高裁判決を機械的に適用して請求を退

けて良しとしてきた下級審の態度を見る限り，20 年が消滅時効だということ
になっても，例えば，援用権の濫用といった論理で裁判所が，この被害者にと
っての「時の壁」を柔軟に乗り越えることを認めるかどうかは予断を許さない。
したがって，改正前に，除斥期間であるとしても信義則や権利濫用法理，ある
いは時効の停止規定の「法意」によって期間制限規定の適用を制限してきた議
論は，改正規定の運用においても活かされるべきである。

　なお，この 20 年の期間制限の起算点は不法行為の時であるが，加害行為時
か損害発生時かで争いがある。鉱毒事件のように加害行為時と損害発生時の間
に長い期間が経過するケースがあることから見て，損害発生時とみるべきであ
る（四宮 651 頁，澤井 276 頁，潮見① 299 頁，他）。判例も，有害物質が蓄積され
加害行為が終了してから相当期間を経過してから被害があらわれる場合には，
損害発生時説に立つ（最判平 16・4・27 民集 58・4・1032，最判平 16・10・15 民集
58・7・1802）。また，脳性麻痺型の小児水俣病について，「主要症候が相当程度
増悪した時点又は重い合併症を発症した時点において，当初発症時点での損害
とは異質の新たな損害が発生したものと解するのが相当であ」り，「損害の性
質上，加害行為が終了してから相当の期間が経過した後に損害が発生する場
合」にあたり，起算点は，「損害の全部又は一部が発生した時」となると解す
るのが相当であるとした裁判例がある（熊本地判平 26・3・31 判時 2233・10）。
2013 年に制定された原子力損害賠償時効特例法が，「損害が生じたときから 20
年」としていることが参考となる。なお，予防接種により肝炎ウイルスに感染
し HBe 抗原陽性慢性肝炎を発症し，それが鎮静化した後に HBe 抗原陰性慢性
肝炎を発症したケースで最高裁は，HBe 抗原陽性慢性肝炎を発症したことに
よる損害と，HBe 抗原陰性慢性肝炎を発症したことによる損害とは質的に異
なるものであり，「HBe 抗原陰性慢性肝炎を発症したことによる損害について
は，HBe 抗原陽性慢性肝炎の発症の時ではなく，HBe 抗原陰性慢性肝炎の発
症の時が民法 724 条後段所定の除斥期間の起算点となるというべきである」と
した（最判令 3・4・26 民集 75・4・1157）。

　また，家屋の評価の誤りに基づき固定資産税等の税額が過大に決定・賦課さ
れたことによる損害賠償請求権の除斥期間について，「これに係る違法行為及
び損害は，所有者に具体的な納税義務を生じさせる賦課決定等を単位として，
すなわち年度ごとにみるべきであり，家屋の評価に関する同一の誤りを原因と

して複数年度の固定資産税等が過大に課された場合であっても，これに係る損害賠償請求権は，年度ごとに発生するというべきである」として，（過大な評価がなされた時ではなく）当該年度ごとに過大に決定された固定資産税等の納税通知書が交付された時から進行するとした判決がある（最判令2・3・24民集74・3・292）。通知書の交付により年度ごとに「違法行為及び損害発生」＝不法行為があったと考えたことによる。

継続的な不法行為については消滅時効の場合と同様の問題が生ずるが，基本的には消滅時効の場合と同じように考えるべきであろう。なお，強制不妊手術事件に関し大阪高判令4・2・22（前掲）は，「旧優生保護法の下……非人道的かつ差別的な烙印を押されたともいうべき状態に置かれ，個人の尊厳が著しく損なわれたことも，違法な立法行為による権利侵害の一部を構成するというべきであり，そのような違法な侵害は，優生保護法の一部を改正する法律……の施行日前日……まで継続した」とし，「不法行為の時」は旧優生保護法の改正施行前日だとした。

6　損害賠償請求権と示談

不法行為に基づく紛争は，加害者と被害者の間のいわゆる示談によって処理されることが少なくない。通常，加害者が被害者に一定の金銭を支払い，他方被害者は将来とも当該不法行為に関しては賠償請求をしない旨（権利放棄条項）を約束するという内容のものである。示談は，民法上の和解（民695条，696条）もしくはこれに準ずる無名契約と解されており，その要件や効果は契約法の問題として処理される。

問題となるのは，示談成立後に，示談当時には顕在化していなかった後遺症のように，新たな損害が顕在化した場合，そのような損害について被害者はあらためて賠償請求を行うことができるかどうかである。最高裁は，交通事故による被害者に予想以上に重い後遺障害が残ったケースにおいて，示談によって被害者が放棄した賠償請求権は示談当時予想していた損害についてのみであり，示談の当時予想できなかった不測の再手術や後遺症が発生した場合についてまで賠償請求権を放棄したものと解するのは当事者の合理的意思に合致したものとはいえないとして，示談契約当時予測できなかった損害については示談成立後の賠償請求を認めている（最判昭43・3・15民集22・3・587）。

第4章　特殊の不法行為

第1節　序　　説

　民法典は，不法行為の一般原則を定めた 709 条とは別に，714 条以下に次の
ような特別規定を持っている。714 条（責任無能力者の監督義務者の責任），715
条（使用者責任），716 条（注文者の責任），717 条（土地工作物責任），718 条（動物
占有者の責任），719 条（共同不法行為）がそれである。これらは，不法行為一般
に適用可能な 709 条とは異なり，適用範囲を特別の場合に限定し，その代わり
に 709 条とは異なる要件を定めていることから，特殊の不法行為と呼ばれる。
　特殊の不法行為は，その性質に従い，三つに分類することができる。第一は，
直接の加害者以外の者が責任を負う場合であり，714 条，715 条，716 条がこ
れにあたる。これらにあっては，例えば，責任無能力者が損害を惹起せしめた
場合の監督義務者のように，直接の不法行為者ではなく，その者と特別の関係
にある者が賠償責任を負う点に特徴があり，「他人の行為による責任」と呼ぶ
ことができる。
　第二の種類は，例えば，建物が倒れて通行人が死傷した場合の建物の占有者
と所有者の責任のように，ある物が原因となって損害が発生した場合に，所有
者等，その物の管理に対する権限を持っている者が責任を負う特殊の不法行為
であり，717 条，718 条がこれにあたる。物が関係しているという意味で，「物
の関与による責任」と呼ぶことができる。
　第三に，一個の損害の発生に複数の人間が関与することが少なくない。例え
ば，A の工場の煙と B の工場の煙の両方が原因となって呼吸器疾患が生じたよ
うな場合である。社会が複雑になればなるほどこのようなケースは増加してく
る。民法典は，このようなケースに関して 719 条を置いた。本条は，複数の加
害者が共同して不法行為を行った場合の規定（「共同不法行為」）であり，様々の
態様の複数加害者による不法行為のうちのどの部分をカバーしうるものかにつ

いては争いがあるが，いずれにせよこの条文は，単独の行為者による不法行為を念頭に置いた709条とは異質の特殊の不法行為として位置づけることができる。次節以下において，これら三つの種類の特殊の不法行為について，その内容を具体的に述べることにしたい。

さらに，以上の，民法典の定めた特殊の不法行為のほかに，不法行為に基づく責任を規定した特別法が多数存在する。これらの特別法も，適用される場合を限定し，その代わりに，709条を何らかの意味で修正する内容の賠償規定を含んでいることから，特殊の不法行為の一種として位置づけることができるが，これらについては，その主要なものについて，第5節でその内容を検討することにしたい。

第2節　他人の行為による責任

1　責任無能力者の監督義務者責任

(1)　序　　説

幼児や心神喪失状態の人には，自己の行為の結果どのような法的責任が発生するかを認識する能力（責任能力）がない。わが国の民法の規定によれば，そのような責任無能力者が他人に損害を加えてもその無能力者自身が賠償責任を負うことはない（民712条，713条参照）。自己の行為の法的結果を認識しえない者に法的責任を課すのは酷だからである。しかしその場合，被害者が救済されないのは不当である。そこで民法は，その責任無能力者を監督すべき義務のある者に賠償義務を課した（民714条）。この規定は，「自己ノ威権ノ下ニ在ル者ノ所為又ハ懈怠」について責任を負うとした旧民法の規定（財産編371条以下）を，他人の「所為又ハ懈怠」について責任を負うのは「近世諸国ノ立法例」に適合しないとして，監督者が「監督ノ義務ヲ怠ル」ことを帰責の根拠とする立場から修正して制定されたものである。系譜的にはドイツ民法の立場を採用したものである。ただ，ドイツ法においては，責任無能力者自身にも衡平の見地から特別の責任を認める規定（衡平責任）があること（ドイツ民法829条），および，ドイツ民法における監督義務者の責任は被監督者が責任を負うか否かを問題としないのに対し，わが国の民法では，被監督者が責任を負わないことが

714 条による監督義務者責任の前提とされている点が異なっている（立法経過や外国法については，「日本不法行為法リステイトメント⑪」ジュリスト 893 号 82 頁（星野），窪田充見「責任能力と監督義務者の責任」別冊 NBL 155 号 71 頁以下参照）。

　本条における監督義務者の責任は，監督義務者が自らの監督義務を怠ったことを前提としている点で，それを民法 709 条と同性質の自己責任ととらえることもできる。しかし，ここで問題となっている監督義務は，無能力者が特定の加害行為をすることを防止することだけではなく，むしろ，無能力者に対する一般的な監督のあり方のことであると解されている点，および，監督義務違反についての立証責任が被害者から監督義務者に転換されている点において，民法 709 条とは異なっている。そこから，本条の責任を民法 715 条の使用者責任と同様の代位責任とみる見方もある（民法 714 条責任の性質について詳しくは，潮見③ 407 頁以下参照）。

　いずれにしても，民法 714 条により監督義務者は重い責任を課されることになるが，その根拠としては，「主として家族関係の特殊性（とくに父母の義務）にこれを求むべき」とするもの（平井 214 頁，他），判断能力が低く加害行為を行いやすい責任無能力者という人的危険源の管理者の責任という，一種の危険責任に求める考え方（四宮 670 頁，他）などが主張されてきた。しかし，このような根拠づけについては，前者につき，親は未成年の子どもの行為につき責任を負うというのは社会の一般的な感覚にも合致するが，精神障害者の監督義務者の責任については，精神障害者の扱いを家族内の問題にとどめるのではなく社会的な対応をはかろうとする現在の方向性に逆行しているとの批判がある。他方，後者の説については，加害行為をしやすい者というカテゴリーをつくり，責任無能力者の存在それ自体を危険と見ることへの批判があり（以上については，Legal Quest 255 頁参照），本条の責任（特に，民法 713 条による免責を受けた精神障害者の場合）の性質や根拠については，課題が残っている。

(2) 責任要件

(ｲ) 責任無能力者の違法な加害行為

　①　まず，責任無能力者が第三者に損害を加えることが要件となる。すなわち，責任無能力者が責任能力以外の点で不法行為についての全ての要件を満たしていることが必要である。したがって，子どもが遊戯中に他の子どもにけが

をさせた場合のように，責任無能力者の行為に違法性がなければ本条の責任は発生しない。子どもが鬼ごっこの最中に他の子どもにけがをさせた場合につき，違法性の欠如を理由に親の責任を否定した事例がある（最判昭37・2・27民集16・2・407）。

②　本条は，監督義務者の責任が発生するのは，直接の加害者に責任能力の欠如を理由に責任が発生しない場合だと規定している。加害者に責任能力がある場合には加害者自身が責任を負い，監督義務者は，直接の加害者に責任が発生しない場合に，補充的に責任を負うとしているわけである。しかし，この点については批判が強い。なぜなら，未成年で責任能力のある者が行為した場合にはその未成年者自身のみが責任を負うことになるが，未成年者には賠償資力が乏しいことから，被害者救済の実効性に欠けること，さらに，いわゆる訴えの主観的予備的併合を判例が認めない（最判昭43・3・8民集22・3・551）ため，被害者からすれば行為者と監督義務者のいずれを訴えるのかについて判断するという負担を負わなければならないからである（ただし，後者の点は，民事訴訟法に同時審判申出共同訴訟の制度が導入された（同法41条）ことにより緩和された）。

上のような欠点を避けるためか，判例は未成年者の場合，比較的高い年齢まで責任無能力者とする傾向にあるが（11～14歳程度まで），このような操作には限界もある。そこで，学説においては，監督者に過失（監督義務違反）があり，それと被監督者の加害行為との間に因果関係があることを証明すれば，被害者は行為者の責任無能力を証明しなくても民法709条により責任を追及することができるとの考え方が主張され，これが通説となった（加藤（一）162頁，幾代＝徳本193頁，他）。後に判例もこの考え方を採用した。最高裁は，中学3年生の少年が中学1年生の新聞配達の少年を殺して新聞代金を奪ったという事件において，「未成年者が責任能力を有する場合であっても監督義務者の義務違反と当該未成年者の不法行為によって生じた結果との間に相当因果関係を認めうるときは，監督義務者につき民法709条に基づく不法行為が成立するものと解するのが相当」であるとして，親の責任を認めたのである（最判昭49・3・22民集28・2・347）。

しかし，この場合の民法709条の過失の前提としての監督義務と，714条1項ただし書における監督義務の関係については明確ではなかった。この場合の親の責任が709条の過失責任だとすれば，本来は，特定の加害行為（例えば，

金欲しさに他人を殺害する）を防止するための監督義務違反であるはずだが，実際に裁判例が問題としている多くのケースでは，そのような特定の加害行為と結びついた監督義務違反ではなく，子どもが非行を重ねているのに放置したような，子どもに対する一般的な監護・教育上の義務違反が問題とされており，それはむしろ 714 条 1 項ただし書で問題となる義務違反と同質のものである。そこで，学説の中には，このような点をとらえて，これらの裁判例によって，民法 709 条と 714 条を合体した特殊な責任規範が形成されていると指摘するものがある（四宮 672 頁，平井 216 頁）。その後最高裁は，19 歳の未成年者 3 人が強盗傷人を引き起こしたケースで，未成年者の年齢，すでに職歴を有し親権者らの下を離れて生活していたといった事情から，親権者らには，本件事件当時，「本件事件に結びつく監督義務違反があったとはいえ」ないとして親権者らの責任を否定した（最判平 18・2・24 判時 1927・63）。これにより，責任能力ある未成年者の親に 709 条により責任を課すことに一定の歯止めがかかったものの，大学生のように年齢が高くある程度一人前として認知されている者の場合には具体的な監督義務違反が必要だが，中学生のように年齢が低く親の監督が広く認められている場合には，なお，抽象的なレベルでの監督義務の懈怠でよいとする説もある（窪田 203 頁）。

　　(ロ)　監督義務者が監督義務を怠らなかったことの主張・立証がないこと

　監督義務は法律の規定，契約または事務管理から生ずるが，その程度は，通常人の能力を基準とする，いわゆる善良なる管理者の注意（抽象的過失）である（四宮 674 頁，澤井 284 頁）。監督義務違反がなかったことの証明責任は監督義務者が負う（大判昭 18・4・9 民集 22・255）。

　義務内容としては，ある程度特定された状況の下で損害発生の危険を持つある程度特定された行為を防止する具体的なものと，被監督者の生活全般に対する抽象的で包括的な義務の二つに大別することができる（平井 218 頁，他）。例えば，日頃粗暴な行動の目立つ子どもに対して注意しなかったことや危険な遊戯をするのを止めなかったことなどが前者の監督義務違反にあたり，この場合，監督義務違反は，民法 709 条の過失としての注意義務違反と連続性を持ってくるが，後者においては被監督者の日頃の素行や加害行為直前の行動は問題とならない。後者のような内容の義務違反によっても責任が生じうるとする点が，本条の，709 条とは異なる特徴である（潮見④ 114 頁以下は，本条の監督義務は民

法709条の過失の前提となる結果回避義務だとしつつ,「監督義務者と被監督者との身分関係・生活関係に照らして捉えられる結果回避のための包括的な監督義務」だとする)。

　監督義務の及ぶ範囲は,監督者が,未成年者の親のように,被監督者の全生活領域について監督義務を負う者(「身上監護型」)と,学校の教員や保育所の保育士のように,被監督者の生活領域のある局面でのみ義務を負う者(「特定生活監護型」)に分けることができる(二つのタイプの区別は四宮674頁以下による)。どちらの場合も,特定の具体的な監督義務と包括的な監督義務という前述の二種類の内容の監督義務が問題となりうるが,「身上監護型」では,監督義務者が免責されるためには,生活関係全般について監督義務を怠らなかったことを立証しなければならず,その証明は極めて困難である。これに対し「特定生活監護型」では具体的な危険行為に対する監督義務が主として問題となり,監督義務の違反がないとして免責される例が比較的多数存在する。例えば,小学6年生が運動会の準備作業後,帰宅を命ぜられたのに帰らず,ライン引きに使用した石灰の塊を投げて遊んでいて,同級生の眼にあたった事例において,校長や教師の責任は,「教育活動ないしこれに準ずる活動関係において発生した不法行為であって,通常その発生が予想され得る性質のあるものについてのみ」生じるとして,その責任を否定した判決(高松高判昭49・11・27判時764・49)がある。ただし,「特定生活監護型」の監督者の監督義務は特定かつ具体的な危険行為を防止する義務に限られると解すべきではなく,例えば保育所の幼児のように,被監督者が年少で包括的な監督が必要な場合には,保育にかかわる場面という監督義務の及ぶ局面における限定はあるにしても,その監督義務の内容は包括的一般的なものと解すべきであろう。なお,二つの型の監督者の義務は相互に排斥し合う関係にはなく,例えば,学校事故の場合などにおいては,教師の「特定生活監護型」の監督義務違反と親の「身上監護型」の監督義務違反がともに認められる場合もありうる。この場合には,両者は連帯(不真正連帯)して責任を負うことになろう。

　以上の結果,親権者が包括的な監督義務を負うとされる未成年無能力者の場合,監督義務者である親が監督義務を尽くしたとして責任を免れた事例はほとんど存在せず(親が免責されるのは,前述のように,子どもの行為が違法性を欠き不法行為と見られない場合や,子どもの行為が失火の場合などに限られてきた),その意

味で，714条は，実質的に無過失責任として機能してきた。これに対し，最判平27・4・9民集69・3・455は，最高裁として初めて，親の監督義務違反なしを理由とする免責を認めた。事案は，小学校の校庭でサッカーの練習をしていた11歳11カ月の男児の蹴ったボールが校庭から道路に転がり出て，それを避けようとした自動二輪車で通行中の85歳の男性が転倒し，入院中に誤嚥性肺炎で亡くなったというものだが，最高裁は，子どもの（校庭でのサッカーの練習という）行為は「通常は人身に危険が及ぶような行為であるとはいえない。また，親権者の直接的な監視下にない子の行動についての日頃の指導監督は，ある程度一般的なものとならざるを得ないから，通常は人身に危険が及ぶものとはみられない行為によってたまたま人身に損害を生じさせた場合は，当該行為について具体的に予見可能であるなど特別の事情が認められない限り，子に対する監督義務を尽くしていなかったとすべきではない」として，親のただし書免責（714条1項）を認めた。

　本判決のように，親の監督義務を子の行為の性質を含めて具体的に判断することになると，それは，（立証責任こそ異なるが）709条の過失判断と類似したものとなってくる可能性がある（潮見④115頁は，この判決において最高裁は，714条1項ただし書で問われている監督義務違反を民法709条の過失と同義にとらえているとする）。しかし，この事件では，子どもの年齢が比較的高かったことや，その行為が，学校の校庭でサッカーの練習をするという特に危険とも考えられない行為であった（球技の禁止された公園でボールを蹴っていたといった行為とは異なる。この事案では，従来の判例に従って，子どもの行為が不法行為にはあたらないとして免責される可能性があった。この判決については，吉村良一・私法判例リマークス53号50頁以下参照）こと等から見て，本判決が「監督義務者に包括的な義務を負わせ，監督義務の具体的な内容，程度に積極的な判断を加えない従来の裁判例の状況を転換させるものとまでは評しがたい」（久保野恵美子・平成27年度重要判例解説82頁）との指摘もある。少なくとも，この判決をもって，親の責任が大きく縮減されると考えるべきではなく，また，子どもの年齢が低い場合，そのことは適当でもない。

　(ハ)　監督義務を尽くしていても損害が発生したであろうことを立証すれば責任を免れることができるのだろうか。通説はこれを肯定してきた（我妻159頁，加藤（一）164頁以下，四宮677頁，他）。免責を認めないと監督義務者に不可能

を強いること，民法715条の使用者責任の場合の免責事由（民715条1項ただし書）との均衡，加害の原因力でないと評価されるような注意義務違反にまで責任を帰せしめることは妥当でないこと等を理由とする。現代語化のための改正（2004年）では，この通説の立場が明記された。

(3) 賠償義務者

(イ) 法定監督義務者

　責任無能力者の不法行為について責任を負うのは，まず第一に，無能力者を監督すべき法律上の義務ある者（法定監督義務者）である（民714条1項）。

　「法定監督義務者」とは，未成年者については，親権者，親権代行者，後見人，児童福祉施設の長（児童福祉法47条）であり，成年被後見人については後見人，精神障害者についてはその保護義務者（精神保健福祉法旧20条以下）であるとされてきた。しかし，精神障害者については，精神保健福祉法の平成7年改正によって，「保護義務者」が「保護者」に変わり，平成11年改正では，保護者について「自傷他害防止義務」が廃止された。そして平成25年改正では「保護者」制度自体が廃止された。平成25年改正はその理由として，「主に家族がなる保護者には，精神障害者に治療を受けさせる義務等が課されているが，家族の高齢化等に伴い，負担が大きくなっている」ことをあげている。このような改正の結果，精神保健福祉法によって法定監督義務者が決まるという状況でなくなった。また，成年後見についても，平成11年改正で，「心身の状態及び生活の状況に」配慮した「生活，療養看護及び財産の管理」を行うものとされ（民858条），他者加害を防止する監督義務とは距離のある内容となった。その結果，成年後見人を法定監督義務者と見る従来の考え方には再考の余地があるとされるようになり（Legal Quest 261頁），また，かりに法定監督義務者だとしても，未成年者の監督義務者のように包括的な監督義務を負うと解すべきではないとする説も登場している（前田（達）143頁）。

　以上のような関連法の改正や，精神障害者を家族で抱え込むという監護のあり方への反省を踏まえて，誰が民法713条を受けた714条の法定監督義務者かについて議論が生じている。この問題について興味深い判断を示したのが最高裁平成28年3月1日判決（民集70・3・681）である。事案は，認知症が進行しており判断能力を欠いていた91歳の男性が電車の駅構内の線路に立ち入り電

車にはねられて死亡した事件に関し，鉄道会社側が，事故によって列車の運休・遅れなどにより損害が発生したとして男性の遺族に損害賠償を請求したものである。この事件で，第一審（名古屋地判平 25・8・9 判時 2202・68）は，家族会議を主催し介護の方針を決定した長男が「社会通念上，民法 714 条 1 項の法定監督義務者や同条 2 項の代理監督者と同視し得る」「事実上の監督者」であったとし，控訴審（名古屋高判平 26・4・24 判時 2223・25）は，精神保健福祉法上の保護者であり，民法 752 条により協力扶助義務を負う妻が法定監督義務者だとした。

　これに対し最高裁は，精神保健福祉法改正の趣旨や民法 752 条における協力扶助義務の内容から，妻を法定監督義務者とすることはできないとした。しかし，同時に，最高裁は，「法定の監督義務者に該当しない者であっても，責任無能力者との身分関係や日常生活における接触状況に照らし，第三者に対する加害行為の防止に向けてその者が当該責任無能力者の監督を現に行いその態様が単なる事実上の監督を超えているなどその監督義務を引き受けたとみるべき特段の事情が認められる場合には，衡平の見地から法定の監督義務を負う者と同視してその者に対し民法 714 条に基づく損害賠償責任を問うことができるとするのが相当であり，このような者については，法定の監督義務者に準ずべき者として，同条 1 項が類推適用されると解すべきである」と判示した（その上で，この事件では妻や子どもらは監督義務者に準ずべき者にあたらないとして，その責任を否定）。

　最高裁のこのような考え方については，「準監督義務者」の範囲が衡平の見地によって決まることから責任要件の不明確さが生じ，また，より介護に積極的であった者が監督義務者として損害賠償責任のリスクにさらされることになり，その結果，「できるだけ同居しない」「日常的な接触を避ける」「介護に関わらない」という動機づけになってしまうという批判がある（米村滋人・法律時報 88 巻 5 号 2 頁，窪田充見・ジュリスト 1491 号 62 頁以下）。認知症者のような成人の精神障害者の場合，被害者救済とのバランスをどうとるかについては（立法論としてはドイツ法のような衡平責任を法定することも考えられるが），法定監督義務者ないしそれに準ずるものを探して 714 条の問題とするのではなく，民法 709 条の過失の有無によって解決すべきではないか。ただし，その場合，精神障害者とはいえ大人であるので未成年に対する場合のような「しつけ」や「教育」

は問題にならず，また，その行動に対する家族の影響力にも限界があることから，家族の責任が認められるのは，障害者の他者加害について具体的な予見があり，また，その回避が容易な場合に限るべきであろう。

さらに，事実上，責任無能力者を監督している者に「事実上の監督者」として，本条の責任が認められるとする裁判例がある（名古屋地判昭62・8・14判時1263・35，福岡地判昭57・3・12判時1061・85等）。最高裁も，精神障害者による殺人事件につき，保護義務者として家庭裁判所から選任を受けていない父親に代理監督者としての責任が問われた事例において，監督の実質がなく，また，保護義務者としての選任を避けていたものとはいえないとして，その責任を否定したものの，このような考え方自体は否定しなかった（最判昭58・2・24判時1076・58）。しかし，このような（精神障害者の家族に対する）監督義務者責任の主体の拡大については，精神障害者の家族に過度の負担を負わせるものとして，学説上は批判が多い（潮見④113頁等）。これらも，「事実上の監督者」として714条の責任を問題とするのではなく，709条の問題と考えるべきではないか。

　㈡　代理監督者

法定監督義務者との契約，法律規定，事務管理により，無能力者の監督を委託され，または引き受けた者（代理監督者）も，民法714条の責任を負う（同条2項）。具体例としては，保育所や幼稚園，学校，精神病院などの施設，事業体，さらには個人として無能力者をあずかり監督を引き受けた者などである。これらの者は無能力者の特定の生活領域に関してのみ監督を引き受けている場合が多く，その場合には，前述の「特定生活監護型」の監督義務を負うことになる。

学校，幼稚園，病院等の施設ないし事業体が監督を引き受けた場合，本条の責任を負うのは，施設・事業体自身なのか，現実に監督にあたる個人（教員や職員）なのかについては争いがある。実際に監督するのは個人であるが，監督を引き受けたのは施設・事業体であることや，無能力者の監護という業務に従事する個人に過大な負担を負わせるべきでないことから，施設・事業体自身が責任を負うと考えるべきであろう（同旨，幾代＝徳本192頁，四宮679頁，澤井285頁，他）。

個人として無能力者の監督を引き受けた者が代理監督者として責任を負うのは，ある程度継続した監護を引き受けた場合に限るべきであり，近所のよしみで子どもを一時あずかったような場合には本条によるべきではないとする説が

有力である（四宮 679 頁，他）。ボランティア活動で子どもをあずかった場合について本条の責任が成立するかどうかが問題となるが，奉仕活動であることは代理監督者であるかどうかの判断に影響を与えないとして，ボランティアで子どもを川遊びにつれていった引率者の責任を認めた判決がある（福岡地小倉支判昭 59・2・23 判時 1120・87）。

★ 監督義務者責任の要件事実

　責任無能力者（Ａ）の行為による被害者が監督義務者（Ｙ）に対し民法 714 条 1 項の責任を追及する場合の要件事実は以下のとおりである。

〔賠償を請求する原告が請求原因として主張立証すべき事実〕
　①　原告の権利または法律上保護される利益が侵害されたこと
　②　Ａの加害行為
　③　損害の発生およびその金額
　④　②と③の因果関係
　⑤　Ａが行為の当時，責任能力を有しなかったこと
　⑥　Ｙが行為の当時，監督義務者であったこと
〔被告が抗弁として主張立証すべき事実〕
　イ　自らが責任無能力者の監督義務を怠らなかったこと
　ロ　自らが監督義務を怠らなくても損害が生じたであろうこと
　＊抗弁としてはイまたはロのいずれかでよく，両方を主張立証する必要はない。

　以上のうち，議論があるのは，②において，責任無能力者の故意・過失が請求原因として必要かどうかである。責任能力が過失の前提であり，それがない場合に過失を観念しえないとの立場をとれば，この要件事実は上のように，単に「加害行為があったこと」となろう。これに対し，過失は客観的な注意義務違反であり責任無能力者にも過失行為は観念できるとの立場をとれば，この要件事実は，Ａの故意または過失ある行為ということになる。民法 709 条で，責任能力が請求原因ではなく抗弁とされていることから，後者の立場も有力である（潮見④ 103 頁。この問題については，山本和敏「損害賠償請求訴訟における要件事実」鈴木忠一＝三ケ月章監修・新・実務民事訴訟講座 4 巻 338 頁以下参照）。

2 使用者責任

(1) 序　説

(イ)　はじめに

　AがBに雇われてBの仕事に従事中，他人に損害を生ぜしめてしまった場合，直接の加害者であるAを雇用していたBは被害者に対し，どのような責任を負うだろうか。この点に関して民法は715条において，「ある事業のために他人を使用する者〔＝使用者〕」または「使用者に代わって事業を監督する者〔＝代理監督者〕」に，「被用者がその事業の執行について第三者に加えた損害を賠償する」責任を課している。この場合，使用者が被用者の選任および事業の監督について「相当の注意をしたとき，又は相当の注意をしても損害が生ずべきであったとき」は免責される（同条1項ただし書）。

　被用者による損害に対する使用者の責任に関する諸外国の立法は，次の二つに分かれている。直接の加害者たる被用者について不法行為の要件が満たされていることを前提とするフランス法やイギリス法の考え方と，被用者自身の故意・過失を要件とせず，むしろ使用者自身の選任・監督上の過失を根拠に責任を認めるドイツ法の考え方である（外国法については「日本不法行為法リステイトメント⑫」ジュリスト894号114頁（森島）参照）。

　わが国の場合，旧民法では，フランス民法1384条にならって，被用者が「職務ヲ行フ為メ又ハ之ヲ行フニ際シテ加ヘタル損害ニ付キ」使用者責任を負うと規定され（財産編373条），使用者の監督上の無過失の立証による免責規定は置かれていなかった。これに対し，現行民法は，使用者の免責を認めないと安心して人に仕事を頼めないとの理由から選任・監督上の無過失による免責を規定し，この点でむしろ，使用者の選任・監督に関する過失責任として理解されるドイツ民法831条規定に類似したものとなっている。ただし，ドイツ法は使用者責任を選任・監督に関する自己責任と解する立場から，被用者自身の故意・過失を要件としていないのに対し，本条の場合はその点が明確でない（立法経過については田上富信「使用者責任」星野英一編集代表・民法講座6巻460頁以下参照）。

(ロ)　責任の性質

　民法典の起草者および施行直後の学説は，使用者に被用者の選任・監督につ

いて過失があったために負うのが本条の責任であり，したがってそれは，709
条と同じく，自らの過失に対する責任であると理解していた。このような立場
からは，使用者が選任・監督上の無過失を証明して責任を免れることは当然の
ことになる。しかし，そのような責任の理解にもかかわらず，当時の判例や学
説の主流は，本条の責任の成立要件として，被用者自身の故意・過失を要求し
ていた。

　これに対し，大正時代に入ってから，本条の責任を，被用者の責任を使用者
が代わって負担する責任（いわゆる代位責任）として理解し，同時に，使用者が
代位して責任を負う根拠を報償責任や危険責任に求める説が通説の地位を占め
るようになった。他人を使用することによって自己の社会的活動領域を拡張し
利益を収める可能性を享受している者は，その事業活動に関連して他人に与え
た損害については賠償すべきであり（報償責任），あるいは，人を使用して活動
領域を広げている者はそれだけ社会に対し危険性を増大させており，その危険
性の現実化に責任を負うべき（危険責任）だとされたのである。このような報
償責任・危険責任としての位置づけからは，使用者の選任・監督上の無過失に
よる免責を容易には認めない事実上の無過失責任としての運用が肯定されるこ
とになるが，反面において，代位責任である以上，被用者が不法行為責任の要
件を満たしていることが前提として要求される。

　このような説が通説化した背景は，大正時代以降において，近代的な企業活
動の展開にともなう事故被害者を救済すべきであるとする社会的要請が強まっ
たことにある。しかし問題は，本条が，そのような近代的産業における事故に
のみ適用されるとは限らないことである。したがって，上のような実質上の無
過失責任的処理による被害者救済には，一定の歯止めも必要となってくる。そ
こで通説は，被用者の故意・過失を要件とすることをその歯止めとしたのであ
る。すなわち，使用者は，事実上，被用者の選任・監督上の過失を要件とせず，
被用者が事業の執行につき生じさせた損害に対して責任を負うが，被用者の故
意・過失を要件とすることにより，被用者が負う以上の責任を負わないことに
なり，一定の歯止めがかけられているのである。

　1970年代に入って，上のような通説による責任の性質理解の問題点を指摘
し，新たな理解を呈示する説が有力に主張されるようになった。その背景は，
公害等の企業活動にともなう被害の救済のあり方が問題になったことにある。

そして，これらの説から共通して指摘された通説の問題点は，現代社会においては多数の人間を雇用して大規模な事業活動を行う企業が増加しており，そのような企業活動の中で被害が発生した場合，企業自身に責任を課す（いわゆる企業責任）ことが必要となるが，代位責任として理解された715条では被用者の個人としての責任が成立し，また企業から被用者に対する求償が問題となるため企業への責任の集中が実現できないこと，企業活動にともなう不法行為の場合，被用者を特定し，その者に過失があったことを立証するのは被害者にとって容易ではないことである。

　このような問題点を克服するために，次のような考え方が提案された。その一つは，被用者の故意・過失は使用者責任の要件ではないとする説である（田上富信「被用者の有責性と民法715条（1）（2）」鹿児島大学法学論集8巻2号，9巻2号）。この説によれば，報償責任ないし危険責任の思想で使用者の責任を基礎づける考えを徹底すれば，715条の本来的責任主体は被用者ではなく使用者であり，したがって，使用者責任の成立のためには被用者の有責性（故意・過失）は必要ではなく，被用者の加害行為が客観的に見て違法であればよいことになる。なお，この説は，企業責任以外の使用関係においても被用者の有責性不要説を貫くと手放しの被害者保護になってしまうという批判に答えるために，被用者の行為態様が職務上要求される相当な行為であったことを使用者が主張・立証すれば使用者は免責されるとする。

　第二の説は，企業責任の場合の代位責任説の難点を克服するために，企業自体が不法行為をしたものととらえ，715条ではなく709条により企業自身の責任を認める考え方である（神田孝夫・不法行為責任の研究）。企業の通常の活動の過程で被害が発生したような場合には，どの従業員が当該行為にあたっていたかは企業の内部問題であり，企業外の被害者にとっては，企業自体が加害者であるととらえるのが実態にあっていること，企業自身に709条の責任を認めるという構成によれば前述の問題点が解消され，企業への責任の集中が可能であること，さらに，企業自身の過失の認定については，その注意義務を高度化することにより被害者救済をはかることが可能であること等から，この説に賛同する学説も多く（澤井315頁以下，幾代＝徳本219頁以下，森島31頁以下，他），公害や薬害等における下級審判決においても，709条により企業責任を認めているものが多数存在する（熊本地判昭48・3・20判時696・15（熊本水俣病判決），福

岡地判昭 52・10・5 判時 866・21（カネミ油症事件判決），他）。

　この説に対しては，過失の前提となる行為義務違反の有無を判断するには，特定人の行動を問題にしなければならないのであり，擬人化された「企業自体」の過失を問うている点で疑問があるとの批判があり（平井 227 頁），同様の理由から 709 条の適用を否定する判決も存在する（東京高判昭 63・3・11 判時 1271・3（クロロキン薬害事件判決），他）。しかし，過失の重点が行為者の内心の要素といった主観的なものから注意義務違反に置き換えられる傾向にある現在，企業としてのとるべき行為義務とその違反としての過失を論ずることは可能であり，公害や薬害の場合，そのメカニズムから見て，たまたま当該部署にいた被用者の過失としてではなく，企業自体の過失として扱うのが現実的でもある。

　第三に，被用者の不法行為が問題となるケースを類型化し，それぞれに異なる条文による責任を割り当てる考え方もある（國井和郎「使用者責任とその周辺問題」法律時報 48 巻 12 号 21 頁）。この説は，被用者の不法行為を，企業活動による公害の場合のように使用者自身が事業内容やその遂行の仕方において損害発生のメカニズムを作り出している場合（「単独責任類型」），使用者が損害惹起の手段や機会を与えており被用者がこれを利用する形で被害を発生せしめた場合（「従属責任類型」），加害被用者の過失を認定できるとともに使用者にも独自の行為主体性を認めうる場合（「併存責任類型」）等に分け，715 条の適用を「従属責任類型」に限定し（「単独責任類型」は 709 条，「併存責任類型」は 719 条が問題となる），同時に，その内容を，使用者が被用者の不法行為につき責任を負うのは使用者が被用者に損害惹起の手段や機会を与えたにもかかわらず選任・監督の注意義務を怠ったことにあるので，代位責任としてではなくむしろ自己責任として理解すべしとする。

　さらに，使用者責任の事案は多様であって，715 条の適用を考える際には，事案の特性の差異を考慮して，業務内容が危険な危険業務型，非危険業務であって営利を目的とする営利型，営利を目的としない非営利型の三つに類型化して，要件効果を考えるべきとの主張もなされている（加藤（雅）336，347 頁）。この説によれば，非営利型では，使用者責任を通常以上に重くする必要はないので，被用者の故意・過失を要件としても差し支えないが，営利型や危険業務型については，報償責任や危険責任の観点から，被用者の故意・過失は要件とならないとされる。

以上のような使用者責任の性質に関する議論は，被用者の故意・過失を要件とすべきかどうか，使用者の免責はどのような場合に認められるのか，被用者自身の被害者に対する責任の存否，被用者に対する使用者の求償の可否と範囲等において具体的な差異をもたらすことになる。

　使用者責任の性質に関する各説の位置づけ　　他人を使用した場合の使用者の責任のあり方については，本条を含めて様々の規定があるが，大要，以下のように分類しうる（澤井 291 頁以下参照）。
　①　**監督責任型**　　被用者に対する選任や監督上の義務違反（使用者自身の過失）を理由に責任を負うタイプ。民法典の起草者による 715 条の理解がこれにあたる。この場合，使用者は選任・監督上の無過失を立証すれば，自己に過失がなかったことになるので免責される。また，使用者は自らの過失（選任監督上の義務違反）により責任を負うので，被用者の故意・過失は必須の要件ではないことになる。
　②　**代位責任型**　　直接の加害者たる被用者が不法行為責任を負うことを前提に，使用者が代わって責任を負うタイプ。公務員が職務を行うについて発生させた損害に対する国・公共団体の責任を規定した国家賠償法 1 条（第 5 節 2 参照）等がこれにあたる。ただし，後述（237 頁以下）のように，使用者責任においては，それを代位責任とする判例・学説においても，使用者から被用者への求償が制限される場合や被用者から使用者への逆求償が認められる場合があることから，この代位責任は，必ずしも，使用者・被用者の内部関係において被用者が 100%の負担をする（保証人の責任と同じ）「肩代わり責任」であるということを意味しない。使用者責任における「代位責任」とは，「誰の過失（不法行為）を責任要件とするか」「誰の行為を対象に過失評価を行うか」に着目したものであり，「肩代わり責任」ではなく，求償関係は両者の内部関係の性質に照らして規律されるべきであろう（中原太郎・論究ジュリスト 16 号 42 頁以下）。
　③　**直接責任型**　　直接の加害者の不法行為責任を前提とせず，かつ，被用者に対する選任・監督上の過失をも問題とせず，使用者自身の独自の責任要件の充足により自己責任としての責任を直接負うタイプ。自動車損害賠償保障法 3 条による，「自動車を自己のために運行の用に供した者」の責任（第 5 節 3 参照）がこれにあたる。
　④　**組織責任型**　　企業の業務活動を当該企業の方針に従い行っている過程で被用者の行為が他人に損害を生ぜしめた場合。この場合には，当該被用者が誰であるかは被害者にとって意味をもたず，もっぱら企業という組織自体の活動のあり方が責任の根拠となる。
　以上のようなタイプを前提にして，先の使用者責任の性質に関する議論を位置

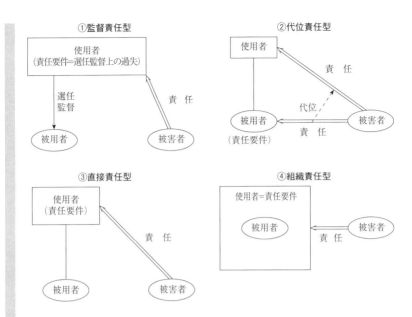

①監督責任型

使用者
(責任要件＝選任監督上の過失)

選任
監督

被用者

責　任

被害者

②代位責任型

使用者

責　任

代位

被用者
(責任要件)

責　任

被害者

③直接責任型

使用者
(責任要件)

責　任

被用者

被害者

④組織責任型

使用者＝責任要件

被用者

責　任

被害者

づけるならば，まず，従来の通説は，被用者の故意・過失を使用者責任の要件と
して要求し，同時に，使用者の選任・監督上の無過失の証明を厳しく制限する点
において，本来「監督責任型」として立法された715条を「代位責任型」に近づ
けて解釈しようとするものとして位置づけることができる。他方，被用者の故
意・過失を要件からはずして使用者の責任を認めるべしとの説は，「代位責任型」
を超えて「直接責任型」に近いものとして715条を解釈することによって企業責
任に対応しようとするものと見ることができよう。そして，企業責任を709条に
よって処理しようとする説は，「組織責任型」を715条の射程範囲からはずそう
とするものであった。

　ところで，今日の社会における人に仕事を頼むという関係は，大規模な企業に
おける雇用関係から個人的な使用関係まで，あるいは営利事業から非営利的業務
まで，さらには通常の事業から危険性をともなう事業まで様々であり，また，被
用者の行為も，使用者の指示や方針に忠実に従った行為から，権限濫用等の個人
的色彩の強い行為まで多様なものがある。これらの全てを715条でカバーするこ
とには本来無理があり，結局，715条にこだわらず，実態に即して最も適切な適
用条文や法的構成を考えるべきであり，その意味で715条の適用を限定する説が
妥当な方向を示していると言えるのではないか（潮見③14頁は，715条による
「使用者責任」は「使用者の責任」に関する問題の一部をになうにすぎないとし，
中原太郎「事業遂行者の責任規範と責任原理」法学協会雑誌129巻10号265頁

は，「使用者の責任（使用者責任）」から「事業遂行者の責任」へと拡張した問題把握をすべきとする）。そして，そのように限定された715条の使用者責任については，これを代位責任とする従来の考え方が支持されうるのではないか（同旨，潮見③68頁）。ただし，現実には被用者と使用者の関係は様々であり，類型的に処理するにしても，各類型の境界は流動的である。したがって，被害者の側の便宜をも考え，通説の考え方を維持した上で，被用者の過失の立証を緩和したり，被用者に対する求償を制限するなどして，715条を幅広く活用しうる途をも残しておくべきであろう。

(2) 使用者責任の要件

(イ) ある事業のために他人を使用すること（「事業」および「使用関係」）

① 旧民法は，工事，運送等，問題となる事業の種類を具体的に列挙していた（財産編373条）が，現行民法の起草者はこれを改めて，「事業」という概括的な規定を置くこととした。そして，その説明にあたって，事業とは大規模なものだけではなく，要するに仕事と同義であるとして，庭の木の枝を切るという例をあげている。その後の判例・学説も事業の範囲については極めて広範囲に解しており，営利的なものか非営利的で個人的ないし家庭的なものか，継続的なものか一時的なものか，事実的なものか法律的なものかを問わないとしている。判例において，兄が自宅に帰る際に弟に自動車を運転させていたことが事業に含まれるとして，弟の起こした事故について兄の使用者責任を認めたものがある（最判昭56・11・27民集35・8・1271）。

また，暴力団の抗争事件中の誤射によって死傷した事案について，本条に言う事業とは「人の社会生活における活動一般をいう」と解し，銃撃事件も事業の執行につきなされたものであるとして組長等の責任を認めた判決（那覇地沖縄支判平14・3・14判時1803・43）や，暴力団員が縄張りを維持するために行った殺人事件について，縄張りの維持・拡大・防衛行為は事業にあたるとして組長の使用者責任を認めた判決（東京高判平14・11・27判時1807・84）のように，反社会的な活動についても本条の要件としての事業にあたるとされることがある（これに対し，前述の那覇地沖縄支判の控訴審である福岡高那覇支判平14・12・5判時1814・104は，不法行為を行うこと自体を直接の目的とする活動は事業とは言えないとして使用者責任の成立を否定したが，少なくとも，暴力団の資金獲得活動（いわゆる「シノギ」）は，その事業と見ることができるのではないか。暴力団組長に使用者責任を

認めた最判平 16・11・12 民集 58・8・2078 は,「威力を利用して資金を獲得する活動」を事業と見ているが,北川裁判官は,暴力団という組織の特質から,抗争行為自体を事業と見ることができるという意見を付している。なお,指定暴力団の対立抗争による人身被害については,2004 年に「暴力団員による不当な行為の防止等に関する法律」の中に,代表者等の無過失責任を規定した条文が新設され,さらに 2008 年改正では「シノギ」行為にも拡大された)。

　② 「使用関係」についても,判例や学説はこれを広く解している。使用関係を根拠づける最も一般的なものは雇用ないし労働契約であろうが,その他の契約であっても使用関係の成立は認められ,また,そのような契約が無効であった場合や,そもそも契約関係が存在しない場合にも認められる。報酬の有無や関係の期間の長短も問題とならない。要するに,一方(使用者)から他方(被用者)への実質的な指揮・監督の関係があることにつきる。

　契約関係がない場合にも実質的な指揮監督関係の存在を理由に使用関係を肯定しうるとした判例として,父の命令で娘が一時的に風呂屋の番台にすわっていた場合(大判昭 3・6・13 新聞 2864・6),医者が父の雇用する女中に患者に薬を渡すよう委託したところ女中が誤って他の薬を渡した場合(大判昭 2・6・15 民集 6・403。ただし傍論であり,具体的事案においては使用関係を否定),運転歴の短い弟の運転に対し助手席にいる兄が絶えず運転に気を配っており,事故発生直前にも発進の合図をしていたケース(前掲最判昭 56・11・27)などがある。

　暴力団の組員の抗争事件等における不法行為についても,組長は使用関係ある使用者として責任を負い(宇都宮地栃木支判平 8・1・23 判時 1569・91,千葉地判平 9・9・30 判時 1659・77),さらに,直接の加害者の属する暴力団の上部団体の組長についても使用関係が肯定されることがある(大阪高判平 15・10・30 は,実行犯の属する暴力団の系列最上位の指定暴力団組長について使用関係を肯定し,最高裁もこの結論を支持している(前掲最判平 16・11・12。最近のものとして,「みかじめ料」を強要されたケースで,下部組織の構成員と上部団体の会長の間に使用関係を認めた名古屋地判平 29・3・31 判時 2359・45 がある))。ただし,会費や上納金等の納付があるだけでは使用関係を認めることは困難だとして,その場合は,使用者責任ではなく共同不法行為の問題とすべきとの説もある(加藤(雅)337 頁以下)。

　本条の責任の基礎を報償責任ないし危険責任に求める考え方からすれば,上のような使用関係の広い解釈は妥当なものだと言うことができる。ただし,こ

れに関連して，次の二点に留意する必要がある。まず第一は，このような使用
関係の定義から明らかなように，行為者の独立性ないし自由裁量性が強い場合
には，本条の責任は成立しないことである。第二に，指揮監督関係の存否の判
断にあたっては，現実にどのような指揮監督を行っていたかという点だけでは
なく，どのような監督をすべきであり，また，なしうる地位にあったかという
規範的な判断も重要である。現実に指揮監督をしていなかった場合であっても，
客観的に見て何らかの指揮監督をなすべき地位にあった場合には使用関係を認
めるべきであろう（平井228頁以下，澤井300頁，他）。以下，この点を踏まえて，
具体的に問題となるケースを検討してみよう。

　(a)　独立行為者　　使用者の事業に従事している者であっても，使用者の指
揮監督の下で行動するのではなく，自由裁量を有し独立して行動する者は被用
者とは言えない。請負人（民716条参照），弁護士（大判大2・6・26民録19・488），
司法書士（大判昭7・3・31民集11・540）等である。弁護士については，訴訟代
理人は常に本人の指揮監督下にあるとして使用関係を認める判決もあるが（大
判大12・6・7民集2・386，他），弁護士の職務の専門性や裁量性から見て，一般
的にはこれを否定すべきであろう（通説）。ただし，依頼人の具体的な指示に
問題があった場合には，依頼人に709条による固有の責任が認められることは
ありえよう（大学双書206頁（國井），他）。なお，この独立行為者にあたるかど
うかは名称ではなく実質的に判断すべきであり，請負人であっても，実質上の
指揮監督関係があれば使用関係は肯定される。特に，元請と下請の関係におい
ては，下請は実質上，元請の指揮監督に従うことが多いので，使用関係を肯定
してよい場合が多いであろう（大判昭9・5・22民集13・784，他）。

　(b)　名義貸与　　例えば，自動車運送に関する営業免許を得ていた者が他人
にその営業名義を貸与した場合において，貸与を受けた者が引き起こした事故
について名義貸与者は責任を負うのだろうか。この点について，現在では715
条による使用者責任を認めるのが判例の大勢である。例えば，自動車運送営業
の名義貸与のケースにおいて，「名義貸与者は，名義借用者およびその被用者
を事実上指揮監督すべき立場にある」として使用者責任を認めた判例がある
（最判昭41・6・10民集20・5・1029）。妥当な結論だが，名義貸与が特定の営業を
行うことを一定の資格ある者に限定している法律の趣旨に反する行為として行
われる場合には，事実上の指揮監督関係を問うことなく，規範的な判断を重視

して広く名義貸与者の責任を認めるべきであろう（四宮684頁）。

(c)　使用関係の競合　①　Aの被用者BがCの事業に従事するというように，使用関係が複数存在すると見られる場合がある（使用関係の横の競合）。土木工事請負人が道路工事に使用するために運転手つきでトラックを借り受けた場合，使用者として責任を負うのは，現場で監督をしていた請負人であるとした判例があり（最判昭41・7・21民集20・6・1235），学説においても，従属＝指揮監督関係の強弱・遠近により判断すべしとの説がある（大学双書208頁（國井））。しかし，元の使用者（A）との関係においてなお雇用契約等が残っており，Bの行為について指揮監督すべき関係が残っておれば，AとCはともに使用者として責任を負うべきであろう（四宮685頁）。

②　建設工事において一般的に見られるような，下請Aの従業員Bが元請Cの工事に従事するという関係において，Bが事故を起こした場合，元請Cは使用者として責任を負うのだろうか（使用関係の縦の競合）。判例は，CB間に現実の指揮監督関係がある場合にのみ元請Cの使用者責任を認める傾向にある。例えば，「直接間接に元請負人の指揮監督関係が及んでいる場合」にのみ元請負人は下請負人の被用者の不法行為につき使用者責任を負うとして，工事の下請人が雇った運転手が私用運転により起こした事故について責任を否定したもの（最判昭37・12・14民集16・12・2368）や，同じく，同様の基準をあげて，建設工事において元請負人がその被用者を現場に詰めさせ，下請負人の従業員に対しても監督を行っていたことを認定して元請負人の使用者責任を肯定した事例（最判昭45・2・12判時591・61）などがある。

学説においても，元請と下請の間の事業主体間の指揮監督関係だけで元請の使用者責任が認められると使用者責任が無限に広がってしまうとして，この判例の立場を支持するものがある（幾代＝徳本199頁，他）が，指揮監督関係の有無は規範的に，すなわち，監督すべき立場にあったかどうかによって判断すべきである。したがって，例えば，元請と下請が親会社と子会社の関係ないし支配従属の関係にある場合には，下請の従業員に対する元請会社の使用関係を認めるべきであり（四宮685頁），また，いわゆるゼネコンが自己の工事であることを表示して行っている工事については，名義貸与者の使用者責任との均衡から見ても，そこで働く下請（あるいは孫請等）の従業員との関係で使用関係を否定すべきではないだろう（澤井307頁）。

注文者の責任　民法 716 条は，注文者は請負人がその仕事について第三者に加えた損害について賠償責任を負わないと規定している。請負人は注文者に独立して仕事を行うことから，使用者責任で言う使用関係が存在しないのが通常であり，本条は当然のことを規定したものにすぎないとされる（我妻 166 頁，加藤（一）170 頁，他）。

　また，同条ただし書は，注文または指図について注文者に過失がある場合には注文者にも責任があるとしているが，この規定の存在意義については争いがある。通説は，注文者に過失があれば 709 条で責任を負うのは当然であり，ただし書は単なる注意規定にすぎないとする（加藤（一）171 頁，前田（達）156 頁，他）。これに対し，かつての判例には，本条ただし書の責任は 715 条と同列のもの，すなわち，他人を使用する者の負う責任であり，ただ，715 条のように使用者の過失の立証責任が転換されていないだけであるとするものがあった（大判昭 9・5・22 民集 13・784，他）。

　両者の違いは，注意規定説では注文者の責任は 709 条の責任と同じものなので，注文者の過失と損害発生の因果関係が必要となるが，後者の立場だと，使用者責任における使用者の選任・監督上の過失と同様，注文または指図との因果関係が不要になる点である。逆に後者の説では，あくまで請負人の不法行為が要求されるのに対し，前者の説では，注文者に過失があれば請負人の不法行為を要件とせずに責任が肯定されることになる。

　現実の解決において大きな差は生じないであろうが，請負であっても，注文者と請負人の間に事実上の指揮監督関係があれば使用者責任の成立を認めるとする最近の判例・通説を前提とすれば，本条が問題となるのはそのような使用関係の存在しない場合であり，したがって，注文者の責任の性質は 709 条と同様のものと見た上で，危険な仕事を請け負わせたような場合には，注文者の過失およびその過失と被害発生の因果関係を緩やかに認定することにより問題を解決すべきではなかろうか。

(ロ)　被用者が「事業の執行について」損害を発生させたこと（事業執行性）

①　通説によれば，使用者責任は，報償責任ないし危険責任の考え方から，被用者が発生させた損害について使用者に責任を負わせるものである。このような使用者の責任負担が合理的であるのは，被用者の加害行為と使用者の事業との間に一定の関連性がある場合に限られる。事業執行性という要件は以上のことを示したものである。同時に，使用者責任の成否に関する他の要件は，被害者に有利に緩和される傾向にあることから，この要件が使用者責任の成否にとって持つ意味は大きい。

この要件の内容について，立法者は明確な基準を定めているとは言えない。民法典の起草者は，旧民法の「職務ヲ行フ為メ又ハ之ヲ行フニ際シテ」という規定を，事業の執行に「際シテ」では広すぎるが事業の執行の「為ニ」では狭すぎるとして事業の執行に「付キ」（ついて）を選択したと説明しているが，このような説明からは，不法行為が職務執行の時間内において（「際シテ」）行われただけでは使用者責任は成立しないが，使用者の利益をはかる意図（「為ニ」）までは必要ないということが出てくるだけで，それ以上の基準は結局，判例・学説による具体化を待たざるをえないのである。

② この問題につき，初期の判例は，事業執行性をかなり限定的に解釈する傾向にあった。例えば，大審院は，株式事務を担当する営業所主任が保管中の予備株券用紙や会長印を使って自己の利益をはかるために株券を偽造発行し他人に損害を生じさせた事件において，被用者の行為が「使用者ノ事業自体ナルカ若クハ其事業ノ執行ト相関連シテ之ト一体ヲ為シ不可分ノ関係アル」場合にのみ（いわゆる一体不可分説）使用者責任が成立するとして，会社の責任を否定している（大判大5・7・29刑録22・1240）。

しかし，このような考え方は，大正後期ごろから学説の批判を受けるようになり，「事業の執行につき」は広く解すべきでありその範囲は行為の外形を標準にして判断すべきであるとするいわゆる外形標準説が唱えられた（鳩山秀夫・日本債権法各論下巻917頁）。このような学説は，産業の発展にともなう事故の多発の中で企業活動に対する責任を強化する必要性があるという社会的要請に基づき，報償責任や危険責任に基づいて使用者責任の性質を理解する考え方を背景として登場したものであるが，判例もやがてそれを受け入れるようになる。大正末に，会社の庶務課長として株券発行業務を担当する者が，自己の金融をはかるために，自己が保管する株券用紙や印鑑を使って株券を偽造発行し他人に損害を生ぜしめた事案において，事業の執行につきの文言は広義に解釈すべしとした判決が登場したのである（大連判大15・10・13民集5・785）。

この判決は，従来の一体不可分説による制限的な解釈をとらないことを述べているにすぎないが，その後，判例は外形標準説を明示的に採用し（大判昭15・5・10判決全集7・20・15），さらに，外形標準説が当初主として念頭においていた「取引的不法行為」（株券の偽造発行のように取引行為を媒介にして行われる不法行為）の場合だけではなく，「事実的不法行為」（交通事故のように取引行為が

介在しない不法行為）についてもこれを採用するにいたる（最判昭30・12・22民集9・14・2047，他）。

　なお，言うまでもなく，外形標準説とは，「職務の執行行為其のものには属しないが，その行為の外形から観察して，恰も被用者の職務の範囲内の行為に属すものと見られる場合」（最判昭36・6・9民集15・6・1546）において，使用者の責任を拡張しようとする際に説かれる説である。したがって，事業執行行為ないし職務行為そのものにより他人に損害を発生させた場合（例えば，タクシー会社の従業員である運転手が客を乗せて走行中に事故を起こした場合や，医療機関の勤務医が手術中にミスをおかしたといった場合など）には，行為の「外形」を問題とするまでもない。

　　　事業執行性と被害者の主観的要素　　取引的不法行為において，判例は，被害者（取引の相手方）が被用者の行為が私利をはかるためになされたものであることについて善意であったのか悪意であったのかを問題にする。例えば，製菓原料店の主任が自己の利益をはかるために店の名義で原料の売買契約を締結しその原料を横流ししてしまったケースにおいて，使用者責任における外形標準説の意義は取引行為に関する限り行為の外形に対する第三者の信頼の保護にあり，したがって，その行為の相手方たる第三者が当該行為が被用者の私利をはかるためのものであることを知っていた場合には使用者責任を負わないとした判決（最判昭42・4・20民集21・3・697）があり，さらに，被害者が被用者の権限濫用について重大な過失で知らなかった場合にも事業執行性を否定した判決がある（最判昭42・11・2民集21・9・2278）。

　　これらの判決は，公平妥当な解決として多くの学説の支持を得ている（森島43頁，平井235頁，四宮693頁，他）。しかし言うまでもなく，外形標準説に信頼保護の要素をもりこむことが可能なのは取引的不法行為のみであり，事実的不法行為においては被害者の信頼は問題とならない。取引的不法行為についても，被害者の主観的事情を事業執行性の有無において斟酌することはオールオアナッシングの結論を導いてしまうことから，事業執行性を肯定した上で過失相殺（民722条2項）において考慮すべきであるとの批判も強い。

　以上のようにして形成された判例の外形標準説については，批判も少なくない。この説の狙いは被用者の主観的意図（私利をはかる等）を考慮せずに事業執行性を判断すべしとする点にあるが，この点は，起草者が，事業の執行に「付キ」は「為ニ」よりも広いとしていることから見て妥当である。問題は，この

ような，被用者の主観的意図を排除するという点を超えて，ある被用者の行為の事業執行性を判断する上で，この説が有効な基準を呈示しえているかどうかである。特に，被害者にとって被用者の行為が使用者の事業の執行についてにあたるかどうかの外観を問題にすることに意味のない事実的不法行為において，この外形標準説が適切な判断基準を与えうるかどうかについては疑問もある。

このような批判を受けて，学説においては，当該行為が客観的に見て使用者の支配領域に入っているかどうかによる説（加藤（一）182頁以下，四宮693頁）や，加害行為と被用者の本来の職務との関連性と加害行為への近接性（本来の職務により被用者が加害行為を行うことが客観的に容易である状態に置かれていること）を基準とすべきとの説（平井235頁），加害行為が被用者たる地位にあることから通常予見されうるものかどうか，加害行為と被用者の本来の職務との近接性，加害行為の状況，被害者の主観的要素など種々の要因を総合して評価すべしとする説（幾代＝徳本207頁），支配可能性と利益帰属性を判断基準とすべきとする説（窪田218頁）などが有力である。

本条の責任の性質から見て支配領域説が最も妥当と思われるが，支配領域に入っているかどうかの判断については職務行為との関連性等の要素は無視することができず，結局，各種の要素の総合的な判断になろう。しかし，どの説に立つにせよ，現実の加害行為と本来の職務執行行為の関係という内部的な実態を重視することは被害者救済から見て問題であり，支配領域内であったかどうか，あるいは，職務行為との関連性の有無等はあくまで行為の客観的な外観を基準にして判断すべきであり，その意味では，外形標準説はなお積極的な意義を有するとの評価（四宮692頁以下，澤井310頁）は的を射ている。

③ 加害行為が使用者の事業の執行について行われたものであるかどうかは，それが使用者の事業の範囲に含まれるかどうか，さらに，被用者の職務内容や権限が限定されている場合には，その職務の範囲に含まれるかどうかにより判断される。

ⓐ 不法行為を事業内容そのものとすることは，暴力団のような場合を除き（暴力団の活動が事業となりうることについては前述。なお，この問題については，日弁連民事介入暴力対策委員会編・暴力団の不法行為責任も参照），通常はありえないので，被用者の加害行為が，業務執行行為そのものではないがそれに関連していた場合や，客観的には業務執行行為であるが被用者が私利をはかる目的でそ

れを行った場合が問題となる。ただし，詐欺的商法による被害者が従業員の
セールス行為について会社の使用者責任を追及する場合（秋田地本荘支判昭 60・
6・27 判時 1166・148（豊田商事事件），大阪地判昭 62・3・30 判時 1240・35（原野商
法））などにおいては，被用者による業務執行それ自体が不法行為になること
があり，その場合は，当然，使用者は本条による責任を負う。

　　ⓑ　事業執行性は，加害行為者の主観的な意図には関係なく客観的に（外形
から）判断されるべきである。したがって，被用者が私利をはかる目的で行為
した場合も，原則として（例外は被害者の主観的要素が考慮される取引的不法行為の
場合）事業執行性は肯定される。また，本来の事業執行そのものでなく，それ
に関連した被用者の行為が問題となる場合には，事業との関連の密接性が問題
となるが，この場合も，判断の基準は使用者＝被用者の内部関係ではなく，客
観的な関連性の強弱である。

　事実的不法行為における責任の肯定事例としては，タクシー運転手が無免許
の乗客に運転させていて事故が起こった事例（大判昭 16・4・10 民集 20・462），
貨物運送会社の運転手が取引先の人間をたまたま同乗させていて事故を起こし
た事例（最判昭 36・1・24 民集 15・1・35）などがある。取引的不法行為としては，
銀行の支店長が不良債権の穴埋めをしようとして，支店名義で靴下の売買契約
を結んだケースにおいて，銀行の事業の執行にあたらないとは言えないとした
判例がある（最判昭 32・3・5 民集 11・3・395）。

　これらに対し，郵便局の保険外務員が，簡易保険の契約者に対し虚偽の事実
を述べて簡易保険の契約者貸付けの方法により貸付けを受けさせ，その金銭を
だまし取ったケースで，事業の執行性を否定した判決がある（最判平 15・3・25
判時 1826・55）。これは，保険外務員の金銭騙取という不法行為は被害者と被告
の個人的な関係であり，郵便局の業務との関連性が存在しないという判断によ
るものである。

　　ⓒ　事業執行中の被用者の暴力行為についても，「事業の執行行為を契機と
して，これと密接な関連を有する」（最判昭 44・11・18 民集 23・11・2079）場合
には使用者責任が肯定される。具体的には，喫茶店のボーイら数名が無銭飲食
の客に暴行を加えたケース（最判昭 31・11・1 民集 10・11・1403），土木工事の現
場における喧嘩の事例（前掲最判昭 44・11・18），すし屋の店員の出前中の喧嘩
（最判昭 46・6・22 民集 25・4・566）などについて事業執行性が肯定されている。

しかし，前日の職務執行中の口論を翌日に職場でしつこく蒸し返したことにより生じた従業員同士の暴力行為につき，業務執行との密接な関連性がないとして責任を否定したものもある（最判昭 58・3・31 判時 1088・72）。

　　ⓓ　被用者の職務権限の範囲内かどうかについても，私利をはかる目的等で権限を濫用した場合と，職務権限を逸脱しているがそれと密接な関連を有する場合の両方が問題となる。前者としては，株券の偽造（大連判大 15・10・13 民集 5・785（庶務課長による），大判昭 8・4・18 民集 12・807（庶務課員による），他），手形の偽造（最判昭 32・7・16 民集 11・7・1254（経理課長による））などが典型であり，これらの場合にも，行為の外形が問題となり，被用者の主観的意図は考慮されない。

　　職務行為とは言えないが関連性を有するとして事業執行性が認められるものは，自動車事故に多い。例えば，通産省（当時）の大臣専用車の運転手が勤務時間中に，辞表を提出していたがまだ退官辞令の交付を受けていない大臣秘書官を私用で乗車させて運転中に事故を起こした事例（最判昭 30・12・22 民集 9・14・2047），セールスマンが会社の車を私用で無断運転して事故を起こした場合（最判昭 37・11・8 民集 16・11・2255（会社は私用運転を認めている），最判昭 39・2・4 民集 18・2・252（私用運転を禁じている））などである。ここでも，加害者の意図や被用者と使用者の内部関係は問題とならず，客観的に見て職務行為と言えるかどうかが問題となる。

　⑻　被用者が第三者に損害を加えたこと

　　①　ここで言う第三者とは，使用者と加害被用者以外の者全てであり，同じ使用者に雇われている同僚も含まれる（大判大 10・5・7 民録 27・887，他）。自動車事故で助手席に乗っていて被害を受けた同僚のような場合についても，その被害被用者に過失がなければ第三者として本条の責任を使用者に追及でき，また，被害被用者に過失があった場合であっても，その過失は，原則として過失相殺により考慮されるにとどまる（最判昭 32・4・30 民集 11・4・646）。ただし，トラックの運転手が業務命令に反して助手に運転させ，自らは助手席から運転上の指示を出していた場合に，被害被用者は実質上，運転者にあたるとして本条の責任を否定する判決もある（最判昭 44・3・28 民集 23・3・680）。

　　②　被用者の加害行為が一般的不法行為の要件を備えていることが必要だろうか。特に，被用者の故意・過失および責任能力が問題となる。この点につき，

判例・通説は，従来から，故意・過失を含めた一般的不法行為の要件を被用者が充足していることが必要だとしてきた（加藤（一）167頁，我妻172頁，他）。その理由は，715条は使用者の選任・監督上の過失について立証責任を転換し被害者救済をはかっているが，さらに被用者の故意・過失も不要だとすると使用者にあまりにも酷な結果となることにある。前述したように，使用者の免責をほとんど認めず本条による使用者の責任を事実上の無過失責任として運用することが被害者保護の行きすぎとなるのを防ぎ，過失責任主義を原則とする民法の他の責任規定との調和をはかるものとして，この要件が求められているのである。さらに，このような考え方の理論的基礎には，本条による使用者の責任は被用者の不法行為に対し使用者が彼に代わって責任を負うもの（代位責任）であるとする理解がある。

　しかし，被用者に不法行為責任の要件充足性を求めることは，場合によれば被害者に大きな負担を課すことになる。特に，企業活動において使用者責任が問題となる場合，被害者にとって，加害被用者を特定し，その過失を立証することは極めて困難である。そこで，(1)で述べたように，被用者の過失は不要であるとの説も有力に主張されている。この説は被害者救済の立場からは注目すべきものであるが，使用者責任の適用が必ずしも大規模な企業活動による事故の場合ばかりではないことから，今日の判例の大勢は，なお，基本的には被用者が不法行為責任要件を充足していることを要件としつつ，例えば，企業活動による場合には，注意義務の高度化や事実上の推定等の方法により被用者の過失の認定を容易にしたり，場合によれば，公害などの場合にはもはや使用者責任によってではなく，企業自体に直接709条の不法行為責任を問うことにより問題を処理している（なお，加藤（雅）343頁は，(1)で述べたように，使用者責任を類型化し，営利的な使用者責任，あるいは危険業務についての使用者責任の場合，被用者の故意・過失は不要とする）。

　また，被用者の責任能力については，代位責任としての性質から，これを必要とするのが判例・通説である。そして，責任無能力の被用者が事故を起こした場合には，使用者は無能力者の監督義務者として714条の責任を負い（加藤（一）167頁，幾代＝徳本200頁），あるいは責任無能力者を使用したことにつき使用者の過失が認められ709条の責任が成立するとされている（幾代＝徳本200頁）。これに対し，被用者の不法行為に対する被害者の救済規定としては715

条が適合的だとして，責任無能力の被用者の行為についても本条の適用を認めようとする説もある（四宮701頁）。84頁で紹介した，責任能力制度は判断能力に欠ける者を（賠償責任を排することにより）保護するためのものであるという理解からは，使用者の責任が問われている局面では責任無能力者に対する配慮は不要であり，被用者の行為が客観的に不法行為と評価できればたり，使用者は，被用者の責任無能力の抗弁を出すことが否定されるべきとされよう（窪田208頁以下，潮見③20頁以下）。

　㈡　免責事由の不存在

①　使用者は，被用者の選任・監督について相当の注意をしたことの立証に成功すれば責任を免れる。民法典の起草者が，本条の責任は使用者の選任・監督上の過失によるものだと理解したことから設けられたものである。しかし，本条の性質を報償責任や危険責任に基づく代位責任だとの理解が定着するようになるにつれ，判例はこの免責をほとんど認めない。

　被用者の選任・監督についての相当の注意とは，要するに，使用者の善管注意義務のことであり（四宮703頁），当該業務の性質等に応じて一般的に要求される注意を怠ったかどうかが問題となる（大判大3・6・10刑録20・1157）。したがって，危険な事業であればそれだけ必要な注意の程度は高くなる。かつては，鉄道事故で，機関手に常々事故のないように戒告を与え，執務前に注意事項を一読させていた場合には相当の注意を尽くしていたとした判決（大判大6・1・26新聞1225・31）などもあったが，事業の性質から見て妥当ではなく，近時は，企業活動が問題となる事例でこの免責立証を認めた判決は見当たらない。

②　相当の注意をしても損害が生じたことを立証した場合も免責される。この免責事由は，使用者の選任・監督上の過失と被害発生の因果関係の不存在を理由とするものである（最判昭36・1・24民集15・1・35（免責を否定））。これについても，使用者は自らに選任・監督上の過失があった（第一の免責事由の証明に成功しなかった）にもかかわらず責任を免れようとするものであるから，その立証には厳格なものを要求すべきである（澤井306頁）。

(3)　賠償義務者

⑴　本条により責任を負うのは使用者と代理監督者（715条2項）である。判例は，「客観的に観察して，実際上現実に使用者に代わって事業を監督する地

位にある者」(最判昭35・4・14民集14・5・863) が代理監督者だとする。具体的には，工場長，支店長，現場監督などがこれにあたることになろう。また，判例は，実際に監督にあたっていたかどうかを判断要素として重視する傾向にあり，タクシー会社の代表取締役について，単に一般的業務執行権を有することからただちに代理監督者と認めることはできないとして代理監督者責任を否定したものがある (最判昭42・5・30民集21・4・961)。

　このような判例の立場には批判も強い。この立場では，支店長や工場長のように使用者との関係では被用者の一人にすぎないような者に使用者責任と同様の重い責任を負わせることになり，逆に，会社の代表者が責任を免れることになるからである (この点を批判するものとして，神田孝夫・不法行為責任の研究143頁以下参照)。この批判説からは，本条で言う代理監督者は，事業活動から実質的に利益を受けている者に限られるとする解釈が提案されている (神田前掲書155頁以下)。これは，企業責任に本条を適用する場合の問題点の一つであり，本来は企業自体の責任を正面にすえることにより解決すべきである (同旨，澤井310頁) が，もし715条による処理がなされる場合には，現場における代理監督者については，選任・監督上の無過失による免責の余地を使用者の場合よりも広く認め (加藤 (雅) 344頁は，「工場長・現場監督・部課長」のような中間監督者に報償責任を根拠に重い責任を負わせるのは適当でないとし，選任・監督に具体的な過失があった場合にのみ責任を負う (そのような過失がなかったことを代理監督者が証明すれば責任を免れる) と解すべきとする。同旨，潮見③65頁)，逆に，企業活動により実質的に利益を受けている代表者については，「法人格否認の法理」によってその者を使用者として扱い，715条1項本文によりその責任を認めるなどの対応が必要となろう (四宮707頁)。

　(ロ)　被用者自身の責任

　前述したように，通説・判例によれば，使用者責任が認められるためには，被用者自身が不法行為の要件を満たしていることが必要である。そうすると，使用者に715条の責任が発生するのと同時に，被用者自身にも709条の責任が発生することになる。両者の責任は，不真正連帯の関係にあるとされる (大判昭12・6・30民集16・1285，最判昭45・4・21判時595・54，最判昭46・9・30判時646・47)。これと異なり，報償責任や危険責任という考え方を強調して使用者のみに責任が発生するという考え方もありうる。確かに大企業に雇われてその

指示で行動している場合を念頭におけば，被用者は使用者たる企業のいわば手足にすぎないから，被用者の責任を被害者との関係においては認めるべきではないことになろう。しかし，使用者責任は企業組織の一員としての被用者による加害行為の場合にだけ適用されるものではなく，また，企業の一員であっても，私利をはかるための権限濫用のような場合には，使用者の責任の中に被用者の責任を埋没させることには問題がある。したがって，この問題についても，実態に即した異なる解決方向を追求すべきではなかろうか。具体的には，被用者が企業の一員としてその指示に従った行為により他人に損害を生ぜしめた場合には，本来，企業自体が709条により責任を負うべきであるが，かりにこのようなケースに本条が適用されたとしても被用者の対外的責任は否定すべきである。これに対し，被用者の権限濫用の場合や被用者に故意（あるいは重過失）がある場合，さらには個人的な使用関係の場合のように，被用者自身の行為が観念しうる場合には対外的責任を認めるべきであろう（同旨，前田（達）151頁，四宮708頁，他）。

⑷ 求　償

　715条3項は，使用者ないし代理監督者が賠償を支払った場合には，被用者にその分の求償ができる旨を規定している。通説は，この求償の問題を代位責任の考え方から根拠づける。つまり，使用者責任は被用者に発生する不法行為責任を使用者が代わって負うものなのだから，使用者と被用者の内部関係においては本来の責任者である被用者が責任を負担すべきであり，使用者は被用者に求償することができるとするのである。しかし，このような通説的理解には批判も強い。使用者は被用者の活動により多大の利益を収めているが，他方において被用者は必ずしも良好とはいえない労働条件でしかも危険な活動に従事しなければならないことも少なくない。このような事情の下で，結果的に全部の責任を被用者に負担させるのは妥当ではない。

　判例もこのような批判を受け入れ，タンクローリー車の運転手が不注意で他の車に追突した事例において，事業の性質・規模・施設の状況・被用者の業務の内容・労働条件・勤務態度等々の諸般の事情に照らして損害の公平な分担という見地から信義則上相当と認められる限度においてのみ求償しうるとした（最判昭51・7・8民集30・7・689）。この判決は，代位責任的構成を前提としつつ，

無条件に使用者の求償を認めるのではなく，当該事件の様々な事情を考慮して信義則上妥当と思われる範囲に求償を制限しようとするものであり，必ずしも制限のための明確な基準を提示しているとは言い難いが，その基本的な考え方は正当である。

　使用者から被用者への求償が損害の公平分担の見地から信義則上制限されることになると，逆に，被用者が全額の賠償をした場合，使用者に求償（逆求償）しうるかどうかが問題となる。これまで，この逆求償が問題となった事例はあまり見られなかった。それは，被害者が使用者にではなく被用者に全額の賠償を請求するのは，普通は被用者に故意や重過失があったような場合だが，そのような場合に最終的な負担者を使用者にすることには問題があると考えられたことによるのであろう。

　しかし，最近，逆求償を認める最高裁判決が登場した（最判令2・2・28民集74・2・106）。事案は，運送会社のトラック運転手の起こした事故について，被害者の遺族が運転手に損害賠償を請求し，それが認められたので，運転手が会社に逆求償したというものである。判決は，「使用者責任の趣旨からすれば，使用者は，その事業の執行により損害を被った第三者に対する関係において損害賠償義務を負うのみならず，被用者との関係においても，損害の全部又は一部について負担すべき場合があると解すべきである」とした上で，「被用者が使用者の事業の執行について第三者に損害を加え，その損害を賠償した場合には，被用者は，上記諸般の事情に照らし，損害の公平な分担という見地から相当と認められる額について，使用者に対して求償することができるものと解すべきである」とした。判決はまた，使用者が第三者に対して使用者責任に基づく損害賠償義務を履行した場合に「損害の公平な分担という見地から信義則上相当と認められる限度」で求償できるとして使用者の求償が制限されているので，逆求償を認めないと「被用者が第三者の被った損害を賠償した場合とで，使用者の損害の負担について異なる結果となることは相当でない」とも述べている。

　学説においては，逆求償を肯定するものも多い（椿寿夫・判例評論116号22頁，他）。公平の見地から使用者の求償を制限すべきという最高裁昭和51年判決を前提とする限り，本件のような場合，逆求償を認めないという結論はとりえない。なぜなら，逆求償を否定すれば，最高裁が言うように，被用者が第三者の

被った損害を賠償した場合とで，使用者の損害の負担が異なるという奇妙な結果となるからである。問題は，使用者の求償を制限し被用者の逆求償を認めることと，使用者責任を「代位責任」と見る判例や通説との間に齟齬はないのかである。これについて言えば，使用者責任の性質が代位責任であるということは，（報償責任や危険責任の見地から）使用者の過失を帰責根拠とせず，被用者の故意・過失を（「使用関係」「事業の執行につき」という要件の下で）帰責の根拠として使用者は責任を負うことを意味しているだけで，必ずしも，使用者・被用者の内部関係において被用者が100％の負担をする（保証人の責任と同じ「肩代わり責任」である）ということを意味しない。

それでは，両者の内部関係における使用者の負担を根拠づけるものは何か。それは一般的に言えば，使用者が被用者の活動によって利益を得ているという報償責任の法理であり，被用者の活動をコントロールすべきという危険責任の法理である。加えて，使用者責任が問題となるケースのうち，最判令2年のように労働契約に基づく使用関係がある場合には，労働者が業務活動において事故を起こすことは通常ありうることであり，その損失は，雇用主の通常の業務上のリスクとして雇用主が負担すべきであると考えられるのではないか。

なお，逆求償しうるとする法的根拠は何か。被用者の第三者に対する支払いは，（第三者に対する被用者の責任を否定しない限り）法律上の原因を欠くものではないが，ここでの問題は，使用者と被用者の内部負担に関するものなので，自己の負担部分を超える支払いで使用者の負担部分が消滅して使用者は事故の負担部分を免れたとすれば，それは法律上の原因のない利得であり，不当利得（「求償型不当利得」の一種）と理解することは可能である。

★　使用者責任の要件事実

民法715条1項で使用者が負う責任は，被用者の不法行為責任の代位責任であるとするのが判例通説である。したがって，その要件事実は，以下のようになる。

〔賠償を請求する原告が請求原因として主張立証すべき事実〕
① 原告の権利または法律上保護される利益が侵害されたこと
② 被用者の故意または過失ある行為
③ 損害発生およびその金額

④　②と③の因果関係

⑤　行為当時，被告と被用者の間に使用関係があったこと

⑥　被用者の行為が被告の事業の執行について行われたものであること

〔被告が抗弁として主張立証すべき事実〕

イ　被用者の責任に対する抗弁事由（被用者の責任無能力については争いがある）

ロ　被告が被用者の選任および事業の監督につき相当の注意をしたこと

ハ　被告が選任・監督につき相当の注意をしても損害が生じたであろうこと

＊抗弁としてはイ，ロ，ハのいずれかでよい。

第3節　物の関与による特別の責任

1　土地工作物責任

(1)　序　説

(イ)　はじめに

建物の屋根が崩れ落ちてきて通行人が怪我をした場合のように，「土地の工作物」から発生した損害について，民法は特別の責任を規定している。その損害が「土地の工作物」の設置・保存の瑕疵から生じた場合，まず占有者が責任を負い（民717条1項本文），占有者が損害の防止に必要な注意をしたときは所有者が責任を負う（同項ただし書）のである。

建物の倒壊等の場合に所有者や占有者に特別の責任を課す規定は多くの国に見られるが，その規定の仕方は様々であり，所有者に免責事由のない責任を課すもの（フランス民法1386条），占有者に「必要な注意」による免責つきの責任を課すもの（ドイツ民法836条）などがある（詳しくは，「日本不法行為法リステイトメント㉑」ジュリスト914号166頁（川井）参照）。わが国の717条は上の二つを組み合わせて，第一次的に占有者の責任（免責あり），第二次的に所有者の責任（免責なし）を規定しているところに特徴がある。

旧民法財産編375条は，フランス民法を踏襲して建物その他の工作物の所有者に責任を課していたが，現行民法の起草者は，これに代えて，ドイツ民法に

ならい占有者に，しかしドイツとは異なり免責事由なしに責任を課すという提案を行った。この案に対しては，法典調査会の議論の中で，占有者に免責が認められないことに対する批判や，わが国の賃貸借の実情からすると占有者だけの責任では被害者保護に欠けるといった批判が出され，その結果，占有者責任に免責事由が規定され，さらに，占有者が免責された場合に所有者が免責事由なしで責任を負うという現行法の形への修正がなされたのである（立法経過については，植木哲「工作物責任・営造物責任」星野英一編集代表・民法講座 6 巻 530 頁以下参照）。

(ロ)　責任の性質

　この責任の性質について，近時の通説は，危険責任（副次的に報償責任）原理に基づく無過失責任（ただし，占有者については免責が認められるので，いわゆる中間責任）と解している（幾代＝徳本 163 頁，四宮 730 頁，他）。しかし，立法の段階や初期の学説において，本責任はむしろ過失責任の一種として理解されていた。例えば，起草者は，設置・保存の瑕疵は誰かの過失が前提とされていること，しかし，前所有者や前占有者の設置上の瑕疵が原因となって損害が生じた場合，それを譲り受けた現所有者・現占有者は自らに過失がなくても「公益上ノ理由」から責任を負うべきこと，この意味で，本条の責任は，過失責任の原則を，他人の過失にも責任を負うという形で拡大したものであるとの説明を行っている（詳しくは，植木前掲論文参照）。

　その後，学説は，大正時代に入って，一つにはドイツにおける危険責任論の影響から，さらには，産業化の進展により生じた危険な施設・設備を原因とする事故の被害者の救済を厚くする必要から，本条を危険責任に基づく無過失責任ないし中間責任と理解するようになった（例えば，末弘厳太郎・債権各論 1091 頁以下）。そして，その後，学説や判例は，このような「工作物責任＝無過失責任」との理解を前提に，今日の社会における危険な施設・設備による被害に対応するために本条を様々に活用してきたのである。ただし，本条は，同じく物の所有者の責任を規定したフランス民法 1384 条とは異なり，種々の物の中で「土地の工作物」の設置・保存上の瑕疵についての責任として規定されているため，判例が 1384 条の解釈により「無生物責任」という広汎な無過失責任法理を発展させてきたフランス法のような展開を行うことには大きな無理がある。したがって，危険な物や活動に対する特別法の迅速な制定と適切な運用が

要請される。

(2) 土地工作物責任の要件

(イ) 「土地の工作物」

　土地工作物とは，判例の一般的定義によれば，「土地ニ接着シテ人工的作業ヲ為シタルニ依リテ成立セル物」（大判昭 3・6・7 民集 7・443）のことである。この定義から見て問題なく土地工作物と認められるものとして，例えば，建物，塀，石垣，電柱（最判昭 37・11・8 民集 16・11・2216），プール（大阪地判昭 44・11・27 判時 584・88），遊動円木（大判大 5・6・1 民録 22・1088），道路，橋，トンネル，堤防などがある。逆に，土地工作物として認められないものとして，例えば，デパートの屋上に置かれたアルミパイプ製のデッキチェア（東京地判昭 47・12・11 判時 704・70）やゴミ箱の上に置かれたコンクリート製の流し台（東京地判昭 46・11・29 判時 665・66）などがある。

　このように，土地工作物と言いうるためには，「土地への接着性」と「人工的な作業を加えたこと」の二点がポイントとなるが，前述したような本条の占める位置からして，判例や学説は，土地工作物の範囲を拡大して本条の責任を広く認め，そのことによって危険物から生じた損害の被害者を救済しようとする傾向にあり，次のような点で，土地工作物の一般的定義は緩和されている。

　(a) 土地への接着性の緩和　　① 建物内の機械設備への拡大　　建物に付属する設備が土地に接着した工作物と言えるかどうかが問題となる。エレベーターのように，建物の一部に組み込まれた設備については，その設備を建物と一体的にとらえて建物自体の欠陥と考えることができるが，ある程度独立性を有する設備の場合が問題となる。かつては，建物の内部に設置された機械等は土地に接着していないために土地工作物にはあたらないとして，織布工場の中のシャフトについて本条の適用を否定した判決があった（大判大元・12・6 民録 18・1022）が，機械が土地の上に据えつけられているか建物の中に据えつけられているかで責任の内容が異なるのは不合理であり，学説はこの判決に批判的であった（我妻 182 頁，加藤（一）195 頁，他）。今日では，工場の建物内の旋盤（奈良地葛城支判昭 43・3・29 判時 539・58），パラフィン槽やバーナー（東京地判昭 45・12・4 判時 627・54），製麺機（東京高判昭 47・11・29 判時 692・44）なども，土地工作物として認められている。

② 定着性の緩和　上の一般的定義では，機械類が接着・固定されている必要があるが，この点の要件も緩和されており，大型のプロパンガス容器について本条の責任を認めた判決（長野地松本支判昭 40・11・11 判時 427・11）や，着脱容易な高圧ゴムホースの欠陥について，それをガス消費設備と一体となって機能している（機能的一体性）ものとしてとらえ，土地工作物責任を認めた判決（最判平 2・11・6 判時 1407・67）などがある。

(b)　土地自体についても，ゴルフコース（神戸地伊丹支判昭 47・4・17 判時 682・52）やスキー場のゲレンデ（長野地判昭 45・3・24 判時 607・62）などは，自然の地形に，造成や樹木の伐採等の何らかの加工がなされているので土地工作物にあたる。

(c)　施設それ自体　個々の設備や機械ではなく，複数の設備が一体となった施設も，全体として土地工作物にあたると解される。例えば，無人踏切で発生した事故について，保安設備を踏切道の軌道施設と一体化して土地工作物ととらえ，踏切遮断機や警報機等の保安設備の欠如を土地工作物の設置の瑕疵とした判決がある（最判昭 46・4・23 民集 25・3・351）。

(d)　企業活動への拡大　企業活動にともなう公害問題等が深刻となり，その被害者の救済の必要性が高まるにつれて，本条の責任を企業活動にともなう危険に適用できないかどうかが問題となった。学説や下級審の判決においては，例えばメッキ工場の排水による被害の発生について同工場の濾過装置を土地工作物にあたるとする（前橋地判昭 46・3・23 下民集 22・3 = 4・293）など，企業の物的設備への拡大については積極的である。

さらに，学説の中には，企業の人的・物的組織を一体としてとらえ，企業活動に従事する従業員の行動に由来する損害についても，企業の人的組織の瑕疵によるものとして本条の責任が追及できるのではないかとの主張もある（我妻 182 頁）。注目すべき考え方だが，土地工作物という文言から見て，このような拡大については解釈論の限界を超えるものとして否定するのが一般的である。

㋺　設置・保存の瑕疵

(a)　瑕　疵　717 条の責任が発生するためには，土地工作物の設置または保存に瑕疵がなければならない。条文の文言からは設置・保存「行為」が問題となっているように見えるが，判例や通説は，本条の責任を無過失責任（ただし占有者については中間責任）ととらえ，したがって設置・保存の瑕疵について

も，設置・保存行為の瑕疵ではなく工作物自体の瑕疵ととらえている。設置の瑕疵とは工作物が設置の時からすでに存在する瑕疵であり，保存の瑕疵とは管理中に発生した瑕疵だが，設置・管理行為ではなく工作物の瑕疵だという上のような瑕疵理解（瑕疵とは，当該土地工作物の状態のことだとする考え方）を前提とすれば，両者を区別する実益はない。

　通説によれば，「その物がその種類に応じて本来備えているべき性状や設備を欠いていること」が瑕疵だとされ（幾代＝徳本168頁，同旨のものとして四宮733頁，加藤（一）196頁，他），そこでは，もっぱら工作物の客観的性状が着目されている。なお，工作物に単に危険があるだけでは瑕疵があるとはいえず，工作物の用途や用法に照らして通常備えている安全性を欠いている場合に初めて瑕疵となる。このような物の性質上の瑕疵（「性状瑕疵」）が認められた具体例としては，堤防の埋管工事が不完全で管の継目から漏水（大判大6・5・19民録23・879），小学校の遊動円木の支柱の腐朽（大判大5・6・1民録22・1088），高圧の送電線の被膜の破損（最判昭37・11・8民集16・11・2216）などがある。

　しかし，以上のような「性状瑕疵」に工作物責任における瑕疵を限定することは問題である。例えば，人通りが多い踏切に遮断機や警報機が欠けていることは，その踏切の機能（通行者が安全に軌道を横断できるという）との関連から見てやはり瑕疵があると言うべきであり（最判昭46・4・23民集25・3・351は，安全設備の欠如を踏切としての機能からみて瑕疵と認定した），また，国家賠償法2条の事例だが，交差点において信号機が歩行者から見にくい位置に設置されていたことを，通行者の安全を確保するという本来具備すべき安全機能を欠いていたとして瑕疵を認めた判決（最判昭48・2・16民集27・1・99）がある。717条の瑕疵には，このような「機能的瑕疵」が含まれると解すべきである。

　最高裁は，国営空港の騒音被害が問題となった事例（したがって国家賠償法2条の事例）において，瑕疵を，「営造物が有すべき安全性を欠いている状態をいうのであるが，そこにいう安全性の欠如，すなわち，他人に危害を及ぼす危険性のある状態とは，ひとり当該営造物を構成する物的施設自体に存する物理的，外形的な欠陥ないし不備によって一般的に右のような危害を生ぜしめる危険性がある場合のみならず，その営造物が供用目的に沿って利用されることとの関連において危害を生ぜしめる危険性がある場合をも含」むとして，性状瑕疵にとどまらない広い瑕疵の定義を採用している（最大判昭56・12・16民集35・10・

1369)。土地工作物責任における瑕疵も同様に解すべきであろう。

　　義務違反説　　本条や国家賠償法2条の責任を，民法709条や国家賠償法1条の責任と連続したものとしてとらえ，その要件である瑕疵を，注意義務違反としてとらえる考え方がある（沢(澤)井裕・公害の私法的研究187頁以下，植木哲・災害と法12頁以下）。このように責任の性質を理解すれば，瑕疵とは，工作物（営造物）それ自体の性状において欠陥がある場合はもちろん，それだけに限らず，危険防止のための措置についての不備ないし欠陥をも含み，つまるところ，設置・保存者が負うべき安全確保義務の違反のことになる。

　　この説によれば，所有者や占有者の義務違反を問うことによって，たとえ物理的性状において欠陥がない場合にも，安全を確保するために適切な措置をとらなかったこと，すなわち，安全確保義務違反をもって瑕疵の存在を肯定し，本条の責任追及が可能になる。また，不可抗力による免責についても，他の損害回避の方策とのかねあいでその抗弁を認められない場合がありうることになる。この説の主張者は，局地的な豪雨で崖くずれがありバスが川に転落した飛騨川バス転落事件を例にとり，義務違反説によれば，危険防止のための措置の不備をも瑕疵概念にとりこむことができ，したがって，例えば崖くずれのおそれがある場合に通行止めの措置をとらなかったことをもって瑕疵を認められるとする。しかし，反面において，本条の責任と民法709条の一般的不法行為責任の同質性をあまりに強調すると，709条よりも厳しい責任を課すことによって被害者救済をはかってきた本条の意義を失わせるおそれがあるとの批判（森島67頁）や，瑕疵＝損害回避義務違反と構成することにより，瑕疵の有無に回避可能性の判断が入ってくる点で問題があるといった批判（四宮733頁以下）もある。

　　本条の責任を709条と同様に損害回避義務違反としてとらえる説においても，本条は物の危険性に着目して，危険責任の考え方に基づき709条により高度の損害回避義務を課したものとして理解することは可能であり，また，そうすべきである（義務違反説は，「土地の工作物のように設置・保存に十分な注意をしなければ安全を保持しがたいものについては，高度の損害回避義務を要求すべきである」とする一種の注意義務段階説をとる（沢(澤)井前掲書208頁以下））。他方において，通説である客観説も，瑕疵を単に物の物理的性状における瑕疵とだけはとらえておらず，また，後述するように，瑕疵判断基準は多かれ少なかれ規範的性格を持たざるをえない。このように考えるならば，どちらの説に立っても，実際上の瑕疵判断においては，それほど大きな差は生じないようにも思われる。

　(b)　**瑕疵の判断基準**　　判例は，営造物責任の事例であるが，瑕疵の有無については，「当該営造物の構造，用法，場所的環境及び利用状況等諸般の事情を総合考慮して具体的個別的に判断すべき」としている（最判昭53・7・4民集

32・5・809）。学説においても，「当該工作物の設置された場所的環境，工作物の用途，利用状況ないし接近状況等，諸般の事情を総合して」判断すべき（四宮737頁），被害の蓋然性と重大性，危険の明白さ，危険についての共通した知識と通常の一般人の予期，危険除去の技術的困難性とコストの大きさ等を考慮して判断すべし（森島73頁）などとして，様々の事情の総合的判断の必要性が指摘されている（ここでは，諸般の事情を考慮して「通常有すべき」性状や安全性を欠いているかどうかという規範的判断が求められるのである）。

　なお，当該工作物が人の利用に供されるものである場合，瑕疵の判断にあたっては，全く異常な利用方法までを前提とした安全性を要求することはできないが，一般的な誤使用があっても損害の発生を防止しうる程度の安全性は必要であり，それに欠ける場合には瑕疵ありと判断すべきである（同旨，澤井325頁）。

　　瑕疵の判断の基準時　　本条の責任が設置・保存行為に基づく責任ではなく，事故時に瑕疵ある状態であったことによる責任であることから，事故時を基準として瑕疵の有無を判断すべきである（潮見③259頁）。

　　問題は，科学技術の発展や社会状況の変化により，当該工作物が持つべきと考えられる安全性に対する基準や社会的意識が変化した場合，いつから当該工作物が瑕疵あるものとなるのかである。この点につき，最高裁は，建物内部の吹付けアスベスト作業によりアスベスト（かつては防火用などとして広く使われていたが，肺がんなどの重大な健康被害を引き起こすとして，現在では使用が禁止されている）にばく露されて重大な健康被害が生じた事案において，アスベスト「による健康被害の危険性に関する科学的な知見及び一般人の認識並びに様々な場面に応じた法令上の規制の在り方を含む行政的な対応等は時と共に変化して」おり，これらの変化にともなって瑕疵判断が異なってくるとした（最判平25・7・12判時2200・63）。最高裁は，ここで，瑕疵の判断において，アスベストの危険性に関する科学的知見や一般人の認識を問題にしている。しかし，そこでの認識や知見は（過失の場合とは異なり）工作物の所有者等のそれではないことには注意する必要がある。本条の責任要件である瑕疵が，前述のように規範的判断をともなうとすれば，アスベストの危険性についての知見や認識が考慮されるということは考えられる。しかし，土地工作物責任が，過失責任を修正し過失要件を瑕疵要件に置き換えたことから見て，危険性についての知見や認識が考慮されるにしても，それは，（過失の場合とは異なり）工作物の所有者等のそれではない。また，そこでは，具体的な危険についての認識や知見までを要求すべきでなかろう。

(c) 瑕疵の立証責任　　一般的に言えば，損害賠償請求権の成立要件である瑕疵は，賠償を請求する被害者の側が証明しなければならない。しかし，建物が倒壊した場合のように，事故が起こってから瑕疵の存在を証明することが困難な場合も少なくない。したがって，経験上特に異常とは言えない自然状況の中で建物が倒壊したような場合には，事故の発生から瑕疵の存在を推定すべきである（四宮739頁，中井美雄編・現代民法講義6巻226頁（中井），他。瑕疵の立証責任については，308頁以下の製造物責任における欠陥の証明に関する項も参照）。

(八)　瑕疵と損害の間の因果関係

本条の責任が発生するためには，その損害が土地工作物の設置・保存の瑕疵によって生じたものであること，すなわち，瑕疵と損害の間に因果関係が存しなければならない。この点で問題となるのは，台風の際に建物が倒壊した場合のように，自然力が瑕疵と競合した場合である。

まず第一に，ある程度までの風や雨については損害が発生しないように備えをしておくべきであるので，単に自然力と競合しただけでは責任を免れない（阪神・淡路大震災との競合事例で因果関係を認めたものとして，神戸地判平10・6・16判タ1009・207や，神戸地判平11・9・20判時1716・105（ただし，自然力の寄与を考慮して5割に減額）などがある）が，極めて異常な自然力の下で事故が起き，たとえ瑕疵がなくとも同じ被害が生じたであろうような場合には不可抗力による免責が認められるであろう（幾代＝徳本168頁，四宮741頁）。あるいは，このような場合，そもそも瑕疵の存在そのものが否定されることもある。伊勢湾台風の際に堤防が決壊した事例において，裁判所は，予想外の自然力（台風による高潮）によって堤防が決壊しても設置・管理に瑕疵があったとはいえないとした（名古屋地判昭37・10・12下民集13・10・2059）。

第二に，工作物の瑕疵が認められ，それに自然力が競合して被害が発生したと判断された場合はどうなるのであろうか。この場合，少なくとも瑕疵が損害発生の一因となっていたのであるから，責任発生要件としての因果関係は認められる。問題は，生じた損害の全部について工作物の占有者・所有者は責任を負うかどうかである。自然力が競合しなければ損害はもっと軽微であったような場合については減責を認める説も多い（加藤（一）197頁，四宮742頁，他）。しかし，減責を認めることにより自然力の寄与した部分の損害を，損害発生の，少くとも一因となった瑕疵ある工作物の占有者・所有者にではなく，何の責任

もない被害者の負担に帰することには問題がある（同旨，森島 79 頁以下，潮見③ 263 頁，他）。なお，飛騨川バス転落事故（国賠 2 条の事例）において，第一審は，土石流の寄与を 4 割とし，道路管理者に 6 割の責任を認めた（名古屋地判昭 48・3・30 判時 700・3）が，控訴審では全額について責任が認められている（名古屋高判昭 49・11・20 判時 761・18）。

(3) 賠償義務者

(イ) 民法 717 条によれば，土地工作物の設置・保存の瑕疵による損害に対して責任を負うのは，まず第一に工作物の占有者であり（1 項本文），所有者は，二次的に，すなわち，占有者が免責立証に成功して責任を免れた場合にのみ責任を負う（1 項ただし書）。

現行民法の起草にあたり，起草委員は，占有者を賠償義務者とする規定を法典調査会に提案した。これは，損害の発生を妨げることに直接関係のある占有者が責任を負うべきとの考え方によるものであった。しかし，前述したように，法典調査会での議論の中で，例えば家屋の賃貸借においては修繕義務ある賃貸人（所有者）の責任を認めるべきこと，あるいは，わが国の実情では占有者たる賃借人が無資力であることが多いので被害者救済のためには所有者にも責任を負わせるべきであるといった強い意見があり，結果として，第一次的には占有者が責任を負うが，占有者が注意を怠らなかったため免責される場合は所有者が責任を負うという現在のような規定に改められたのである（起草過程については，植木哲「工作物責任・営造物責任」星野英一編集代表・民法講座 6 巻 530 頁以下参照）。しかし，本条の規定の仕方は被害者救済の点からはなお中途半端である。なぜなら，所有者が責任を負うのは占有者が免責立証に成功した場合だけであり，占有者に責任はあるが無資力である場合には所有者に責任がなく，したがって被害者救済に欠けることがあるからである。また，このような，占有者の第一次的責任に対して所有者の責任を補充的とする責任構造の結果，主観的予備的併合を認めない実務の下では，被害者が同一訴訟で占有者（本文）と所有者（ただし書）の責任を追及できないことになる（ただし，この点は民事訴訟法 41 条の同時審判申出共同訴訟の対象となる（潮見③ 242 頁）ことにより改善された）。

（ロ）　占有者の責任

（a）　占有者が誰かは，物権法上の占有理論によって決まるとするのが通説である（幾代＝徳本170頁）。しかし，危険物の管理による責任という本条の趣旨に基づいて独自の判断が必要なことがある。具体的には，まず，直接占有者＝「工作物を事実上支配し，その瑕疵を修補しえて損害の発生を防止しうる関係にある者」（東京高判昭29・9・30下民集5・9・1646）が本条に言う占有者にあたる。他方，使用人に店舗の管理をまかせていた場合のように，占有機関による占有がなされている場合，責任を負うのは占有者であり，占有機関ではない。

　問題となるのは，賃借人や受寄者が直接占有している場合の賃貸人や寄託者などのいわゆる間接占有者もこれに含まれるかどうかである。損害発生を防止することに直接関係のある占有者にまず第一次的責任を負わせたという本条の趣旨からして，原則として直接占有者のみが責任を負うと解すべきであろう。しかし，直接占有者の他に間接占有者がいて，直接占有者の責任が否定された場合には，工作物を支配下におきうる可能性を有し瑕疵の修補をなすべき地位にある間接占有者が責任を負うべきである（大学双書244頁（潮海），幾代＝徳本170頁，澤井332頁，他）。ただし，自己所有の建物の賃貸人のように，間接占有者が同時に所有者である場合には，賃借人（直接占有者）が免責されれば賃貸人は所有者として無過失責任を負うので，このように解する実益は乏しいことになる。

　この点に関して，第二次大戦後の占領中に，ビルを国が接収して占領軍が使用していたが，そのビルのシャッターボックスの瑕疵により電気工が死亡したというケースにおいて，「民法717条にいわゆる占有者に特に間接占有者を除外すべき」理由はないとして，間接占有者たる国に責任（第一次的責任）を肯定した判決がある（最判昭31・12・18民集10・12・1559）。この判決については，多くの学説から，占領下であり，直接占有者たる占領軍に対して責任を問うことができないという事案の特殊性を考慮しなければならず，間接占有者一般が本条により第一次的責任を負う占有者にあたると判示したものとしては理解できないと評価されている（中井美雄「土地工作物責任」有泉亨監修・現代損害賠償法講座6巻172頁以下参照）。しかし，直接占有者が免責された場合の間接占有者の（第二次的）責任という点では一般化可能との評価もある（澤井332頁）。

　以上に対し，土地工作物責任の「占有者」概念に物権法上の「直接占有・間

接占有」の枠組みを妥当させることには疑問があるとして，工作物を支配管理すべき地位にある者が本条の「占有者」であり，その限りで物権法上の「間接占有者」であっても，そのような地位にあれば第一次的責任を負うとする説もある（近江 240 頁，潮見④ 167 頁）。

(b) 占有者は，損害の発生を防止するに必要な注意をはらった場合には免責される（民 717 条 1 項ただし書）。その注意の程度は，工作物の種類や性質や，さらには利用者等の工作物に接近が予想される人の種類等によって決まる（幾代＝徳本 170 頁以下，四宮 743 頁，他）が，現実に損害の発生を防止しうるものでなければならず，工作物の危険性が高い場合，この免責が認められるケースは稀である。例えば，小学校の校庭にあった遊動円木の支柱がくさっていた事例で，同時に 3 人以上乗ってはならないという教員からの注意があり，円木の支柱に禁止事項を書いた板を打ちつけていたとしても，年少の児童との関係では十分な注意をしたとは言えないとされた（大判大 5・6・1 民録 22・1088）。また，この免責事由の存在については，占有者に立証責任が転換されている。

(ハ) 所有者の責任

占有者が免責される場合（および占有者と所有者が同一の場合）は，所有者が責任を負う。この責任については免責事由がなく，無過失責任だとされる。したがって，瑕疵が前所有者が所有している際に生じたものであっても，現所有者は責任を免れない（大判昭 3・6・7 民集 7・443）。

> **717 条責任と物権法**　本条は，土地工作物の「占有者・所有者」に責任を負わせている。ここで言う「占有者・所有者」を物権法におけるそれと同様に解してよいのか，あるいは，土地工作物が不動産の場合，登記の有無は問題となるのかといった問題がある。
>
> まず，物権法上，賃貸人は間接占有者であるとされる。しかし，本文で述べたように，717 条の「占有者」が間接占有者を含むかどうかには議論がある。
>
> それでは，所有者が不動産である当該工作物を第三者に譲渡したが，まだ登記が移転されていない間に事故が起こった場合はどうなるのであろうか。不法行為の被害者との関係で登記の対抗力は問題とならないので，所有権が移転していれば現所有者（譲受人）にまだ登記がなくても所有者としての工作物責任が発生することについては問題ないが，譲渡人（前所有者であり登記名義人）の責任については争いがある。不法行為関係については登記ではなく実体的な権利関係が基準となるとして，もっぱら新所有者＝譲受人のみが責任を負うとする説（加藤

（一）200 頁，平井 68 頁）と，被害者からする責任追及の相手の明確化等を理由に譲渡人＝登記名義人に対しても責任を追及できるとする見解（幾代＝徳本 171 頁，前田（達）165 頁，四宮 747 頁（ただし，「法定の担保責任」とする），他）に分かれているが，観念的な所有権の所在により賠償義務者が択一的に決まるとすると，責任追及の相手方を確定する上で被害者にとって酷な場合も考えられることから，後者の立場が妥当であろう。

　さらに，当該工作物の所有者が所有権を放棄し，その後，当該工作物から事故が発生した場合はどうか。この場合，当該所有権放棄は有効か，それを被害者に対し対抗できるかといった，物権法の論理で考えることもできるが，物権法から切り離して，当該工作物の瑕疵により誰が責任を負うべきかという観点から考えるべきだという説もある（以上の問題については，窪田 249 頁以下参照。そこでは，後者のアプローチが提唱されている）。

　㈡　損害の原因者

　占有者や所有者が責任を負った場合，他に損害の原因について責任を負う者（原因者）がいる場合，占有者や所有者は，その者に求償することができる（民717 条 3 項）。例えば，工事の施工について過失のあった請負人や，瑕疵を生ぜしめた前所有者などが原因者にあたる。工作物の占有者・所有者に被害者との関係で重い責任を課しつつ，他方で，原因者への求償を認めることによって，責任者間の公平をはかったものである。ただし，求償が認められるためには，これらの原因者にも被害者との関係で不法行為責任が成立することが必要とされており（幾代＝徳本 171 頁，四宮 747 頁，他），現実には困難もある。

　なお，このような原因者に対して被害者は，不法行為の一般規定に基づき，占有者・所有者と並んで，またはそれに先立って責任を追及することができる。その場合，両者の関係は不真正連帯の関係と解すべきである。

　⑷　**竹木への適用**

　竹木は土地工作物とは言えないが，例えば，木が倒れて通行人が怪我をしたような場合には，土地工作物の場合と同様の責任を認める必要がある。そこで民法は，竹木の栽植または支持に瑕疵がある場合，その占有者・所有者は工作物の占有者・所有者と同様の責任を負うと規定した（民 717 条 2 項）。

★　土地工作物責任の要件事実

　民法717条1項により土地工作物責任を負う主体は占有者と所有者である。そして，所有者は占有者が必要な注意をしたとして免責される場合に責任を負う（補充的責任）とされているところに特徴がある。このことを踏まえて，まず，占有者責任における要件事実を整理すれば，以下のようになる。

〔賠償を請求する原告が請求原因として主張立証すべき事実〕
　　① 　原告の権利または法益が侵害されたこと
　　② 　土地工作物の設置・保存の瑕疵
　　③ 　損害の発生およびその金額
　　④ 　②と③の因果関係
　　⑤ 　被告が事故時に工作物を占有していたこと
　占有については，侵害の時点で被告が占有していたこと（現占有）を主張立証すべきとする説と，侵害の前のある時点で占有していたこと（もと占有）を主張立証すれば足りるという説の両方がありうるが，占有は事実であって権利とは同様に扱えないので，過去のある時点で占有があっても，その後，侵害時点まで占有が継続していると扱うことはできないことや，侵害時点での占有の存在は原告が直接に立証することができることから，現占有説が有力である（山本和敏「損害賠償請求訴訟における要件事実」鈴木忠一＝三ケ月章監修・新・実務民事訴訟講座4巻349頁，村田渉＝山野目章夫編著・要件事実論30講（第4版）473頁（大塚））。

〔被告が抗弁として主張立証すべき事実〕
　　損害の発生を防止するのに必要な注意をしたこと

　これに対し，所有者の責任の要件事実については争いがある。まず，以下のような考え方がある。

〔原告が請求原因として主張立証すべき事実〕
　　上記①～④
　　⑤ 　被告が工作物の所有者であること
　　⑥ 　占有者が必要な注意を怠らなかったこと

〔被告が抗弁として主張立証すべき事実〕
　　なし

　しかし，これに対し，⑥は，本来，それが主張立証されることにより利益を受

けるのは占有者であり原告たる被害者ではないことから，それを請求原因として原告に主張立証させるのは適当でないとして，⑥を請求原因から除外し，抗弁，再抗弁を以下のように整理する説も有力である（潮見④168頁。なお，この議論については，山本前掲論文349頁以下参照）。

〔原告が請求原因として主張立証すべき事実〕

　　上記①〜⑤

〔被告が抗弁として主張立証すべき事実〕

　　事故時に占有者がいたこと

〔原告が再抗弁として主張立証すべき事実〕

　　占有者が必要な注意を怠らなかったこと

　いずれの立場にせよ，「占有者が必要な注意を怠らなかったこと」は原告が（請求原因として，あるいは，再抗弁として）主張立証しなければならないことになる。この点について，あまりに原告の負担が大きいので所有者の方に占有者が注意を怠ったことの立証責任があると解するべきとする説がある（内田貴・民法Ⅱ（第3版）516頁）。公平の見地からは首肯できる考え方だが，実務はこの立場をとらない。それは，717条における所有者の責任は占有者に責任がない場合に第二次的に発生するものなので，第一次的な占有者の責任が発生しないこと（占有者が必要な注意を怠らなかったこと）は原告が立証すべき要件事実と考えるからである。この点は，248頁で述べた，本条の立法上の問題点から来るものである。

　なお，条文上は，所有者責任は占有者責任を補充するものとして規定されているが，原告は占有者を訴えることなく直ちに所有者を訴えることは可能であり，また，原告は同時審判の申出（民事訴訟法41条1項）により，いずれの訴訟でも敗訴するという事態を避けることができる。

2　動物占有者の責任

(1)　意　　義

　動物が加えた損害につき，動物の占有者や占有者に代って管理する者（管理者）は，動物の種類，性質に従って相当の注意をはらって管理したことを立証しない限り，賠償すべき義務を負う（民718条）。相当の注意をはらったことの立証責任が転換されている点で，中間責任として理解できる。本条に類する規

定は他の国にも多く見られるが，例えばドイツ民法は，動物について保持者に無過失責任を課した上で，そのうち家畜については免責事由を認めており（833条），また，フランス民法では，動物の所有者または使用者に免責事由のない無過失責任を認めている（1385条）。本条の前身である旧民法財産編374条は，フランス法にならって，動物の所有者または使用者に無過失責任を認め，「意外ノ事実又ハ不可抗力」による免責のみを規定していた。これに対し現行718条は，損害を防止するには一番近いところにいる者がよいとの理由から，前述のように，所有者ではなく占有者と管理者に責任を課した上で，相当の注意をはらったという免責事由を認めたのである。なお，起草過程では717条の場合とは異なり，所有者にも責任を認めるべきであるとの議論は行われていない。

　このように，動物の占有者・管理者に709条より厳しい責任を課したのは，動物の持つ危険性のゆえであり，その意味で本条の責任も717条と同じく危険責任の一種である。

(2) **要　　件**

(イ)　動物が他人に損害を加えたこと

　動物の種類に限定はない。家畜に限る必要もなく，野性の動物でも人の支配下にあれば本条の適用がある。裁判例で問題となったものとしては，犬，牛，馬などの他，鶏（福岡高判昭25・11・20下民集1・11・1886），猿（宮崎地判昭31・11・27下民集7・11・3396），鹿（奈良地判昭58・3・25判タ494・174）などがある。細菌やウイルスがここで言う動物に入るかどうかについては説が分かれる。細菌やウイルスによる被害が生じた場合，細菌やウイルスは「動物」ではないので，本条ではなく709条によりその保管者が責任を負うべきとの説もある。この説でも，細菌等が有する危険性から保管者には高度の注意義務が課されるので，保管者の責任は重いものとなるが，本条が動物の持つ危険性に着目して相当の注意をはらったことの立証責任を転換したのだとすれば，それの持つ危険性から見て，保管中の細菌やウイルスにより損害が発生した場合，本条の責任を認めてよいのではないか（同旨，前田（達）170頁，澤井337頁）。なお，ウイルス等に感染した動物を介した被害については，媒体となった動物の占有者に本条の責任が発生することになろう（Legal Quest 286頁）。

本条が適用されるためには動物が加えた損害であることが必要であり，したがって，動物の独立の動作によって生じた損害でなければならないとするのが通説である（我妻 189 頁，他）。動物をけしかけて損害を発生せしめた場合は，動物を単に道具として使ったのであるから，本条の責任は問題とならず，行為者に 709 条の責任が生ずるだけだとするのである。しかし，けしかけるという不法性の高い行為をした場合に 718 条という加重された責任規定の適用はなく，保管の不十分の場合に 718 条の責任が認められるのは均衡を失するとして，その場合には 709 条と 718 条の競合的適用になるという有力説がある（幾代＝徳本 178 頁，他）が，妥当な考え方である（なお，四宮 754 頁は，709 条と 718 条の要件・効果を統合すべしとする）。

　動物による加害は，動物が咬んだといったような場合だけでなく，例えば，犬の鳴き声による騒音被害についても本条の適用がある（横浜地判昭 61・2・18 判時 1195・118，大阪地判平 27・12・11 判時 2301・103 等）。また，動物の動作と損害の間に因果関係があればよく，例えば，荷馬車の馬が暴れたため車がはずれて近くの店にとびこみ物品がこわれた場合（大判大 10・12・15 民録 27・2169）や，犬に吠えられて驚いて転んで負傷した場合（横浜地判平 13・1・23 判時 1739・83）のような間接の結果についても責任が認められる。

　侵害された法益の種類は問わない。したがって，人身損害の場合だけではなく，物損でもよい。奈良公園の鹿による農業被害について本条の責任が認められた事例がある（前掲奈良地判昭 58・3・25）。

　㈠　免責事由がないこと

　占有者や管理者が相当の注意をもって管理した場合には免責される（民 718 条 1 項ただし書・2 項）。要求される注意の程度は，当該動物の種類・性質から見て通常要求される程度であり，異常な事態に対処しうべき程度の注意まで要求されるものではない（最判昭 37・2・1 民集 16・2・143）。具体的には，①動物の種類・性質・性癖等，②占有者・管理者の熟練度等，③被害者の側の対応等を考慮して総合的に判断することになろう（四宮 756 頁，澤井 338 頁，他）。「動物の保護及び管理に関する法律」（平成 11 年に「動物愛護管理法」として改正）に基づき地方公共団体において動物保護保管条例が制定されている場合，これも相当の注意を判断する際に考慮すべきとの指摘もある（四宮 751 頁，澤井 338 頁以下。ただし，前掲横浜地判平 13・1・23 は，県条例を遵守したとしても免責されない

とした)。

　この免責事由の立証責任は占有者・管理者の側にある。裁判所は，現実には，この免責事由の立証を容易には認めない傾向にあり，本条は事実上，無過失責任に接近している（この点を指摘するものとして，四宮 756 頁）。例えば，かつては性質のおとなしい犬はつないでいなくても相当の注意に欠けることはないとした判例もあった（大判大 2・6・9 民録 19・507）が，最高裁は，小型のダックスフント系の愛玩犬が近づいたので自転車の操縦を誤って 7 歳の子どもが川に転落して怪我をしたという事例で，犬が飼主の手を離れて子どもに近づいたことをもって相当の注意に欠けるとしている（最判昭 58・4・1 判時 1083・83）。また，ポニーとのふれあいを目指して牧場で放し飼いにされているポニーに幼児が蹴られて負傷したケースでも，1 項ただし書の適用は否定されている（大阪地判平 10・8・26 判時 1684・108。ただし，10m 離れたところで幼児を漫然と見ていた母親にも過失があるとして過失相殺）。

(3)　賠償義務者

　本条により責任を負うのは，動物の占有者と，占有者に代わって動物を管理する者（現代語化改正前の文言では「保管者」）である。このうち，「保管者」が誰を指すかについては争いがあった。立法者は，占有者とは占有権を有するものであり，占有権は有しないが事実上動物を保管ないし所持している者，例えば受寄者，運送人，馬丁などがこれにあたると考えていた。しかし，起草者が「保管者」の例としてあげた馬丁や，あるいは動物園の飼育係などについては，その後の判例・通説は，これらの者は動物の保管に独立の地位を有しない占有機関ないし占有補助者にすぎず，本条の厳しい責任を負わせるべきではなく，ただ，これらの者に過失がある場合に民法 709 条の責任を負うことがあるだけであるとする。また，運送人や受寄者は，むしろ独立の占有者（直接占有者）とするのが現在の占有理論であり，したがって，結果として，占有者以外に「保管者」の責任を考える意味がないことになる。現代語化による改正で保管者が管理者にあらためられたが，同様に考えるべきであろう。

　むしろ問題は，ここで言う占有者に，寄託者や運送委託者のような間接占有者が入るかどうかである。判例はこれを肯定する。判例は，運送人に依頼して運送中の馬による加害について，運送人を「保管者」とした上で，運送委託者

は，このような「保管者」（今日の通説的占有理論によれば直接占有者）を「動物ノ種類及ヒ性質ニ従ヒ相当ノ注意ヲ以テ」選任・監督したことを立証できない限り，占有者として責任を負うとした（最判昭40・9・24民集19・6・1668）。

　これに対し，本条の趣旨は，損害の防止に一番近いところにいる者に責任を負わせることにあるとして，間接占有者の本条に基づく責任を否定する学説も有力である（加藤（一）203頁以下，他）。この説も，間接占有者が直接占有者の選任・監督について注意を怠った場合には709条の責任が発生することを認めるので，判例と実際上それほど大きな差はないが，立証責任の点で，肯定説の方が被害者に有利であることは否定できない。その意味で判例の立場が妥当であるが，間接占有者の責任は，動物に対する直接の管理責任ではなく，むしろ，管理者（＝直接占有者）を介しての人的管理責任（715条に類似）としての性質を持っていることに注意すべきである（この点を指摘するものとして，四宮759頁，澤井340頁）。上記最高裁判決が，運送委託者の免責事由として，718条のそれではなく，選任監督上の無過失という715条1項ただし書に類似した事由をあげていることは興味深い。

　所有者は本条によっては責任を負わない。この点については，工作物責任において，立法段階の議論で被害者救済の見地から賠償資力の大きい所有者の責任が規定されたこととの対比で，「中途半端」との評価もある（澤井337頁）。ただし，所有者に過失があることが証明されれば所有者も709条により責任を負う。奈良公園の鹿による被害について，鹿の愛護会に本条の占有者としての責任を認め，それに加えて，春日大社に鹿の所有者として709条責任を認め，両者の関係を不真正連帯だとした判決がある（前掲奈良地判昭58・3・25）。

第4節　複数責任主体の不法行為責任

1　序　　説

　不法行為において，複数の人間が関与して一個の損害が発生することが少なくない。特に，社会生活が高度化・複雑化するのにともない，そのような場合は増えてきている。比較法的に見ると，複数加害者の責任については，特別の規定を置かず一般理論にまかせるもの（フランス，他），要件については規定せ

ず効果についてのみ規定するもの（イタリア，他），要件と効果について規定するもの（ドイツ，他）の三つのタイプがあるとされている（「日本不法行為法リステイトメント⑬」ジュリスト 898 号 86 頁以下（淡路）参照）。

わが国は民法 719 条に規定を有しており，しかも，最近では，本条を民法709 条とは異なる要件・効果を規定した特殊の不法行為として理解するようになっており，その意味で最後のドイツ法のタイプに属すると思われる。ただ，ドイツ法と異なるところは，ドイツ民法が，数人が共同して不法行為を行った場合の規定（ドイツ民法 830 条）とあわせて，一個の不法行為によって生じた損害につき多数の者が相互に責任を負う場合についての責任関係を連帯責任とした規定（ドイツ民法 840 条）を持っているのに対し，わが国の場合，719 条は，複数加害者のうち三つの場合（狭義の共同不法行為，加害者不明の共同不法行為，教唆・幇助）についての規定であり，少なくとも文言上は，複数加害者一般に適用可能な条文としては置かれていないという点である。

ところで，現行 719 条は，旧民法の以下のような条文を，ドイツ民法を参考にして改めたものである。

旧民法財産編 378 条　本節ニ定メタル総テノ場合ニ於テ数人カ同一ノ所為ニ付キ責ニ任シ各自ノ過失又ハ懈怠ノ部分ヲ知ル能ハサルトキハ各自全部ニ付キ義務ヲ負担ス但共謀ノ場合ニ於テハ其義務ハ連帯ナリ

このように，旧民法は，一個の損害について複数者が責任を負いかつその過失の割合が明らかでない場合の一般原則をまず 378 条本文で規定し，但書において，その中でも特に共謀のある場合を規定していたのである。一個の損害について複数者が責任を負う場合についての一般規定を有している点ではドイツ法と共通性を持っている。これに対し，現行民法 719 条は，その文言からして，ドイツ民法 830 条（共同の不法行為）に該当し，旧民法との対比では，共謀要件は採用しなかったものの，378 条本文ではなくむしろ但書に相当する規定と理解することができる。

したがって，結局，現行民法は，複数加害者が関与した不法行為のうちの一部のみを規定し，ドイツ民法 840 条や旧民法 378 条本文のような，複数関与者一般に適用可能な条文を持っていないことになる。それでは，現行民法の下で，このギャップはどのようにして埋められることになるのだろうか。これまでの学説や判例は，後に詳述するように，719 条 1 項前段の，いわゆる狭義の共同

不法行為の要件である「関連共同性」を緩やかに解釈して共同不法行為が成立する場合を広げることにより，このギャップに対応してきた。判例や従来の通説が，1項前段は共謀等の主観的な共同関係がなくとも「客観的関連共同性」があれば成立するとしてきたのは，このことに由来するのである。

　しかし，最近では，719条（とりわけ1項前段）の適用範囲を限定しようとする傾向が有力となっている。また，いかに1項前段を広く解するとしても，複数者の関与による不法行為の様々のケースを全て719条でカバーすることには無理がある。それゆえ，複数者が関与した場合の責任について考える上では，719条の射程範囲を明らかにするとともに，これからはずれた複数者の関与による不法行為をどう処理するかについても独自の検討が必要となる。

2　共同不法行為

(1)　はじめに

　民法719条は，複数者による不法行為のうち三つの場合を規定している。数人が共同の不法行為により他人に損害を加えた場合（1項前段），共同行為者中のいずれの者が加害者か不明の場合（同項後段），教唆・幇助の場合（2項）である。そして，民法はそのいずれの場合にも，各共同行為者は連帯して責任を負うとしている。これら三つの場合が，複数者の不法行為のうちどのケースをカバーするものか，あるいは，三つのそれぞれの関係，特に，1項前段のいわゆる狭義の共同不法行為と，後段の加害者不明の場合の関係については，議論がある。

(2)　狭義の共同不法行為（1項前段）

　数人が共同してある者を殴打した場合のように，複数者が共同して加害行為を行った場合がこれにあたる。判例およびこれまでの通説は，「各人の行為がそれぞれ独立して不法行為の要件を備えていること」，「各行為者の間に共同関係（関連共同性）があること」の二つを要件としてあげてきた（最判昭43・4・23民集22・4・964，我妻193頁，加藤（一）207頁，他）。しかし，近時，両者の要件それぞれと，両要件の関係について活発な議論が行われている。

　(イ)　各人の行為がそれぞれ独立して不法行為の要件を満たしていること

　まず第一に，各人の行為が独立の行為であることが必要である。したがって，

例えば，家屋の不法占拠のケースにおいて，その家屋の占有者である夫と同居する妻，家族，被用者などは独立の不法占拠者ではないから，共同不法行為は成立しない（最判昭 35・4・7 民集 14・5・751）。ただし，妻については，家制度の下で独立した地位を認められなかった戦前と異なり，現在では，独立の行為者と見る余地がある。下級審においては，不法占拠者が内縁の妻に当該家屋で美容室を経営させていたケースで，内縁の妻に共同不法行為者としての責任を認めたものがある（大阪高判昭 32・6・20 高民集 10・4・249）。

　第二に，これまでは，各人が故意・過失，違法性，因果関係等の不法行為の要件を備えていることが必要だとされてきた。しかし，この考え方には大きな問題点がある。もしこのように，共同不法行為が成立するためには各人がそれぞれ不法行為の要件を満たしていなければならないとすると，各人には，独立して民法 709 条の責任が成立することになり，また，その場合，競合する 709 条の責任が不真正連帯の関係にあると解することは可能であるから，それとは別に，しかも，関連共同性という付加的な要件を課す 719 条の責任が存在する意義がどこにあるのかが問題となるのである。

　そこで，学説の中には，共同不法行為責任の意義を因果関係要件の緩和に求める有力説が存在する。共同不法行為の場合，各人の行為と直接の加害行為の間に因果関係があり，そこに共同性が認められれば，共同の行為という中間項を通すことにより，因果関係要件は満たされたものとしてよいとの主張がなされる（加藤（一）207 頁）。さらに，大気汚染公害のような複数汚染源による損害の賠償が問題になった昭和 40 年代には，民法 719 条の共同不法行為の意義は，因果関係要件の修正にあるとして，被告の行為に関連共同性があり，その関連共同性がある行為と被害の間に因果関係があれば，個々の被告の行為と被害の個別的な因果関係を問うことなく，連帯責任が発生するという説が登場し（平井宜雄「共同不法行為に関する一考察」同・不法行為法理論の諸相），有力化したのである。

　ところで，この説のように，共同行為を介在させることによって各人の行為と結果の因果関係を問うことなく責任を認めることができるとすれば，それではなぜ，共同行為に加わった者は自分の行為と因果関係のない結果にまで責任を負わなければならないのか，場合によっては，特定の共同行為者（資力のある）が狙い打ちされるなどかえって不公平が生じないか，などの問題点が出てくる。

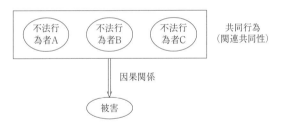

＊共同行為（関連共同性）と損害の間の因果関係があれば，A～C各人の
　行為と損害の因果関係はあるものとして扱う。

　そこで，因果関係要件の緩和の点に本条の意義を見出す立場からは，因果関係
要件の緩和と結びつけて関連共同性要件を絞るべきではないかとの主張が登場
することになる（1項前段をめぐる理論の展開については，前田（陽）142頁以下参照）。

特殊の不法行為と共同不法行為　　共同不法行為が成立するためには共同行為
者に故意・過失が必要だと考えた場合，各行為者が民法709条の故意・過失要件
ではなく，民法714条以下あるいは特別法上の特殊の不法行為の要件を満たして
いるにすぎないときでも共同不法行為の成立は認められるのかどうかが問題とな
る。

　この点について，共同不法行為は709条の責任要件の充足を前提に，関連共同
性の存在する場合に，それよりも重い責任を課したものだと考えれば，特殊の不
法行為の要件を満たしただけでは共同不法行為は成立しないとする考え方もあり
うる（前田（達）184頁）。しかし，工作物の瑕疵（民717条）や汚染物質の排
出（大気汚染防止法25条），採掘（鉱業法109条）などのように損害惹起の要素
をはらむ事由による場合は共同性を観念しうるので，共同不法行為規定の適用な
いし類推をすべきであるとの説も有力である（四宮770頁，他）。

　裁判例は，自動車損害賠償保障法，国家賠償法などの特別法上の賠償責任者が
混在する場合にも共同不法行為の成立を認めている。例えば，道路の瑕疵につい
ての国賠法2条の責任と運転手の過失責任の間に共同不法行為の関係を認めたも
の（福岡高判昭35・12・27下民集11・12・2807），大気汚染防止法25条による
責任において719条の適用を認めたもの（大阪地判平3・3・29判時1383・22）
などがある。719条自身は709条の責任を前提にしている規定だとしても，関連
共同性を含めた他の要件を満たしている場合には，少なくとも本条の類推適用を
認めるべきであろう。なお，大気汚染防止法は，同法による責任に719条の適用
があることを前提とした規定（同法25条の2）を有している。

(ロ)　関連共同性

　この要件は，共同不法行為と言えるためには各人の行為にどの程度の密接な関係が必要かを示すものだが，その内容をめぐっては争いがある。特に，前述したように因果関係要件の緩和を考える場合，そのような緩和を正当なものとするために，関連共同性要件は重要な意味を持ってくる。

　(a)　客観的関連共同説　　立法経過を見るならば，起草者は，民法719条を主として債務の性質（連帯）を定める規定として説明し，何が「共同ノ不法行為」であるかについては，旧民法財産編378条に置かれていた「共謀」を必要としないということ以上には明確な説明を行っておらず，また同時に，客観的に関連しておれば共同不法行為になるという説明もしていない。しかし，その後の学説においては，主観的な共同性が必要とする説（主観説）や，主観的かつ客観的な共同が必要とする説なども主張されたが，通説は，客観的に関連しておればよいとする説（客観説）として確立される（我妻194頁，加藤（一）208頁，他）。

　判例も客観説に立っているとされている。例えば，大判大2・4・26（民録19・281）は，「共同行為者ノ各自カ損害ノ原因タル不法行為ニ加ハルコト換言スレハ客観的ニ共同ノ不法行為ニ因リ其損害ヲ生シタルコトヲ要スルニ止マリ共謀其他主観的共同ノ原因ニ由リ其損害ヲ生シタルコトヲ要スルコトナシ」として，客観説に立つことを明言し，水質汚濁による損害が問題となった戦後の最高裁判決においては，「共同行為者各自の行為が客観的に関連して共同して違法に損害を加えた場合において各自の行為がそれぞれに独立に不法行為の要件を備えるとき」に狭義の共同不法行為が成立するとされている（最判昭43・4・23民集22・4・964）。さらに，交通事故で頭部等を受傷し救急車で搬送されてきた子どもに，医師が適切な検査をしなかった結果，硬膜外血腫を見落とされ，子どもが死亡した事件において，種類が異なり，かつ同時に起こったのではない交通事故と医療事故の競合についても，共同不法行為にあたるとして，医師に損害全部について責任を認めたものがある（最判平13・3・13民集55・2・328）。ただし，前者は，工場による水質汚濁において，都市下水等の（不法行為とは言えないような）他の汚染の存在が被告の責任にどのような影響を与えるかが問題となった，厳密な意味で共同不法行為とは言えないケースに関する判示であり，後者は，交通事故による受傷が，それ自体として死亡を惹起しう

る重大なものであり，また，医師の過失も，それがなければ高度の蓋然性をもって被害者を救命できた重大なものであったため，かりに，共同不法行為が成立しなくても，両者に損害全部の責任を認めてさしつかえないケースであった。したがって，このような判例があるからといって，判例が今日なお，このような，「各人が独立して不法行為の要件をそなえている」ことを前提とする緩やかな「客観説」を維持しているかどうかについては疑問もある。

　客観説の理由として，旧民法の共同不法行為の要件であった「共謀」が現行法では削られていること，共同不法行為を広く認めて被害者保護をはかろうとした本条の立法趣旨が指摘される。しかし，それと同時に，前述したように，わが国の民法には，ドイツ民法840条や旧民法財産編378条本文のような，複数者の不法行為に関する一般的規定がないため，共同不法行為の規定を拡大してそのギャップを埋めようとしたことが，関連共同性要件の緩やかな解釈の背景にあったことも，否定できない。

　しかし，このような関連共同性要件の解釈は，先に述べた因果関係要件の緩和との関係で厄介な問題を生じさせる。これまでの通説のように客観的関連共同性があれば共同行為と見てよいとすると，そのような緩やかな共同行為を介在させることにより，各行為者に自己の行為と因果関係のない結果にまで責任を負わせることになることが果たして妥当かどうかは疑問である。しかし他方，従来の通説のように，各人の行為と結果の間の因果関係を厳格に要求すれば，共同不法行為規定の存在意義が失われてしまう。

　(b)　新しい動向　　従来の通説たる客観説は，共同不法行為の成立を広く認める点で，わが国の719条の置かれている位置や，被害者救済の点で意味のあるものであった。しかし同時に，上のような問題点を有していたため，近時では，客観的関連共同性で足りるとした通説に対する反省がなされ，結果として共同不法行為の理解をめぐっては，活発な議論が行われることとなった。以下，近時の有力な考え方を整理してみよう。

　①　新主観説（前田（達）180頁以下）　　不法行為の帰責の根拠を「意思」に求めるという基本的立場から，共同不法行為においても，連帯責任を負わせる根拠としては，何らかの「意思」が働く必要があるとする説（同様に主観説を採用するものとして，幾代＝徳本225頁以下，森島104頁）。

　この説によれば，「各自が他人の行為を利用し，他方，自己の行為が他人に

利用されるのを認容する意思をもつこと」という主観的要素があって初めて共同不法行為が成立するのであり，それは，ⓐ各自が当該権利侵害を目指して他人の行為を利用し，他方，自己の行為が利用されるのを認容する意思のある場合のほか，ⓑ各自当該権利侵害以外の目的を目指してそのために他人の行為を利用し，他方，自己の行為が他人に利用されるのを認容する意思がある場合を含む。そして，このような意思的関連がある場合には，各自は全損害について連帯責任を負い，主観的共同関係のおよぶ限りで自己の行為と因果関係のない権利侵害についても責任を負い，減免責は許されない。

　この場合，このような主観的要件のない複数不法行為者については，各自，自己の責任の範囲でのみ責任を負うことになるが，加害者複数のために因果関係の確定が困難な場合には，当該権利侵害を惹起する危険性を含んでいる行為をなした者について，719条1項後段により因果関係の推定がなされる。しかし，これは推定であるから，加害者は因果関係の全部あるいは一部の不存在を立証した減免責が可能である。

　この説の意義は，従来の主観説と異なり，主観的要素と連帯責任を結びつけることにより，連帯責任という効果との関係で共同不法行為の存在意義を明確にしたこと，そしてその場合，主観的要素として，共謀（権利侵害に向けられた意思）ではなく，権利侵害以外の目的に向けられた共同行為の意思（他人の行為の利用と自己の行為が利用されることの認容）に着目したことである。したがって，この説の言う「意思」は「共謀」よりもかなり広いものであり，例えば，コンビナートを形成して操業している企業間には意思的な関連共同性が認められることになる。またこの説が，複数加害者の場合の因果関係証明の困難さに対処するために，1項後段を活用して，「当該権利侵害を惹起する危険性を含んでいる行為をなした者」の因果関係を推定していることも重要である。

　②　類型説　　以上のような新たな主観説に対し，関連共同性には必ずしも意思的要素は必要ないとの説もなお有力である。しかし，これらの説も，主観説が提起した，効果と関連させた共同不法行為の要件の理解の必要性という主張を受け止め，共同不法行為の意義を，自己の行為と因果関係のない（あるいは証明されていない）損害に対しても責任を負うことがあるという点に求め，そのような効果にふさわしく要件を再構成しようとする点で，従来の客観説を発展させたものとなっている。主観説と異なるのは，これまでの共同不法行為規

定が多様な複数加害者の関与ケースを幅広くあつかってきたことを尊重し，意思ないし主観的要素が存しない場合にも関連共同性を肯定しうるとする点である。したがって，この説は共同不法行為にいくつかの異なるタイプを認めることになる。

　　ⓐ　719条1項前段に二つの類型の共同不法行為の存在を認める説（平井193頁以下）　狭義の共同不法行為には，共謀，共同行為の意思といった意思的関連が存在する場合（「意思的共同不法行為」），意思的関与は存在しないが客観的に見て一体性のある加害行為が損害を惹起した場合（「関連的共同不法行為」）の二つの種類があり，これらの場合には，減免責の主張を許さず連帯して責任を負うとする説である。

　後者の，意思的要素の存在しない場合においても，他人との接触の増大や損害発生の危険の広汎化の結果，一つの行為が複雑な因果系列をたどって損害を惹起する蓋然性が大となった社会において原告に個別的な因果関係の証明という困難な作業をさせることは疑問であることを理由に，減免責を許さない共同不法行為を認める点が主観説と異なるところである。なお，どのような場合がこの「関連的共同不法行為」にあたるかの基準として，場所的および時間的近接性の存在，社会観念上の一体性があげられる。

　　ⓑ　関連共同性の強さの程度により2種類の共同不法行為を認め，1項前段と後段にふり分ける説（淡路剛久・公害賠償の理論126頁以下）　共同行為＝各人の行為の関連共同性という要件により各人の行為と損害との間の個別的因果関係の立証が不要となる点に共同不法行為の存在理由があるが，これには，共同行為者各人が各人の行為と相当因果関係の範囲にある損害を超えて賠償責任を負う（減免責を許さない）場合と，各人の行為と損害発生の間の因果関係を推定する（減免責が可能）場合の二つの類型があり，前者は1項前段，後者は後段が適用されるとする説である。

　この説によれば，前段が因果関係のみなし規定，後段が推定規定ということになる。そして，前者の共同不法行為と言いうるためには，「社会観念上全体として一個の行為とみられる加害行為の全過程の一部に参加していること」（＝「弱い客観的関連」）に加えて，「より緊密な関連共同性」（＝「強い関連共同」）が必要であり，共謀や共同する意思といった「強い主観的関連」がある場合に加えて，「強い客観的関連」がある場合にも，「強い関連共同」は認められる。

ⓒ　主観客観総合説（四宮779頁以下）　　719条1項前段の狙いは，自己の行為の因果関係または寄与度を超えて，生じた損害全部について賠償責任を負わせることにあり，そのための要件は，社会生活の複雑化にともなう種々の紛争形態の出現に対応するために，弾力的なものでなければならず，判例が，被害者保護のために共同の範囲を拡張してきた努力をできるだけ尊重しようという立場からは，共同性が認められる事由は単一ではないとして，主観客観両要素を総合して判断すべしとする説である。

具体的には，次の三つのものがある。まず第一に「意思共通（例，共謀）」の場合であり，この場合には，不法な協働に意思的に関与し，その協働に属する他の共同者の行為を認容ないしその結果の責任の引受けがあったとみられるので，全部責任を負う。第二は「因果関係のからまりおよび発生した損害の一体性」がある場合である。この場合は，各人の寄与度を明らかにすることは困難であり，しかも被害者に一回だけの訴訟でできるだけ迅速に賠償を受けさせる必要があることから，各行為者の寄与度を問うことなく全部責任を認め，加害者間の公平は行為者間で実現するようにすべきである。ただ，この場合，際限のない拡大を防ぐためには，「社会観念上の一体性」という基準によって限定されるのが望ましい（時間的・場所的近接性が要件となろう）。さらに第三に，「主観的共同に達しないが，行為者の全部責任へと作用する要素」と「損害の一体性のみ存在する場合」との組み合わせを考えることもできる。例えば，「共同惹起の認識」をもって複数者が有害物を排出し，被害者に一体不可分の損害を生ぜしめた場合である。

③　狭義の共同不法行為を限定する説　　主観説には立たないが，②のような多様な場合に共同不法行為を認めるのではなく，前段の共同不法行為を限定的にとらえる説もある。

ⓐ　「強い関連共同性」がある場合に限る説（潮見③162頁以下）　　1項前段の共同不法行為は各行為者の寄与度を理由とする減責の抗弁を許さない全部連帯責任を規定したものであるから，そのような「帰責における一体性」から見て，同条が適用されるのは，ア）損害発生への意思的関与がある場合，イ）権利・法益侵害ないし損害発生への意思的関与はないが，客観的に見て権利・法益侵害をもたらすことになった行為について共同加功する意思を有している場合，ウ）そのような意思はないが，場所的・時間的に近接し，かつ，競合し

ている行為者間で相互に他人の権利・法益を侵害しないように協力する義務が認められる場合に限られる。この説の場合，減責の抗弁が可能な「弱い関連共同性」にとどまる不法行為の競合は，共同不法行為ではなく競合的不法行為の問題だとされる（潮見④188頁以下も参照）。

　　　ⓑ　「加害行為一体型」に限るとする説（内田貴・民法Ⅱ（第3版）529頁以下）　　前段は事実的因果関係がない損害についても賠償義務を負わせるという強い効果を持つものであるから，「加害行為一体型」＝「各人の行為を，全体として一つの加害行為がなされていたと評価できる場合」に限るべきである。加害行為の一体性は，共謀がある場合に典型的だが，それに限らず，社会通念上一体と評価される場合を含む。そして，加害行為は別々になされたが被害に一体性があり，加害行為のどれとどこまで事実的因果関係があるかが分からない「損害一体型」は，1項後段を類推適用すべきである。この説の場合，2台の自動車が衝突して第三者に損害を与えたような，従来の判例等では共同不法行為とされてきたような場合も，「一つの加害行為」とはいえないので，（両者の責任が全部責任となる場合には，共同不法行為と呼ぶことをあえて否定しないが）本来は，独立した不法行為の競合だとされることになる。

　　　公害における共同不法行為の裁判例　　前述したように，わが国の判例は，抽象的な理論のレベルでは，一貫して客観説に立っている。しかし，現実に問題となる複数加害者のケースは多様であることから，実際の判断にあたっては，主観的な事情を含めた様々な要素を考慮している場合も少なくない。特に，複数の汚染源による公害事例においては，いくつかの注目すべき考え方が示されている（公害における共同不法行為論について詳しくは，吉村良一・公害・環境私法の展開と今日的課題247頁以下参照）。これらは，いずれも上告されなかったため，最高裁によって確認されていないが，同様の事例について，事実上の判例として位置づけることができる。以下で重要なものをいくつか紹介する。
　　　①　四日市公害訴訟判決（津地四日市支判昭47・7・24判時672・30）　　コンビナートによる大気汚染被害が問題となった事件において判決は，719条1項前段の共同不法行為につき，次のような関連共同性の類型化を行っている。
　　　ⓐ「弱い関連共同性」　　共同不法行為の関連共同性は，客観的関連共同性をもって足り，客観的関連共同性は，「結果の発生に対して社会通念上全体として一個の行為と認められる程度の一体性」があれば足りる。このような共同性がある場合には，共同行為により結果が発生したことを立証すれば加害各人の行為と結果発生の間の因果関係は法律上推定される。

ⓑ「強い関連共同性」　被告の間により緊密な一体性（強い関連共同性）が認められる場合には，「たとえ，当該工場のばい煙が少量で，それ自体としては結果の発生との間に因果関係が存在しない場合においても，結果に対して責任を免れないことがある」（因果関係の擬制）。

②　西淀川公害訴訟（第一次）判決（大阪地判平3・3・29判時1383・22）

同じく大気汚染が問題となっているが，被告企業がコンビナートを形成しているのではなく，比較的広い地域に立地しているケースにおいて判決は，次のような二つのタイプの共同不法行為を認め，それらを719条1項前段と後段に振り分けた。

ⓐ　1項前段の共同不法行為は，共同行為者各人が全損害についての賠償責任を負い，かつ，個別事由による減免責を許さないものと解すべきである。このような厳格な責任を課する以上，関連共同性についても相応の規制が課されるべきである。したがって，多数の汚染源の排煙等が重合して初めて被害を発生させるにいたったような場合において，被告らの排煙等も混ざり合って汚染源となっていることすなわち被告らが加害行為の一部に参加している（いわゆる弱い客観的関連）というだけでは不十分であり，より緊密な関連共同性が要求される。「より緊密な関連共同性とは，共同行為者各自に連帯して損害賠償義務を負わせるのが妥当であると認められる程度の社会的に見て一体性を有する行為（いわゆる強い関連共同性）」であり，具体的には，予見または予見可能性等の主観的要素並びに工場相互の立地状況，地域性，操業開始時期，操業状況，生産工程における機能的技術的な結合関係の有無・程度等の客観的要素を総合して判断することになる。

ⓑ　1項後段においては，共同行為者各人が，全損害についての賠償責任を負うが，減免責の主張・立証が許される。後段の共同不法行為についても，関連共同性のあることが必要であるが，この場合の関連共同性は，客観的関連共同性で足りる。

ⓒ　被告ら企業が（連帯して）責任を負うのは，全損害のうち，シミュレーションによって明らかとなった被告とされた企業の寄与度（2分の1）の限度においてである。

③　西淀川公害訴訟（第二〜四次）判決（大阪地判平7・7・5判時1538・17）

この事件では，被告となった企業や道路以外にも多数の汚染源が存在する。そのため，②判決ではシミュレーションにより被告らが寄与したと認定された範囲で被告企業の連帯責任を認めたが，これに対しては，果たして，多数の汚染源の中から特定の汚染源を選び出しそれらに共同不法行為の規定を適用することができるのかという批判もあった。そこで本判決は，個々の発生源だけでは全部の結果を惹起させる可能性がなくいくつかの行為が積み重なって初めて結果を惹起す

るにすぎない場合（「重合的競合」）で結果の全部または主要な部分を惹起したものを具体的に特定できないことがあるが，その場合でも，現実に被害が生じている場合に全く救済しないのは不当であるので，以下の要件が備わっておれば719条を類推適用して公平・妥当な解決がはかられるべきであるとした。

その要件とは，「競合行為者の行為が客観的に共同して被害が発生していることが明らか」であること，「競合行為者数や加害行為の多様性など，被害者側に関わりのない行為の態様から，全部又は主要な部分を惹起した加害者あるいはその可能性のある者を特定し，かつ，各行為者の関与の程度などを具体的に特定することが極めて困難であり，これを要求すると被害者が損害賠償を求めることができなくなるおそれが強い」こと，「寄与の程度によって損害を合理的に判定できる場合」の三点である。この場合，特定された被告は原則として連帯責任を負うが，その連帯責任の範囲は，損害全体のうち，特定された競合者の行為が寄与した割合が限度となる。

以上のように，最近の共同不法行為論の大勢は，関連共同性要件と因果関係要件を結びつけ，被害者救済の視点を維持して共同行為を媒介とすることによる個々の行為と損害の因果関係要件の緩和（因果関係の擬制ないし推定）に共同不法行為の存在意義を見出している。その上で，因果関係要件緩和の程度と関連共同性の内容，さらには，それらの条文上の根拠をめぐって諸説が対立しているのである。

近時の有力説が共通して指摘するように，共同不法行為規定の存在理由は，共同した不法行為に参加したことを理由に自己の行為の結果を超えた（少なくとも自己の行為の結果であることが証明されていない）全損害に対し責任を負わせるところにあると理解すべきであろう。そしてこのように本規定の存在理由を理解するならば，そのような存在意義との関連で，関連共同性要件を，従来の通説である客観説とは異なるものとして再構成する必要が出てくる。ただしその場合，複数の加害者が関与する形態は極めて多様であることから，できるだけ多様な形態に対応しうる枠組みを構築することが必要である。さらに，従来の判例や通説が，比較的緩やかに関連共同性要件を認定することによって果たしてきた被害者救済の機能を，大きくそこなうことのないようにも配慮すべきである。そのような視点から考えると，類型説が最も適切な判断枠組みを提示していることになる。具体的には，次のように考えるべきではなかろうか。

①　関連共同性の基本は，加害行為が一体のものとしてなされたかどうか，

例えば，大気汚染公害を例にあげれば，被告企業の排出した汚染物質が複合して（入り混じって）一つの大気汚染という加害行為を形成したのかどうかである。このような一体性があれば，それだけで，関連共同性の最小限の要件は満たされていると考えてよい。そしてこのような場合，社会通念上，共同して不法行為を行ったと見られうる最低限の一体性（弱い関連共同性）が存在すること，さらに加えて，このような一体性のある場合には各個別の行為者の寄与についての証明が困難であること，そのような立証困難による不利益を被害者に負わせるのは公平の理念に反することから，加害者は連帯して責任を負うべきである。ただし，このようなレベルに関連共同性がとどまる場合，連帯責任を負う理由の一つが寄与度の立証の困難であったことからしても，被告の側からの減免責の主張は認めるべきであろう。

② 以上の基礎的な共同性に加えて，それを補強しうる他の要素が存在する場合，関連共同性はより強固となり（強い関連共同性），被告の側の減免責の主張を許さないものとなる。そのような要素として，まず第一に，新主観説の言う共同行為の意思が重要であることは否定できない。なぜなら，共同行為の意思がある場合，共同行為者は相互に他人の権利を侵害しないようにする「拡大された注意義務」を負うからである。しかし，共同行為の意思が存在しない場合にも，同様の「拡大された注意義務」を負い，したがって，減免責を許さない全部責任を負うべき場合がある。例えば，公害事例において，複数の企業が地理的・時間的に近接して立地・操業しているような場合には，それぞれが他の汚染源の存在を無視して勝手な排出行為を行えば，環境の有限性によりたちまち深刻な環境破壊が生ずることから，ある地域において汚染物質を排出する者には，当該地域の有限な環境を破壊しないようにお互いに協力する義務が生ずる。そして，そのような場合には，たとえ共同行為の意思が存在しない場合でも強固な関連共同性を認めるべきであろう。このような「拡大された注意義務」が発生するためには，場所的および時間的近接性などの行為の一体性の強固さが重要な意味を持つ（四宮 781 頁，澤井 350 頁）。

共同性を強固にする第二の要素は「共同の利益」である。複数の行為者が共同で行為することにより利益を受けている場合，例えば，汚染物質を排出している企業に，地域的に近接して立地することにより社会資本や産業基盤の共同利用を含めて有形無形の利益（共同の利益）を受けていることが認められれば

（いわゆる集積の利益），そのことは全部責任の有力な根拠となろう（浦川道太郎「共同不法行為による損害の賠償と差止」奥田昌道他編・民法学（6）168頁以下）。

このように，結局のところ，主観客観総合説や前述の公害判決のように，当該ケースの様々の要素の総合判断から強い関連共同性があるかどうかを決定することになるが，判断の基本は，「拡大された注意義務」の存在と「共同の利益」の有無に置くべきである。

関連共同性が認められるためには，場所的時間的近接性が必須の条件かのように説かれることがある。しかし，共同不法行為の基礎は，「加害行為の一体性＝社会通念上，共同して不法行為をしたと認められる程度の一体性」があったかどうかであり，268頁で述べた西淀川事件第一次訴訟判決は，汚染源が場所的時間的に近接していなくても「混じり合って」被害者の居住地域を汚染しているだけで最低限の共同性を有するとした（前掲大阪地判平3・3・29）。要は，そのような一体性があるにもかかわらず立証困難による不利益を被害者に負わせるのは公平の理念に反すると言えるかどうかである。場所的時間的近接性がある場合には，むしろ，強い関連共同性が認められる場合が多いのではないか。結局のところ，共同不法行為は，因果関係要件を緩和したもの（個別の因果関係が立証されなくても（推定ないし擬制）責任を負うこと）であるので，そのような緩和を正当化しうるだけの関係（共同性）が必要だが，その判断においては，様々な要素を考慮する必要があり，関連共同性を主観的要素がある場合に限る必要はなく，客観的要素だけで認められる場合もあるし，主観的要素と客観的要素の総合で判断される場合もある。そして，そのような主観客観総合判断の結果，関連性が強固だとされれば，個々の行為者の行為との個別的な因果関係が擬制される（弱い場合は推定にとどまる）のである。

なお，主観客観総合説に立って，（一定時期以降において）大気汚染物質排出企業の強い関連共同性を認めた西淀川第一次訴訟判決（前掲）では，主観的要素と客観的要素の総合は，強い関連共同性の判断において行われているが，主観的要素と客観的要素を総合した判断は，強い関連共同においてだけではなく，（弱い関連共同性を含む）関連共同性一般においても行われるべきであり，いずれも単独では（弱い）関連共同性を認めるのに十分とはいえない場合でも，両者相俟って（弱い）関連共同性が認められることがあると考えるべきではないか。主観的要素が強い関連共同性において議論されるのは，主観的要素があれ

ば強い関連共同性が認められやすいからにすぎないと考えるべきであろう。

> **類型説と719条1項の文言**　類型説にあっては，いくつかのタイプの共同不法行為を719条1項のどこに位置づけるかが問題となる。1項前段の共同不法行為を「強い関連共同」のある場合に限定し，「弱い関連共同」については後段を適用する説が有力だが（淡路剛久・公害賠償の理論，前掲西淀川第一次訴訟判決），後述するように，後段は本来，加害行為に関する関連共同性がない場合に適用される規定であり，たとえ「弱い」ものとはいえ関連共同性を要件とする共同不法行為の一タイプをここに位置づけるのには問題がないわけではない。むしろ，前段に様々なタイプの共同不法行為があると解する方が素直なようにも思われる。後段を活用する場合でも，その適用ではなく類推適用と考えるべきではないか。学説の中には，前段と後段の両規定を「規範統合」して適用すべきとの説もある（澤井359頁）。

(3)　加害者不明の共同不法行為（1項後段）

(イ)　はじめに

　民法719条1項後段は，共同行為者のいずれの者がその損害を加えたのかが分からない場合について，行為者全員に「連帯」責任を課すことを規定している。起草委員の一人である梅博士があげた例は，数人が同時に他人の家に石を投げ，その一つが家にあたり家を毀損させたが，誰の投げた石かが明らかでないというものであり（梅謙次郎・民法要義3巻907頁），要するに，複数者の行為のいずれもが，それだけで損害を発生の原因となりうる力を持っており，その中の誰かの行為が損害を発生させたことは明らかだが，誰が実際の加害者かを知ることができない場合（いわゆる択一的競合）に関する規定である。このような場合，誰が加害者かが分からないために賠償が認められないことは被害者に酷であること，他方において，行為者は全員，同じ損害を引き起こしうる行為を行っていることから，そのような行為者の全員に賠償義務を課したのである。民法典の起草者らは，このような場合，誰が加害者かが分からないために賠償が認められないことは被害者に酷であるので，因果関係証明の困難から「法律ノ保護」がなくなることを避けるという「公益上」の見地から法律上特別に保護したもの，誰に対しても賠償請求できなくなることを避けるために「特ニ被害者ヲ保護」して規定したものであるなどと説明している。最高裁も，「同項後段は，複数の者がいずれも被害者の損害をそれのみで惹起し得る行為を行い，

そのうちのいずれの者の行為によって損害が生じたのかが不明である場合に，被害者の保護を図るため，公益的観点から，因果関係の立証責任を転換して，上記の行為を行った者らが自らの行為と損害との間に因果関係が存在しないことを立証しない限り，上記の者らに連帯して損害の全部について賠償責任を負わせる趣旨の規定であると解される」とした（最判令 3・5・17 民集 75・5・1359）。

　このように，本規定の趣旨は，加害者が誰かが分からない（因果関係の証明ができない）場合に被害者を救済するための規定であるから，被告は，自らの行為と損害の間の因果関係の不存在を立証すれば責任を免れると解すべきである（因果関係の推定。このように解するものとして，前田（達）191 頁，幾代＝徳本 229 頁，他）。

　(ロ) 要　　件

　まず，複数の行為者が各自，因果関係を除く他の不法行為の要件を備えていなければならない。因果関係要件については被害者の側で証明する必要はなく，被告の側で，因果関係の存在しないことを証明して責任を免れることがありうるだけである。さらに，各自の行為が損害を発生させうる危険性を有していることも必要である。したがって，複数の人間が投石してそのうち一人の投げた石により損害が発生したという例で，自分は投石を行っていない（当該危険性を有する行為をしていない）ことを立証して責任を免れることができる。

　規定の文言では，「共同行為者」であることが必要となっている。初期の学説は行為の同時性ないし共同性を要求したが，前段の共同不法行為が客観的関連共同性でよいという通説の確立の中で，前段との違いが必ずしも明確にならないという問題を生じさせた。そこで，後段は「直接の加害行為についてではなく，その前提となる集団行為について客観的関連共同関係がある場合」の規定であるとする説（加藤（一）211 頁）が登場した。しかし，近時は，関連共同性は不要であり，物理的・時間的近接度などを考慮し，「当該権利侵害を惹起する危険性を含んでいる行為をなした者」と考える説（前田（達）191 頁以下）や，さらには，全く偶然の関係にある者の間でもよいとする説（幾代＝徳本 229 頁）が有力である。

　本条が，いわゆる択一的競合にある複数の行為者による不法行為における因果関係証明の困難さを緩和するという趣旨によるものであることからして，同時的な集団行為の存在は不要であり，例えば，まずA病院で治療を受け，その

後B病院に転院して治療を受け，どちらかの病院で肝炎に感染したが，どちら
の病院にもその可能性があり，かつ，どちらの病院において感染したかが不明
の場合であっても，因果関係の証明困難から被害者を救済するためには本条の
適用があると考えるべきであり，また，そう解しても，A病院，B病院とも，
因果関係を除く他の不法行為要件を満たしているとすれば，それほど不当な結
果とはならないであろう。

　なお，この場合，因果関係の推定を行う以上，「加害者は，この数人のうち
だれかであり，この数人以外に疑いをかけることのできる者は一人もいない」
という程度までの証明は必要であろうとされる（幾代＝徳本 229 頁）。なぜなら，
本条が念頭に置く「択一的競合」においては，このような証明がなされていな
ければ，損害の全体について責任を負う者が取り逃がされてしまい，実際には，
損害発生に関係のない被告らに連帯責任が課されることになるからである。最
高裁も，後述する（281 頁以下）建設アスベスト訴訟において，この点を明示し
た（最判令 3・5・17 民集 75・5・1359）。ただし，ここで問題となっているのは，
当該被害を発生させた者が誰かではなく，あくまで，被害を発生させる危険性
ある者の範囲を，因果関係要件を推定するのに相応しい範囲に限定することで
あり，その証明は高度の蓋然性（80〜90%）で足り，他にいないことが 100%
証明されることまでは不要であると考えるべきであろう。

(4) 教唆・幇助（2項）

　教唆とは，他人をそそのかせて不法行為をなす意思を決定させることであり，
幇助とは，泥棒の見張りを行ったり道具を提供する等の，不法行為の補助的行
為を行うことである。これらの者は，自ら直接に不法行為に加わったとは言え
ないが，民法は，共同不法行為者と同じ責任を課している（民 719 条 2 項）。

　本規定の意義は，1 項前段の狭義の共同不法行為の範囲をどのように考える
かによって異なってくる。判例や従来の通説のような緩やかな客観的関連共同
性でよいとする立場に立てば，教唆も幇助もその大部分は関連共同性ありとい
うことなり，本条は一種の注意規定にすぎないことになる。判例は，自動車運
転者に飲酒を勧誘した者（最判昭 43・4・26 判時 520・47）や，贓物牙保・故売を
なした者（大判大 8・12・9 刑録 25・1255）について 2 項ではなく 1 項前段により
共同不法行為責任を認めている。

それに対し，1項前段を限定的に解する立場からは本規定の適用範囲は広がるとも考えられるが，教唆・幇助とも主観的な要素（少なくとも主たる行為者の加害行為を認容するという主観的要素）がある場合が多いので，狭義の共同不法行為を主観的な関連共同に限定する立場においても，教唆・幇助の場合は1項前段が適用され，本条2項が適用されるケースはそれほど多くない。

(5)　共同不法行為の効果

(イ)　賠償範囲

　判例は，各自の「違法な加害行為と相当因果関係にある損害について」賠償責任を負うべきであり（最判昭43・4・23民集22・4・964），特別事情による損害については，その事情を予見しまたは予見すべきであった共同不法行為者のみが責任を負うとする（大判昭13・12・17民集17・2465）。しかし，この説のように，賠償範囲を画するにあたって各人の行為を起点とすることは，判例やかつての通説のような極めて緩やかな範囲で関連共同性を認める立場からは妥当性を有するにしても，近時の有力説のように，関連共同性と因果関係要件を結びつけ，各人の行為ではなく共同行為と被害の因果関係を問題とする立場からは問題があると言わざるをえない。各人の行為に関連共同性が認められる（狭義の）共同不法行為の場合は，各人の行為ではなく共同行為を，賠償範囲を画する場合の起点とすべきであろう。

(ロ)　「連帯」責任

　719条1項前段，後段，同条2項のいずれの場合も，各賠償義務者は「連帯」して責任を負う。この「連帯」の意味については議論があった。かつては，民法の条文が「連帯」という文言を採用していることから，その内容は民法432条以下（旧規定）の適用される連帯債務であると解されていた（大判大3・10・29民録20・834）が，学説は，①共同不法行為の場合は共同不法行為者間に連帯債務者間に通常存在するような緊密な人的関係が存しないこと，②連帯債務に認められる絶対効をそのまま認めることは被害者にとり不利になること，を理由に，本条の「連帯」は不真正連帯であるとするようになり（我妻192頁，加藤（一）206頁，他），判例もその後はこれに従っている（最判昭57・3・4判時1042・87）。

　判例や学説が民法719条の「連帯」について不真正連帯と解してきたのは，

共同不法行為者間には必ずしも密接な主観的共同関係がないこと，および民法434条（旧規定）以下の絶対効の規定が適用されない方が被害者にとって有利なためであった。しかし，434条以下には，請求の絶対効のように被害者に有利なものもあり，また，共同不法行為の中にも，主観的共同関係のあるものからないものまで様々のものがあることから，連帯か不真正連帯かという債務の性質により一律に絶対効の有無を決めるのではなく，規定の趣旨や事案に応じて個別的に決めるべきだとの学説が有力となった。

　例えば，一部の債務者に対する免除の効力が他の債務者にも及ぶかどうかについて，不真正連帯債務論から絶対効を否定するにとどまる立場に対し，次のような説が主張された（大学双書265頁（能見）。前田（達）189頁もこれに賛成）。

　(a)　免除には，債権者からは請求しないという趣旨にすぎず共同不法行為者間の内部関係には関係しないもの（不訴求約束）と，債権者との関係においてだけでなく共同不法行為者内部においても負担を免れさせるもの（狭義の免除）の二種類がある。後者については民法437条（旧規定）が適用されるが，前者については適用されるべきではない。

　(b)　当該免除がそのどちらにあたるかは免除者の意思（したがって法律行為の解釈）によるが，それが明らかでない場合，共同行為者内部の負担部分の多い者への免除は原則として狭義の免除だが，負担部分の少ない者への免除は原則として不訴求約束と解すべきであり，負担部分に差がない場合は原則として不訴求約束と解すべきである。

　判例においても，免除の効果は当然には他の賠償義務者に及ぶものではないが，被害者が他の義務者の債務をも免除する意思を有していると認められるときは，その免除の効力は他の義務者にも及ぶとしたものがあった（最判平10・9・10民集52・6・1494）。

　民法（債権関係）改正によって，連帯債務において，免除は絶対効を持たないものとされた（民441条）。しかし，これは，債権者の通常の意思を考慮したものであり，全ての連帯債務者の債務を免除する意思で免除の意思を表示した場合には，その効力は連帯債務者全員に及ぶことを認めて差し支えなく，要するに，免除の意思表示の解釈に帰着するであろうと考えられる（奥田昌道＝佐々木茂美・新版債権総論中巻568頁）ので，以上の学説や判例の考え方は，相対的効力原則の射程をめぐる意思解釈の判断において意義を有することになろう

（同旨，窪田 466 頁）。

　なお，請求について，改正前の 434 条は絶対効としていたが，判例は，共同不法行為の場合は不真正連帯だとして，絶対効を否定していた（前掲最判昭57・3・4）。改正により請求の絶対効は否定されたので，この判例の結論は維持されることとなった。

　㈧　求　　償

　共同不法行為者の一人が被害者に損害の全部または一部を賠償した場合，他の共同不法行為者に求償することができるだろうか。共同不法行為責任を連帯債務だと解すれば，当然，自己の負担部分を超えて弁済した債務者は他の債務者に求償することができる（民 442 条旧規定）が，不真正連帯債務と解した場合であっても，共同不法行為者間の公平をはかるためには，その場合も求償を認めるべきであるとされてきた（最判昭 41・11・18 民集 20・9・1886）。

　各共同不法行為者の負担部分は，判例によれば過失の割合によるとされる（前掲最判昭 41・11・18）が，より総合的に，違法性の程度や原因力（四宮 791頁）を加えた加害行為への寄与度により決まり，それが明らかでない場合は，平等の割合と解すべきであろう。

　民法（債権関係）改正によって，連帯債務に関する規定が大きく変更された。詳細は債権総論の教科書・解説書に譲るが，その特徴は，一人の連帯債務者に生じた事由が他の連帯債務者に及ぶかという問題に関し，いわゆる絶対効を縮小したことである。免除の効力については前頁で述べたが，求償については，次のような点が問題となる。改正前の判例は，前述のように，連帯債務と不真正連帯債務を区別し，不真正連帯債務（共同不法行為者間の「連帯」や民法 715 条の使用者と被用者の関係等がそれに当たるとした）では，求償は負担部分をこえて賠償した場合に限るとしてきた（最判昭 63・7・1 民集 42・6・451。使用者責任における第三者による，使用者に対する求償の事例）。今回の改正によって絶対効が縮減された結果，不真正連帯債務という概念は不要になり，今後は，共同不法行為の連帯の場合も（さらには，715 条の使用者と被用者の関係のような場合も）連帯債務の規定が適用され求償は新 442 条によることになると解すると，そこでは，「その免責を得た額が自己の負担部分を超えるかどうかにかかわらず」求償できるとされている結果，従前の判例は変更されたことになる（潮見佳男・プラクティス民法債権総論（第 5 版補訂）583 頁，前田（陽）151 頁）。

しかし，この点については，改正法の審議過程のパブリックコメントで，最高裁から，最判昭63・7・1をあげて，このような変更は被害者保護に欠けることにならないのかといった意見が出されており，改正後も不真正連帯と連帯の区別は残り，不真正連帯債務にはなお前記判例が維持されるとの解釈も成り立つ（大塚直編・民法改正と不法行為34頁以下，Legal Quest 303頁）。連帯か不真正連帯かの区別により演繹的に効力が導かれることはないが，共同不法行為における「連帯」のように，連帯債務規定の部分的な修正がなされるべき「修正された連帯債務」という意味での不真正連帯債務という概念は，なお，意義があるのではないか（同旨，奥田＝佐々木前掲書595頁）。そう解すると，求償に関する従前の判例は変更されないことになる。今後の動向に注意すべきである。

　　共同不法行為における求償と使用者責任　　被用者が第三者と共同して損害を惹起した場合，使用者の負担部分はどうなるのであろうか。この点に関しては，以下のような三つの判例がある。
　①　図Ⅰの関係において，使用者Aは第三者Cとの関係では被用者Bと同じ負担部分を持つ。したがって使用者Aがそれを超えて被害者に賠償した場合，AはCに対して求償することができる（前掲最判昭41・11・18）
　②　逆に図Ⅰの関係において，第三者Cが自己の負担部分を超えて被害者に賠償した場合は，CはAに対し求償できる（前掲最判昭63・7・1）。
　③　図Ⅱの関係において，使用者Aと使用者Dの負担部分は被用者Bと被用者Cの負担割合による（最判平3・10・25民集45・7・1173）。
〔図Ⅰ〕　使用者A（使用者責任）━━被用者B（加害者）
　　　　　　　　　　　　　　　　　┣━━関連共同性→共同不法行為
　　　　　　　　　　　　　第三者C（加害者）
〔図Ⅱ〕　使用者A（使用者責任）━━被用者B（加害者）
　　　　　　　　　　　　　　　　　┣━━関連共同性→共同不法行為
　　　　　使用者D（使用者責任）━━被用者C（加害者）
　判例は，使用者責任が報償責任の考え方に基づいて被用者の責任を代位して負う責任だと解した上で（使用者責任の性質については218頁以下参照），他の賠償義務者との関係では使用者・被用者を一体としてとらえ，まず他の賠償義務者との負担割合を決め，次に使用者と被用者の関係を問題にするという考え方をとっているのである。

★ 共同不法行為の要件事実

　民法719条1項前段の，いわゆる狭義の共同不法行為につき，判例は，各人の行為がそれぞれ不法行為の要件を満たしていること，各行為者の間に共同関係（関連共同性）があることを要件としている。これによれば，行為者AとBの共同不法行為責任が問題となる場合に，賠償を請求する原告が請求原因として主張立証しなければならない要件事実は，以下のようになろう。

① 原告の権利または法益が侵害されたこと
② Aの故意または過失ある行為
③ Bの故意または過失ある行為
④ 損害の発生およびその金額
⑤ ②と④の因果関係（Aの行為と損害の因果関係）
⑥ ③と④の因果関係（Bの行為と損害の因果関係）
⑦ AB間の関連共同性

　しかし，このように考えると，①②④⑤でAの責任が成立し，①③④⑥でBの責任が成立するので，⑦要件を加えて共同不法行為とすることの意義が乏しくなってしまう。そこで，近時の有力説は，各人の行為が共同行為を形成する場合（関連共同性がある場合）には，各人の行為と損害発生の因果関係は原告が主張立証すべき要件ではなく，共同行為と損害の間で因果関係があればよいとする。この立場の場合，要件事実は以下のように整理できよう。

① 原告の権利または法益が侵害されたこと
② Aの故意または過失ある行為
③ Bの故意または過失ある行為
④ 損害の発生およびその金額
⑤ 関連共同性（共同行為への参加）
⑥ 共同行為と損害との因果関係

　関連共同性を弱い関連共同性と強い関連共同性に類型化する説の場合，弱い関連共同性においては，AまたはBは，自己の行為と損害発生の因果関係の不存在を主張・立証して責任を免れることができる。

3　競合的不法行為

(1)　はじめに

　一個の損害の発生に複数の者が関与する場合（不法行為の競合）が少なくない。この場合，各行為者に関連共同性があれば民法719条の共同不法行為となる。問題は，719条の共同不法行為規定は，複数不法行為の競合事例のうち，どのような場合をカバーするかである。前述のように，従来の判例は，関連共同性を緩やかに解し，共同不法行為の成立を広く認めてきた。近年のものでも，交通事故で頭部に血腫ができたのを医者が十分な検査をせずに見落として死亡したという事例で，共同不法行為の成立を認めたものがある（最判平13・3・13民集55・2・328）。このように，関連共同性を広く解する（その代わり，各自の行為が独立した不法行為の要件を備えていることを求める）立場に立った場合，共同不法行為によってカバーされない競合事例は，限られたものとなるであろう。

　これに対し，近時の学説は，関連共同性を何らかの程度において限定する傾向にある。これらによれば，共同不法行為とならない不法行為の競合事例（いわゆる「競合的不法行為」）は増えてくる。本書は，すでに述べたように，共同不法行為を類型化し，強い関連共同性がある場合のほか，弱い関連共同性にとどまる場合でも共同不法行為の成立を認め（ただし，減免責の主張を許す），関連共同性の有無の判断において客観的要素と主観的要素を総合して考えるという立場に立っており，この立場からは，関連共同性が（弱いものを含め）存在しない競合事例はそれほど多くはない。しかし，このような立場であっても，加害行為としての一体性がない複数の不法行為の競合事例はありうる。

　このような（関連共同性が認められない）競合的不法行為のうち，「択一的競合」（複数の，それだけで損害を発生させうる原因が競合した場合）については，一定の要件の下で1項後段により，各行為者の行為と被害の因果関係は推定される（272頁以下参照）。しかし，それ以外の競合事例，例えば，「累積的競合」（全部の損害を惹起する力のない複数原因が累積して損害が発生した場合）や「重合的競合」（全部または一部の損害を惹起しうるいくつかの行為が積み重なって結果が発生する場合），さらには，どのタイプの競合かが不明の場合がある。これらの場合，719条1項はあてはまらない（関連共同性もなく択一的競合であることも明らかでない）ので，不法行為の原則に戻り，各人の行為と当該原告の損害発生との個別

的因果関係の証明を必要とし，その範囲内で責任を負うことになるとも考えられる。そうすると，各行為者は賠償すべき範囲が重なった場合にのみ連帯責任を負うことになり，複数の不法行為者のいずれもが損害の全部について責任を負う場合にのみ，全額について連帯責任を負うことになる（前述の交通事故と医療過誤の競合事例（前掲最判平 13・3・13）はこのケースにあたることになろう）。

　しかし，複数の原因者がおり，複数原因が絡み合い競合していることによって各行為者と損害との個別的な因果関係の立証が困難ないし事実上不可能な場合もある。このような場合に，一方で，深刻な被害が発生しており，他方で，そのような被害を発生させる可能性がある行為をしている者がいるにもかかわらず，個々の行為者の行為と被害の個別的な因果関係の証明が困難なために被害者が救済されないままでよいのか，個別的な因果関係の証明緩和をはかり，公平適切な解決をはかるべきではないか。学説や判例では，このような問題意識から，719 条 1 項後段の類推適用の可能性が探られている。

(2)　競合的不法行為への 719 条 1 項後段の類推適用

　競合的不法行為への後段の類推について，その要件を厳しく限定する説がある。寄与度の立証が被害者にとって困難であることから被害者救済のために寄与度の主張・立証責任を行為者側に転嫁するのであるから，前段の「強い関連共同性」まではいらないが，個別行為の「寄与度」が不明であるほどに，複数行為者間の行為の一体性が認められなければならないとして，時間的・場所的一体性は最低限必要であり，時間的・場所的に近接した空間内で，個々の寄与度を証明することを困難とする事情が被害者側に存在していなければならないとする説である（潮見③ 204 頁以下）。しかし，この説が説く 719 条 1 項後段の類推適用の要件は，多くの学説や裁判例が説く「弱い関連共同性」ある共同不法行為の要件と重なり（関連共同性を主観・客観両要素の総合として見る本書の立場からは，この説が 719 条 1 項後段の類推のためにあげた要件が充足される場合，「強い関連共同性」が認められる可能性もある），同条の類推をこのように限定するのは狭きに失しているのではないか（後段を「累積的競合」に類推する場合，場所的・時間的近接性は要件とならないとするものとして，前田陽一「民法 719 条 1 項後段をめぐる共同不法行為論の新たな展開」能見善久他編・民法の未来 320 頁以下がある）。

　最高裁は，建設アスベスト訴訟において，後段の類推適用を認める判断を示

した（最判令3・5・17民集75・5・1359）。建設アスベスト訴訟とは，建設作業に従事者していた者が，アスベスト（繊維状の構造を持つ鉱物（石綿）。耐熱性等があり安価なため，建材等に多く使用されたが，微小な石綿繊維を吸い込むと，中皮腫や肺がんなどの重篤な病気を引き起こす。2006年に全面使用禁止）を含んだ建材を使用して中皮腫や肺がんのような重篤な疾患に罹患したとして国と建材メーカーを訴えた訴訟である。アスベストは少量のばく露でも深刻な疾病を引き起こしうる物質であるが，アスベストを含んだ建材を製造販売していた建材メーカーは多数に上っていること，複数の建設現場において複数のメーカーの建材を使用する建設作業従事者にあっては，どのメーカーの建材がアスベストばく露の原因になっているかの証明が極めて困難である。このことから，そこでは，民法719条の共同不法行為規定，とりわけ，複数加害者の場合に個別的な因果関係を推定した1項後段の類推適用が可能かどうかが争点となった（最高裁判決までの裁判例と学説については，吉村良一・政策形成訴訟における理論と実務294頁以下参照）。

　最高裁は，「被害者保護の見地から……同項後段が適用される場合との均衡を図って，同項後段の類推適用により，因果関係の立証責任が転換されると解するのが相当である」として，一定以上のマーケットシェアを持つ建材メーカーの責任を認めた。この判決は，事例判断の形式をとっているために，類推適用の要件を明確に示しているわけではないが，判決理由からは，被告らが，①注意義務（建材の危険性を適切に表示すべき義務）違反を犯していること，②被告らの製造販売した建材が被災者らの建設現場に相当回数到達したこと，③累積的ばく露をもたらすことは想定し得たこと，を根拠に，被害者保護をはかるため，公益的見地から個別因果関係を推定した後段が適用される場合との均衡を図って，後段の類推適用を認めたことが読み取れる。なお，被災者らが働いていた建設現場への「到達」が必要としているが，被災者らが当該建材に含まれていたアスベストにばく露したことではなく，あくまで建設現場への到達（したがって，被災者らがばく露しうる危険状態の作出）であり，かつ，このような意味での「到達」の証明において，被告企業らのマーケットシェアを使った確率計算による立証を肯定しているのであるから，ここでの「到達」は，ばく露の危険性が高いことを意味すると考えることができる。

マーケットシェアに基づく証明　　被告企業のマーケットシェアをもとに，被告の建材が原告の作業した現場に到達する確率を計算し，それを「到達」の立証において活用する考え方である。例えば，シェア10%の建材メーカーの製品が，原告の作業していたある現場に到達した確率は10%となる（到達していない確率は90%）。しかし，建設作業従事者は多くの作業現場を経験している。かりに，10の作業現場を経験したとすれば，その間に1回も到達していない確率は0.9の10乗である約35%となる。シェア20%なら1回も到達していない確率は0.8の10乗である約11%，20の現場で10%なら約12%となり，到達していた確率は高いものとなる。

　このような手法による証明に対しては，建設作業現場でどの建材を使用するかは，コインを投げて決めるような確率的行動ではないとの批判もあるが，最高裁は，「特定された石綿含有建材の同種の建材の中でのシェアが高ければ高いほど，また，特定の本件被災者がその建材の製造期間において作業をした建設現場の数が多ければ多いほど，建材現場到達事実が認められる蓋然性が高くなることは経験則上明らかである。そして，被上告人らから他に考慮すべき個別的要因が具体的に指摘されていないときには，上記のシェア及び上記の建設現場の数を踏まえた確率計算を考慮して建材現場到達事実を推認することは可能であるというべきである」とし，この手法を肯定した（最判令3・5・17民集75・6・2303）。

　このような最高裁の判断を踏まえるならば，この問題については，以下のように考えることができるのではないか。ここでは，（本書の言う）弱い関連共同性もない（ただし，「建設アスベスト訴訟」においては，被告とされた建材メーカー間にいかなる意味でも共同性がないのかどうかについては，検討の余地がある）が，複数の行為が競合したため加害者を特定することが困難な場合に，損害発生に何らかの寄与をした行為者が存在するにもかかわらず，個別的な因果関係が証明されないので誰も責任を負わない（被害が救済されない）という（立法者が「公益上」から因果関係を推定すべきとした後段のケースと類似した）事態を避けるために類推が肯定されるのであるから，①因果関係が絡まり合うなどのために個別的因果関係の立証が著しく困難であること，②被告らに注意義務違反があること，③各被告の行為が当該原告の被害発生の危険性を有すること，④被告らが自分の製造販売する建材が他の建材と累積したばく露を作出することを想定できたこと，が要件となろう。

　問題は③の危険性の程度だが，この点に関して，被告の行為の現実的危険性が必要だとする説がある（前田達明＝原田剛・共同不法行為法論263頁以下）。もち

ろん，ここで言う危険性は，後段の類推により個別的因果関係を推定するための要件であるから，当該行為の一般的な危険性ではなく，あくまで，当該原告の被害を発生させうる危険性である（一般的危険性でよいとすると，危険な製品を製造販売していたメーカーは，当該被害との関係性を問うことなく責任を負うことになってしまう）。また，当該被告の行為により当該原告の被害が生じる可能性がゼロではない限り後段の類推が可能だとすると，責任を負う者の範囲を不当に拡げることになってしまう。しかし，具体的ないし現実的危険性を求めると，場合によれば個別的な因果関係の証明と同程度の負担を原告にかけることになってしまいかねない。どの程度の危険性が必要かは，当該事件の特質（個別的因果関係証明の困難の程度やその理由，当該行為の性質や生じている被害の種類等）にもよるが，危険性の程度を具体的現実的なものからある程度緩和すること，例えば，当該被告の建材に含まれているアスベストが当該原告に到達して被害を引き起こす「相当程度の可能性」がある場合には，後段の類推を認めうる危険性があるとして，後は被告の減免責の反証に委ねるという解決がありうるのではなかろうか（この考え方をとるものとして，大阪高判平30・8・31判時2404・7がある。最高裁は，この判決のこの部分に関する被告の上告を受理しなかった。ただし，他の訴訟での，「相当程度の可能性」で足りるとする原告側の上告も受理していない。学説としては，大塚直「建設アスベスト訴訟における加害行為の競合」能見善久他編・民法の未来278頁などがこの立場を主張する）。

　なお，建設アスベスト訴訟では，アスベスト建材を製造・販売していたメーカーは多数に上っているが，その場合，後段の適用の場合のように，被告ら以外に原因者と考えられる者が存在しないことの証明が必要かどうかが問題となる。最高裁は，被災建設作業従事者が被告らの建材を「直接取り扱ったことによる石綿粉じんのばく露量は，各自の石綿粉じんのばく露量全体の一部にとどまるという事情がある」ので，被告らは，こうした事情等を考慮して定まる「その行為の損害の発生に対する寄与度に応じた範囲で損害賠償責任を負う」とし，その場合（集団としての寄与度に応じた責任）は，「他に原因者と考えられるものが存在しない」という要件は求めていない（最判令3・5・17民集75・5・1359）。また，最高裁は，寄与度の範囲で被告らは連帯責任を負うとするが，その根拠として，被告らの寄与度を立証することが困難であることに加えて，被告らは，累積ばく露をもたらすことを想定し得たことを挙げている。

719条1項後段類推の二義性　　関連共同性を弱い関連共同性と強い関連共同性に類型化する立場において，前者の弱い関連共同性のケースを719条1項後段の類推とする説がある。しかし，その場合，弱いとはいえ関連共同性がある（共同不法行為が観念できる）のであるから，因果関係の起点は（前段の場合と同じく）共同行為となる。これに対し，ここで論じているのは関連共同性がない（共同不法行為が観念できない）競合的不法行為の場合であるから，因果関係の起点はあくまで個々の不法行為者の行為であり，それが一定の要件の下で後段の類推適用により推定されないかが問題となっている（両者の違いについては，前田（陽）147頁以下参照）。

複数の不法行為が競合する場合の過失相殺の方法　　複数の加害者の過失が競合して損害が発生し，同時に，被害者にも過失がある場合の過失相殺の方法については争いがある。Aの過失とBの過失が競合してCに600万円の損害が発生し，被害者Cにも過失が存在するが，それらの割合が3対2対1である場合を例にして説明すれば，以下のとおりである。

① 　絶対的過失相殺　　複数の加害者の行為を一体的にとらえて被害者の過失と対比する方法。この方法によれば，AとBの過失を合計したものが加害者側の過失割合になるので，CがAに賠償を請求した場合，その過失の対比は 3＋2：1＝5：1 となり，$600万 \times \dfrac{5}{6} ＝500$ 万円の賠償を請求できることになる。

② 　相対的過失相殺　　各加害者と被害者の関係ごとに過失割合を対比する方法。この方法では，各当事者ごとに考えるので，CのAに対する賠償請求における過失の対比は 3：1 となり，CはAに対しては，$600万 \times \dfrac{3}{4} ＝450$ 万円の賠償を請求できることになる。

判例としては，交通事故と医療過誤が順次競合した事例で，「過失相殺は不法行為により生じた損害について加害者と被害者との間においてそれぞれの過失の割合を基準にして相対的な負担の公平を図る制度であるから，本件のような共同不法行為においても，過失相殺は各不法行為の加害者と被害者との間の過失の割合に応じてすべきものであり，他の不法行為者と被害者との間における過失の割合をしん酌して過失相殺をすることは許されない」と述べて，相対的方法を採用した最高裁判決がある（最判平13・3・13民集55・2・328）。

しかし，この事案は，共同不法行為とされるが，交通事故と医療過誤という異質な行為が，しかも異時的に競合した事例に関するものであり，その後，最高裁は，複数の過失が競合して「一つの交通事故」が発生して「絶対的過失割合」を認定できるときには，絶対的方法によるべきであり，相対的方法は「被害者が共同不法行為者のいずれからも全額の損害賠償を受けられるとすることによって被害者保護を図ろうとする民法719条の趣旨に反することになる」との判断を示している（最判平15・7・11民集57・7・815）。

両者の差は，絶対的方法では，ＣのＡに対する請求にあってもＢの過失部分が
考慮され，その寄与分についてもＡが負担することになっているのに対し，相対
的方法では，Ｂの過失部分はＣＡ間では無視されていることによる。このように，
賠償を求められたＡがＢの過失部分についてまで責任を負うことになる絶対的方
法については，そのような負担を負わせてよい密接な関係がＡＢ間に存在するか
どうかを問題とすべきである。したがって，共同不法行為とは言えないような複
数不法行為の競合事例においては相対的方法によるべきであろう。また，関連共
同性を緩やかに解する判例の傾向を前提にするならば，共同不法行為とされる場
合でも，全て絶対的方法によるのではなく，関連性の程度によっては，相対的方
法による場合もありうると考えるべきではないか。

第5節　特別法上の不法行為

1　序　　説

　　民法典上の特殊の不法行為の他に，損害賠償責任を規定したいくつかの特別
法が存在する。これらの多くも，民法709条の不法行為の一般原則，とりわけ，
過失責任主義を修正している点に共通した特徴を持っている。修正の内容とし
ては，過失を要件としないで賠償義務を認めたり，過失の立証責任を被害者か
ら加害者に転換するなどして，一般的不法行為の原則を加害者の責任を加重す
るかたちで修正するものが大部分だが，失火責任法のように，重過失の場合に
責任を限定して，加害者の責任を軽減するものもある。以下，その主要なもの
について，概観してみよう。

2　国家賠償法

(1)　はじめに

　　現代社会において国家や公共団体の機能は拡大してきており，その活動内容
は，市民の生命・身体・財産等に対する安全性にとって重要な意味を持ってく
る。一方では，例えば，国営空港に離発着する航空機の騒音・振動によって付
近住民に被害が発生した場合のように，国家等の活動そのものが市民の法益を
侵害することがあり，他方において，国が製造販売を認可した薬により重大な
健康被害が発生するといった，国民の健康等を守る上での国家等の活動のあり

方が問われる場合も少なくないのである。

ところで，戦前の日本においては官公吏はもっぱら天皇に対してのみ義務を負うものとされ，国や公共団体の活動が国民に損害を与えても，国・公共団体自体はもとより，官公吏自身も損害賠償義務を負わないという考え方が支配的であった。そのため，国家賠償に関する特別法は存在せず，民法上の不法行為責任規定の適用についても判例は限定的であった。

すなわち，国有鉄道の事故による損害の場合のような，国・公共団体の営利をともなう私経済作用にかかわる損害については民法による賠償義務を認める考え方が比較的早くから定着した（大判大 8・3・3 民録 25・356, 大判大 9・6・17民録 26・891, 他）が，公行政作用については制限的であった。非権力的公行政作用にかかわる損害についてのみ，市立小学校の遊動円木の瑕疵により児童が死亡した事件で市に民法 717 条による責任を認めた判決（大判大 5・6・1 民録22・1088）を契機にして，民法規定による損害賠償を肯定する事例が増えたが，公権力作用にかかわる損害については一貫して賠償責任が否定された。

しかし，このような状況は戦後になって一変した。憲法 17 条において，公務員の不法行為による損害に対する国・公共団体の賠償義務が明記され，それを受けて，国家賠償法が 1947 年に公布・施行されたのである（戦前の状況および国家賠償法制定の意味については，加藤一郎編・注釈民法 (19) 385 頁以下（乾）参照）。

(2)　国家賠償法 1 条の責任

(イ)　はじめに

国家賠償法 1 条 1 項は，国または公共団体の公権力の行使にあたる公務員が，その職務を行うについて，故意または過失により違法に他人に損害を与えた場合，国または公共団体が賠償責任を負うと規定している。本条は使用者責任を定めた民法 715 条に類似した規定だが，国・公共団体に民法 715 条 1 項ただし書のような免責事由が認められていない点が異なっている。責任の性質としては，一般に，公務員に代わって国・公共団体が責任を負う代位責任であると考えられている。

(ロ)　責任要件

(a)　まず第一に，国・公共団体の公権力行使にあたる公務員の不法行為であ

ることが要件となる。国とは日本国のことであり，公共団体とは，国家により
その存立の目的・機能を与えられた公法人をいい，都道府県などの地方公共団
体や健康保険組合のような公共組合等がこれにあたる。独立行政法人や国立大
学法人も含まれる（東京地判平 21・3・24 判時 2041・64）。公務員とは，国・公共
団体のために公務に従事する者であり，国家公務員法，地方公務員法にいう公
務員には限らない。なお，国・公共団体の公務員による一連の職務行為の中で
損害が生じたことが証明されればよく，加害行為を行った公務員を特定するこ
とは必要ない（最判昭 57・4・1 民集 36・4・519）。

　問題となるのは，公権力の行使とは何かである。これについては，権力的な
作用（国家統治権に基づく優越的な意思の発動）に限るとする説，非権力的な作用
をも含むとする説，私経済作用を含む全ての国・公共団体の作用とする説の対
立がある。

　第一の権力的作用説は，戦前において国家賠償が認められなかった公権力作
用の場合の賠償義務を認める点に本条の意義があるとするものだが，戦前の歴
史的経過はともかく，今日のように，国・公共団体の作用が多様に広がってい
る中では狭すぎる考え方であり，また，何が権力作用かについての判断を被害
者に行わせるのは適切でない。判例は，例えば，公立中学校の体育の授業にお
けるプールへの飛び込み指導を公権力の行使にあたるとする（最判昭 62・2・6
判時 1232・100）など，教育活動においても本条の適用を認めており，第二説に
立っていると考えられるが，学説においては第三説も有力である。

　なお，本条が適用されない場合には民法 715 条が適用され，その場合，1 項
ただし書の免責をほとんど認めないのが現在の判例・通説であることから見て，
少なくとも被害者救済の点ではどの説をとっても大差がないことに注意すべき
である。したがって，この問題は，責任の成否を決する要件というよりも，本
条の適用範囲を画する基準の問題と考えるべきであろう（加藤編前掲書 391 頁
（乾），室井力他編・コンメンタール行政法Ⅱ（第 2 版）516 頁（芝池））。

(b)　第二の要件は，公務員がその職務を行うについてなした加害行為である
ことである。「職務を行うについて」にあたるかどうかは，使用者責任におけ
る「事業の執行について」と同じように，客観的に見て職務執行の外形を備え
る行為と解すべきである。警察官が制服を着て職務執行をよそおい，強盗をは
たらこうとして殺人を犯した事件において，判例は，加害行為が「客観的に職

務執行行為の外形をそなえる行為」だとして，本条の責任を認めている（最判昭31・11・30民集10・11・1502）。

(c) 第三に，公務員に故意または過失と違法性が必要である。違法性が要件として明記されたのは，民法709条における権利侵害要件の違法性への読み替えを踏まえたものである。その内容については，法令違反に限定する説と，当該行為が客観的に見て正当性を欠く場合をも含むとする説の対立があるが，本条の違法性は，被害者に発生した損害の賠償要件としてのそれであり，行政処分の取消訴訟における違法性とは異なることから，後者の立場が正当であろう。そして具体的には，民法におけるそれと同様に，公務員の行為の態様と侵害された利益の種類や程度を考慮して判断することになる。

ただし，公権力の行使には次のような特質があることをも考慮すべきである。私人の行為は，私的自治に基づき原則として自由であるが，同時に，他人の権利ないし法益を害してはならないという一般的な法的義務を負い，それに反して他人の権利ないし法益を侵害した場合，原則として違法と評価される。これに対し，公権力の行使には，例えば，刑事司法権の作用のように，他人の重大な権利侵害をともなうにもかかわらず許容されているものがあり，その場合の違法性判断においては，生じた権利ないし法益侵害だけではなく，むしろ，その侵害行為が法令に則って行われたのかどうかが決定的となる。また，反対に，当該行為が法令に反してなされた場合，たとえ生じた被害が軽微であっても，その公権力行使は違法と判断されることになろう。

このように，国家賠償法における違法性については，その本質ならびに判断の基本的枠組みにおいては民法上のそれと異ならないが，具体的な違法性判断にあたっては，民法上の違法性判断よりも一層強い意味において行為の態様，すなわち，当該公務員の行為がその権限を定めた法規を遵守しているかどうかが重要な判断要素になると考えるべきではないか（同旨，澤井293頁）。

現代社会において人の生命や健康を害するおそれのある活動が増加するにつれて，それを規制し国民の生命・健康を守るという点での国・公共団体の果たすべき役割は大きなものとなってきている。そして，国・公共団体がそのような規制を行わなかった（不作為）として，本条による責任が追及される事件も増加してきた。これらにおいて国・公共団体に本条の責任が認められるためには，国・公共団体に規制権限があることに加えて，その権限を行使すべき義務

（作為義務）の存在が必要となる。

　この点につき判例は，その権限を定めた法令の趣旨・目的や権限の性質に照らし，権限の不行使が許容される限度を逸脱して著しく合理性を欠くと認められるときは，その不行使は違法となるという考え方をとっており，筑豊じん肺訴訟判決（最判平 16・4・27 民集 58・4・1032）や水俣病国家賠償訴訟判決（最判平 16・10・15 民集 58・7・1802）において，国や県の責任を認めた。この両判決は，権限は，生命・健康の保護を目的とする場合，「適時かつ適切に」，「できるだけ速やかに」行使されるべきとも言う。これに対し，国の後見的役割を重視して被害者救済の視点に力点を置くと，事前規制型社会への回帰と大きな政府を求める方向につながりやすいとする批判があり，国の責任を否定する判決（泉南アスベスト訴訟。大阪高判平 23・8・25 判時 2135・60）も登場したが，最高裁は泉南アスベスト訴訟において，平成 26 年 10 月 9 日判決（民集 68・8・799）で，「規制権限は……適時にかつ適切に行使されるべきものである」として，上記大阪高裁判決を破棄して国の責任を認めた。その後，建設作業従事者のアスベスト被害でも同様に国の責任を認める裁判例が出ており（最判令 3・5・17 民集 75・5・1359 は，建設現場に多い「一人親方」についても国の責任を認めた），事業者等の危険な（生命・健康等に被害が生じうる）活動に対し，それを監督し規制すべき権限を適時・適切に行使しなかった場合に，国家賠償法 1 条の責任を負うとするのが，現在の判例の立場であるといってよかろう。なお，2011 年 3 月の東日本大震災の際に起こった福島第一原子力発電所の事故に関しても，国の規制権限不行使の責任が争われている。高裁では責任を認めるものと否定するものに判断が分かれていたが，最高裁は責任を否定する判断を示した（最判令 4・6・17 裁判所ウェブサイト）。

　判例は，国家賠償法 1 条責任が成立する場合には，公務員個人の責任を否定する（最判昭 30・4・19 民集 9・5・534，他）。過失の場合にまで公務員個人に責任を負わせると公務員の職務行為が萎縮するなどとして，これを支持する学説もあるが，故意・過失により損害を発生させても責任を負わないという帰結は不法行為責任のあり方として適切ではない。使用者責任においても被用者の責任が免責されないこととの対比においても，公務員の責任を否定すべきではない（同旨，加藤編前掲書 416 頁（乾），下山瑛二・国家補償法 258 頁以下，潮見③ 123 頁以下，他）。

国家賠償法1条2項は，国・公共団体は故意または重過失があった公務員に求償できる旨を規定している。複数の公務員が故意によって共同して不法行為を行った場合，これらの公務員は連帯して求償義務を負うとした判決がある（最判令2・7・14民集74・4・1305）。可分債務については分割債務とするという民法427条に基づき可分債務としなかったのは，当該公務員らが「共同して」不法行為を行った（対被害者との関係では民法719条1項の共同不法行為が成立し得る）ことを重視したためと思われる。

　　　立法の不作為による責任　立法の不作為による本条の責任が問題となることがある。下級審ではあるが，ハンセン病罹患者の隔離政策の違法性が問題となった事件で，ハンセン病は隔離が必要な疾患ではなく，「らい」予防法の隔離規定の違憲性が明白になっていたにもかかわらず，同法の隔離規定の改廃をしなかった国会議員の立法上の不作為につき，本条の責任を認めた注目すべき判決があった（熊本地判平13・5・11判時1748・30）。また在外国民の選挙権行使の機会が制限されているのに，これを是正しないことの立法不作為が問題となった事案で，最高裁は，「立法の内容又は立法不作為が国民に憲法上保障されている権利を違法に侵害するものであることが明白な場合や，国民に憲法上保障されている権利行使の機会を確保するために所要の立法措置を執ることが必要不可欠であり，それが明白であるにもかかわらず，国会が正当な理由なく長期にわたってこれを怠る場合などには，例外的に，国会議員の立法行為又は立法不作為は，国家賠償法1条1項の規定の適用上，違法の評価を受けるものというべきである」とした上で，国に慰謝料の支払いを命じた（最大判平17・9・14民集59・7・2087）。

(3) 国家賠償法2条の責任

(イ) はじめに

国家賠償法2条は，道路，河川その他の公の営造物の設置または管理に瑕疵があったために他人に損害が生じた場合に，国または公共団体に賠償義務を課している。本条は民法717条の土地工作物責任にならったものであるが，次の点が異なっている。まず第一に，後述するように動産をも含む点で，公の営造物の方が「土地の工作物」よりも広い。第二に，本条には，民法717条の工作物の占有者に認められているような免責事由はない。本条の責任の性質について，通説は，危険責任に基づく無過失責任だととらえるが，工作物責任の場合と同様に（工作物責任の性質に関する議論については第3節1参照），設置・管理上の義務違反による責任であるとする見解も有力に主張されている（植木哲・災

害と法)。この対立は，設置・管理の瑕疵のとらえ方に影響する。

　　(ロ)　責任の要件

　　(a)　「公の営造物」　公の営造物とは，公の目的に供される有体物や設備のことであり，条文で例示されている道路，河川の他，橋梁，堤防，官公庁舎，公立学校の施設，公園等がこれにあたる。判例によれば，動産もこれに含まれる（室井力他編・コンメンタール行政法II（第2版）552頁（芝池））。例えば，警察官の拳銃を，その高度の危険性を理由に公の営造物とした判決がある（大阪高判昭62・11・27判時1275・62）。河川や湖沼，海岸などで人工の手を加えていない物（自然公物）が営造物に入るかどうかについては争いがあるが，これを肯定するのが通説である。ただし，自然公物については，道路のように人工の手を加えた物（人工公物）とは設置・管理の瑕疵の判断基準が異なるという考え方も有力である。

　　(b)　設置・管理の瑕疵　民法717条の設置・保存の瑕疵と同義である。したがって，通説・判例は，営造物が通常有すべき安全性を欠いていることが瑕疵であるとして，瑕疵を客観的に定義する。その結果，安全性を欠くにいたった原因は問題とならず，国・公共団体に過失がなくとも責任が成立し，予算不足等の管理者側の主観的事情は免責事由とならない（最判昭45・8・20民集24・9・1268（道路の瑕疵のケース））。しかしこれに対しては，土地工作物責任の項で述べたように，むしろ設置・管理行為を問題にし，そこにおける安全確保義務ないし損害回避義務違反を瑕疵ととらえるべきだとする有力説（義務違反説）がある（植木哲・災害と法，他）。この説によれば，本条の責任の根拠は設置・管理者が損害防止措置を懈怠・放置したこと，すなち安全確保ないし損害回避義務違反であり，瑕疵の有無は，これらの義務を尽くしたかどうかにより決まることになる。

　　両説が実際の瑕疵の判断でどの程度異なる結論をもたらすのかは微妙だが，営造物に内在する欠陥からではなく第三者や自然力により被害が惹起されるのを防止できなかったことの責任が問題となるケースの説明としては，後者の説は適合的である（この点を指摘するものとして遠藤博也・国家補償法136頁）。

　　なお，通説である客観説の立場からも，営造物の瑕疵は，その物理的，外形的な欠陥ないし不備（性状瑕疵）のみに限られず，「その営造物が供用目的に沿って利用されることとの関連において危害を生ぜしめる危険性がある場合〔機

能的瑕疵——筆者〕をも含み，また，その阻害は，営造物の利用者に対してのみならず，利用者以外の第三者に対するそれをも含むものと」される（最大判昭56・12・16民集35・10・1369）。したがって，空港の騒音（前掲最大判，他），鉄道の騒音・振動（名古屋地判昭55・9・11判時976・40，他），道路の騒音・振動・排気ガス（最判平7・7・7民集49・7・1870，大阪高判平4・2・20判時1415・3，他）の発生も，付近住民の受忍の限度を超えた場合には瑕疵となる。

水害と国賠法2条責任　公の営造物の設置，管理の瑕疵の有無についての判断が微妙な問題の一つとして，水害のケースがあげられる。水害に対する国・公共団体の責任を追及する訴訟は昭和40年代以降増加し，特に50年代になって，下級審において，河川等のいわゆる自然公物が営造物に含まれることを前提に，その瑕疵判断における人工公物との違いを相対化し，予想される被害が社会的な受忍の範囲を超えているかどうか，その危険個所の放置がその危険性の程度との対比において技術的・社会的に真にやむをえない場合であったかどうかにより責任の有無を判断すべきなどとして，責任を肯定する多くの判決が出された（大阪高判昭52・12・20判時876・16，東京地判昭54・1・25判時913・3，岐阜地判昭57・12・10判時1063・30，他）。

　しかし最高裁は，大東水害訴訟において，河川管理における（道路等とは異なる）管理の特質を前提として，治水事業には財政的・技術的・社会的な制約があり，そこでの通常有すべき安全性は「同種・同規模の河川の管理の一般水準及び社会通念に照らして是認しうる安全性」を備えているかどうかを基準とすべきであり，未改修または改修の不十分な河川については，「改修，整備の過程に対応するいわば過渡的な安全性」でたりるとして，水害の場合の瑕疵を制限的に解する考え方を示した（最判昭59・1・26民集38・2・53）。この判決は未改修河川の溢水型水害に関するものであり，その後最高裁は，改修済河川の破堤型水害である多摩川水害において，「〔工事実施〕計画に定める規模の洪水における流水の通常の作用から予測される災害の発生を防止するに足りる安全性」が要求されるとした（最判平2・12・13民集44・9・1186）が，同じく改修済河川の破堤型水害である長良川安八水害訴訟においては，大東水害判決にならって，河川管理における財政的，技術的，社会的諸制約を指摘した上で，堤防の基礎地盤の全てにおいてその安全性の有無の調査・対策等を講じることは必要ないとして国の責任を否定している（最判平6・10・27判時1514・28。最判平8・7・12民集50・7・1477も，河川管理における諸制約を理由に国の責任を否定）。

　確かに，大東水害訴訟最高裁判決が述べたように，河川管理には道路管理などと異なる特質が存在する。しかし，この判決のように，河川管理についてその他

の営造物とは質的に異なる判断基準を設定すべきかどうかには疑問が残る。また，もしかりに本判決の言うように河川管理には諸制約がともなわざるをえないとしても，その点を一般的抽象的に強調すべきではなく，改修の有無や河川の管理状況等の様々の要素からして，財政的制約等を理由に瑕疵を否定することができない場合もありうると考えるべきである。

　なお，この「財政的制約」に関連して，北海道内の高速道路で自動車の運転者がキツネとの衝突を避けようとして自損事故を起こした事案において，金網の柵を地面との透き間無く設置し，地面にコンクリートを敷くという小動物の侵入防止対策を講ずるためには多額の費用を要することなどを理由に本条の責任を否定した判例がある（最判平 22・3・2 判時 2076・44）。しかし，死亡事故など深刻な被害が生じた場合，コストを過度に重視することは問題であり（最判昭 45・8・20 民集 24・9・1268 は，落石事故について，費用の額が相当に上り予算措置に困却することが推察できるが，それにより直ちに瑕疵がないと考えることはできないとする），この判決も，走行中の自動車が上記道路に侵入したキツネ等の小動物と接触すること自体により自動車の運転者等が死傷するような事故が発生する危険性は高いものではないことや，上記道路には動物注意の標識が設置されていたことなどを考慮した上で，上記のような対策が講じられていなかったからといって，設置または管理の瑕疵があったとは言えないとしている。

3　自動車損害賠償保障法

(1)　はじめに

　自動車は現代社会に欠かせないものとなっているが，その便利さの反面，交通事故による多くの被害を生んでいる。このような深刻な自動車事故による被害者救済において大きな役割を果たしているのが，1955 年に制定された自動車損害賠償保障法（自賠法）である。

　この法律の特徴は，まず第一に，「自己のために自動車を運行の用に供する者＝運行供用者」に，民法の過失責任主義を修正した厳しい責任を課したことである（同法 3 条）。そこでは，被害者は加害者の故意・過失を証明する必要はなく，逆に運行供用者が，自己および運転者が注意を怠らなかったこと，その他の免責事由を証明しなければならないとされている。

　第二の特徴は，被害者救済を実効的なものとするための措置を講じていることである。まず第一に，本法による賠償責任は，自動車損害賠償責任保険により保険会社によって填補され，しかも，この保険の契約が締結されていなけれ

ば自動車を運行の用に供してはならない（同法 5 条）として，責任保険が義務づけられている（強制保険）。また，被害者が直接に保険者に請求することも認められており（同法 16 条），このことにより，被害者救済機能を高めている。第二に，本法は，ひき逃げ事故などで，自動車の保有者が明らかでないため被害者が賠償請求できないときは，政府に対し，政令の限度額内ではあるが，受けた損害の填補を請求しうることを定めている（同法 72 条）。

(2) 賠償義務者

　自賠法により責任を負うのは運行供用者である。起草者が，保有者（＝「自動車の所有者その他自動車を使用する権限を有する者で，自己のために自動車を運行の用に供する者」（同法 2 条））ではなく，運行供用者を賠償義務者としたのは，自動車泥棒など保有者の承諾なく自動車を使用する者にも責任を負わせるためであった。すなわち，保有者でないこれらの者も運行供用者として本条により責任を負うことになるのである。しかし問題は，無断運転などの場合，保有者自身の責任はどうなるかである。本法の責任保険による被害者救済措置は，本来，自動車の保有者に責任があることを前提として組み立てられている（同法 11 条）ことから，無断運転のような場合，保有者に運行供用者としての責任が否定されると，たとえ無断運転者自身に運行供用者責任が認められても，被害者にとって不利となる。そこで，無断運転のような場合において，無断運転者自身の責任とは別に，どこまで運行供用者責任を拡大して，保有者に運行供用者責任を肯定できるかをめぐって，様々の議論が行われてきた。

(イ) 運行供用者の判断基準

　この点について従来の判例（最判昭 43・9・24 判時 539・40, 他）や学説は，当該自動車の使用を支配しているといういわゆる運行支配と，その使用による利益が帰属するといういわゆる運行利益の二つの基準を満たす必要があることとしていた（二元説）。この二つの基準は，本法の責任が自動車の持つ危険性に着目した危険責任の思想と，運行供用者が自動車の運行によって利益を得ていることからくる報償責任の思想を基礎にしているとの理解を前提として，危険物たる自動車の運行への支配と，運行による利益の取得を基準として設定されたものであった。

　しかし，本条の責任をむしろ危険責任としてのみとらえ，運行供用者の基準

は運行支配であり，運行利益は運行支配を認める際の一つの徴表にすぎないとの説（一元説）も有力で，下級審ではむしろこの立場をとるものが多くなっている。さらにまた，運行支配の内容についても，直接的，具体的な支配ではなく，間接的，抽象的な支配ないしその可能性でよいとして，規範的な判断を行うようになってきている。

　以上のような運行支配概念の抽象化・規範化を踏まえて，運行支配や運行利益のような基準を使わないで，例えば，運行供用者とは，自動車をめぐる人的物的管理責任を負う者であり，自動車あるいは運転関与者に対する支配・管理が可能でかつそうすべき者とする説（前田達明・判例不法行為法205頁）のように，本条の責任が，自動車という危険物の管理に関する責任だという点から出発して，運行供用者性を考える説も有力になっている。

　(ロ)　判例上，運行供用者かどうかが問題となるケースのうち，主要なものをあげれば，以下のとおりである。

　(a)　自動車の貸与　　自動車を他人に一時的に貸与した場合は，貸主も運行供用者である。ただし，無償貸与で，かつ，貸与期間が長い場合には，運行支配が及んでいないとして責任が否定されることもある（暴走族仲間に2時間の約束で貸したが，その後，返還しないまま1ヶ月余り後に事故を起こしたケースで，最判平9・11・27判時1626・65は，貸与者の運行供用者責任を否定）。レンタカーの場合も，かつては業者の責任を否定した事例もあったが，その後の判例は，免許証の確認，貸主への連絡義務などから運行支配・運行利益があるとして，業者の運行供用者責任を肯定している（最判昭46・11・9民集25・8・1160）。なお，保有者の娘が（許可を得て）父親の車を使用中にバーで飲酒・泥酔し，その友人がその娘を乗せて走行中起こした事故につき，友人の走行は娘への車の使用の容認の範囲内だとして保有者の運行供用者性を認めた判例がある（最判平20・9・12判時2021・38。ただし，この事件で最高裁は被害を受けた娘が「他人」にあたるかどうかについての判断を求めて高裁に差し戻しており，高裁は，「他人性」を否定して賠償責任そのものは認めなかった）。

　(b)　無断運転　　この場合は，無断運転者と保有者の関係が問題となる。その自動車の運転手の無断運転（最判昭39・2・11民集18・2・315，他）や，通常，運転を許されている被用者の無断運転については，自動車の保有者が運行供用者と認められる。また，家族の自動車を他の家族が無断で運転した場合に，そ

の家族の生活関係，自動車の管理状況，使用目的や使用状況等を総合的に考慮して判断されるが，同居の子どもが親の名義で親の居宅の庭に保管されていた車を無断で運転した場合，親の運行供用者責任を認めた判決（最判昭50・11・28民集29・10・1818）がある。

(c) 名義貸与　便宜上家族名義とする，ローンを借りるために他人の名義を借りるといったように，何らかの理由で自動車所有名義を貸与するということがある。その場合，名義を貸した者が運行供用者として責任を負うことがあるか。この点については，「名義を貸与することとなった経緯，名義貸与者と名義を借りているものとの人的関係，当該自動車の保管場所・保管状況，その費用・経費を誰が負担しているのか等を考慮して」運行供用者性を判断することになる（藤村和夫＝山野嘉朗・概説交通事故賠償法（第3版）125頁）。

　最高裁は，生活保護を受けていたAが，自己名義で自動車を所有すると生活保護を受けることができなくなるおそれがあると考え，住居・生計を別にし，疎遠であった弟Yから名義を借り（Y名義にした），Aがその車を運転していて事故を起こした事案について，「YのAに対する名義貸与は，事実上困難であったAによる本件自動車の所有及び使用を可能にし，自動車の運転に伴う危険の発生に寄与するものといえる。また，YがAの依頼を拒むことができなかったなどの事情もうかがわれない。そうすると……YとAとが住居及び生計を別にしていたなどの事情があったとしても，Yは，Aによる本件自動車の運行を事実上支配，管理することができ，社会通念上その運行が社会に害悪をもたらさないよう監視，監督すべき立場にあったというべきである」として，名義者であるYに運行供用者責任を認めた（最判平30・12・17民集72・6・1112）。ここでは，「本件自動車の運行を事実上支配，管理することができ」たこと（＝運行支配）は，規範化され抽象化されている。ただし，Yによる名義貸与が，「事実上困難であったAによる本件自動車の所有及び使用を可能にし」としていることから，単に名義貸与を承諾したことだけで責任が認められるものではなかろう。

　なお，単に名義書換手続きが未了であった場合や，廃車手続きを依頼したのに放置されていた場合のような名義残りの場合は，運行供用者性が否定されることが多い。

(d) 泥棒運転　自動車が盗まれてその泥棒運転者が事故を起こした場合は，

保有者は運行供用者責任を負わないとするのが判例の立場である（最判昭48・12・20民集27・11・1611）。自動車および運転者（泥棒）に対する支配がなくなっていると判断されるためである。ただ，キーをつけたまま路上に放置しておいた場合のように，管理が不十分であった場合には，管理上の過失により民法709条の責任を負うことはありうる。会社が従業員の通勤に使用させていた会社所有の車両が会社の駐車場の敷地内から窃取されて事故を起こした事例で，従業員がドアに施錠せずエンジンキーを運転席上部の日よけに挟んだ状態で駐車していたという事情はあるが，近隣において自動車窃盗が発生していた等の事情がなく，また，自動車の管理について内規で定めていたことから，会社の過失を認めなかった事例がある（最判令2・1・21交民集53・1・1）。

　学説の中には，保有者が無関係の第三者に対して客観的に運転を容認していたと見られてもやむをえない事情（例えば，エンジンキーを差し込んだまま，ドアもロックせず，公道に面した空き地に駐車していたような場合）があれば，保有者は運行供用者責任を負うとする説がある。裁判例においても，市道に面した空き地に施錠せずにエンジンキーをつけたまま駐車している間に盗まれ，その1時間余り後に事故が起こったケースにおいて，保有者の追跡から逃走すべく走行中であったことをも考慮して，盗まれた車の保有者に運行供用者責任を認めたもの（札幌地判昭55・2・5判タ419・144）があり，自宅敷地内だが誰でも自由に出入りできる駐車場に夜間数時間エンジンキーをつけたまま停車していた車を窃取されて約2時間半後に事故が発生したケース（大阪地判平13・1・19交民集34・1・31）や，第三者が出入り自由な駐車場に無施錠でエンジンキーを運転席のサンバイザーに挟んで駐車中に盗難にあい，同駐車場から遠くない場所で事故が発生したケース（東京地判平22・11・30交民集43・6・1567）などで，所有者の運行供用者性が認められている。

　(e)　運転代行業者　　近時，飲酒などをした者から依頼を受けてその自動車の運転を有償で代行する業者が存在する。このような運転代行業者が代行運転中に事故を起こした場合にその運行供用者性が問題になるが，代行業者は顧客の依頼に応じてその自動車の使用権限を取得し自らの判断で運行を管理しているのであるから，運行供用者にあたる。

　問題は，その場合，運行を依頼した自動車の所有者や使用権限者は運行供用者性を失うかどうかである。判例は，依頼者が同乗していたケースについて，

同乗所有者の運行供用者性はなお失われないとしており（最判平9・10・31民集51・9・3962。なお，この判決の事案では，同乗していた自動車の使用権限者が負傷しており，その者に対する代行業者の責任が問題となったが，最高裁は，飲酒していた同乗の使用権限者の運行支配は間接的・補助的なものであるとして，同乗使用権限者を本法3条の「他人」にあたるとした），したがって，事故の被害者である第三者に対しては両者がともに運行供用者責任を負うことになろう。

(3) 自賠法3条責任のその他の成立要件

(イ) 自動車の運行によること

　本条の責任が発生するためには，自動車の「運行」によることが必要である。ここで言う「運行」とは，自動車を当該装置の用い方に従い用いることと定義されている（自賠法2条2項）。通常は運転走行中をさすのであろうが，停車中や駐車中はどうかといった点が問題となる。学説・判例のうち，まず，最も狭義に理解するものとして，自動車を原動機の作用により移動せしめることを運行とする説がある。次に，当該装置を原動機に限定せず，他の種々の走行装置（ハンドル，ブレーキ等）を含めて，それらを操作していることを運行とする説がある（最判昭43・10・8民集22・10・2125）。かつてはこれらの説が有力であったが，その後，クレーン車のクレーンやダンプカーのダンプのように，当該自動車固有の装置を，その目的に従い操作すれば運行にあたるとする説が判例によって採用され（最判昭52・11・24民集31・6・918），さらに，車庫から出た以上は，その用を終えて再び車庫に格納されるまでは運行にあたるとする説や，自動車を通常の走行に匹敵する危険性ある状態におくこととする説も主張されている。

　この点での争いは，本法が責任加重の基礎とした自動車の危険性が何に由来するのかについての理解の違いによるものである。確かに，自動車の危険性は，原動機による走行中に最も高くなるが，しかし，たとえ駐停車中であっても，今日の交通事情の下では，駐停車の仕方や状況によっては交通事故発生の大きな危険性をもたらすことがありうるので，運行の範囲は広く考えるべきである。下級審では，夜間に無灯火で駐停車していたような場合，路上に駐停車している自動車が円滑な交通の妨げとなり，交通上の危険を増大せしめるとして，運行供用者責任を認めるケースも少なくない（横浜地判平2・3・27判時1365・100，

大阪地判平 2・9・17 判時 1377・76，他）。

　なお，当該事故は，運行「によって」生じたものでなければならない。この点については，運行に「際して」生じた事故，すなわち，運行と時間的・場所的に接近しておればよいとする説もあるが，判例は，運行と相当因果関係が必要だとする（最判昭 52・11・24 民集 31・6・918，他）。

　(ロ)　他人に損害を生じさせたこと

　ここで言う損害とは，生命・身体の侵害（人身損害）に限られる。したがって，自動車の毀損のような物的損害は民法の規定によることになる。自動車事故から生ずる損害のうち人身損害が特に深刻な問題をもたらすためにこのように立法されたものであるが，このような限定は立法論としては問題がないわけではない。なお，着衣や携帯品については，人身損害の延長として本条による責任が認められることがある（下着等の着衣につき福島地判昭 39・11・17 下民集 15・11・2749，他。万年筆や時計等の携帯品につき大阪地判昭 46・1・27 判タ 264・282）。

　他人とは，判例によれば，「自己のために自動車を運行の用に供する者および当該自動車の運転者を除く，それ以外の者」（最判昭 42・9・29 判時 497・41）のことである。したがって，いわゆる無償同乗者，好意同乗者が損害を被った場合も，他人として本法の責任を請求できることになる。しかし，これらの者は，無償ないし好意で同乗させてもらうことにより場所的移動の利益を享受しており，また，同乗によって運行経路の変更等，運行に一定の影響を及ぼすことがありうる。したがって，これらの者に賠償を全面的に認めるのではなく，何らかの制限が必要なのではないかとの議論が出てくる。

　この問題については，二つの方向からのアプローチが存在する。第一のものは，同乗者の他人性（＝賠償請求権者適格）を問題にする方法である。すなわち，同乗者も一定の場合には運行供用者的性格を持ち，その点で他人性を（全部もしくは一部）失うとする説である。第二のアプローチは，賠償義務者の運行供用者性（＝賠償義務者適格）からのものである。つまり，賠償義務者は，第三者である被害者に対しては（対外的関係）運行供用者として全面的に責任を負うとしても，同乗者に対する関係（内部関係）では一定の場合には運行供用者性を（全部もしくは一部）失うと考える説である。

　判例においては，過失相殺や，無償ないし好意同乗を慰謝料の減額事由とす

るなど，むしろ問題を賠償額算定のレベルで解決することが多い。例えば，好意同乗者は自由意思に基づいて同乗を請託しており一種の危険の負担をしているとして慰謝料を減額した判決（仙台高判昭45・12・23判タ261・327）や，酒気帯びを承知で同乗した者に過失相殺を適用した判決（東京地判昭43・3・30判時518・13，他）がある。

なお，前述の他人の定義によれば，運行供用者自身や運転者が賠償権者になることはありえないことになるが，運行供用者が複数いて，その一人が歩行中あるいは同乗中に被害にあった場合や，他の運転者ないし運転助手と運転を交代していた運転者については，本条による賠償請求が全面的に否定されることになるのかどうかは問題である。判例は，共同運行供用者のケースにつき，具体的運行に対する共同運行供用者間の運行支配の程度・態様に着目し，被害を受けた運行供用者の支配が「直接的，顕在的，具体的」であるときは「他人」とは言えないとする（最判昭50・11・4民集29・10・1501）が，この考え方によれば，共同運行供用者であっても，その支配が「間接的，潜在的，抽象的」である場合は，他人として賠償請求が認められる余地がある。

(ハ)　免責事由のないこと

自賠法3条ただし書によれば，自己および運転者が自動車の運行に関して注意を怠らなかったこと，被害者または運転者以外の第三者に故意または過失があったこと，自動車に構造上の欠陥または機能の故障がなかったことを被告が証明した場合には，運行供用者は責任を免れるが，ここでは自己および運転者の無過失を証明するだけでは責任を免れないのであり，したがって，本条は過失の立証責任を転換しただけの責任ではない。なお，条文の体裁からは，三つの免責事由全てについての証明が常に必要であるかのようであるが，事故の発生と因果関係のない事由については，その点の立証があれば免責される（最判昭45・1・22民集24・1・40）。

ただし書免責を認めさせる（三要件を立証する）ことは容易ではなく，本法3条は事実上無過失責任として機能している。例外的に，免責が認められるのは，車両間事故では，対向車両が中央線を越えて進入してきたことによる事故，追突事故による被追突車側の責任，交差点における被害車両の信号無視などであり，対歩行者事故では，歩行者の飛び出しのケースなどで免責が認められることがある。しかし，対歩行者事故においては，運転者側に高度の注意義務を認

めるべきであり，安易に免責を認めるべきではない。

自賠法3条責任と責任能力　例えば，Yが自己所有の自動車を運転中，病気により心神喪失状態で事故を起こしたとしよう。この場合，Yに責任能力はないので民法709条の責任は生じない。それでは，自賠法3条の運行供用者責任はどうか。自賠法4条は，運行供用者の責任につき，同法3条によるほかは民法の規定によるとしているので，責任能力を規定した713条が適用されYは免責されるのか。それとも，運行供用者責任においては過失は要件となっていないので，責任能力は関係がないのか。

この点につき，大阪地判平17・2・14判時1917・108は，被告運転の自動車が被害者運転の自動車と衝突し被害者を死亡させたが，被告は事故当時，極度のノイローゼで心神喪失状態であったという事案において，自賠法3条は自動車に欠陥があった場合も運行供用者は責任を負うとしているが，人の心神喪失も同様に考えることができること，被告がたまたま他人に運転をゆだねていて，その他人が心神喪失状態になって事故を起こした場合でも（運行供用者責任は使用者責任と異なり運転者の過失を要件としないので）被告は運行供用者責任を負うことになるが，そのこととの均衡を保つべきことを理由に，自賠法3条の運行供用者責任については民法713条は適用されないとして，被告の免責を認めなかった。

責任能力に関する近時の有力説（84頁参照）のように，責任無能力制度を判断能力に著しく欠ける者の保護のための制度と考えるとしても，被害者保護のために運転者等の過失を要件としない本法の責任においては，責任無能力者保護が本法の趣旨に劣位すると考えれば，このようになろう（同旨，潮見③337頁）。

4　製造物責任法

(1)　はじめに

製造物責任とは，消費者が購入した商品に欠陥があり，そのために消費者に被害が発生した場合を言う。例えば，AがB社製のテレビを小売店から購入したが，そのテレビから火が出てA自身やその家族Cが負傷したとしよう。このケースにおいて，被害者であるAやCがB社に対し損害賠償を請求しようとする場合，A，CとBの間に直接の契約関係がないことから，通常は不法行為による損害賠償が問題となるが，不法行為訴訟において，テレビの構造や製造過程について専門知識を持たない被害者がメーカーの過失の存在を証明することは不可能に近い。しかも，メーカーは商品の製造販売により利益を得ており，さらに，商品の安全性を確保する上で最も有利な立場にある。これらの事情か

ら，製造物責任においては，民法709条とは異なる責任ルールが必要となる。

外国に目を向ければ，アメリカにおいては，すでに1960年代から厳格責任（strict liability）が製造物においては認められており，そこでは，商品に欠陥があればメーカーは責任を負うという考え方が確立している。ヨーロッパにおいても，1985年にEC閣僚理事会が加盟各国に無過失責任としての製造物責任法の制定を指令し，多くの国がその指令に従った立法を行った。

これに対し，わが国では，比較的最近まで製造物責任に関する特別法は存在しなかった。そこで，裁判所は，例えば，食品事故において，食物は人間の生命・健康にとって絶対に安全なものでなければならないから，食品メーカーは，その安全性を確保すべき高度の注意義務を負う（福岡地判昭52・10・5判時866・21）としたり，薬害事件において，医薬品メーカーは，最高の学問水準により医薬品の安全を確保する義務を負う（金沢地判昭53・3・1判時879・26）などとして，過失の前提であるメーカーの注意義務を高度化することによる被害者救済を行ってきた。しかし，全ての製造物事故において適切な被害者救済が実現されたとは言えず，また，損害賠償が認められたこれらの事件においても，過失の立証に大変な労力と時間がかかり，訴訟が長期化するなどの問題点が存在した。

以上のような判例による解決とその限界を踏まえて，1970年代以降，製造物責任法の制定の必要性が主張されるようになり，ようやく1994年6月に製造物責任法が可決成立した（1995年7月施行）。

(2) 製造物責任法の内容

(イ) 適用範囲

本法は製造物の欠陥によって他人の生命・身体・財産に損害が生じた場合に，製造業者等に賠償責任を課すものである。本法の適用範囲の画定において重要なのは，製造物をどのように定義するかである。本法によれば，製造物とは「製造又は加工された動産」（2条1項）である。したがって，土地，建物などの不動産，電気や熱等のエネルギー，各種のサービスなどは含まれない。ただし，例えば，建物の材料に欠陥があった場合，その材料は製造物であり，後にそれが建物の一部となったとしても，その材料のメーカーは本法の責任を免れない。コンピューターソフトに欠陥があった場合，ソフトそれ自体は知識内容

の問題であり有体物ではないので製造物ではないが，ソフトがコンピューター等の機器に組み込まれており，そのソフトに欠陥があれば，その欠陥は製品自体の欠陥として，本法の適用対象となろう。

　また，製造物は，「製造又は加工」された物でなければならない。したがって，収穫したままの農水産物は製造物ではない。このような制限の根拠は，製造物責任法理が，本来，高度に加工された工業製品の欠陥による被害を中心に発展しきたという事情があげられるが，未加工品と加工品の区別は必ずしも容易ではない。本法が，今日の生産・流通機構の中で生じた，しかも十分な情報を得ていない消費者被害の救済を第一の目的として作られたことから見て，未加工品の範囲を広く解し本法の適用範囲を厳しく限定することは避けるべきであろう。割烹料亭で調理されたイシガキダイ料理を食べて食中毒になった事件で，イシガキダイの調理（アライや兜焼き）が加工にあたるとした裁判例がある（東京地判平 14・12・13 判時 1805・14）。

　本法が適用されるのは，製造物の欠陥から，「他人の生命，身体又は財産」が侵害された場合であり，製造物の欠陥から生じた損害が当該製造物自体にとどまっている場合には，本法の責任は発生しない（3条）。すなわち，欠陥のために当該製造物が機能しなかったり，毀損したような場合であり，このような場合には，その損害は瑕疵担保責任等の通常の契約責任で処理されることになる。

　なお，本法の扱う被害は，消費者の被害に限定されていない。この点について，このような規定では，事業者に生じた財産損害までもが本法でカバーされることになり，消費者保護法としての製造物責任法の趣旨を逸脱しているとの批判がある。零細な事業者の多いわが国の実態の中では，消費者被害と事業者被害の区別は容易ではなく，その意味で本法のような包括的規定には意味があるが，賠償範囲の画定にあたっては，製造物責任の趣旨に従った解釈が必要になろう。

　本法において賠償義務を負うのは，製造業者，輸入業者，他人の製造物に自らが製造業者であるとの表示をした者，実質的な製造業者と認めることができる氏名等の表示をした者（2条3項）である。自動車の欠陥につき，自動車メーカーの地域販売会社は製造業者等にあたらないとした判決がある（札幌地判平 14・11・22 判時 1824・90）。

㈠　責任要件としての欠陥

　本法の最大の特徴は，製造業者等に，過失ではなく欠陥を要件とした責任を課していることである（3条）。本法が，過失要件を廃止し，代わって欠陥を要件としたことは，国際的な製造物責任法の動向を採用するものであり，製造物事故における過失証明の困難さを考えれば，妥当なものであると言える。

　欠陥の定義については，立法段階で，通常の消費者の期待する安全性を基準とする消費者期待水準説や，製造物によってもたらされる効用と危険を比較する危険効用基準説などの争いがあり，また，欠陥の有無の判断にあたって考慮すべき事情として，何をどこまで明記するのかについても議論があったが，本法は，欠陥とはその製造物が「通常有すべき安全性」を欠いていることであると定義し，同時に，その判断にあたって考慮すべき要素として，「製造物の特性」「通常予見される使用形態」「製造物引渡しの時期」を例示的にあげた（2条2項）。

　本法の欠陥の定義は，民法717条や国家賠償法2条における責任要件としての「瑕疵」の定義として判例・通説が採用するものと同一であり，また，ECの「正当に期待されるべき安全性を提供しないこと」という定義とも大きく異なるところはない。結局のところ，社会的に見て不相当な安全性の欠如が欠陥ということになるが，過失要件の欠陥要件への置き換えの根拠が，メーカーの側の事情である過失要件を，製品を介して消費者や製造物の利用者の側から見ることの可能な事情に要件の中心を移すことにあるとすれば，その判断にあたっては，消費者ないし利用者の視点を重視すべきであろう。

　なお，欠陥の種類として，「製造上の欠陥」（食品に製造段階で異物が混入した場合のように，製造過程における何らかの原因で不良品が生産され，その製品が安全性を欠く場合），「設計上の欠陥」（自動車の助手席の背もたれに前倒を防ぐ装置が取り付けられていないために前倒事故が起こったように，設計段階で不相当な危険をはらむ設計が行われ，そのために安全性に欠ける製品が製造された場合），「指示・警告上の欠陥」（薬の重大な副作用について指示・警告がなされていなかったような場合）に類型化されることが多い。このような整理は有用であり，また，後述のように，この類型によって，製造物責任の責任原理が異なるという説もあるが，注意すべきは，本法はこの区別を採用せず，欠陥一般を定義して責任要件を定めていることである。したがって，この区別を絶対視すべきではなく，また，どの類

型にあたるかを明示して欠陥を主張・立証したり，欠陥の有無を判断することは必ずしも求められない（同旨，山野目章夫・私法判例リマークス52号52頁）。

　欠陥の存在時期は，本法2条2項が，考慮要因として「引渡しの時期」をあげていることや，本法が欠陥ある製造物を引き渡したことの責任を問うていることから，「引渡し時期」を基準と見るべきであろう。したがって，引渡し後に社会意識や法的規制が変わって（安全性の基準がより厳しくなって）現在の水準からは欠陥ありと判断される場合でも，本条の責任は問われないことになる。ただし，そのような場合，製造者は適切な情報提供や場合によれば製品の修理・回収を行うべきであり，それを怠った場合には民法709条の責任を負うことがある。また，事故時に欠陥があったが，それが引渡し時にもあったかどうかが明らかでない場合がある。立法段階では事故時の欠陥から引渡し時の欠陥を推定するという規定を設けるべきとの意見もあったが，それは見送られた。しかし，事実上の推定などにより証明困難に対応すべきである（同旨，前田（陽）167頁。製造物責任法施行前の民法709条に関するものだが，購入して日が浅く修理に出したこともないテレビから出火した事案で，事実上の推定をした裁判例がある（大阪地判平6・3・29判時1493・29））。

> **欠陥の例**　本法施行後，欠陥を肯定し責任を認めた事例として，以下のようなものがある。
> ①　プラスティック製のフードパックを裁断し自動搬送する機械に頭部を挟まれた事故で，センサーを設置していなかったのは設計上の欠陥だとした（東京高判平13・4・12判時1773・45）。
> ②　乳児の気管切開部位に装着した医療器具により換気不全が生じて乳児が死亡したケースで，同装置には設計上の欠陥はないが，本件装置が他社製の種々の呼吸補助用具と組合せ使用されている医療現場の実態に鑑みると，組合せ使用時の回路閉塞の危険を告知する指示・警告としては不十分であり指示・警告上の欠陥があったとした（東京地判平15・3・20判時1846・62）
> ③　小学校の低学年の生徒が落として割れた給食用のガラス製食器の破片によって生徒が受傷した事故で，危険性に関する表示がなかったとして，製造会社の責任を肯定（奈良地判平15・10・8判時1840・49）。
> ④　漢方薬の服用により腎不全に罹患したとして医薬品の輸入販売会社を訴えた事案において，「医薬品が『欠陥』を有するかどうかは，当該医薬品の効能，通常予見される処方によって使用した場合に生じ得る副作用の内容及び程度，副作用の表示及び警告の有無，他の安全な医薬品による代替性の有無並びに当該医

薬品を引き渡した時期における薬学上の水準等の諸般の事情を総合考慮して判断するのが相当である」との判断基準を示した上で，欠陥を肯定（名古屋地判平16・4・9判時1869・61）。

⑤　建物の土壁の下地として使用された竹材の防虫処理が不十分であったため害虫が大量に発生した事案において，防虫処理され販売された竹材は一次産品とは異なり製造物にあたるとした上で，防虫処理の不完全の結果「通常有すべき安全性」を欠いたとして製造物責任を肯定（福岡高判平17・1・14判時1934・45）。

⑥　携帯電話をズボンのポケットに入れていて大腿部に低温火傷を負ったとして製造物責任に基づく損害賠償を求めた事案において，携帯電話を通常の方法で使用していたにもかかわらず低温火傷という被害を被った場合には，当該携帯電話は，当該製造物が通常有すべき安全性を欠いているといわざるをえず，設計上または製造上の欠陥があるとした（仙台高判平22・4・22判時2086・42）。

(ハ)　開発危険の抗弁

　さらに本法は，引渡し時期における科学技術に関する知見によっては認識できなかった欠陥であることを製造業者が証明したときは免責される（4条1号）として，いわゆる「開発危険の抗弁」を認めた。この抗弁は，その適用しだいでは，消費者を無償の（賠償コストを負担しない）人体実験の材料に使うという結果をもたらすおそれがある点で問題が多い。また，もし，この抗弁において問題となるのが個々の製造業者における認識可能性の問題であるとすればそれは過失の問題であり，過失を欠陥に置き換えたことの意味がそこなわれてしまう。同時に，薬害事件等において判例は，世界最高水準の科学技術における認識可能性を問題としてメーカーの過失を認めてきた。これらの事情から見て，この抗弁の採用には立法論的には問題があり，解釈論的にも，この抗弁が認められるのは，当該製造業者や業界の知見ではなく，当時の最高の科学技術の知見（その知見を製造業者等が入手できたかどうかは問題とならない）によっても欠陥が認識しえなかった場合に限るべきである（この点を明示するものとして，前掲東京地判平14・12・13）。したがって，この抗弁の証明は無過失の証明よりも厳格であり（Legal Quest 320頁），開発危険の抗弁を過失における予見可能性の立証責任を転換したものと見るべきではない（潮見③414頁）。

(二)　欠陥と過失

　製造物責任法における欠陥と民法709条の過失の関係については議論がある。学説の中には，本法における欠陥要件と民法709条における過失要件は，その

内容や，被害者たる原告が主張立証すべき事柄において，大きな違いを生むものではないとするものもある。特に，いわゆる表示（指示・警告）上の欠陥については，過失との関係は微妙である。というのは，例えば，薬の副作用が問題となるような場合は，どのような指示や警告がなされていたかが重要となるが，その判断においては，製薬会社等がどの程度副作用を予見できたかということが問題とならざるをえず，そこでは，予見可能性の存否や程度といった，過失におけるのと似た判断が求められるからである（この点を指摘するものとして，潮見③385頁以下）。最高裁も，薬害事件において，副作用の指示・警告が適切であったかどうかは「予見し得る副作用の危険性が……十分明らかにされているといえるか否かという観点から判断すべき」とした（最判平25・4・12民集67・4・899）。同様のことは，設計という製造業者の「行為」が問題とされる設計上の欠陥についても言えるかもしれない（Legal Quest 319頁は，製造上の欠陥は無過失責任だが他の二つは過失責任と変わらないとする）。

しかし，かりにこれらの指摘が当たっているとしても，製造物責任法の目的が無過失責任の導入により「被害者の保護」をはかる（同法1条）ことにある以上，少なくとも，法制定以前よりも製造業者等の責任を認めにくくして，被害者救済を後退させることがあってはならない。したがって，指示・警告措置が問われるとしても，「過失の高度化をめぐる従前の議論を踏まえたとき，被害者の権利・法益侵害，とりわけ人身侵害を回避するために製造業者等が講じるべき指示・警告措置には，きわめて高度のものが要求されることになる」（潮見③386頁）。また，製造業者等におよそ予見が不可能であった危険情報については，それが指示・警告されなかったからといって欠陥を認めることはできず，そこでも「予見可能性」が問題となるが，その予見可能性は，民法709条の過失における（当該被害結果の）予見可能性と異なり，権利・法益の侵害や損害発生の予見可能性ではなく，製造物の危険性についての予見可能性である。また，わが国の製造物責任に関する本法制定前の裁判例が（本書81頁でも述べたように），危険の予見が抽象的であっても，メーカーに高度の調査研究義務を課すことによって過失を認めてきたこと，それを踏まえ，さらに被害者救済へと歩を進めたのが製造物責任法であったことから見て，抽象的危険性の予見可能性で足りると考えるべきではないか。あるいは，危険性の認識可能性に関する問題を欠陥自体の問題ではなく開発危険の抗弁の問題として扱うことも考え

られる（同旨，大塚直・民事判例V–2012年前期147頁）。

　欠陥の証明　　欠陥要件については，条文上の定義が「通常有すべき」安全性の欠如という規範的評価をともなう判断を求めるものとなっていることから，これを規範的要件ととらえ，欠陥という評価を根拠づける事実が主要事実と見る説が多いようだが，欠陥は事実でありそれ自体が主要事実で，これを基礎づける具体的事実は間接事実だとする説もある。また，安全性をそこなう客観的な性状（欠陥性状）と，その性状が通常有すべき安全性を欠くものとする評価を根拠づける具体的な事実（欠陥事情）（食品に健康上有害な物質が含まれていることが前者に，過度な摂取が健康被害をもたらしうる場合に注意喚起が適切になされたかどうかが後者にあたる）に分け，前者は主要事実だが，後者は規範的要件であり，それを根拠づける事実が主張立証されなければならないとする考え方もある（以上については，潮見③392頁以下参照）。

　いずれにせよ，①その製造物が通常予想される形態で使用されていたこと，②欠陥がなければ通常生じうべきでない損害が生じたことを，製造物の特性や使用形態，流通に置かれた時期等に照らして主張・立証すれば欠陥ありとされると考えるべきである。問題は，その程度だが，欠陥の部位や損害発生の原因やメカニズムを明らかにすることは，必ずしも求められない。なぜなら，そのような立証は，当該製造物についての知識や情報を有しない被害者にとって，極めて困難だからである。裁判例でも，例えば，携帯電話機による火傷が問題になった事案で，「本件携帯電話について通常の用法に従って使用していたにもかかわらず，身体・財産に被害を及ぼす異常が発生したことを主張・立証することで，欠陥の主張・立証としては足りるというべきであり，それ以上に，具体的欠陥等を特定した上で，欠陥を生じた原因，欠陥の科学的機序まで主張立証責任を負うものではない」とした裁判例（前掲仙台高判平22・4・22）や，自転車のサスペンションが走行中に分離したという事案において，「本件自転車の特性，通常予想される使用形態，引渡時期からすれば，本件事故における転倒の原因が本件自転車の部品であるサスペンションの分離であることが主張立証されれば，製造物責任法に定める欠陥についての主張立証としては必要十分であり，これ以上に，サスペンションの分離に至る詳細な科学的機序，あるいは，サスペンションの構造上の不具合までを主張立証する必要はない」とした裁判例（東京地判平25・3・25判時2197・56）がある。

　なお，以上は，製造物責任法における欠陥要件に関する議論だが，民法717条の土地工作物責任の要件としての「設置・保存の瑕疵」は，判例や通説では（製造物責任法の欠陥の定義と同じく）当該土地工作物が「通常有すべき」安全性を欠くこととしていることから，その証明については同様のことがあてはまると考

■　えることができる。

　　(ホ)　期間制限

　本法による請求権は損害および賠償義務者を知った時から3年（5条1項1号。民法（債権関係）改正にあわせて，本法についても生命・身体侵害の場合は5年とされた（同条2項）），引渡しの時から10年で時効により消滅する（同条1項）。後者の期間制限は，起算点と期間の点で民法とは異なる内容である。「引渡し」の時が起算点となっているのは，欠陥の存在時期が「引渡し」時とされており，欠陥ある製造物を引き渡すことが，民法724条の「不法行為の時」にあたると考えられたためであろう。期間が10年となっているのは，製造物の平均的な耐用年数や記録の保管期間を考慮したものだとされている。ただし，薬害等で問題となるような，身体に蓄積されて人の健康を害することとなる物質については，被害の発生が遅れることがあることから，その損害が生じた時から上の期間は起算されることになる（5条3項）。

　なお，本法の期間制限にかかっていても，民法上の期間制限にかかっていなければ，製造業者等の過失を証明して，民法709条の責任を追及することは可能である（同旨，前田（陽）186頁）。本法6条は，製造物事故について民法上の不法行為責任を排するものではない（能見善久＝加藤新太郎編・論点体系判例民法9（第3版）235頁）。

5　原子力損害賠償法

(1)　はじめに

　「原子力損害」について「原子力事業者」（電力会社等）に無過失責任を負わせる民法・不法行為法の特別法として，原子力損害賠償法（昭和36年制定）がある。ここで言う「原子力損害」とは，「核燃料物質の原子核分裂の過程の作用又は核燃料物質等の放射線の作用若しくは毒性的作用（これらを摂取し，又は吸入することにより人体に中毒及びその続発症を及ぼすものをいう。）により生じた損害」（同法2条2項）であり，放射性物質による健康被害のような直接の影響だけではなく，そのような被害を避けるために行われた避難などの行動による損害も，それが合理的である場合には原子力損害として賠償の対象となる（後掲の「原子力損害賠償紛争審査会」（以下，原賠審）の指針参照）。

　本法は，昭和30年代に原子力の「平和利用」へと政策の舵が切られようと

している時期，原子力発電（以下，原発）の導入のための制度を整えるという意図の下に制定されたものであり，その他の多くの不法行為特別法が，実際に深刻な被害が生じ，その救済において民法の不法行為規定では不十分な点があることから制定されたものとは異なっている。したがって，そこでは，原発によってどのような事故と被害が生じうるかという具体的な検討はなされていない。科学技術庁（当時）の解説書は，「具体的な体験の積み上げによってではなく，将来の安心感のためにその法制化が要請されてきている」としている。

本法の適用は，1981年の敦賀原発放射能漏れ事故や，1999年の東海村での臨界事故（株式会社JCOにおいて従業員の保安規定に反する作業により臨界事故が発生した）などで適用が問題になったほかは，大きな議論がされないできた。しかし，2011年3月の東日本大震災にともなう東京電力福島第一原子力発電所の事故により大規模な「原子力損害」が発生し，その救済にあたって，本法の適用が重大な問題となっている。そこで，以下では，主として福島原発事故を念頭に置きながら，本法の概要を説明したい（福島原発事故被害の賠償について，詳しくは淡路剛久他編・福島原発事故賠償の研究，吉村良一・政策形成訴訟における理論と実務83頁以下参照）。

(2) 原子力損害賠償法の概要

(イ) 本法の目的

本法は，「被害者の保護」に加えて「原子力事業の健全な発達」を目的としている（1条）。後者の目的が付加されていることが，その他の不法行為特別法とは異なっている点である。これは，前述のような本法の制定の背景（原子力の「平和利用」の推進）によるものであるが，福島原発事故が生じた現在となっては，立法論的には問題がある。また，解釈論としても，この目的が，被害者保護を制限することがないように本法の運用を行うべきであろう。なお，本法は2018年に大きな改正がなされたが，この文言はそのままである。

(ロ) 責任要件

本法は，原子力事業者に無過失責任を課している（3条1項本文）。原発等が持つ高度の危険性を理由とする危険責任の考え方に基づくものである。ただし，事業者は，原子力損害が「異常に巨大な天災地変又は社会的動乱」による場合には免責される（同項ただし書）。問題は，何が「異常に巨大な天災地変又は社

会的動乱」にあたるかだが，後者は戦争や内乱等のことであり，テロ行為によるものはこれにあたらないとされる。前者については，立法段階では，「いまだかつてない想像を絶した地震」などであり，「およそ想像ができる，あるいは経験的にもあったというのは，……含まれない」などと説明されていた。福島原発事故については，一部に，「異常に巨大な天災地変」にあたるとする考え方もあるが，地震規模は 1900 年以降の世界の地震で 4 番目であり「想像を絶する」ものとはいえないこと，津波の遡上高も明治三陸地震や北海道南西沖地震の際の津波と比べて「想像を絶する」「異常に巨大な」ものであったとは考えにくいことから，免責の可能性を否定する説（大塚直「原子力損害の賠償に関する法律と免責要件」高橋滋＝大塚直編・震災・原発事故と環境法 68 頁以下）や，この免責は，原子力損害が「異常に巨大な天災地変……によって生じた」ことを要件としていることから，「異常に巨大な天災地変」と人為（作為または不作為）があって（競合して）原子力損害が発生した場合には免責されないとする理解（淡路剛久「福島第一原子力発電所事故の法的責任について」NBL 968 号 30 頁以下）など，福島原発事故についてただし書免責は認められないとするのが多数説である。

　なお，現在，福島原発事故に関して，電力事業者である東京電力（以下，東電）に対し提起されている多くの損害賠償請求訴訟で原告は民法 709 条による責任をも追及している。これは，不法行為法の過失責任を問うことにより，東電の様々な注意義務違反を明らかにし，その責任の重大性をより明確にしようとする意図があるものと思われる。各判決は，原賠法は民法の特別法として原子力損害の賠償については民法 709 条の適用を排しているとする。しかし，本件事故の予見可能性や回避可能性は，慰謝料算定要素としての非難性を基礎づける事情として考慮されるとして，それらの有無を検討している。その上で，「本件における一審被告東電の義務違反の程度は，決して軽微とはいえない程度であったというべきであるから，これを前提に損害額を算定することとする」（仙台高判令 2・9・30 判時 2484・185），あるいは，東電には「本件事故の発生についての責任が相当に重いことなどの事実が認められるから，これらの事情も十分に勘酌して」慰謝料額を算定するのが相当であるとした判決などがある（高松高判令 3・9・29 LEX/DB 25591107）。

(ハ)　責任集中

　原子力事業者以外の者は責任を負わないとされる（4条）。このような規定が
設けられた理由として，責任者が集中することにより補償交渉がやりやすくな
るといった説明がなされる。しかし，実際には，原発メーカー等に責任が負わ
されることは原子力事業の推進にとって望ましくないとの判断が背景にあった
との指摘がある。もし原発メーカー等の責任が否定されるとすると，メーカー
が提供した原子炉に欠陥があって事故が起こったとしてもメーカーは責任を負
わないことになってしまうなど，少なくとも立法論としては妥当性を欠く。ま
た，解釈論としても，違法に他人に損害を与えれば賠償責任を負うという不法
行為法の基本原則を踏みにじるような立法や解釈は許されるべきではない。そ
れを考えると，この規定は，あくまで，原子力事業者が無過失責任を負う場合
には被害者保護が十分にはかれるので原発メーカー等は責任を負わないという
趣旨の規定で，4条で集中される責任は無過失責任であり，民法の過失責任や
製造物責任法の責任には及ばないとの解釈や，本規定は事業者が無過失責任を
負う場合に関する規定であり，事業者に過失がある場合は適用されないとの解
釈もとれるのではないか。

　また，福島原発事故では，国の責任を問う訴訟も多く提起されている。国策
として原子力発電事業を推進し，原発の安全性に関して様々な権限を有する国
に，国家賠償法1条の責任があるのではないかというわけである（国の規制権
限不行使による賠償責任については 289 頁以下参照）。その際問題となりうるのは，
4条の責任集中が国の責任をも排除しうるかどうかであるが，そうではないと
考えるべきであろう。そもそも，立法段階で国の責任の問題は全く議論されて
おらず，本条の免責において，国の責任は視野に入っていなかった。さらに，
国家賠償法上の要件を満たすのに賠償責任を負わないとするのは，国家賠償を
定めた憲法 17 条に違反することになるとも考えられる（同旨，大塚直「福島第
一原発事故による損害賠償と賠償支援機構法」ジュリスト 1433 号 40 頁）。

(ニ)　その他

　原子力事業者は損害賠償の支払いを確実にするために損害賠償措置（保険契
約の締結および政府との補償契約の締結または供託）を講ずる必要がある（6条，7
条1項）。ただし，福島原発事故前に設定されていた金額は，1事業所あたり
1200 億円であり，実際に生じた被害（2022 年 5 月の時点で，支払われた賠償額は

約 10.4 兆円に上っている）の賠償には極めて不十分なものであった（この額は，改正後の現在も同額である）。

　賠償額が措置額を超え，かつ，原賠法の目的を達成するために必要と認められる場合，政府は，原子力事業者に必要な援助を国会の議決に基づき行うこととされ（16条），また，3条1項ただし書で原子力事業者が免責される場合，被災者の救助および被害拡大防止のために必要な措置（あくまで救助や被害拡大防止なので，被災者が補償を受けられるわけではない）を講ずるべきものと規定されている（17条）。

　立法段階では，国が全面的に責任を負うべきという意見も強かった。しかし，本法はこの考え方をとらなかった。それは，原子力事業者といえども私企業であり，私企業が第三者に損害を及ぼした場合に，被害者に対して国が賠償する責任を負うということはないと考えられた（このような考え方が現在にも妥当するかどうかについては疑問がある）ことによる。しかし，原発事故により生じうる巨額の賠償義務を事業者が果たせないことがある。そこで，国策の上から原子力事業を助成する必要があるのであれば，国が賠償のために援助することはさしつかえないとして，16条が規定されたのである。その結果，国の位置は事業者の賠償だけでは不十分な場合の補助的なものとなった。福島原発事故被害の賠償について制定された原子力損害賠償・廃炉等支援機構法も，このような原子力損害賠償法の構造を前提としている。

　なお，原子力損害の賠償に関して紛争が生じた場合の和解の仲介および当事者の自主的解決に資する指針の策定のための審査会（原賠審）が設置される。福島原発事故でもこの審査会が設置され，賠償に関する指針（中間指針）が策定されている（原賠審とその指針については，317頁以下参照）。

(3)　損害賠償の範囲・内容

　原発事故が深刻で多様な被害を生じさせることは，福島第一原発事故によって明らかになった。そこでの被害を大まかに類型化すれば，①放射線被ばくそのもの（それによる健康障害や将来の健康不安）あるいは被ばくの恐怖や深刻な危惧感等，②被ばくを避けるための避難による被害（避難費用，避難生活の身体的負荷や避難生活の精神的苦痛，それらによる疾病の発症や持病の悪化や死亡，自死（自殺）等），③生活の破壊（家族の崩壊，生業の破壊，地域コミュニティの破壊や変容

等），④ふるさとの喪失や変容による精神的被害，⑤生態系への影響などの環境に関する損害，などである。

　本法は損害賠償の範囲や内容については規定を置いていない。したがって，これらについては，基本的には，不法行為法の規定や考え方が適用されることになる。原賠審もこのような理解から，「本件事故と相当因果関係のある損害，すなわち社会通念上当該事故から当該損害が生じるのが合理的かつ相当であると判断される範囲のもの」が原子力損害として賠償されるという考え方を基本においている。しかし，原子力損害には，その他の事故における損害とは異なる特有の性質がある。そこで，以下では，原子力損害の特質を踏まえて損害賠償の範囲や内容を考える上で押さえなければならない点を明確にしておきたい。

　福島原発事故に見られる原子力損害の特徴としては，①類例のない被害規模の大きさ，②被害の継続性・長期化，③暮らしの根底からの全面的破壊，④放射線被害予測・把握困難（不可能）性などがあげられることが多い。特に重要なのは，事故によって地域における生活が根底から破壊されていることであり，加えて，それがいつまで続くかが不明であるという特質も重要である。

　このような被害の救済を考える場合，個別の被害の積み重ねではない，総合的な損害のとらえ方が求められる。その場合，多様で広範な被害をどうとらえるかが問題となるが，この点については，原子力事故によって侵害された法益は，地域において平穏な日常生活をおくることができる生活利益そのものであることから，生存権，身体的・精神的人格権および財産権を包摂した「包括的生活利益としての平穏生活権」が侵害されたと考えるべきとの主張（淡路剛久「『包括的生活利益としての平穏生活権』の侵害と損害」法律時報86巻4号101頁）がある。ここでの平穏生活権は，129頁で述べた従前の平穏生活権とは異なり，生存権，身体的・精神的人格権，財産権を包摂した包括的なものである。本件事故により生じた被害は極めて多様であり，しかも，それらが相互に絡み合って，被害者にのしかかってきている。このような重層的で多様な被害に対する救済のあり方を考える場合，大切なことは，被害を個別バラバラに切り離してとらえるのではなく，包括的にかつ総合的に把握することである。その意味で，このような包括的な平穏生活権概念には意味がある。

　裁判例でも，原告のこのような主張を受け止め，「生活の本拠及びその周辺の地域コミュニティにおける日常生活の中で人格を発展，形成しつつ，平穏な

生活を送る利益を侵害された」(千葉地判平29・9・22 LEX/DB 25449077),「包括生活基盤において継続的かつ安定的に生活する利益……を侵害されたものと解することが相当である」(東京地判平30・2・7 LEX/DB 25549758),「生存と人格形成の基盤」が破壊・毀損された (仙台高判令2・9・30判時2484・185), などとするものがある。

　さらに, 避難にともなって生じた様々な損害は, 避難行動が「合理的」ないし「相当」なものである場合には賠償され, また,「風評被害」も, 消費者による当該商品やサービスを放射性物質による汚染の危険性を懸念し敬遠したくなる心理が「平均人・一般人」を基準として「合理性」を有する場合には賠償されるが, このような「合理性」「相当性」の判断にあたっては, 放射線被害の特質, 特に, 予測・把握困難 (不可能) 性を踏まえるべきである。放射性物質汚染は, 目にも見えず, 匂いがするわけでもなく, 人間の五感では把握できない。また, その影響は, 科学的にも未解明な部分も少なくなく, 福島第一原発事故においても, 安全性の基準についての「専門家」の意見は分かれ, また, 政府の出した基準も二転三転した。そのような中, 福島県やその周辺に生活していた住民は強い不安や避難するかどうかをめぐる葛藤にさらされることになったのであり, このような点は,「合理性」「相当性」判断においても考慮すべきである。このような考え方は,「科学的に因果関係を証明することができない場合であっても, 人の健康や環境に対して重大かつ不可逆的な損害が発生するおそれがあるときは, 予防的な措置をとることが正当化される」という考え方 (「予防原則ないし事前警戒原則 (precautionary principle)」) からも根拠づけることができる (潮見④62頁参照)。

　避難の相当性について言えば, 政府の指示による避難 (いわゆる「強制避難」) の場合, 避難には合理性・相当性があると考えることができる。政府の指示によらない避難 (いわゆる「自主避難」。ただし, この場合も, 事故によって避難を強いられたのであるから「自主」という表現には馴染まない。避難指示「区域外」からの避難と呼ぶべきであろう) の場合, 政府の指示がないことを過大視すべきでないが, この場合, 避難の合理性・相当性の有無をどう判断するかが問題となる。この点に関し, 多くの裁判例は,「避難指示による避難は, 当然, 本件事故と相当因果関係のある避難であるといえるものの, そうでない避難であっても, 個々人の属性や置かれた状況によっては, 各自がリスクを考慮した上で避難を決断

したとしても，社会通念上，相当である場合はあり得る」（京都地判平30・3・15判時2375＝2376・14）などとして，一定範囲・一定の期間については，避難の相当性を認め，賠償責任を肯定している。

(4) 消滅時効・除斥期間について

本法は，原子力損害に対する賠償請求権につき，特別の期間制限はおいていない。したがって，民法724条の適用が問題となる。もしかりに，同条前段の3年の消滅時効が2011年3月から起算されるとした場合，その3年後に期間が満了してしまったことになる。しかし，本件事故による損害賠償請求権の3年の消滅時効や20年の除斥期間（除斥期間ではなく前段と同じく消滅時効と考えるべきとするのが現在の多数説）は2011年3月から起算されるとすべきではない。なぜなら，福島原発事故被害は継続的・長期的なものであり，また，事故は収束しておらず，避難を強いられている被災者には現在も損害が発生しているからである。さらに，被ばくによる将来の健康危険は，その多くが，いまだ潜在的なものである。また，もしかりに，東電や国が消滅時効を援用したとしても，このような大規模な被害を発生させ，迅速な救済を行ってこなかった東電や国が時効を援用することは，援用権の濫用とされる余地がある。しかし同時に，時効等による混乱が生じないようにするためには，立法による対応が望まれ，2013年12月に，3年の消滅時効につき時効期間を10年とし，20年の除斥期間の起算点を，「損害発生の時」とする特例法が制定された。

> **原賠審中間指針と原発 ADR**　福島原発事故の場合，被害者が多数に上っており，その早期救済には被害者の直接請求や裁判には限界があることから，当事者の和解を斡旋し紛争の「迅速かつ適正な解決」（和解仲介業務規程1条）をはかるために原子力損害賠償紛争解決センター（原発 ADR）が設置され，2021年末までの申立件数は約2万7000件であり，約2万1000件で和解が成立している（ただし，この ADR はあくまで和解の斡旋を行うものであり，ADR が示した斡旋案を当事者が受け入れない場合には解決につながらず，事故後数年を経て，東電側が和解を拒否するケースが増えてきていると言われている）。
>
> このような補償をめぐる動きの中で，直接請求においても原発 ADR における和解斡旋においても重要な役割を果たしているのが，原賠法18条に基づいて設置された原賠審の策定した「原子力損害の範囲の判定等に関する中間指針」である。この指針は2011年8月に策定され，その後，第4次までの追補が出されて

いる（第4次追補は2013年12月）。原賠審が比較的早期に指針を示したことは，本件被害の救済に一定の道筋を付けたものとして意義を有する。しかし，本法18条に基づいて設置された原賠審の目的は和解の進行を促進することにあり，指針はそのために策定されている。したがって，指針自身が明確に述べているように，「指針において示されなかったものが直ちに賠償の対象とならないというものではなく，個別具体的な事情に応じて相当因果関係のある損害と認められるものは，指針で示されていないものも賠償の対象となる。また，本指針で示す損害額の算定方法が他の合理的な算定方法の採用を排除するものではない」（第4次追補）。

　しかし，東電は，この指針を超える賠償を認めることには消極的であり，さらには，この指針に基づいて裁判外で支払った賠償は損害賠償としては過払いだとも主張している。中間指針の性格から見て，このような主張には問題がある。「中間指針は，いわば最低限の賠償枠組みを提示したものであり，裁判でそれを超える賠償がなされる可能性は当初より織り込み済みである」（大塚直・環境法研究8号10頁）。裁判例においても，大部分は，指針を超える賠償額を認容しており，最高裁も，2022年3月2日に第二小法廷が，3月7日と30日には第三小法廷が，中間指針等による賠償を超える賠償を認容していた七つの控訴審判決（仙台高判令2・9・30判時2484・185等）に対する，中間指針を超える賠償を認めるべきではないとする東電や国の上告・上告受理申立てを受理しないとする決定を行い，損害論については，七つの控訴審判決を確定させた。このような動向を踏まえて，指針の見直しや補充の検討を行うべきではないか。

6　その他の責任を加重する特別法

　以上のほかにも責任を加重する特別法が存在するが，その主なものの特徴点は，次頁の表のとおりである。

7　失火責任法

(1)　はじめに

　これまで見てきた特別法はいずれも，一般的不法行為である民法709条の責任を何らかの意味で加重して，被害者救済の拡大をはかろうとするものであった。これらと異なり，「失火ノ責任ニ関スル法律」（失火責任法）は，失火者の賠償責任を重大な過失がある場合に軽減するものである点で，特異な内容を持っている。

	対象となる活動	対象となる損害	賠償義務者	責任の性質
鉱業法 109条	鉱物の掘採のための土地の掘さく，坑水もしくは廃水の放流，捨石もしくは鉱さいのたい積，鉱煙の排出	人身損害に限らない	鉱区の鉱業権者または租鉱権者	無過失責任（免責事由なし）
大気汚染防止法 25条	事業活動にともなう健康被害物質（政令により指定）の排出	生命・身体の被害	事業者	同上
水質汚濁防止法 19条	事業活動にともなう有害物質（政令により指定）の汚水または廃液に含まれた状態での排出，地下への浸透	同上	同上	同上
独占禁止法 25条	私的独占，不当な取引制限，不公正な取引方法	制限なし	事業者または事業者団体	無過失責任（ただし，公正取引委員会の審決・命令確定後）

　民法典施行以前，旧刑法はその付則 59 条において失火による損害賠償を免除していたが，この規定が民法施行法 61 条により廃止され，失火についても民法の規定がそのまま適用されることになった。これに対し，衆議院において議員の中から，失火による責任を軽減する特別法が提案され，民法典の起草者の反対にもかかわらず，衆議院，貴族院を通じて賛成多数で可決されたのが本法である。その立法趣旨としては，失火の場合，失火者自身が自己の財物を焼失してしまっており「宥恕スベキ事情」があること，木造家屋が多いわが国の住宅構造や，天候，消防の体制などにより被害が極めて広範囲に及ぶこと，失火の場合に損害賠償を免除するという古来からの慣習があることなどが指摘されている（大連判明 45・3・23 民録 18・315 参照）。しかし本法が今日なお正当な存在意義を持ちうるかどうかは疑問である。なぜなら，今日では，家屋構造や消防体制の変化，責任保険の発達等，立法当時とは火災をめぐる状況は変化してきており，また，危険な活動の増加の中で，責任軽減ではなく無過失責任等の責任強化こそが現代の不法行為法の課題となってきているからである。学説においても，今日では，本法を否定的に評価するものが多い（学説の詳細は，澤井裕・失火責任の法理と判例 13 頁以下参照）。
　今日において本法がなお存在意義を持ちうるとすれば，それは，市民生活レ

ベルでの失火により多数の家屋への延焼が生じた場合だけであり，企業等の危険な活動による火災についてはむしろ責任加重こそが社会的に要請されていると言うべきである。したがって，本法を解釈するにあたっては，可能な限り適用範囲を限定する態度をとるべきであろう（同旨，前田（達）252 頁，他）。

(2) 失火責任法の内容

(イ) 本法の適用範囲

上に述べたような本法に対する今日的な評価を踏まえるならば，本法の適用は，失火により生じた損害のうち延焼部分に限定すべきであり，失火から直接生じた火災（直接火災）には適用されないと解すべきである（同旨，澤井前掲書 17 頁，大学双書 325 頁（石田））。なぜなら，本法が今日なお合理性を持ちうるのは，火災が広範囲に拡大して賠償義務を負わせることが失火者に苛酷になることがあるという点のみであり，直接火災についてはこのような問題は生じないからである。直接火災と延焼の区別が容易でない場合もあるが，この点については，「出火と不可分一体をなす物の焼失が直接火災である」が，さらに加えて，「隣家と自家が不可分一体で，火災の進行上分離して考えることが社会通念に反する場合」はこれも入るとの説（澤井前掲書 18 頁以下）が妥当であろう。なお，本法の立法趣旨からして，火災が債務不履行による場合には本法は適用されないとするのが判例の立場である（最判昭 30・3・25 民集 9・3・385）。

(ロ) 失火とは何か

本法に言う失火とは，放火（故意による火災を発生させる行為）以外の過失による火災発生行為のことである。問題となるのは，爆発により火災が発生した場合である。爆発のおそれがある危険物を管理する者にはむしろ，通常の場合よりも高度の注意義務が課せられ，したがって責任が加重されてしかるべきであるから，爆発による火災発生には本法は適用されないと考えるべきであろう（同旨，幾代＝徳本 184 頁）。

(ハ) 重過失の意義

判例によれば，重過失とは「ほとんど故意に近い著しい注意欠如の状態」のことである（最判昭 32・7・9 民集 11・7・1203）。しかし，学説においては，「一般人に要求される注意義務を著しく欠くこと」でよい（幾代＝徳本 184 頁）などとして，むしろ故意と軽過失の中間に位置づける説が有力である。要求される

注意義務をどのような水準のものと考えるかにより重過失の内容は異なるが，失火による責任をほとんど故意に近い過失に限定する必要はないであろう。

(3)　失火責任法とその他の責任加重規定の関係

失火責任法は民法709条よりも失火者の責任を軽減するという，他の特別法にはない特異な内容を持っているため，709条よりも責任を加重した規定との関係が問題となる。

(イ)　失火責任法と民法715条

民法715条の使用者責任は，すでに述べたように，被用者に故意または過失があることを要件としている。そこで，被用者が失火により他人に損害を負わせた場合には，被用者自身に重過失がある場合にのみ使用者責任が認められ，使用者の選任・監督上の重過失の有無は問題とならないとするのが判例・通説の立場である（最判昭42・6・30民集21・6・1526，幾代＝徳本187頁以下，他）。したがって，被用者に重過失がある場合には，使用者はその選任・監督について重大を過失がなかったことを立証しても責任を免れることはない。

なお，この場合も，前述したような本法の限定解釈の要請からして，被用者に重過失がない場合でも，使用者が責任を免れるのは，延焼部分に限ると解すべきであろう。

(ロ)　失火責任法と民法714条

責任無能力者の失火により火災が発生した場合は，直接の行為者に責任能力がなく，通常の意味での重過失を観念することができないので，両者の調整については意見が分かれる。

まず第一に，監督義務者の監督義務違反に本法をはめこんで，監督義務者に重大な監督義務懈怠（重過失）がある場合にのみ責任が成立するという説がある（福岡地判昭46・7・9判時659・81，他）。この説によれば，監督義務者は，監督上の重過失の不存在を証明できれば免責される。

第二は，責任無能力者の行為態様を見れば，たとえそこに責任能力がなくても，過失に相当するものとその軽重を論ずることは可能であるとして，直接の行為者である責任無能力者自身の行為態様において「重過失に相当するもの」があれば監督義務者自身に監督義務違反につき重過失がなくとも責任を負うという説である（東京高判平3・9・11判時1423・80）。この説によれば，監督者が

監督上の重過失の不存在を理由に免責されることはなくなる。

　最高裁は，第一のはめこみ説を採用し，監督義務者に未成年者の監督について重大な過失がなければ責任を免れるとした（最判平7・1・24民集49・1・25）。しかし同時に，この判決は，責任無能力者の行為態様も，監督義務者の監督についての重過失の有無の判断に際して考慮しうることを判示している。したがって，責任無能力者の行為態様の危険性や悪性といった要素は，監督義務者の監督義務違反の重大性を判断する際に考慮しうることになる。

　なお，いずれの説に立つにしても，本法の立法趣旨からして，直接火災については，本法ではなく民法714条のみが直接に適用されると考えるべきである。

(ハ) 失火責任法と民法717条

　土地工作物の設置・保存の瑕疵から失火した場合の両者の調整については，民法717条が危険責任の考え方に基づいて工作物の占有者・所有者に厳しい責任を課したものであるとの理解が一般的であることから，より一層微妙な判断が必要であり，説も多様に分かれる。その主要なものをあげれば以下のようになる（詳しくは，青野博之「工作物責任と失火責任法」山田卓生編集代表・新・現代損害賠償法講座4巻145頁以下参照）。

① 失火責任法はめこみ説　　失火責任法を717条にはめこんで，工作物の設置・保存の瑕疵が所有者または占有者の重過失による場合（あるいは瑕疵が重大である場合）にのみ責任ありとする説。

② 717条優先適用説　　失火責任法は日常生活における普通の火気の取扱いに関するものであり，工作物の設置・保存の瑕疵による火災については717条が優先して適用されるとする説。

③ 火災区別説　　工作物から直接生じた火災については717条を適用し，延焼部分については失火責任法を適用ないし717条にはめこんで適用すべしとする説。

④ 工作物区別説　　工作物を危険工作物と通常工作物に分け，前者については もっぱら717条のみが適用され，後者についてのみ失火責任法を適用ないし717条にはめこんで適用すべしとする説。

　717条が危険責任として工作物の占有者や所有者に厳しい責任を課していること，すでに指摘したように，失火責任法が合理性を持つのは日常生活における火気の取扱い上のミスから生じた火災に限られることから見て，②説（717

条優先適用説）が最も妥当だと思われる（同旨，澤井 335 頁以下，潮見③ 270 頁，他。
この立場の裁判例として，東京高判平 3・11・26 判時 1408・82 がある）が，かりに失
火責任法の存在を全く無視できないとしても，直接火災にはそれを適用すべき
ではなく，さらに，危険な工作物から生じた火災についてもその適用を限定す
べきであり，したがって，③説と④説を組み合わせたもの，すなわち，通常工
作物の延焼部分についてのみ，所有者または占有者の軽過失（ないし軽微な瑕
疵）による免責を認め，それ以外は 717 条によるのが妥当なのではなかろうか。
なお，製造物の欠陥から火災が発生した場合にも，同じ問題が生ずるが，危険
責任の考え方から製造業者等の責任を加重した製造物責任法の趣旨から，同様
に考えるべきであろう（潮見③ 370 頁は失火責任法の適用を否定する）。

　（二）　失火責任法と国家賠償法

　消防士による消火活動が不完全であったため再燃して火災が発生した事例で，
失火責任法の適用があるとした判例（最判昭 53・7・17 民集 32・5・1000）がある。
しかし，失火責任法および国家賠償法の趣旨から見て，国家賠償法により国・
公共団体が責任を負う場合には，失火責任法の適用はないと考えるべきであろ
う。

第5章　不法行為責任と契約責任

第1節　序　　説

1　はじめに

　不法行為責任と債務不履行責任（契約責任）はいずれも，被害者（契約責任の場合は債権者）に生じた損害を，その原因者（加害者・債務者）に一定の要件の下で負担させるという点で共通した機能を果たしている。しかし，契約責任は，本来的には契約から生じた給付利益の実現に向けた義務（給付義務）違反が帰責の根拠であり，原則として，契約によって債務者が約した給付利益が実現されなかったことが賠償されるべき損害となる。これに対し，不法行為においては当事者間に契約に基づく特定の義務があらかじめ存在するわけではなく，他人の財産的，人格的利益（いわゆる完全性利益）を害しないようにすべきという一般的な義務違反に基づいて損害賠償義務が発生する。したがって，そこで賠償されるものは侵害された財産的・人格的利益である。

　しかし，両者は次の場合には重なり合うことになる。まず第一は，他人の完全性利益の保護が契約の主たる内容となっている場合，あるいは，完全性利益の保護が主たる給付と密接不可分の関係にある場合である。例えば，運送契約により運送を約した物を乱暴な運送で毀損してしまった場合が後者であり，医療契約において医師が医療過誤をおかした場合が前者である。このような場合，債務者は契約上の義務（医療水準に適した治療行為を行う義務等）に違反しており，したがって，契約責任の要件を満たしているが，しかし他方，これらの債務者の行為は他人の完全性利益を侵害しており，その意味で不法行為の要件をも満たしている。

　第二に，他人の財産的・人格的利益の保護を内容としない契約であっても，不法行為責任との交錯が問題となる場合がある。近時の判例・学説は，契約関

係にともなって債務者が負うべき義務として，給付義務だけではなく，これに付随して給付義務が実現しようとしている利益の保護を目的とする義務（付随義務），さらには，債権者・債務者間において相互に相手方の完全性利益を侵害しないように配慮すべき義務（保護義務）をも認めるようになっているが，これらの付随義務，保護義務に反して債務者の完全性利益を害した場合には，契約責任と不法行為責任の両者がともに問題となりうる。特に，保護義務の場合，それが保護の対象としている利益は不法行為制度によっても保護されうる利益であり，不法行為との交錯領域はより大きいものがある。

> **給付義務・付随義務・保護義務**　契約関係に基づいて債務者に発生する義務をどう分類するかについては様々の考え方があるが，ここでは，契約が目的としている利益の給付に向けた義務（「給付義務」），給付義務そのものではないがその履行が行われるようにするためにそれに付随した義務（「付随義務」），さらに，給付義務とは関係ないが契約関係に入った者が相手方の生命・身体・財産等を侵害しないように配慮・保護すべき義務（「保護義務」）の三種類の区別に従った（契約上の義務の種類については，奥田昌道＝佐々木茂美・新版債権総論（上）23頁以下参照）。
>
> 　保護義務については，他人の完全性利益を害しないように注意せよという不法行為上の義務との共通性が高い。これがなお契約上の義務だとされるのは，当事者が契約関係を媒介にして，債権者・債務者という特別な関係に入ったことにより，相互に相手方の法益に干渉し関与する可能性が増したのだから，そのような関係にある者はお互いに不法行為上の義務とは別の義務をも負担すべきであると考えられるからである。この保護義務は，給付義務とは関係なく，契約関係を媒介として特別の関係に入った者同士に課される義務であるため，契約が成立する以前や契約の履行が終わった段階においても，契約が存続している場合に類似した特別な結合関係が存在すると見ることができるような場合には成立することがある。

　両責任の交錯領域として重要なものに，いわゆる安全配慮義務違反の問題がある（安全配慮義務について詳しくは，下森定編・安全配慮義務法理の形成と展開，新美育文「安全配慮義務」山田卓生編集代表・新・現代損害賠償法講座1巻223頁以下参照）。判例・学説は，人の生命・身体・所有権といった完全性利益をそこなわないように安全に配慮する義務を，完全性利益の安全そのものを目的とする契約（例えば医療契約）以外にも認めている。例えば，雇用契約において，使用者

は賃金の支払義務に加えて，被用者の職場における安全を保障すべき（安全措置や安全教育等）義務を負う。あるいは，学校契約により学校側は，授業や施設の提供だけではなく，学生・生徒の教育現場における安全に配慮する義務を負う。これらの義務に反して相手方の完全性利益の侵害が生じた場合，債務者は契約上の損害賠償義務を負うとされる。もちろんこれらの場合，労働者や生徒の完全性利益が害されているので，不法行為法上の損害賠償も同時に問題となりうる。

　昭和 40 年代まで，この義務は主として労災において認められてきたが，昭和 50 年になって最高裁は，自衛隊員が駐屯地内の車両整備工場内で同僚の運転する車両にひかれて死亡した事例において，国は公務員に対し給与支払義務の他に公務員の生命・健康を危険から保護するように配慮すべき義務があるとし，さらに，この義務は，「ある法律関係に基づいて特別な社会的接触の関係に入った当事者間において，当該法律関係の付随義務として……信義則上負う」義務であり，それに基づく損害賠償義務は債務不履行責任として 10 年の消滅時効にかかるとした（最判昭 50・2・25 民集 29・2・143）。このケースは，不法行為による損害賠償請求権がすでに消滅時効にかかっていたため，原告が債務不履行責任として損害賠償を請求したものであった。そして判決は，国と自衛官の関係が通常の雇用契約関係とは異なるものであるために，雇用契約ではなく，「ある法律関係に基づいて特別な社会的接触の関係に入った当事者間において，当該法律関係の付随義務として……信義則上」安全配慮義務を負うとしたのであるが，このような極めて一般的な理由づけのため，安全配慮義務は広範な契約関係に拡大されることになり，不法行為責任との交錯の領域が一挙に拡大した。ただし，最近の判例は，安全配慮義務の拡大に必ずしも積極的ではなく，それが多く認められるのは，労働契約法に労働者の安全への配慮に関する規定（労働契約法 5 条）が置かれた労働関係や，学校事故の場合など，「ある法律関係」に基づいて，一方当事者が他方当事者の支配領域に入ったケースである。最高裁は近時，拘置所に収容された被勾留者に対する国の安全配慮義務を，未決勾留による拘禁関係は，被勾留者の意思にかかわらず形成されるものなので，「当事者の一方又は双方が相手方に対して信義則上の安全配慮義務を負うべき特別な社会的接触の関係とはいえない」として否定している（最判平 28・4・21 民集 70・4・1029）。ただし，このように，安全配慮義務を負うため

の「ある法律関係」を意思によるかどうかで区別することには疑問もある。なお，最高裁は，事実関係次第では国家賠償法１条の責任を負うことはありうるとしている。

津波被害と安全配慮義務　東日本大震災後の津波により，園児・児童や従業員が受けた被害について学校等や会社の安全配慮義務違反による損害賠償を追及した事案が少なくない。例えば，地震後，送迎バスが津波に巻き込まれた事故で，幼稚園と保護者らとの間の在園契約から生じる付随義務として，園児らが本件幼稚園において過ごす間，園児らの生命・身体を保護する義務を負っているとして，幼稚園児に対する幼稚園側の安全配慮義務違反を認めた事例（仙台地判平 25・9・17 判時 2204・57），銀行の屋上に避難して津波に巻き込まれた事故で，銀行は，行員らが使用者または上司の指示に従って遂行する業務を管理するにあたっては，その生命および健康等が地震や津波といった自然災害の危険からも保護されるよう配慮すべき義務を負っていたとしつつ，銀行には義務違反はなかったとした事例（仙台地判平 26・2・25 判時 2217・74）などがある。

これらに対し，市立小学校児童や教職員多数が津波で死亡した事故に関して，死亡した児童の父母らが市に対し損害賠償を求めた事案において，仙台高裁は，（安全配慮義務ではなく）学校保健安全法に基づく「安全確保義務」違反による責任を認めた（仙台高判平 30・4・26 判時 2387・31）。判決は，この「安全確保義務」を「在籍児童の在学関係においては，その在学関係成立の前提となる中心的義務として位置付けられる」ので，安全配慮義務（＝ある法律関係に基づいて特別な社会的接触の関係に入った当事者間において，当該法律関係の付随義務として当事者の一方または双方が相手方に対して信義則上負う義務）ではないとする。しかし，「災害発生時における避難誘導においては，児童生徒は教師の指示に従わなければならず，その意味で児童生徒の行動を拘束するものである以上，教師は，児童生徒の安全を確保するために，当該学校の設置者から提供される情報等についても，独自の立場からこれを批判的に検討することが要請される場合もある」としていることから，雇用関係等において雇用主が被用者の行動を管理・抑制するがゆえに雇用主は被用者の安全に配慮しなければならないという意味での安全配慮義務と，共通の根拠・構造を有するものと見ることもできる（高橋眞・速報判例解説 vol. 24 新・判例解説 Watch79 頁）。

判例は，この安全配慮義務を「信義則上」の義務としつつも，この義務に違反した場合の責任はあくまで契約責任として構成しており，したがって，遺族固有の慰謝料請求権規定（民 711 条）は適用がなく，さらに，損害賠償請求権の遅延利息の起算点は損害発生時ではなく請求時だとして（最判昭 55・12・18

民集 34・7・888)，契約責任としての処理を徹底する傾向にある。

　　安全配慮義務の位置づけ　　この安全配慮義務は，給付義務が保証する利益と関連がないことや，契約が成立しなくても認められることから，通常は付随義務ないし保護義務の一種と考えられる（前掲最判昭 50・2・25 参照）。しかし，契約の種類によっては，給付義務の一種としてとらえられる場合もある。例えば雇用契約の場合，雇用主は労働者に賃金を支払うという主たる給付義務の他に，安全な職場環境を確保するという従たる義務を給付義務として負っていると考えることができるのではないか。安全配慮義務が単なる付随義務ないし保護義務ならば，効果はもっぱらその違反の場合の損害賠償だけである。しかし，従たるものであれ給付義務として安全な職場環境を確保する義務があるとすれば，労働者の側からその履行を求める可能性が出てくることになる。

　　他方，安全配慮義務の問題は不法行為の問題として考えれば足りるとする説もある（例えば，新美育文「『安全配慮義務』の存在意義」ジュリスト 823 号 99 頁以下）。確かに，この問題は契約責任と不法行為責任の交錯領域の問題であり，特に，この義務が，下請会社の従業員と元請会社の間のように直接の契約関係にない場合にまで認められるようになると（例えば，最判昭 55・12・18 民集 34・7・888，最判平 3・4・11 判時 1391・3），不法行為上の義務（他人を害さないように行為せよという義務）との区別は一層微妙となる。

　　しかし，例えば，宿直員が強盗に殺された事件で雇用主の安全配慮義務違反を認めた判例があるが（最判昭 59・4・10 民集 38・6・557），不法行為上の義務は本来，他人の権利を侵害しないように自己の行為や自己の管理するものをコントロールせよというものであるので，このような第三者の加害からある人の法益を保護する義務としての安全配慮義務は，契約上の義務（ないしそれに準ずる義務）と考えざるをえないのではないか（安全配慮義務の性質については，前掲奥田＝佐々木 247 頁以下参照）。

2　不法行為責任と契約責任の異同

(1)　はじめに

　不法行為責任と契約責任の関係を検討する前に，両者の要件効果における異同を具体的に整理しておこう。両者は，損害を惹起した者に故意・過失ないし帰責事由があった場合に損害賠償を義務づけるという点では本質的な共通性を持っている。しかし，契約責任においては，当事者に契約関係があることが（原則として）前提とされているのに対し，不法行為責任はそのような関係の存在を前提としていないことから，両者の要件・効果にはいくつかの相違が見ら

れる。

(2) 要件面での違い

(イ) 帰責事由

　加害者に故意・過失ないし帰責事由が必要とされることについては両者とも共通している。問題はその立証責任である。不法行為責任の場合は被害者がそれを立証しなければならないが，契約責任においては債務者（加害者）が帰責事由の不存在を証明しなければ免責されない。この点では，契約責任の方が被害者にとって有利に機能する。しかし，この点での違いは，実際にはそれほど大きくない。まず第一に，契約責任の場合でも，債務の履行がなかった（あるいは不完全であった）ことの証明は債権者たる被害者がしなければならないが，患者に対して適切な治療行為を行うことを目的とし，結果（健康の回復）自体を目的としていない医療契約のような場合や，安全配慮義務違反が問題となる場合，その証明は実質的には（債務者に立証責任が転換されている）債務者の帰責事由の証明とほとんど変わらないものとなる。例えば，安全配慮義務違反の場合，どのような安全措置をとるべき義務を債務者が負うかを特定し，かつ，現実の債務者の安全措置がそのようなとるべき安全配慮義務からズレていることを証明しなければならないとされる（最判昭56・2・16民集35・1・56）が，このような債務不履行の証明と注意義務違反としての過失の証明は実質的にほとんど異ならないものとなってしまう（ただし，安全配慮義務と不法行為の過失の前提としての注意義務が完全に重なるのかどうかについては，さらに検討が必要である。不法行為の過失においては，行為者の行動の自由を前提に，予見できた損害結果に対してそれを回避する措置をとらなかったことが問題になるので，予見の対象は権利・法益侵害であるが，安全配慮義務の場合は，自らの支配領域に入った人の安全を確保すべきことを義務づけられているので，義務違反の前提としての予見の対象は事故発生の危険性である点で異なるとする学説がある（高橋眞「自然災害と使用者の安全配慮義務」大阪市大法学雑誌62巻3＝4号））。

　さらに第二に，不法行為の場合であっても，被害者の立証責任負担を軽減するために，一定の事実から加害者の過失が事実上推定されることがある。例えば，メーカーの製造販売したテレビから出火したケースにおいて，製品の欠陥からメーカーの過失を推定したものがある（大阪地判平6・3・29判時1493・29）。

（ロ）　補助者の過失

　契約責任の場合，民法上の規定はないが，履行補助者の故意・過失を債務者のそれと同視するのが判例・通説の立場である。この場合，履行補助者の過失が証明されれば，債務者は履行補助者の選任・監督について過失がなかったことを証明しても責任を免れない。これに対し，不法行為においては，被用者が事業の執行につき生ぜしめた損害について使用者の責任が認められるが，その場合，使用者は被用者の選任・監督上の無過失を証明して責任を免れることができる（民715条1項ただし書）。しかし，この点の違いは，使用者責任における使用者の免責をほとんど認めないという判例の運用により，事実上なくなっている。

(3)　効果面での違い

（イ）　過失相殺

　条文の文言上は，契約責任の場合，債務者の過失は賠償額算定にあたって考慮しなければならず，また，賠償責任自体を免除することもできる（民418条）のに対し，不法行為責任において被害者の過失の考慮は裁判官の裁量にまかされており，また賠償責任を免ずることはできないとされている（民722条2項）。これは不法行為の方が債務不履行より加害者の「不都合」の程度が大きいと起草者が考えたためだが，現実の運用においては，両者にはほとんど差がない。

（ロ）　損害賠償の範囲

　この点で違いがあるかどうかは，不法行為における損害賠償の範囲画定について民法416条を類推適用するかどうかにかかっている。第3章第4節で述べたように，判例は類推適用説であり，学説上は類推適用否定説が有力である。なお，慰謝料について，不法行為にのみその賠償を認める規定があるが（民710条），契約責任にもこれを類推して慰謝料を認めるのが判例・通説である。ただし，被害者死亡の場合の遺族固有の慰謝料（民711条）は，契約責任においては否定されている（前掲最判昭55・12・18）。

（ハ）　期間制限

　民法（債権関係）改正前は，契約責任に基づく損害賠償請求権の消滅時効は，債権を行使することができる時から10年であるが（改正前民167条1項），不法行為の場合は，損害および加害者を知ってから3年，または不法行為から20

年で消滅するとされていた（改正前民724条）。安全配慮義務が問題となった事例の多くは，この不法行為の場合の3年の消滅時効の規定を回避することを狙いとしていた。ただし，197頁以下で述べたように，民法（債権関係）改正により，生命・身体侵害の場合，実質的には差がなくなった。

(二) 相　殺

不法行為に基づく損害賠償債権については，不法行為者の側から自己の他の債権を自働債権として相殺することはできないとされていた（改正前民509条）。判例・通説によれば，契約責任の場合には，このような相殺の制限は適用されなかった。しかし，改正により，生命・身体侵害については差がなくなった（民509条2号。この点について詳しくは195頁参照）。

(ホ) 共同責任

不法行為については共同不法行為の規定があり，複数の加害者間に関連共同性があれば共同不法行為として連帯して責任を負う（民719条）。これに対し，契約責任については同種の規定がない。

(ヘ) 遅延損害金の発生時期

契約責任の場合は，期限の定めのない債務として催告（請求）の時から遅滞に陥り遅延利息が発生する（民412条3項）。不法行為責任については，損害発生時に損害賠償請求権が発生し同時に遅滞に陥る（したがって，その時から遅延利息が発生する）とするのが判例・通説である。

第2節　請求権競合

1　はじめに

例えば，家屋の賃貸借契約で目的家屋が賃借人の重大な不注意で焼失してしまったような場合，賃借人の行為は不法行為の要件を満たし（重過失による所有権侵害），同時に，賃貸借契約違反としての責任要件も充足する。あるいは，医療過誤により医者が患者を死亡させた場合や，タクシーの交通事故により乗客が負傷したような場合も同様である。このように，同一の事実が同時に複数の請求権発生の根拠となる規範の要件を満たす場合，複数の請求権が発生するのか，あるいは，当事者の法律関係はどのような規範によって処理されるのか

が問題となる。いわゆる請求権競合問題である。この問題は，不法行為責任と契約責任の間でのみ発生するものではなく，多様な関係において発生するが，以下では，不法行為責任と契約責任の関係を念頭に置きながら，主要な考え方を整理する（請求権競合問題に関する各説の詳細は，奥田昌道「債務不履行と不法行為」星野英一編集代表・民法講座 4 巻 565 頁以下，大久保邦彦「請求権競合」山田卓生編集代表・新・現代損害賠償法講座 1 巻 191 頁以下参照）。

2 判例・学説

(1) 請求権競合説

　一つの行為が複数の請求権発生根拠規範の要件を満たす以上，請求権は複数発生し，しかもそれらは相互に独立しており相互に影響を及ぼさないという立場である。もちろん両者を共に請求し実現することはできないが，請求権者は任意にどちらかを選択できる。この説の根拠は，不法行為責任と契約責任はそれぞれ別個に要件と効果が定められた異なる制度であること，たとえ契約関係に立つ当事者であってもその者に一般に人が享受しうる不法行為法上の保護は否定されるべきではないこと，両者の選択を認める方が被害者救済に厚いことなどである。判例は一貫してこの立場であり，したがって，借家が失火によって焼失した場合，契約責任と不法行為責任の両者が成立し，失火責任法により軽過失の借家人が不法行為責任を免れる場合であっても，そのことは契約責任に影響を及ぼさない（大連判明 45・3・23 民録 18・315）。また，運送品の減失・毀損等に対する契約責任上の損害賠償についての特則がある場合であっても，それとは関係なく不法行為責任が成立しうる（大判大 15・2・23 民集 5・104，他）。

　このような処理の場合，当事者がどの請求権を選択して行使するかによって，要件と効果が大きく異なりアンバランスが生ずることになる。そこで，学説の中には，特に契約責任規範において特則がある場合について，両者の相互作用を認めるものがある（我妻 132 頁，他）。例えば，運送契約において高価品の明告がない場合の運送人の免責規定や，各種の免責約款などがある場合，そのような責任軽減の不法行為責任への適用の可能性を認めるのである。しかし，判例は，前述のように相互作用を否定する厳格な請求権競合説であり，例えば，安全配慮義務違反は契約責任の一種だとした上で，民法 711 条を類推して遺族に固有の慰謝料請求権を認めることを否定した判決などもある（最判昭 55・

12・18民集34・7・888)。

(2) 法条競合説

　不法行為責任と契約責任は，法律の条文上競合するように見えるが実際は競合しないとする非競合説である（川島武宜「契約不履行と不法行為の関係について」同・民法解釈学の諸問題所収）。この説によれば，不法行為は一般市民間の法律関係を規律するものであり一般の社会関係における一般的標準的な内容を持っているのに対し，契約責任は契約関係という特別の関係にある者の間の責任規範であり，そこでは契約の種類に応じた特別のリスク配分がなされている。したがって，契約関係にある者については特別法としての契約責任規範が優先的に適用されるべきである。この説においては，契約関係にある者の間では契約責任のみが，それ以外の場合には不法行為責任が成立し，両者が競合することはないことになる。ただし，この非競合説の中にも，契約関係にある者同士であっても，運送人が故意で物を壊したり盗んだ場合などについては運送人の責任を軽減した規定の恩恵に浴しえないとして，両者の相互影響を認めるものもある。

(3) 請求権規範統合説

　以上に対し，両責任が競合するように見える場合には，あれかこれかの二者択一的な処理は硬直的であるとして，一つの社会的事実が複数の請求権規範の要件を満たすような場合，その複数の規範の内容を調整・統合して，その社会的事実に適合した解決を追求する立場も有力に主張されている。

　① 請求権二重構造説（奥田昌道・請求権概念の生成と展開）　実体法上，複数の請求権規範の要件が満たされる場合には，各請求権規範から，その法律効果として観念的に複数の請求権が発生するが，裁判上請求されたり譲渡や差押えの対象となる実質的請求権は一つであるとする説。この説によれば，その単一の実質的請求権の性質は，競合するそれぞれの請求権規範の相互関係や趣旨などを勘案して合理的・法則的に取捨選択して決定されるべきことになる。

　② 属性規範統合説（上村明広「請求権と訴訟物」民事訴訟雑誌17号189頁，他）①説が観念的には複数の請求権，実質的には一個の請求権という二重の構造をとるのに対し，端的に，社会的事実が一個の場合には複数の請求権規範の要件

を満たしても一個の請求権のみが成立するとする説。その請求権の属性はその基礎をなす複数の請求権規範の総体によって統一的に決定されるべきであるとされる。

③ 全規範統合説（四宮和夫・請求権競合論）　①②の規範統合説が主として請求権の効果面での統合を行おうとするのに対し、一つの統一的な要件からその効果として一つの請求権が発生するという基本的立場から、より徹底して、要件効果の両面において規範を統合する説。この説によれば、ある社会的事実がそのようにして統合された規範の要件を満たす場合には、統合された内容の請求権が一個発生することになる。具体的な統合の仕方としては、契約責任と不法行為責任については、契約責任の方がリスク配分についてきめ細かい対応をしていること、さらに、当事者が契約規範によるリスク配分を選択していることから、例えば、賃貸家屋を使用によって荒らすとか、借りた本を汚すといった契約の履行行為と内的関連のある場合には、原則として契約規範による統合がなされるべきだが、例えば、運送契約で預かったものを盗むといったような当該契約の履行と内的な関連がない逸脱行為については、両規範のうち被害者に有利なものによる統合を行うべきだとする（詳細は、四宮前掲書および四宮664頁以下参照）。

この説に対しては、社会的事実に適合した規範を創造することは立法者の仕事であり、そこまでのことを「解釈」の名の下に行いうるかどうかという疑問、あるいは、裁判所の対応が様々になり実務上混乱が生ずることはないのかといった批判がなされている（前田達明・口述債権総論（第3版）227頁、奥田昌道「請求権競合問題について」法学教室159号21頁）。もしかりに、このような大胆な統合が解釈論として問題をはらむとすれば、基本的に競合を認めつつ両規範の相互影響を広く認めて行くことにより事実上の規範統合をはかっていくのが、最も穏当な解決なのではなかろうか。

　＊　以上のような各説のうち、主なものを図示すれば次頁のようになる（この図は前田（達）416〜7頁の図（その原形は奥田前掲書349頁）の一部に変更を加えたものである）。

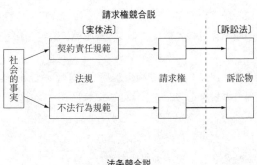

請求権競合説

〔実体法〕　　　　　　　　　　　　〔訴訟法〕

社会的事実 → 契約責任規範 → □ → □

法規　　　　　　　　請求権　　　　訴訟物

不法行為規範 → □ → □

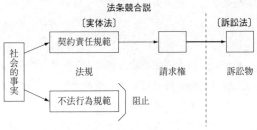

法条競合説

〔実体法〕　　　　　　　　　　　　〔訴訟法〕

社会的事実 → 契約責任規範 → □ → □

法規　　　　　　　　請求権　　　　訴訟物

不法行為規範 〕 阻止

全規範統合説

〔実体法〕　　　　　　　　　　　〔訴訟法〕

社会的事実 → | 契約責任規範　規範統合　不法行為規範 | → □ → □

法規　　　　　　　　　　　　　　請求権　　訴訟物

終章　不法行為法の未来

　民法（債権関係）が改正された。この改正では，債権法のうち，事務管理・
不当利得・不法行為法（いわゆる法定債権関係）は除かれており，不法行為法に
関して言えば，今回の改正が直接に関係するのは消滅時効に関する部分など，
一部にとどまっている。しかし，今回の改正の目的が「同法制定以来の社会・
経済の変化への対応」と「国民一般に分かりやすいものとする」（2009 年 10 月
の法制審議会への諮問第 88 号）ことにあるとすれば，不法行為法においても改正
の必要は存在する。本書はあくまで，現行法とその解釈運用について解説する
ものだが，最後に，不法行為法の改正を考えるとすれば，どのような点に留意
すべきか（個別の規定における改正の要否や方向性等は，本文の中で必要に応じて触
れた），未来の不法行為法はどうあるべきかについて，私見を述べておきたい。
　ある法律の改正の要否や改正の方向性を考える場合，その法律が，過去およ
び現在においてどのような役割を社会において果たしているか，将来において
はどうかといった検討が必要であることは，今さら言うまでもなかろう。そう
いう視点で見た場合，まず何よりも特筆すべきは，不法行為法が，裁判実務に
おいて有している，巨大とも言うべき位置であろう。不法行為法は，様々な紛
争類型において，損害賠償を与えることにより被害者を救済するという役割を
果たしてきた。加えて，不法行為法は，社会に生起する様々な被侵害利益を損
害賠償制度の俎上にのせることによって，そのような利益に法的承認をあたえ
るという機能をも果たしてきた。また，不法行為訴訟の政策形成機能も重要で
ある。公害賠償訴訟がわが国の公害・環境政策に大きな影響を与えたことは，
つとに指摘されるところである（宮本憲一・戦後日本公害史論 5 頁以下）。また，
建設アスベスト訴訟では，2021 年 5 月の最高裁判決を契機に，アスベスト疾
患に罹患した建設作業従事者を救済する建設アスベスト給付金法が制定された
（不法行為訴訟の政策形成機能について詳しくは，吉村良一・政策形成訴訟における理
論と実務 1 頁以下参照）。
　このように現代社会において不法行為法は様々な役割を果たしてきた（果た

している）のであるが，それらの役割を踏まえ，それを阻害するのではなく，一層よく機能しうるような方向で，改正の要否や方向性を考えるべきである。

　ところで，民法典制定以後のわが国の不法行為法に関する理論の展開を歴史的に見るならば，二つの時期に，大きな変容があった。第一の時期は大正期から昭和初期であり，そこでは，本書で整理検討した，権利侵害要件の拡張，死亡事故における相続構成，損害賠償の範囲における（民法 416 条を類推適用する）相当因果関係説（富喜丸事件判決は大正 15 年）といった，その後の不法行為法理論の基本的枠組みを構成する考え方が，判例や学説によって登場し，定着した。その背景には，日本における産業革命が進展し，工業化や都市化の進行の中で，様々な事故と紛争が発生し，それへの対応が必要になったという事情があるのではないか。

　第二の時期は，昭和 30 年代以降の時期である。この時期，交通事故，公害被害，薬害や食品被害のような，様々な現代的な事故にともなう人身被害が多発し，わが国の不法行為法理論は，それらの救済のために，新しい理論を構築することを求められたのである。過失における注意義務の高度化，人身損害賠償の算定論，因果関係論，共同不法行為論等々，これも，本書で詳説したような理論の展開がある（以上のような不法行為法と社会変化の関係については，大村敦志・不法行為判例に学ぶが興味深い。なお，不法行為法においては，最高裁判例だけではなく，交通事故賠償訴訟，公害訴訟等，下級審の裁判例も，重要な役割を果たしてきた）。

　不法行為法の「改正」との関係で注目すべきは，以上のような不法行為法理論の展開は，一部には，公害における無過失責任法や製造物責任法のような不法行為特別法の制定を産んだが，その多くは，民法典の不法行為規定の（改正ではなく）解釈によって行われたことである。このことを，法改正を機敏に行わなかったことからくる次善の策であり，その結果，社会の要請に十全には応えきれなかった，あるいは，窮屈な議論をせざるをえなかったとして，批判的に見るのか。それともこれは，明治期に制定された日本の不法行為法規定が，近代市民社会の基本的な責任原理を踏まえつつ，その後の変化にも柔軟に対応できるような幅をもって規定されたことによるものであり，その後の判例や学説は，民法典の基本的な考え方を維持しつつもそれを社会の変化に対応して発展させてきたとして肯定的に見るのか。不法行為法「改正」が必要と見るのか

どうかを考える上で，重要な論点である。

　ひるがえって，今日の社会において，民法典制定当時とも，上述の二つの時期とも異なるどのような課題が不法行為法に突きつけられているのであろうか。この点に関し，第一に指摘しなければならないのは，不法行為法によって救済される法益や権利が多様化してきていることである。このような多様な権利・法益の保護のためには，現行の不法行為法を「改正」する必要があるのかどうかが検証されなければならない。第二に，社会生活の複雑化の中で，不当な取引への勧誘といった，契約関係を含む何らかの社会的関係にある人同士において不法行為の成否が争われることがあるが，そこでは，赤の他人が事故を介して初めて社会的関係を形成する伝統的な不法行為とは異なるタイプの紛争が生じている。このような紛争解決にとって現行の不法行為法には限界があるのか，あるとしてそれは何かが問われている。第三に，近時，アスベスト被害や福島原発事故被害のように，従来のものとは異なる規模と質をもった被害が発生し，それに対する救済を求める訴訟が見られるようになっているが，それらに対処するために現行不法行為法に「改正」すべき課題はないのか。とくに，福島原発事故は，大規模かつ深刻な原子力事故として，紛争解決のあり方を含めて，従来の不法行為法では十分に対応しきれない様々な，かつ，深刻な問題を引き起こしているのではないか。第四に，不法行為法を取り巻く救済制度が個別に発展し，さらに，それらを統合する救済制度の創設の主張も出てきている中で，それらと別に，あるいは，それらと協働して，不法行為法がどのように機能するべきかという課題がある。

　このような課題を念頭に置きつつ，改正の必要性はどこにあるのか，また改正するとすればその方向性はどうあるべきか（不法行為法の未来の姿）を検討すべきである。また，新しい課題への対応の仕方としては，現行法を前提にその柔軟な解釈適用によって問題を解決する方法，特別法を制定するという方法，民法の不法行為規定の改正という三つの方法があるが，それぞれの方法の長所と短所を正確に見極め，その役割分担を図っていくことも重要である。

事 項 索 引

判 例 索 引

判例索引　　351

控訴院

高等裁判所

〔著者紹介〕

吉村　良一（よしむら　りょういち）

1950 年　奈良県に生まれる
1974 年　京都大学法学部卒業
現　在　立命館大学名誉教授，博士（法学）（立命館大学）
主　著　人身損害賠償の研究（1990 年，日本評論社）
　　　　公害・環境私法の展開と今日的課題（2002 年，法律文化社）
　　　　環境法の現代的課題（2011 年，有斐閣）
　　　　環境法入門〔第 4 版〕（共編著）（2013 年，法律文化社）
　　　　福島原発事故賠償の研究（共編著）（2015 年，日本評論社）
　　　　市民法と不法行為法の理論（2016 年，日本評論社）
　　　　原発事故被害回復の法と政策（共編著）（2018 年，日本評論社）
　　　　公害・環境訴訟講義（2018 年，法律文化社）
　　　　政策形成訴訟における理論と実務（2021 年，日本評論社）

不法行為法〔第 6 版〕

1995 年 10 月 10 日　第 1 版第 1 刷発行
2000 年 4 月 10 日　第 2 版第 1 刷発行
2005 年 3 月 20 日　第 3 版第 1 刷発行
2010 年 2 月 25 日　第 4 版第 1 刷発行
2017 年 2 月 25 日　第 5 版第 1 刷発行
2022 年 8 月 30 日　第 6 版第 1 刷発行

著 作 者　　吉　村　良　一
発 行 者　　江　草　貞　治
発 行 所　　株式会社　有　斐　閣
　　　　　　郵便番号　101-0051
　　　　　　東京都千代田区神田神保町 2 - 17
　　　　　　http : //www.yuhikaku.co.jp/
印刷・製本　中村印刷株式会社

ISBN 978-4-641-13896-4